U0104129

經學研究叢書・經學史研究叢刊

噶瑪蘭治經學記

——春秋三傳研究論叢

簡逸光　著

目次

林序

逸光學棣把近十年來發表的有關春秋三傳的論文結集成書，書名《噶瑪蘭治經學記——春秋三傳研究論叢》，他希望我能為這本書作一篇序。我本來對《春秋》這部政治、社會批判的書，沒有下過工夫研究，所知相當有限，藉此難得機會，讀了這本三傳研究的入門書。

逸光學棣本就讀於中國文化大學中國文學研究所，由於對經學有興趣，經該校歷史系李紀祥教授的介紹，來和我一起研究經學。他對春秋三傳有興趣，我告訴他三傳中，以《穀梁傳》最不受重視，民國以來研究《穀梁傳》的，不超過五家。而鄭玄卻說「《穀梁》善於經」，是說《穀梁傳》最擅於解《春秋》經，照理說應該最受重視才對，這中間出了什麼問題，應好好研究。逸光乃以《穀梁傳的解經方法研究》為論題，撰寫碩士論文，於二〇〇二年獲文學碩士學位。他的論文是較早從經典詮釋的角度來觀察《穀梁傳》的著作。同年，逸光考取佛光大學文學系博士班，提到博士論文的題目，我以為做完《穀梁傳》的解經方法，應該比較《穀梁傳》與《公羊傳》解經方法的異同，並探討兩傳與時政的關係。逸光乃以《公羊傳、穀梁傳比較研究》為論題，撰寫博士論文，於二〇〇七年獲得文學博士學位。

逸光好學不倦，對己所未知的事物和學問，都有興趣探索，久而久之，也成了博學家。他深知曆法對研究漢代經學的重要性，曾兩度赴南京紫金山天文台研究曆法問題。博士班在學時期，就在佛光山大藏經編纂處點校大藏經的史傳部，所以對佛教掌故知之甚詳，當今青年學子能兼通儒佛兩家學術者恐怕不多，逸光是較特別的一位。

逸光將近十餘年所發表的學術論文分成兩類，一類是經學類，主要是春秋三傳問題的探討。另一類是佛學類，主要是佛門人物的研究。本書彙集逸光研究春秋三傳的論文十六篇，可說是逸光近十多年來心血的結晶。我覺得這本書的出版，至少有兩層的意義：一是研究穀梁解經的重要著作，可彌補現有研究穀梁傳的不足；二是論文中有許多新的見解，不論成立與否，都可啟發後人新的思考角度。

逸光於今年一月渡海赴福建師範大學經學研究所擔任教職，這是大陸新成立的經學研究所之一，由知名經學家郜積意教授領軍，以逸光的資質和學行，必將成為郜所長的得力助手，而福建師範大學經學研究所，不久的將來也將成為大陸經學研究的重鎮。

二〇一五年四月林慶彰誌於

中央研究院中國文哲研究所五〇一研究室

自序

筆者研究《穀梁傳》，旁涉《公羊傳》，兼及《左傳》，然以《穀梁傳》研究為主。此書共有十六篇文章，各篇研究主題，略述於下：

一　制度與人性——以《春秋》「隱公即位」為例

「隱公元年」自孔子著《春秋》後，成為三傳暨後世傳經者，開卷所面對的第一個問題。因為是「第一」，所以經師們莫不企求其義。歷來主要有三說，一、平王東遷，二、敬重隱公之仁，三、惠公以上魯史不存。如顧頡剛主張第三說。但至今仍是各自表述，沒有共識。筆者以為孔子以隱公元年為開端，是在處理周公與成王間的關係，即「周公輔成王」、「周公攝政」、「周公稱王」，究竟該如何看待？三傳等諸家的演義，雖在表面議題有不同的解讀，互有開展，但細察下卻都隱隱圍繞在一個共同潛藏的企圖，即解釋「隱公即位」的事件。孔子藉歷史的重演，是採取單純「呈現」或積極「處理」或以迂迴言說的方式表達己意，交錯於制度與人性的抉擇究竟為何？是為本文所欲探究。

二　《公羊傳》、《穀梁傳》從解經之作建立自身的經典意義比較

傳統以來《春秋》與《三傳》的關係，被賦予為不可分割的共同體，如加賀榮治認為《傳》的形成是為解明《春秋》經的義，其與《經》是一體的。歷來雖有爭論《傳》傳不傳《經》的問題，基本上主流意見仍是《公羊傳》、《穀梁傳》傳自子夏，然後於漢代書於竹

帛。從解釋對象上，雖很明白《公羊傳》、《穀梁傳》是傳《春秋》的著作，但不表示二者之間便有師承關係，因為從先秦典籍至漢代為止，都沒有明確的證據顯示《公羊傳》、《穀梁傳》與孔子有直接的傳承。《公羊傳》、《穀梁傳》的內容不可視為孔子「微言大義」的「純粹轉述者」，它確實是解《經》之作，但它與孔子的關係並非密不可分，二者是眾多傳《春秋》之義的其中一支脈。

今可從三個地方說明《公羊傳》、《穀梁傳》與《春秋》是「陌生」的，其一，無傳的部分。即《春秋》有書，《傳》卻不傳其義。其二，《公羊傳》、《穀梁傳》傳文中，有明顯與孔子對話或揣測孔子述作之意的語言。其三，漢代之前未有提及《公羊傳》、《穀梁傳》與孔子弟子師承的記錄。先秦至戰國為儒家主流的《孟子》、《荀子》都未言及《公羊傳》、《穀梁傳》，也未有傳《春秋》的著作，連孟、荀都未接觸到孔子的《春秋》學。由此可以說明《公羊傳》、《穀梁傳》所傳的內容非為孔門重要弟子傳承或是沒有直接師承的後學所作。就像今天詮釋一部經典所作的注釋，注者與經典並沒有直接的關係，也不是非得經過傳授才可以進行注釋工作。《公羊傳》、《穀梁傳》是因為作了傳《經》的解釋，而與《經》緊緊的連繫在一起。尤其《春秋》與《公羊傳》、《穀梁傳》的關係在合刊之後，加上《春秋》的意義無法直接讀懂的情形下，《春秋》與《公羊傳》、《穀梁傳》的關係，更密不可分。但解釋上的需要只能說明二者關係密切，後人常將這個關係直接替代為傳承上的密切，因此口傳師授的講法讓《公羊傳》、《穀梁傳》不僅為傳《經》之傳，且代《經》立言。

《漢書》〈藝文志〉:「丘明恐弟子各安其意，以失其真，故論本事而作《傳》」及〈公羊傳序〉:「傳《春秋》者非一，本據亂而作，其中多非常異義可怪之論，說者疑惑，至有倍經，任意反傳違戾者，其勢唯問，不得不廣以講誦，師言至於百萬，猶有不解，時加以釀嘲辭，援引它經，失其句讀，以無為有，甚可閔笑者，不可勝記也」。這都說明在孔子歿後，其《春秋》之義的傳播是「人各言其志」，莫有一衷，並非後人所言有子夏傳經一事，即沒有所謂的正統師承，那後來繫上譜的荀子、子夏一脈，恐是偽託。

論文又從傳世文獻與《公羊傳》、《穀梁傳》內在的傳文敘述，來考察《公羊傳》、《穀梁傳》與孔子、子夏的關係，都無法證明《公羊傳》、《穀梁傳》傳承自子夏。相反的，從《公羊傳》、《穀梁傳》傳文中對《春秋》、孔子的態度都存有一份距離感，依此《公羊傳》、《穀梁傳》傳經應非傳自子夏。但這並不會影響二《傳》的重要性。據此來探析《公羊傳》與《穀梁傳》的異同，則更能看到二《傳》長期以來亦敵亦友的關係，及本身具有經典性的一面。

三　《春秋》曆日與《穀梁傳》傳例

研究先秦曆法的主要對象為《春秋》與《左傳》。因《春秋》有日食記載，《左傳》有歲星位置等記錄。而《公羊傳》與《穀梁傳》便少有專著研究其內容與曆法的關係，因此也不清楚《公》、《穀》可否談論曆法問題，又曆法與傳例之間有什麼關係也不清楚，論文主要探討這問題。

首先論證《穀梁傳》為解釋《春秋》的著作，而曆日記載於《春秋》之中，《穀梁傳》進行解釋。故《穀梁傳》中有許多傳文，是因為《春秋》中「時」、「月」、「日」記載之有無而加以發揮議論、進行褒貶。進一步探討《春秋》中曆日的記載是孔子「信以傳信，疑以傳疑」的實錄，還是筆削之後的結果。而秦滅學之後，漢代則興起另一種解經方式來解釋日食。

四　八年春晉侯使韓穿來言汶陽之田歸之于齊

《春秋》經文的每條經文就像一則標題，覆蓋底下叢聚的所有。文章所要處理主要有兩個問題：其一，《春秋》經文是如何產生，夫子「述而不作」的方式為何？其二，《傳》導致一種讀法，不見得是合乎實情。也不見得是《春秋》夫子的聲音。歷代解經者的著重點亦不同，今天的解經者應該如何解釋？另外亦涉及經文的敘事來源、反映歷史事件到「經」、「傳」、「史」間不同的處理方式。

五　《公》、《穀》二傳的文學研究

本文藉由近代「中國文學史」的撰寫中，往往闕漏《公》、《穀》二傳一事為起點，回過頭從劉勰、柳宗元、評點《公》、《穀》等例，來說明中國歷來對《公羊傳》、《穀梁傳》除了經典研究外，還有以文學身分看待的脈絡。並進一步探討經學文學化研究的變化過程。

六　歷史的改寫與文學的實錄——以頰谷之會為例

《春秋》定公十年魯國與齊國會盟，為頰谷之會，會中人物有齊景公、魯定公，《春秋》記載云：「夏，公會齊侯于頰谷。公至自頰谷。」在這個敘事之後《左傳》、《公羊傳》、《穀梁傳》、《晏子春秋》、《孔子世家》、《孔子家語》、《新語》等都有這次會盟的記載，不過記載的內容情節越發生動，就像故事不斷被改寫一般，早在徐彥的《春秋公羊傳注疏》中便提過何休的《注》是「襲取「《家語》及《晏子春秋》文也」，說明文本之間是有關係的，但又不是純粹的抄錄，此或是有目的性的修改故事，或為褒孔子，或為情節的緊湊，或為故事的聳動等等，這是中國很早就出現的一種對待文本的態度與方法。如同《三傳》面對《春秋》一般，既需有解釋的同義性，又需有延伸說明的擴大解釋性，如果和《春秋》完全一樣，就不需要《傳》了。而不受此限制的《史記》〈孔子世家〉又是用什麼態度來面對要處理的對象？在成文的過程中，我們看到中國人對說故事的能力，但弔詭的是他們的目的都不是為了文學，他們有為《傳》，有為《史》，有為《注》，但就不是為文學而改寫故事，對他們而言應是一種對事實的再描述，這是一種用什麼方式來對應文本的傳統呢？且「文」與「史」的界線與認識或可藉此釐清。

七　從《春秋》到《史記》撰寫角度改易試析——以魯莊公十三年「柯之盟」為例

「柯之盟」為魯莊公十三年齊、魯的會盟。此事孔子曾書於《春秋》，後來司馬遷《史記》也有相關的記載。孔子書寫此事，為記齊、魯間的會盟，司馬遷除於〈魯周公世家〉有相近的論述之外，並將此事件的關鍵人物獨立出來談，而有〈刺客列傳〉。這之中從經書到史書的書寫過程，除了著錄性質的改變，連帶將敘事的重心也轉移了。孔子談的是事件，司馬遷論的是人物，由此需探討，第一，「經」與「史」對同一事件的書寫差異為何？第二，司馬遷有關《列傳》人物的書寫是否是《春秋》此一脈絡下的產物，若可釐清此處，便可說明司馬遷有關人物《列傳》這種文體形式是如何產生的。又司馬遷對曹沫的書寫，影響了後來者看待此事的看法，而孔子所傳「柯之盟」的《春秋》經義，就被司馬遷的「曹沫傳」給取代了。

八　「經典」的流衍——以《穀梁傳》為例

經典之所以是經典，在於其歷久而不衰，超越時間與空間的限制。而經典在流傳的過程中，它的本質與功能是否仍保有一致性呢？筆者透過《穀梁傳》歷來被「引用」的情形，指出經典除了文字之外，其功能有被分化改變的情形。即經典於專門研究的《注》、《疏》之學外，還有一種流傳方式——「引用」，正好這一種方式不是在護持經典使其經典化，反而是一種非經典化的過程。

九　《穀梁傳》的家庭倫理觀——被覆蓋於政治與禮制下的想法對現代的啟示

《穀梁傳》的家庭倫理觀是散見於傳文之中，同時它在傳統經學的研究角度下也是被覆蓋於政治與禮制之下，為有所糾正而提到的。即《穀梁傳》提供了當時的家庭倫理關係與家庭倫理制度，從而可以與現代的家庭倫理觀、關係的異同性中得到啟示。其中家庭倫理的關係其架構未有很大的變動，但家庭成員的倫理關係即造成衝突的原因不同，它不再依於政治的影響然後成為規定的禮制，它的影響來源改變了。

十　《穀梁大義述》與《穀梁大義述補闕》作者及成書探析

《穀梁大義述》為柳興恩所著，歷來無所疑問。但後人常批評此書有闕，故繼有《穀梁大義述補闕》。筆者就柳興恩著述立說始末，著作收入《皇清經解續編》的過程，試圖解釋柳興恩《穀梁大義述》闕文的問題，其實不「闕」。

而《穀梁大義述補闕》的作者，按《穀梁大義述補闕》書前〈敘〉、書末金天翮〈張伯愉先生傳〉及圖書館著錄，皆言「張慰祖著」。不過整理胡玉縉遺稿的王欣夫先生，在收錄胡玉縉學術文章《許廎學林》時，編寫了〈吳縣胡先生傳略〉及〈跋〉，兩次提到《穀梁大義述補闕》為胡玉縉假張慰祖之名刊行，似乎有意強調此書為胡氏所撰。為何胡玉縉要借弟子之名發表著作？論文亦提出解釋。

十一　清學史中的《穀梁大義述》

「清學史」向來以《公羊》為焦點，此發軔於「常州觀」，而龔自珍、魏源、梁啟超又為揚其波瀾者，遂以為清世無《穀梁》學。本文撰意在發揚柳興恩《穀梁大義述》，對其立言《穀梁傳》「微言大義」處加以闡發。此亦「清學史」中較未受到關注之一端。本文針對王先謙以下清季諸儒視《穀梁大義述》曰「闕」（或曰「未竟之業」）者，重新審視。

論文中對柳氏此書之理解，有不同於前賢。以為柳興恩正在建構一個清學藍圖：「清學即《穀梁》學」。這實與晚清公羊家心志相仿。在公羊家突圍的過程中，必須越過漢學及考據學的氛圍，以大一統、張三世、通三統等經世致用，企圖滲透到羣經、政治、社會、文化，故有所謂的羣經公羊化的現象。而柳興恩亦是一樣，希望藉由《穀梁》之學，建立《穀梁》學為清學之正統的學術地位。策略是從《穀梁傳》集大成做起，將清代經師與清代師說都編入。宣稱在《穀梁大義述》中為「述經師」、「述師說」。其經，指《穀梁傳》；其師，指傳《穀梁》學之先師。則清學即《穀梁》學。

十二　《穀梁傳》三科九旨說

三科九旨，一直是公羊家與穀梁家對《春秋》大義的區別處，公羊家認為穀梁子未親受子夏，故不知三科九旨。清代今文經學大盛，公羊學家亦是強調《公羊傳》的微言大義。筆者從《穀梁傳》中，找到同於《公羊傳》三種九小類的解經語言，只是穀梁家向來未將此內容作為整體的系統性解釋。

論文提出《穀梁傳》有三科九旨，這不是要與《公羊傳》爭勝，而是《穀梁傳》真有符合比例原則的對照組。《公羊傳》的三科九旨與《穀梁傳》一樣，只在傳文中出現一、二次，它的意義是由注疏者賦予，並進而形成一套經典詮釋理論。因此，《穀梁傳》的三科九旨，值得提出作為詮釋《春秋》經典意義的新理解。

十三　錢穆的《春秋》學

錢穆先生於諸子、歷史、地理之學皆卓然有成，為一家之言。如朱子著述等身，又與朱子相似之處，皆對五經中的《春秋》未有專門著述。然細察先生著作可見不少有關孔子與《春秋》的討論，故從錢穆先生著作中來探討其有關《春秋》學的研究，旨在揭示錢穆有關《春秋》學的研究成果，並闡揚錢穆《春秋》學的學術貢獻。

十四　《左傳》史讀，杜預始

《左傳》經杜預分年相附，始為「經」、「傳」、「集解」的閱讀版式。解經意識下所形成的是經傳注疏的經學系統，「集解」在之中亦不免俗。然而《左傳》豐富的內涵，常使人各有所執。好經者，解以為經；擅文辭者，賞以為文；嗜史者，編以為史。《左傳》從來開放。

後世談經學的《左傳》，杜預必在其中。然而杜預每每於《集解》中，以國史解釋《春秋》、《左傳》的書寫，既脫離也無視孔子的筆削。杜預所理解的《春秋》、《左傳》，其實就是魯史。是較劉知幾更早，便如此看待。論文闡述《左傳》史讀，杜預為第一人。「以史解經」之方法意識，從史官之學來。

十五　周予同《經學史論》的春秋觀

新中國時期的經學研究闕如，不代表這段期間經學無人聞問。究其原因大多是今人總以為當時歷經文化大革命，或見書中屢以馬克思思想作為理論指導詮解經學，便嗤之以鼻以為無足可觀。然事過些年，風平浪息，研究者該回頭看看五十年以來新中國的經學研究成果究竟有何價值？或其呈顯了政治力量與知識份子間的角力。此些問題皆能於時代著作中窺得一二。是故本篇論文著意將研究焦點置放在周予同先生的經學論述，討論其中的《春秋》觀點與時代影響。

十六　論《左傳》對後世文化傳統的影響——以鄭宋大棘之戰為例

《左傳》鄭宋大棘之戰的記載非常精簡，然內容包含經學對當時事件的批判與從堅守儒家精神來進行評論。從中可以見到《左傳》站在國家整體利益為上的立場發言，多以保全國家為最重要的事。透過「君子曰」的闡述，呈現了不僅對單一事件的評議，而是將儒家精神貫串其中，以此精神內涵所代表的道統，建構出「君子曰」的話語權力，得以超越古今、時間、地域的限制，並在後世逐漸形成穩固的意識形態。這些點點滴滴的儒家立場，彙集後便形成足以影響後世的（儒家）文化傳統。

以上為本書各篇簡要說明，權以為序。

簡逸光

二〇一五年三月十五日

制度與人性
——以《春秋》「隱公即位」為例

一　前言

隱公元年為《春秋》的第一條，即「隱公元年春王正月」也。若讀《左傳》則自「惠公薨」讀起。《左傳》文字並非自隱公元年始，其前已有傳文。隱公元年既稱《春秋》之始，則《春秋》之前的「惠公薨」，其繫年該如何稱之呢？稱隱公元年前一年，或稱惠公幾年，或周平王四十八年[1]，或西元前七二一年？依魯史，則惠公於魯史記的記載上，本會有其稱法，即惠公某年。「惠公薨」於惠公四十六年[2]，則經之前這年，若從魯史言之，則應稱「惠公四十六年」。然而回到孔子所書的《春秋》該如何看待？《春秋》第一句仍是「隱公元年春王正月」，「惠公薨」便是經之前、經之外。

孔子以隱公元年作為書寫《春秋》的開始，觀前人之說，大體有以下數論：

1　《竹書紀年》：「周平王四十八年，無雲而雷。魯惠公卒。」撰者不詳，洪頤煊校：《竹書紀年》（臺北市：臺灣中華書局，1980年），卷下，頁13b。

2　司馬遷：《史記》（北京市：中華書局，2003年），卷14，頁548。

(一) 杜預〈春秋經傳集解序〉

> 《春秋》何始於魯隱公？答曰：「周平王，東周之始王也。隱公，讓國之賢君也。考乎其時則相接，言乎其位則列國，本乎其始則周公之祚胤也。若平王能祈天永命，詔開中興；隱公能弘宣祖業，光啟王室。則西周之美可尋，文武之跡不墜，是故因其歷數，附其行事，采周之舊，以會成王義，垂法將來。」[3]

杜預以平王東遷論孔子意欲將魯國中興之希望寄託在隱公身上，以周之東遷與魯隱公之讓國，具時代相近的巧合，足以成為一個徵兆，即為周王室中興的機會。故以隱公之始，以相應於周平王之東遷。

(二)《公羊傳》

> 《春秋》何以始乎隱？祖之所逮聞也。所見異辭，所聞異辭，所傳聞異辭。[4]

《公羊傳》的說法是孔子自其時代上溯可聞知的歷史，隱公乃是祖之所逮聞也。這對孔子而言應是信史的最遠處。何休：「據得麟乃作」又云：「託記高祖以來事可及問。聞知者猶曰我但記先人所聞，辟制作之害。」何休一開始並未據此而注疏，他提出「據得麟乃作」，此

---

3 左丘明傳，杜預集解，孔穎達疏：《春秋左傳注疏》（臺北市：藝文印書館，1997年），卷1，頁25a。

4 公羊高傳，何休解詁，徐彥疏：《春秋公羊傳注疏》（臺北市：藝文印書館，1997年），卷28，頁12a。

與《公羊傳》說法不同，但何休為何有此說呢？應與漢代讖緯之學有關。徐彥疏云：「假托云道，我記高祖以來事者，謂因己問父得聞昭、定、哀之事，因父問祖得文、宣、成、襄之事，因祖問高祖得聞隱、桓、莊、閔、僖之事，故曰托記高祖以來事可及問，聞知者以此言之，則無制作之義，故曰我但記先人所聞，辟制作之害也。」

《公羊傳》所提的是史家著述中，如何確保客觀事實的描述，非憑傳說神話，繼以敷衍成文。但《公羊傳》如此詮釋也將孔子作《春秋》的性質給予一種身分——即私家著述。因《公羊傳》強調孔子作《春秋》自隱公始乃就其先祖之所聞知，非自魯史而來。

(三) 孫復《春秋尊王發微》

> 孔子之作《春秋》也，以天下無王而作也，非為隱公而作也。然則《春秋》之始于隱公者非他，以平王之所終也。昔者幽王遇禍，平王東遷，平既不亡，周道絕矣。觀夫東遷之後，周室微弱，諸侯強大，朝覲之禮不修，貢賦之職不奉，號令之無所束，賞罰之無所加，壞法易紀者有之，變禮亂樂者有之，弒君殺父者有之，攘國竊號者有之，征伐四出，蕩然莫禁，天下之政，中國之事，皆諸侯分裂之。平王庸暗，歷孝逾惠莫能中興，播蕩陵遲，逮隱而死。夫生猶有可待也，死則何所為哉？故《詩》自〈黍〉而降，《書》自〈文侯之命〉而絕，《春秋》自隱公而始也。《詩》自〈黍〉而降者，天下無復有雅也；《書》自〈文侯之命〉而絕者，天下無復有誥命也；《春秋》自隱公而始者，天下無復有王也。夫欲治其末者，必先端其

本，嚴其終者，必先正其始。[5]

孫復在宋代提出一種消極且具批判性的理由。其云「天下無復有王也」。孫復的談法，明顯是從後代的歷史變遷過程來回顧周平王的定位。他看到周平王是平庸的，完全看不到希望。也就是自周平王而後，周王室之地位更等而下之，故《春秋》二百四十二年所記，征伐不自天子出，諸侯強大不聽號令，所謂禮壞樂崩，天下無王也。

又如徐樹丕：「魯隱之始，平王之終也。周之不競自平王始也。宗周之業基于豐鎬，而東遷雒邑，宗周之重失矣。然則何以不始於平王之初年也？曰：周雖東而君子尚冀其反于西也，故遲之以歲時至平王之終。曰：無冀矣，故《春秋》于是作也。」[6]徐樹丕也從歷史的結果論來說，至周平王時代的結束都沒有中興王室，所以孔子認為沒有希望了，才開始作《春秋》。

(四) 黃道周《坊記集傳》

《春秋》之意，以越禮自下，坊德自上，節情而止，亂君子之事也。叔段欲京則與之京，欲貳則與之貳，無禮以止之，則猶之教驕亂者矣。教驕亂而後克之，則幾乎恐不克之也，夫是為三桓而發也。夫子以叔段起三桓，以鄗起郈與費，圍成之不克，亦夫子之所憖也。夫子將筆之書，又與二、三子討論其義，丁寧於〈坊表〉之始，故〈坊表〉記者，《春秋》之開塞

5 孫復：《春秋尊王發微》，收入《文津閣四庫全書》（北京市：商務印書館，2005年），第50冊，卷1，頁395-396。

6 徐樹丕：〈春王正月說〉，《識小錄》（上海市：上海書店，1994年），卷3，頁17a-17b。

也。得其三坊，而《春秋》之燦乎著矣。[7]

黃道周認為孔子著《春秋》之意，是其時代三桓亂國，因故溯其源流，則需自隱、桓之際論起。三桓即魯大夫孟孫氏、季孫氏、叔孫氏。三桓先祖於魯桓公之時亦曾大亂魯國，分別為慶父、季友、叔牙。這三位都是魯桓公之子，與魯莊公為兄弟。魯桓公殺隱公，這幾位魯大夫又殺莊公，同是亂國，故其云有相應。

（五）顧炎武《日知錄》

> 《春秋》始於隱公，晉韓宣子聘魯，觀書於太史氏，見《易象》與《魯春秋》，曰：「周禮盡在魯矣。」吾乃今知周公之德與周之所以王也。蓋必起自伯禽之封，以洎于中世，當周之盛，朝覲、會同征伐之事皆在焉，故曰周禮。而成之者，古之良史也。自隱公以下世道衰微，史失其官，於是孔子懼而修之。自惠公以上之文，無所改焉，所謂「述而不作」者也。自隱公以下，則孔子以己意修之，所謂「作《春秋》」也。然則自惠公以上之《春秋》，固夫子所善而從之者也，惜乎其書之不存。[8]

顧炎武認為魯之有《春秋》即魯史記也，自有魯國則有魯史。而孔子《春秋》之所以從隱公作為開始，是因為隱公之前的《魯春秋》或因年代久遠而不存。故孔子從隱公處為起始點。清人孔廣森亦云：「隱

7 黃道周：〈去亂章第二〉，《坊記集傳》，收入《文津閣四庫全書》（北京市：商務印書館，2005年），第42冊，卷1，頁67。

8 顧炎武撰，周蘇平點注：《日知錄》（蘭州市：甘肅民族出版社，1997年），卷4，頁145。

公以來之事，祖雖不及見，猶及聞而知之。過是以往，文獻不足，恐失其實，故斷自隱始。」[9]

除此之外，近人熊逸又做了一次詳細的列舉，如以十二為天數或周王宜臼、王子余臣，二王並立的結束等等。[10]諸家說法雖試圖去尋求孔子意旨，但主要還是與當時所處時代與個人識見有關。這些說法不只解釋過去，也呈現解釋者當下對歷史的看法及解釋者對孔子的認識。所以後人一再又一再的詮解，彷彿只是為了重新建立自己的觀點。這些說法有著共同趨向，都不覺得魯隱公有什麼特別之處可被孔子關注。所以《春秋》始隱的原因，不在隱公身上。

二 《春秋》始「攝」

隱公元年《春秋》之義，主要的關鍵在於未書寫出的「公即位」。原本正常態為「隱公元年春王正月公即位」，今只有「隱公元年春王正月」。「公即位」因為不書，焦點反而特別突出。由不書「公即位」帶出的理由，公羊子、穀梁子、杜預、何休、范甯等歷代經師的解讀，原因是「攝」。

(一)《左傳》

隱公元年春王周正月，不書即位，攝也。[11]

---

9 孔廣森：《春秋公羊通義》，收入《皇清經解》(臺北市：漢京文化，1980年)，第13冊，卷690，頁12a。

10 熊逸：《春秋大義2：隱公元年》(桂林市：廣西師範大學出版社，2009年)，頁19-25。

11 左丘明傳，杜預集解，孔穎達疏：《春秋左傳注疏》(臺北市：藝文印書館，1997年)，卷2，頁13b。

1 經文之闕

經過比對魯國十二公的元年書寫，可以發現隱公元年的書寫是變例。照理應書「隱公元年春王正月公即位」。所以當經文不書時，它成了一個「闕」。「闕」的意涵，《左傳》云：「不書即位，攝也。」透過《左傳》的補充，似乎將缺口給補起來，但其實這只是《左傳》的一家之言。何以故？因為經文沒有文字可以支持《左傳》的解釋，所以我們可以將《左傳》的解釋，當作一種推論。

而經文之闕，是依魯史慣例，還是孔子特意不書，甚至將魯史之有書，刪定為不書呢？總之孔子這樣的筆法——經文不書，成為《春秋》一開始就令人非得駐足停留不可的立言之道。

2 不書即位

《左傳》云：「不書即位，攝也。」然此應區分為二部分：「不書即位」與「攝也」是不同的意思。「不書即位」是《左傳》理解的前提，左丘明認為《春秋》是一種不書。肯定了孔子的主動義，才有後面的解釋——「攝也」的出現。左丘明如何如此肯定《春秋》是不書，而不是依魯史冊的跟隨？這個前提很容易轉移讀者的焦點，放在「攝也」，而忽略了「不書即位」本身是否應該討論的命題。因此左丘明或有意或無意的經典書寫，開啟孔子「不書」筆法的發現。「書」與「不書」成為了《左傳》解經時的一個閱讀意識。

3 攝也

《左傳》在「不書即位」成為一個前提之後，提出理由，就是隱公「攝也」。「攝」是一個非常曖昧的行為，自古伊尹攝太甲位，周公輔成王攝行政當國，都成為一個重大的政治事件，孔子不可能不知道

「攝」字的模糊性，左丘明也不會不知。既然如此，左丘明仍以「攝」字來解釋孔子《春秋》不書即位的理由，似乎有刻意的目的。

「攝」而不書即位，有三個解釋。第一，「攝」是一種非正式的，僅為一種代理式的，所以不能當作正式的即位例來書，如此是「不可書」，而不是「不書」。第二，「攝」只是不書的理由，只要有不書的理由，不書便有一個正當性。二者的差異在於，前者將「攝」字作為一個重要的導因，後者將「攝」僅當作是「凡例」的理由。杜預《春秋釋例》「公即位例」便是屬於第二種情形。當「攝」與莊公的「文姜出」、閔公的「亂」、僖公的「公出」，皆為不書「公即位」的原因時，「公即位例」的焦點在於「不書」，而不在「攝」。然若從左丘明的解經之處，其應在「攝」字上。第三，「攝」是隱諱語，隱公即位了，但孔子不書即位，以示不正。

4 隱公立而奉之

在隱公前一年，魯惠公四十六年，《左傳》:「是以隱公立而奉之。」緣於「惠公元妃孟子。孟子卒，繼室以聲子，生隱公。宋武公生仲子。仲子生而有文在其手，曰為魯夫人，故仲子歸於我。生桓公而惠公薨，是以隱公立而奉之。」從惠公四十六年所云，隱公雖為繼室所生，桓公為夫人生，但並未明確論及孰為魯君之繼承者，故依其文述「隱公立而奉之」，似乎是隱公立桓公為魯公，這與《左傳》所云「不言即位，攝也。」才能連繫上。意思是惠公薨未及立桓公為太子，故惠公薨後的即位者，由隱公代惠公立桓公為魯公，自己亦奉桓公為魯公。因桓公過於幼小，隱公不得已只好攝魯公位。

5 攝行君事

經元年下，杜預解云:「隱雖不即位，然攝行君事，故亦朝廟、告朔也。」其解「不書即位」為不即位，因此對杜預而言不是不書而是根本沒有即位的儀典。然而卻攝行君事。「攝」所以有模糊性便是在此。「攝行君事」，好像所有國君該做能作的，如朝廟、告朔，都由隱公代理。如果只是代理，何以解釋「隱公」為「公」，且在位十一年呢？

6 假攝君政

杜預又云：「假攝君政，不脩即位之禮，故史不書於策，《傳》所以見異於常。」「攝行君事」為何會變成「假攝君政」？其意義頗有不同。「攝行君事」可以當作僅是處理朝廟、告朔等天地之常事；「假攝君政」就可能涉及外交、軍事等具體方針的改變。若不是杜預語意不清，便是他所理解的「攝」，不僅是暫代，而是全面的執政。

另外，杜預將「不書即位」解釋為「不脩即位之禮」，即隱公沒有舉行就職大典，所以孔子不書「公即位」。

7 追成父志，桓尚少，以立為太子，帥國人奉之

杜預於惠公四十六年：「是以隱公立而奉之」，底下云：「隱公繼室之子，當嗣世，以禎祥之故，追成父志，為桓尚少，是以立為大子，帥國人奉之。」

「追成父志」在《左傳》上可以理解為立桓公為魯公，因為若桓公立為太子，隱公不需奉之。但杜預解此追成父志卻寫成立桓公為太子，此是大不同的。在杜預的解釋上，隱公是即位的魯公，因為其雖以攝之名義代理國政，但卻因其立桓公為太子，所以桓公想要即位，必須等隱公過世才能名正言順的即位。杜預以隱公立桓公為太子之說來確認隱公是有即位的魯公。

《左傳》意在「攝」字。「攝」，於司馬遷已有諸多說法，如「攝

政當國」、「攝行政當國」。或如杜預云「攝行君事」、「假攝君政」，都指向代理治理國家一事。《左傳》雖未言明，不書即位是因「攝」，所以不書；還是因未行即位之禮，所以不書。但似乎隱公「即」位的事實是存在的。而「攝」的內涵為暫代，究竟是代理至老死，還是因那個當下桓公無法即位，所以當隱公以攝的角色入主君位之後，它就便為合法的國君呢？以《左傳》來說，「攝」本身就已經是即位狀態了。

（二）《公羊傳》

> 公何以不言即位？成公意也。何成乎公之意？公將平國而反之桓。曷為反之桓？桓幼而貴，隱長而卑，其為尊卑出微，國人莫知。隱長又賢，諸大夫扳隱而立之。隱於是焉而辭立，則未知桓之將必得立也。且如桓立，則恐諸大夫之不能相幼君也，故凡隱之立為桓立也。隱長又賢，何以不宜立？立適以長不以賢，立子以貴不以長。桓何以貴？母貴也。母貴則子何以貴？子以母貴，母以子貴。[12]

《公羊傳》意在「反」字，或「將反」。《公羊傳》以桓幼，諸大夫擁隱公而不立桓公，隱公為顧全大局，而即位。又謂公將平國而反之桓，其云：「隱之立為桓立也。」然終隱公十一年，皆未「反」，既然「未反」，故是「將反」。《公羊傳》以隱公為桓公而「立」，這「立」已足明隱公即位。

12 公羊高傳，何休解詁，徐彥疏：《春秋公羊傳注疏》（臺北市：藝文印書館，1997年），卷1，頁9a-12a。

（三）《穀梁傳》

> 元年春，王正月。雖無事，必舉正月，謹始也。公何以不言即位？成公志也。焉成之？言君之不取為公也。君之不取為公何也？將以讓桓也。讓桓正乎？曰不正。《春秋》成人之美，不成人之惡。隱不正而成之，何也？將以惡桓也。其惡桓何也？隱將讓而桓弒之，則桓惡矣。桓弒而隱讓，則隱善矣。善則其不正焉何也？《春秋》貴義而不貴惠，信道而不信邪。孝子揚父之美，不揚父之惡。先君之欲與桓，非正也，邪也。雖然，既勝其邪心以與隱矣，已探先君之邪志而遂以與桓，則是成父之惡也。兄弟，天倫也。為子受之父，為諸侯受之君，已廢天倫而忘君父以行小惠，曰小道也。若隱者可謂輕千乘之國，蹈道則未也。[13]

《穀梁傳》意在「讓」字，或「將讓」。隱公將讓桓公原因在於「先君欲與桓」，所以隱公自己不言即位，表明成其父志，而實際上隱公還是即位了，他只是有讓桓之心，或有將讓桓之心。

三傳對於《春秋》第一條經文各有言說，雖言語不同，意皆在一事，即魯隱公即位之事。

《左傳》言「攝」

《公羊傳》言「反」、「將反」。

《穀梁傳》言「讓」、「將讓」。

---

13 穀梁赤傳，范甯集解，楊士勛疏：《春秋穀梁傳注疏》（臺北市：藝文印書館，1997年），卷1，頁1a-3a。

魯隱公的行為與周公輔成王，有極大的雷同。孔子以隱公為《春秋》之始，似乎看到隱公與周公間有深刻的相似性，可以藉此為周公之事表達意見。透過《春秋》經文的空白，留下口傳，為三傳之說。而三傳說什麼呢？隱公即位稱公。推想孔子對周公，應亦認為周公即位稱王。這與周公形象不符，與制度不合，該如何解釋？孔子口傳弟子：即位稱王並沒有道德性的問題，因為他是「攝」、「將反」、「將讓」。隱公「將反」、「將讓」能夠被肯定，那周公「已反」、「已讓」，更無可置喙。隱公當然不重要，因為平反的對象在周公。如《論語》〈里仁〉:「子曰：能以禮讓為國乎？何有。不能禮讓為國，如禮何？」與《穀梁傳》所言相應也。

三　桓公即位

隱公元年的議題與桓公元年是有連繫關係的，單就桓公元年「春王正月公即位」的夫子筆法與隱公元年相較，就可發現桓公似乎是一個合理的即位，他不止讓夫子承認並為他寫上「公即位」三字，之後魯國的繼承者與隱公都沒關係了，桓公之後的繼承者便是桓公的兒子「莊公」。這麼說是因為若不考慮三傳的解釋，《春秋》不書隱公即位，而書桓公即位，剛好是強烈的對比。陸淳針對這樣的矛盾提出解釋：

> 元年有正，夫子言隱當立而不行即位之禮；十年無正，譏隱合居其位而不正以貽其禍也。[14]

陸淳順著《春秋》隱公元年書「正」，認為這是夫子表達隱公不行即

14 陸淳：《春秋微旨》（北京市：中華書局，1991年），卷上，頁6。

位之禮的筆法。程頤云：

> 隱不書即位，明大法于始也。諸侯之立，必由王命；隱公自立，故不書即位，不與其為君也。[15]

程頤順著陸淳的說法，更明確的將「不書即位」，指說隱公未受周天子冊立，乃是自立，故夫子不書公即位，強調不認同其為魯君也。這樣的言說在宋代起了影響，如胡安國亦云：

> 國君逾年改元必行告廟之禮，國史主記時政必書即位之事，而隱公闕焉，是仲尼削之也。[16]

宋代之後對於隱公不正的看法逐漸流行，這與《春秋》學興起有關，但《穀梁傳》與杜預主張的，仍是桓公不正。

（一）《左傳》

隱公十一年，冬十有一月壬辰，公薨。《左傳》：

> 壬辰，羽父使賊弒公於寫氏，立桓公而討寫氏，有死者，不書葬，不成喪也。[17]

---

15 程頤：《春秋傳》，收入《二程全書》（海口市：海南國際出版中心，1996年），卷1，頁4。

16 胡安國：《春秋傳》，收入《四部叢刊續編》（上海市：上海書店，1989年），第10冊，卷1，頁2a。

17 左丘明傳，杜預集解，孔穎達疏：《春秋左傳注疏》（臺北市：藝文印書館，1997年），卷4，頁26b-27a。

《左傳》提到隱公十一年十一月壬辰日，羽父派人於寫氏家中殺了隱公，且為立桓公而討寫氏。這之中隱公遲不讓位遂使桓公等不及，故有篡位之舉。今究《左傳》則知非桓公使羽父弒隱公于寫氏之館。

《左傳》於壬辰之前，猶有補述。其云：

> 羽父請殺桓公，將以求大宰。公曰：「為其少故也，吾將授之矣。使營菟裘，吾將老焉。」羽父懼，反譖公於桓公而請弒之。公之為公子也，與鄭人戰於狐壤，止焉。鄭人囚諸尹氏，賂尹氏而禱於其主鍾巫，遂與尹氏歸而立其主。十一月，公祭鍾巫，齊於社圃，館於寫氏。

羽父弒隱乃懼請殺桓公之舉事跡敗露，故轉而投靠桓公。整個過程皆是羽父主導，禍首應為羽父。

然其中有一潛在的模糊處，即當羽父反譖隱公於桓公，而請弒之時，桓公是否默許了呢？

孔子《春秋》並無此意思。何故？因從「桓公元年春王正月公即位」，此桓公元年書寫，完全是一個正常的公即位書寫。且《左傳》：「元年春，公即位，修好於鄭。鄭人請復祀周公，卒易祊田，公許之。」也沒強調桓公篡立弒君不正即位的記載。

(二) 桓弒隱乃《穀梁傳》說

《公羊傳》亦無提到桓弒隱的直接證據，《公羊傳》解釋與《左傳》同，隱公為賊所弒。《公羊傳》隱公十一年冬十有一月壬辰：

> 何以不書葬？隱之也。何隱爾？弒也。弒則何以不書葬？《春

秋》君弒，賊不討，不書葬，以為無臣子也。子沈子曰：「君弒，臣不討賊，非臣也。不復仇，非子也。」葬，生者之事也。《春秋》君弒，賊不討，不書葬，以為不繫乎臣子也。公薨何以不地？不忍言也。隱何以無正月？隱將讓乎桓，故不有其正月也。[18]

又桓公元年《公羊傳》云：

繼弒君不言即位，此其言即位何？如其意也。[19]

雖然《公羊傳》：「如其意。」是如桓公的意，但仍未言桓公有弒隱之事。

《穀梁傳》隱公十一年：

公薨不地，故也。隱之，不忍地也。其不言葬何也？君弒，賊不討，不書葬，以罪下也。隱十年無正，隱不自正也。元年有正，所以正隱也。[20]

又桓公元年：

桓無王，其曰「王」，何也？謹始也。其曰「無王」，何也？桓

18 公羊高傳，何休解詁，徐彥疏：《春秋公羊傳注疏》（臺北市：藝文印書館，1997年），卷3，頁16b-17b。

19 公羊高傳，何休解詁，徐彥疏：《春秋公羊傳注疏》（臺北市：藝文印書館，1997年），卷5，頁1a。

20 穀梁赤傳，范甯集解，楊士勛疏：《春秋穀梁傳注疏》（臺北市：藝文印書館，1997年），卷2，頁13a。

> 弟弒兄，臣弒君，天子不能定，諸侯不能救，百姓不能去。以為無王之道，遂可以至焉爾。元年有王，所以治桓也。
>
> 繼故不言即位，正也。繼故不言即位之為正何也？曰先君不以其道終，則子弟不忍即位也。繼故而言即位，則是與聞乎弒也。繼故而言即位，是為與聞乎弒何也？曰先君不以其道終，已正即位之道而即位，是無恩於先君也。[21]

《穀梁傳》這裡說的清楚明白：「桓弟弒兄」。

三傳於此處或可分為兩個角度來理解。一是隱公為誰所弒？二是桓公元年為何書寫「公即位」？《公羊傳》、《穀梁傳》都同意君弒賊不討，乃臣之大不忠，也是新即位之君的首要之務。若即位者，即弒君之人，其如何自討呢？另一個問題是，如果三傳同意是桓公弒隱公，或者是桓公暗中同意羽父的弒隱之舉，為何桓公即位之元年，《春秋》無貶？

《左傳》以弒君之人為羽父，罪不在桓公，故桓公能行即位之禮。

《公羊傳》以君弒賊不討來立宗旨，但因未以桓公為弒君者，故只能就賊不討來規諫桓公，此尚不至於削其即位之事，故仍言公即位。

《穀梁傳》以桓弒隱，又行即位之禮，乃重貶之。既突顯弒君之罪，又明無恩於先君也。

(三) 杜預從《穀梁傳》說

杜預於隱公十一年隱公薨下云：

---

21 穀梁赤傳，范甯集解，楊士勛疏：《春秋穀梁傳注疏》(臺北市：藝文印書館，1997年)，卷3，頁1a-2a。

桓弒隱，簒立。[22]

又於桓公元年云：

桓公簒立，而用常禮，欲自同於遭喪繼位者。[23]

杜預注改變了《左傳》羽父弒隱的事，順著羽父欲立桓公而討寫氏，將羽父的行動歸於桓公的幕後指使。由是桓公為簒立之主謀者，則雖羽父所弒，仍為桓公所弒。

杜預改變了《左傳》以羽父為主謀者的說法，改以桓公為簒立主謀者。杜預如何能如此肯定的說「桓公簒立」？因其接受了《穀梁傳》的說法，即前所述：「桓弟弒兄，臣弒君……繼故而言即位，是為與聞乎弒何也？曰先君不以其道終，己正即位之道而即位，是無恩於先君也。」所以「桓弒隱」、「簒立」的言說，成了理所當然，桓公之惡更無翻身之地了。桓公即位正與不正，影響著隱公即位的正當性。那桓公究竟有弒君簒立，還是君薨即位耳？孔子沒給答案，他呈現的仍然只是隱公不書公即位，桓公書公即位。

四 制度與人性

孔子以《春秋》來說明隱公元年春王正月一事，對其而言是二百多年前的歷史。歷史有一個不可違逆的結果，就是它已經是如此。因此

---

22 左丘明傳，杜預集解，孔穎達疏：《春秋左傳注疏》（臺北市：藝文印書館，1997年），卷4，頁27b。

23 左丘明傳，杜預集解，孔穎達疏：《春秋左傳注疏》（臺北市：藝文印書館，1997年），卷5，頁1a。

孔子所面對的是要以如何的文字，將事件撰寫出來。常人特別容易在情感上選擇對自己安心的方式執行。但聖人得站在更高的位置，看到更適宜的處理方法。以隱、桓為例，這事同時涉及制度與人性的難題。

(一) 繼承順序

孔防叔是孔子的曾祖父。孔子一家是封建制度沒落的目擊者，和制度崩壞底下的受害者。他們一代代的經歷，顯示了西周初期制度的變化。如殷人習慣「兄終弟及」，周人卻認定應該「父死子繼」。當宋國仍行「兄終弟及」的方式，在周人的制度下，「父死子繼」才是正確的。因此，「兄終弟及」逐漸成為特例，從宋湣公的例子可以看見宋國在殷商制度轉變到西周制度時所產生的衝突。而魯隱公與魯桓公為同父異母兄弟，在魯惠公之後，也正進行著繼承上的衝突。

周代是「父死子繼」，而魯國在周天子的管轄之內，理應執行周法。故當魯惠公薨，魯以隱公繼之，是合理的。但當魯隱公逝世後，桓公若在常態下是否能繼承魯君之位呢？道理上是不行的。只有隱公的兒子才有繼承權。所以魯桓公是弒君篡位。他破壞了「父死子繼」的規矩，從另一方面來說，若桓公否定隱公的即位事實，說隱公僅是「攝政」不得稱公，在魯國國君的傳承上，跳過隱公，那他就將自己斷定是繼承魯惠公的接替者。然後魯桓公結婚生子，再將君位傳給自己的兒子魯莊公，這樣便沒有違逆宗法制度。

今天我們見到孔子修的《春秋》，隱公是有其位置的。但魯春秋呢？在魯桓公時代所修的魯史上還會有魯隱公這一段嗎？若沒有，則桓公當然視自己為魯惠公唯一合法的繼承者。若有，則桓公會將自己視為篡逆者而登大雅之堂受周天子冊封嗎？應該不會。

孔子是當時一位推行禮法不遺餘力，並且希望能將周代禮法制度化的推行者，因此當他面對周武王崩，周公該如何時，應是依周代宗法制度視之，即「父死子繼」，那合法繼承者是成王。周公不應即位稱王。

但攝政如何能兼顧「名正言順」，若攝政不能有名，號令何以服眾？故攝政如何稱名？周代創始不遠，相信是周公自己都是第一次面對這樣的情形，當他意識到，當下的處理合宜與否，將會成為周代宗法制度的定法，這就是「制禮作樂」的典範性示範。

周公後還政於成王，世人方知其心。這一段大有曲折，見《尚書》、《史記》皆可見當時周公行徑不僅世人懷疑，連其兄弟管叔、蔡叔都不相信周公僅是攝政，最後連成王都有所懷疑。這是當然的。故後人亦有明言周公之所以還政，是情勢所迫。同樣的事件，回到魯隱公攝桓公位，其攝「十一年」，猶不還政，難怪桓公根本不相信隱公有還政之心。因為周室之宗法「父死子繼」，隱公是有可能在攝政過程逐漸合法自己為魯惠公的唯一繼承者。這樣桓公便不存在了，魯隱公可以立自己的兒子為太子。

孔子是如何看待魯國宗法應從殷，還是從周呢？從殷則隱公薨，桓公即位，正也。若從周禮，則隱公薨，桓公即位，不正也。按照歷史的順序是魯惠公薨後，魯國陷入國君之爭，先由魯隱公「執政」十一年後，魯桓公接替。

這樣在魯國的歷史上是如此，但對於魯桓公的認識而言，他應不承認魯隱公為魯君這事實，他是奪其君位的篡逆者，所以當他殺掉隱公後，他是魯惠公之後唯一合法的繼任者。隱公只是一段叛亂史，可以刪去的。

但就孔子《春秋》所列的魯國世系，是為魯惠公——「魯隱公」——魯桓公。但魯隱公要特別註解一下，因孔子不書隱公有「即位」。故隱公於魯史上有一特殊的定位，即不存在的存在。這也就是孔子《春秋》筆法，讓隱公真實的存在。

周公問題也面臨相同的情形，即周公稱王的事實應該是存在的，但因為帝王世系的正統論，必須將這段歷史給刪去，或改寫。使「周文王——周武王——周公——周成王」改成「周文王——周武王——周成王」。如此將周公的聖人形象非但保留住，更向上提高一級。

孔子透過歷史必然傳聞過周公事蹟，當隱公也有如此類似的情形發生時，其實並不巧，因為隱、桓之世，上距周公，下離孔子之世，皆遠也。故孔子選隱公為《春秋》之始，斷然恢復給隱公一個魯公的地位，當然他面對周公的態度也會一樣。即周室世系應為「周文王——周武王——『周公』——周成王」周公在周世系中就是不書公即位，但仍應佔有實際周天子之位。

(二) 母弟篡立

隱、桓的問題，向來學者多從《公羊傳》討論到底是「母以子貴」還是「子以母貴」，進而去研究隱公生母聲子與桓公生母仲子，孰貴？孰尊？但孔子以隱、桓為起始，還有一個可關注的現象。就是國君常偏愛後出之子，寧願冒違逆宗法制度的大不韙，進而立庶子為太子。或母弟不甘為臣，冒險篡立。隱、桓是如此，鄭伯克段于鄢中之的鄭莊公、共叔段，莫不如此。

這種特例，一旦成為事實，必定弄的國家大亂。這是遵守制度的孔子絕難忍受的。若從這裡切入，那魯國之亂，則始自魯惠公，《春秋》之始應自魯惠公談起。

談國家繼承的問題，聚焦在宗法制度或君王身上是常例，但往往產生變化的影響處在於君王的寵妃，及新生兒。即夫子所謂女子、小人也。

國君受年輕貌美的女子吸引，改變對太子的人選或喜愛新生兒而討厭長子，這都是君王的性格所致。

其中夫妻匹配十數年，見一方年華老去，亦無新鮮感，對其興趣必減低，突然來個年輕的女子，當然受動搖。而原太子或已成年或正值青春期，正叛逆，與父親之間的同性競爭心理本來就不容易和諧，現在有一幼小毫無攻擊力與威脅感的嬰孩剛出生，說什麼都是可愛，令人疼愛。便以為將王位交給新生兒，對自己是安全的。

這些孔子都知道，但為立萬世法則，宗法制度的穩定對孔子而言是高於一切的。孔子考量的是制度的建立與制度的穩定，更深一層是宗法制度與親情之間的衝突矛盾，再進一步當自身安全感與宗法制度有所牴觸時，又該相信自己的感覺還是選擇相信制度？

孔子看到周公與隱公都以相幼君為理由時，他所面對的是制度與人性的判斷。他先用制度去談，再用人性去說，二者都兼顧了，成就了《春秋》。即用制度來不書公即位，然後口傳經義時云：「成公意也」、「攝也」、「將讓國」。這與周公為制禮作樂之制定者，卻私下去向老天爺為武王續命，去攝政然後反政於成王，是一樣的。它的雙重性，打破了單一思維，孔子承接了這一課題。

五　結論

高士奇以紀事本末體編寫《左傳》成《左傳紀事本末》。其提到：

> 《左氏》之書雖傳《春秋》，實兼綜列國之史。茲用宋袁樞紀事本末例，凡列國大事，各從其類，不以時序，而以國序。[24]

24 高士奇：〈左傳紀事本末凡例〉，《左傳紀事本末》（北京市：中華書局，1997年），卷首，頁5。

此間內容凡取《左傳》原文，罕有所遺。

以「魯隱公嗣國」為例，高士奇列舉與隱公嗣位有關的傳文。並加以評論：

> 顧隱之失不在于讓，而所以讓之道有未善也。……使隱能如周公輔成王故事，抱負以臨羣臣、聽國政，即不然，令桓毓質深宮，己則身都魯相，而代之經理，其發號施令，入告王朝，通問鄰國，一稱桓君而已無與焉。則名分定，而己之心跡亦明，雖有百奸人，烏能離閒于其閒哉？不此之圖，而奄然立乎其位，國之人皆指而目之曰：「此魯君也。」其盟摟伐之所至，羣指而目之曰：「此魯君也。」其于瓜李之嫌謂何矣。[25]

高士奇說隱公無勇、不智、不信、不孝、不仁、紊防、貪得、縱權、簡禮、反覆、文過、無君親，乃啟爭端之禍媒也。將隱公批評的一無是處。他將焦點放在隱公身上，認為問題出在隱公不如周公。

隱公當然不是周公。孔子以隱公為始，乃是孔子發現魯惠公與魯隱公、魯桓公間有即位上的重大議題，即「攝」政、「讓」國。此一事件本是魯國一段過往發生的歷史，不過因「攝」、「讓」的問題與周公輔成王，攝政當國一事有極度相似的情形，且許多傳言對周公皆有所疑義，如管叔、蔡叔所衍生出對周公道德性的質疑，更不用說潛藏在民間的街談巷語。孔子藉隱公事件，來闡述對周公稱不稱王一事的態度。因此，《春秋》以隱公元年為第一，絕不是一個偶然或恰巧，他完全是孔子刻意安排的開始。從此亦可以讓孔子自己與周公之道統成為一脈香火延續，且希望魯國國君能不忘魯國乃因周公之德而受封

---

25 高士奇：〈隱公嗣位〉，《左傳紀事本末》（北京市：中華書局，1997年），卷5，頁52。

於魯，此一偉大的歷史榮景。

《春秋》隱公元年何以不言「公即位」？孔子以隱公既然有讓國之心，僅攝政而已，不宜書「公即位」，故不書。同理觀周公輔佐成王為攝行政者，雖有行王事，究其心實有讓國之意，故稱王非周公本意也。

魯隱公懸置的「讓」或「代」因遲遲未還，使即位者等得不耐煩而衍生事端。這樣的歷史重演雖是一場悲劇，但孔子如何去確立其最崇敬的周公之德性，這是孔子建立周公價值很重要的一環。透過魯國，為周公、伯禽之後，於隱、桓之際又見相同，當然可以比義一下，以明心志。孔子周旋在制度與人性中看到一個切入點，製造了語言的模糊地帶，即「隱公元年春王正月」不書「公即位」。既可說「公未即位」，亦可說「成公意」故不書「公即位」。

制度的規範與人性的抉擇，很難在同一標準中被執行。周公、孔子可以訂定完全符合道德及穩定社會的制度，但這制度落到國君、大夫、老百姓時，要不要遵守，往往不是客觀的決定，而是主觀利害關係下的考量。因此孔子作《春秋》雖有褒貶，有許多處並不是褒貶的方式可以解決。類似周公、隱公之事，是不可解的難題，只能並存。如周公、隱公，該如何？成就一己之清譽，還是冒著自身毀譽來保住周朝、魯國？真是不好解答啊！

故《春秋》何以始自隱公？以隱公攝政有讓國之心，言周公攝行政當國之正也。

《公羊傳》、《穀梁傳》從解經之作建立自身的經典意義比較

一　前言

傳統以來《春秋》與《三傳》的關係，被賦予為不可分割的共同體，如加賀榮治認為《傳》的形成是為解明《春秋》經的義，其與《經》是一體的。[1]歷來雖有爭論《傳》傳不傳《經》的問題，基本上主流意見仍是《公羊傳》、《穀梁傳》傳自子夏，然後於漢代書於竹帛。從解釋對象上，雖很明白《公羊傳》、《穀梁傳》是傳《春秋》的著作，但不表示二者之間便有師承關係，因為從先秦典籍至漢代為止，都沒有明確的證據顯示《公羊傳》、《穀梁傳》與孔子有直接的傳承。《公羊傳》、《穀梁傳》的內容不可視為孔子「微言大義」的「純粹轉述者」，它確實是解經之作，但它與孔子的關係並非密不可分，二者是眾多傳《春秋》之義的其中一支脈。如古史辨的論爭中，錢玄同、顧頡剛即指出《公羊傳》、《穀梁傳》與《論語》孔子思想不符之處。毛士輯曾云：

1　〔日〕加賀榮治：「《春秋經》のもつ義（意味：精神）の解明をめざす《傳》として形成されて來たものであり，《經》と一體をなすものであった。」〈鄭玄の《春秋三傳》解釋について〉，收於《日本中國學會創立五十年記念論文集》（東京市：汲古書院，1998年），頁373。

> 問：《公》、《穀》誰所傳？曰：不知其傳授來歷，先儒有云公羊子名高，齊人。穀梁子名赤，魯人，皆受《春秋》于子夏，說未可信，二子解經疵謬百端，絕不類聖門所傳，何言子夏弟子也。
>
> 《春秋》從兩家纔講起，是第一開荒手，其間好處非後人見解所能及，但不好處，十八九。好處大約有本頭，不好處出二子及其門人手，凡迂悶晦塞與極不成詞理者俱是。
>
> 仲尼作《春秋》畢，必以其書指示從學輩，一部《春秋》事，義理不獨子夏，凡門人無不通曉，自然各有所論著發明，及戰國廢學，又經秦火都泯滅無存，間或一枝半節，流傳後世，《公》、《穀》聞而述之，其傳中精當處本此，但所聞僅數十條，甚少堪成書，因以己意補足之，其徒又羣相增益，遂致繆戾叢生，為經害矣。（1a-2b）[2]

毛氏認為《公羊傳》與《穀梁傳》的解釋，僅有少部分是傳承自孔門弟子，其數量甚少，不足以成書，故公羊子與穀梁赤等門生以己意補綴成書。

今可從三個地方說明《公羊傳》、《穀梁傳》與《春秋》是「陌生」的，其一，無傳的部分。即《春秋》有書，《傳》卻不傳其義。其二，《公羊傳》、《穀梁傳》傳文中，有明顯與孔子對話或揣測孔子述作之意的語言。其三，漢代之前未有提及《公羊傳》、《穀梁傳》與孔子弟子師承的記錄。先秦至戰國為儒家主流的《孟子》、《荀子》都未言及《公羊傳》、《穀梁傳》，也未有傳《春秋》的著作，連孟、荀都未接觸到孔子的《春秋》學。由此可以說明《公羊傳》、《穀梁傳》

2 毛士輯：〈公穀駁語總論〉，《春秋三傳駁語》，清刻本。

所傳的內容非為孔門重要弟子傳承或是沒有直接師承的後學所作。就像今天詮釋一部經典所作的注釋，注者與經典並沒有直接的關係，也不是非得經過傳授才可以進行注釋工作。《公羊傳》、《穀梁傳》因為作了傳《經》的解釋，而與《經》緊緊的連繫在一起。《春秋》與《公羊傳》、《穀梁傳》的關係在合刊之後，加上《春秋》的意義無法直接讀懂的情形下，《春秋》與《公羊傳》、《穀梁傳》的關係，更密不可分。但解釋上的需要只能說明二者關係密切，後人常將這個關係直接替代為傳承上的密切，因此口傳師授的講法讓《公羊傳》、《穀梁傳》不僅為傳《經》之傳，且代《經》立言。

《漢書》〈藝文志〉「丘明恐弟子各安其意，以失其真，故論本事而作《傳》」及〈公羊傳序〉「傳《春秋》者非一，本據亂而作，其中多非常異義可怪之論，說者疑惑，至有倍經，任意反傳違戾者，其勢唯問，不得不廣以講誦，師言至於百萬，猶有不解，時加以釀嘲辭，援引它經，失其句讀，以無為有，甚可閔笑者，不可勝記也」。[3]這都說明在孔子歿後，其《春秋》之義的傳播皆是「人各言其志」，莫有一衷，並非後人所言有子夏傳經一事，即沒有所謂的正統師承，那後來繫上譜的荀子、子夏一脈，恐是偽託。

從傳世文獻與《公羊傳》、《穀梁傳》內在的傳文敘述，來考察《公羊傳》、《穀梁傳》與孔子、子夏的關係，都無法證明《公羊傳》、《穀梁傳》傳承自子夏。相反的，從《公羊傳》、《穀梁傳》傳文中對《春秋》、孔子的態度都存有一份距離感，依此《公羊傳》、《穀梁傳》傳經應非傳自子夏。但這並不會影響二《傳》的重要性。

據此來探析《公羊傳》與《穀梁傳》的異同，則更能看到二《傳》長期以來亦敵亦友的關係，及本身具有經典性的一面。

---

3 公羊高傳，何休解詁，徐彥疏：《春秋公羊傳注疏》（臺北市：藝文印書館，1997年），卷首，頁1b-3b。

二　《公羊傳》、《穀梁傳》字數的比較

將《公羊傳》、《穀梁傳》的經、傳字數統計後，結果如下：

魯公稱謂		隱公	桓公	莊公	閔公	僖公	文公	宣公	成公	襄公	昭公	定公	哀公	合計
即位年數		11	18	32	2	33	18	18	18	31	32	15	14	242
公羊	經傳	3166	3034	5286	640	7105	3529	3807	3381	4976	4880	2460	2021	44285
	平均	288	169	165	320	215	196	212	188	161	153	164	144	183
穀梁	經傳	2678	3032	5107	300	6909	3130	2512	3545	4673	4182	2933	1864	40865
	平均	243	168	160	150	209	174	140	197	151	131	196	133	169
魯公稱謂		隱公	桓公	莊公	閔公	僖公	文公	宣公	成公	襄公	昭公	定公	哀公	合計
即位年數		11	18	32	2	33	18	18	18	31	32	15	14	242
公羊	經	639	1020	1472	101	2130	1351	1168	1699	2866	2154	1181	887	16668
	平均	58	57	46	51	65	75	65	94	92	67	79	63	69
穀梁	經	637	1011	1468	100	2122	1353	1163	1690	2811	2188	1171	877	16591
	平均	58	56	46	50	64	75	65	94	91	68	78	63	69
魯公稱謂		隱公	桓公	莊公	閔公	僖公	文公	宣公	成公	襄公	昭公	定公	哀公	合計
即位年數		11	18	32	2	33	18	18	18	31	32	15	14	242
公羊	傳	2527	2014	3814	539	4975	2178	2639	1682	2110	2726	1279	1134	27617
	平均	230	112	119	270	151	121	147	93	68	85	85	81	114
穀梁	傳	2041	2021	3639	200	4787	1777	1349	1855	1862	1994	1762	987	24274
	平均	186	112	114	100	145	99	75	103	60	62	117	71	100

由上述結果，我們知道《公羊傳》經傳共有四四二八五字，多於《穀梁傳》經傳四〇八六五字。二《傳》經文字數大抵相當，其中差異僅在於《公羊傳》、《穀梁傳》對於《春秋》記載的文字略有齊、魯方音

之別，若《穀梁傳》稱「邾子」，《公羊傳》則稱「邾婁子」。而在傳文的字數上差異較多，《公羊傳》為二七六一七字；《穀梁傳》為二四二七四字。

魯公即位的年數是不可限制的，也非孔子所能左右，所以即位久者，其經文、傳文便會有較多的敘述，因此我們在討論《公羊傳》、《穀梁傳》對《春秋》經文的解釋內文，必須再考慮每一年底下的傳文字數，比較能夠看出差異。我們發現《春秋》於二百二十四年中，經文每一年的平均使用字數是六十九字，也就是說孔子在作《春秋》時是有經過考量的，將每一公每一年欲記載的字數，調整至差不多，不會有遠略近詳的情形。在此以前，研究者多說孔子據魯史而作《春秋》，或言孔子修《春秋》，指的都是賦予微言大義，但未提過作《春秋》的「作」，包含了什麼樣的動作，從《春秋》字數的平均分配來看，我們可說孔子在字數上有經過考量，為了取得平均字數而進行修正。

現在我們來看看《公羊傳》、《穀梁傳》發傳的情形：《公羊傳》單年發傳字數最多的是閔公，每年發傳字數達二百七十字，最少的是襄公，每年發傳字數只有六十八字。《穀梁傳》單年發傳字數最多的是隱公，每年發傳字數是一百八十四字，最少的是襄公，每年發傳字數只有六十字。從字數上，我們看到《公羊傳》、《穀梁傳》二傳字數的差異，主要在隱公、閔公、宣公，在這三公中《公羊傳》比《穀梁傳》多了許多字。在這幾公的傳文內，《公羊傳》有大量的敘事與經義的闡發，換個方式來說，便是《公羊傳》於此些經文發揮了許多《穀梁傳》所未發之事。如隱公元年春王正月，《公羊傳》的重點在於「賢與貴」，《穀梁傳》的重點在於「善與惡」。《公羊傳》從魯隱公的年歲長並其人賢來說明此人之特色，而魯桓公則是因為其母親之故而為尊貴之人，所以魯惠公欲立太子時，應以魯桓公為首選。《穀梁傳》從魯隱公是魯國即位之首選，不過魯隱公因知魯惠公有意將王位傳與魯桓公，因此有退讓之意，但魯桓公卻弒了魯隱公，由此來說明「隱善桓惡」。二傳對於隱公與桓公即位的正統性，有不一樣的解釋，《公羊傳》以桓公為貴，故應立其為魯君，而《穀梁傳》以隱公為長，應為魯國即位之君。且《穀梁傳》並提出魯惠公於歿之前，已改變原先將王位傳與桓公的意願，而正式傳與隱公，所以隱公即位實際上是正也。當後來發生桓公弒隱公之事，《穀梁傳》則大加撻伐，此可見《穀梁傳》桓公元年提到的「桓弟弒兄，臣弒君」。《公羊傳》雖於桓公二年三月提到「隱賢而桓賤」，但這是指其後來弒隱公之事，故貶之，這「桓賤」是就其品格言，不是就其出生言，因為《公羊傳》在隱公元年便說桓公為貴，本宜即位，後魯隱公仿周公攝政當國，以輔成王之舉，希望國之大臣能先安定下來，待桓公長，再將王位還與桓公。《公羊傳》關於魯惠公是否協調過此事的過程完全未提，彷彿是從魯惠公過世後，未事先安排接班事宜，故魯國陷入混亂，隱公出來平息。而《穀梁傳》則是將魯惠公表示過其對於立太子事的曲折，給說明出來。見《春秋》各國即位情形，立太子乃為慣例，除非由臣弒君，或者竄位者臨時改變繼承制度，之外皆是當國君有子嗣之後，就會確定下來的。故從《公羊傳》、《穀梁傳》所言貴而立，或長而立，其實是一個完全相對立的看法，原因在於通常元配夫人所生為嫡長子，其既貴又長，除非是妾先生，大於元配之子，《公羊傳》、《穀梁傳》對於隱公、桓公的即位優先權，便是在此有不同的認定，且對於隱公之母或桓公之母，誰為正室，並未討論，便直接說明孰貴、孰長、孰為即位者，二傳雖未明說，但從他們的結論來看，也可判定他們對於隱、桓之母身分的認識。不可諱言，隱、桓之世距孔子本是二百年前事，後至公羊高、穀梁赤時代更久，二者有不同見解，在所難免。只是所謂歷史的真相不是詮釋，它只會有一個真正的情形，因此我們見到《公羊傳》、《穀梁傳》的傳文解釋，都是一種解釋，而不是去考證事實為何。回過來說二傳還是有一相通之處，就是二者都認為制度的穩定是更重要的事。如《公羊傳》說隱公雖長又賢，但因其身分不貴，所以仍不得當太子；《穀梁傳》說隱善而桓惡，但最後從制度上來說，隱公仍需超越個人情感上的好惡，需回歸制度，就是應該去承擔身分賦予國之大事的重擔，這才是大道。又如《穀梁傳》於六年春，晉趙盾、衛孫免侵陳。此經文底下僅發傳：「此帥師也，其不言帥師何也？不正其敗前事，故不與帥師也。」未有言趙盾弒君之事。其實《穀梁傳》在宣公二年「秋，九月乙丑，晉趙盾弒其君夷皋。」經文底下就有傳文敘述趙盾弒君之事，此事之敘述本應置於此經文下。反倒是《公羊傳》於宣公二年「秋九月乙丑，晉趙盾弒其君夷皋」下無傳。《公羊傳》之所以在宣公二年「晉趙盾弒其君夷皋」下不發傳文，是有原因的，因為《公羊傳》要突顯的是趙盾為國之重卿，復國後有能力偕衛孫免侵陳，則有為晉君夷皋報仇之義務。趙盾無殺趙穿之意，僅立晉成公，故《公羊傳》於此經文下發傳，以突顯之。由此還可以知道《公羊傳》:「晉史書賊，曰:『晉趙盾弒其君夷皋。』趙盾曰:『天乎無辜！吾不弒君，誰謂吾弒君者乎？』史曰:『爾為仁為義，人弒爾君，而復國不討賊，此非弒君如何？』」其中提到的晉史是與趙盾同時人，此弒君之論非孔子獨言，在當時史官已是如此看待。《穀梁傳》則是把經文書寫「趙盾弒其君」之案例，作為判定忠臣的最高標準，君弒反不討賊，則志與賊同。

《公羊傳》、《穀梁傳》的字數差異，在《春秋》十二公中，有幾公是《公羊傳》傳文很明顯多於《穀梁傳》的地方，這些地方《公羊傳》有提出特別之論，不僅《公羊傳》會將事件之始末詳細交代，重點是《公羊傳》會在此傳文中提出其見解，如魯桓公貴於魯隱公，王者無求、王魯、實與文不與、王楚等都是在這些大論述中所提出的。

另外，《公羊傳》與《穀梁傳》在十二公的敘述字數上，皆是明顯的前多後少。《公羊傳》很明顯在隱公、桓公、莊公、閔公、僖公、文公、宣公平均每年發傳字數達一百多字，而成公、襄公、昭公、定公、哀公時皆少於一百字。就《公羊傳》的敘述文字多寡，可以說明其於前七公敘述較詳細而多，後五公敘述的文字減少。因為《公羊傳》認為孔子的著述原則是「無事不書」，在前部分要將《春秋》的微言大義加以解釋，而後半部分發生的事件與前數公意義相同，唯人物不同，故從前傳文可以知鑑於後，不需重發傳，自然傳文需要發傳字數會減少。《穀梁傳》也是前詳後略，不過分配比例略不同於《公羊傳》。《穀梁傳》在宣公、襄公、昭公、哀公時，字數明顯的少了許多。

三　《公羊傳》、《穀梁傳》有傳與無傳的比較

《春秋》二百四十二年中，以獨立經文計算，《公羊傳》的《春秋》有一八六五條；《穀梁傳》的《春秋》有一八一〇條。通常經文底下會有傳文發傳，但並非每條經文底下皆會發傳，當《公羊傳》、《穀梁傳》底下無發傳時，稱為無傳。統計《公羊傳》、《穀梁傳》有傳與無傳的數量，結果如下：

魯公稱謂		隱公	桓公	莊公	閔公	僖公	文公	宣公	成公	襄公	昭公	定公	哀公	合計
即位年數		11年	18年	32年	2年	33年	18年	18年	18年	31年	32年	15年	14年	242年
公羊	經	78	117	179	14	231	157	146	183	277	236	139	108	1865
	平均	7	7	6	7	7	9	8	10	9	7	9	8	8
	有傳	50	55	92	7	93	48	33	34	45	50	25	20	552
	平均	5	3	3	4	3	3	2	2	1	2	2	1	2

	無傳	28	62	87	7	138	109	113	149	232	186	114	88	1313
	平均	3	3	3	4	4	6	6	8	7	6	8	6	5
魯公稱謂		隱公	桓公	莊公	閔公	僖公	文公	宣公	成公	襄公	昭公	定公	哀公	合計
即位年數		11年	18年	32年	2年	33年	18年	18年	18年	31年	32年	15年	14年	242年
穀梁	經	79	122	88	14	243	165	152	183	280	239	142	103	1810
	平均	7	7	3	7	7	9	8	10	9	7	9	7	7
	有傳	62	64	52	12	127	62	46	53	69	74	33	19	673
	平均	6	4	2	6	4	3	3	3	2	2	2	1	3
	無傳	17	58	36	2	116	103	106	130	211	165	109	84	1137
	平均	2	3	1	1	4	6	6	7	7	5	7	6	5

由《公羊傳》、《穀梁傳》有傳與無傳的統計表中，非常明顯的看到二傳皆在前五公時，有傳的多，無傳的少；在後七公時，有傳的少，無傳的部分增多。有趣的是《春秋》對於二百四十二年中，每一年的事件數量是很平均的。這說明孔子當初在處理材料時，是經過考慮的。何事收錄，何事不予收錄，而達到十二公中的每一年平均記載的事件是一致的，並沒有遠者略，近世詳錄的情形。但《公羊傳》、《穀梁傳》在解釋經文的時候，卻會有越來越少解釋的情形。為什麼呢？一方面是與前面大義相同者，不再重發傳；另一方面可能是因為《公羊傳》、《穀梁傳》覺得不需要解釋；再則亦可能是孔子於後面的微言大義傳承的較少。

進一步比較《公羊傳》、《穀梁傳》於發傳的經文是否相同，這對於二傳間是否有相同傳承可以作為其中之一的參考。怎麼說呢？因為如果二傳的傳承是出於一家，則傳授《春秋》大義的內容條目會一致，解釋對象的選擇會說明二者是否系出同源。

魯公稱謂	隱公	桓公	莊公	閔公	僖公	文公	宣公	成公	襄公	昭公	定公	哀公	合計
即位年數	11年	18年	32年	2年	33年	18年	18年	18年	31年	32年	15年	14年	242年
皆有傳	48	47	80	7	83	40	29	29	32	40	19	14	468
一有一無	15	26	50	5	49	30	17	30	50	45	21	11	349
皆無傳	14	45	46	2	100	86	97	117	195	149	101	79	1031

推算比例：「皆有傳」四六八次，佔百分之二十五點三二；「一有一無」三四九次，佔百分之十八點八八；「皆無傳」一〇三一次，佔百分之五十五點七九。若《公羊傳》、《穀梁傳》有相同的傳承，則面對所解釋的對象「經文」，會有相同的「傳授內容」。似不應一有傳，一無傳。

我們將「皆有傳」與「皆無傳」視為相同的話，見其比例：相同（皆有傳、皆無傳），一四九九次，佔百分之八十一點一；不同（一有傳，一無傳），三四九次，佔百分之十八點九。二傳有相同的發傳情形佔八成，尚有二成不同。這樣分析先不考慮二傳解釋的內容差異，僅就二傳有傳/無傳的情形來作考量。

藉由《公羊傳》、《穀梁傳》二傳的「皆有傳」、「一有傳一無傳」、「皆有傳」的形式分析，這樣的結果似乎亦很難來判斷，究竟二傳的傳承是否出於一源。我們只能說他們之間對於選擇經文進行解釋或不解釋的看法，有八成相似。或許我們可從另一面向來考慮，二傳之所以會對經文的選擇有「英雄所見略同」的情形，這樣的原因可能是二傳在成為《公羊傳》、《穀梁傳》之前，還在公羊家說、穀梁家說的時候，二傳就有過「辯論」，即針對孔子原意究竟為何進行「論述／各自表述」，即公羊家與穀梁家都有意識到自己的解釋並非是解釋《春秋》的唯一說法，其弟子亦會就他說來問難老師，在這過程中，自然會將二傳選擇解釋的對象慢慢的統一。公羊高、穀梁赤，或其弟子未將這樣的過程記載於傳文中，因為他們只將老師的解釋作為理解《春秋》的唯一途徑。這或可理解成在漢代石渠閣之前便有的《公羊傳》、《穀梁傳》之爭。

四　《公羊傳》、《穀梁傳》卷數的比較

《漢書．藝文志》載《公》、《穀》經十一卷，傳十一卷。意指漢初《經》、《傳》本為分別刊行。目前我們看到的經傳合本是杜預、范甯、徐彥等注疏者，將《經》、《傳》併合。然自宋代《十三經》注疏本，《公羊傳》、《穀梁傳》卷數則已見變化，不再是以即位魯公作為分卷之依據，《公羊傳》分二十八卷，《穀梁傳》分為二十卷。目前所見卷次：

公羊傳	範圍（年）	經傳字數	注疏本	穀梁傳	範圍（年）	經傳字數	注疏本
卷1	隱公1	665	25頁	卷1	隱公1-3	1259	5頁
卷2	隱公2-4	1197	15頁	卷2	隱公4-11	1417	13頁
卷3	隱公5-11	1304	17頁	卷3	桓公1-7	1515	13頁
卷4	桓公1-6	1284	18頁	卷4	桓公8-18	1517	13頁
卷5	桓公7-18	1771	20頁	卷5	莊公1-18	2832	22頁
卷6	莊公1 7	1598	21頁	卷6	莊19-閔2	2586	21頁
卷7	莊公8-17	1443	19頁	卷7	僖公1-5	1939	15頁
卷8	莊公18-27	1289	18頁	卷8	僖公6-18	2174	18頁
卷9	莊28-閔2	1602	18頁	卷9	僖公19-33	2806	18頁
卷10	僖公1-7	2185	20頁	卷10	文公1-8	1463	13頁

公羊傳	範圍（年）	經傳字數	注疏本	穀梁傳	範圍（年）	經傳字數	注疏本
卷11	僖公8-21	2510	23頁	卷11	文公9-18	1659	13頁
卷12	僖公22-33	2412	24頁	卷12	宣公1-18	2512	19頁
卷13	文公1-9	1778	19頁	卷13	成公1-8	1764	13頁
卷14	文公10-18	1750	18頁	卷14	成公9-18	1778	14頁
卷15	宣公1-9	1889	22頁	卷15	襄公1-15	1959	14頁
卷16	宣公10-18	1915	20頁	卷16	襄公16-31	2699	15頁
卷17	成公1-10	1774	20頁	卷17	昭公1-13	1987	16頁
卷18	成公11-18	1606	16頁	卷18	昭公14-32	2199	15頁
卷19	襄公1-11	1722	19頁	卷19	定公1-15	2912	18頁
卷20	襄公12-24	1556	16頁	卷20	哀公1-14	1857	16頁
卷21	襄公25-31	1699	17頁				
卷22	昭公1-12	1570	21頁				
卷23	昭公13-22	1352	17頁				
卷24	昭公23-32	1960	22頁				
卷25	定公1-5	1052	19頁				
卷26	定公6-15	1408	20頁				
卷27	哀公1-10	1392	18頁				
卷28	哀公11-14	629	15頁				
共28卷	共242年	共44285字	共537頁	共20卷	共242年	共40865字	共304頁
平均1卷	8.64年	1581.6字	19.2頁	平均1卷	12.1年	2043.3字	15.2頁

由上面的數據結果，我們可以清楚知道，《公羊傳》、《穀梁傳》二傳本於經傳文字數僅差距三四二〇字，不至於會使得二傳之卷數有八卷

差距。卷數之變化，從漢代說起，當時經傳分別刊行，《漢書》〈藝文志〉記載：《公》、《穀》經十一卷，傳十一卷。是《經》、《傳》依魯國十二公，將只有二年的閔公併入莊公，[4]因此有十一卷，《公羊傳》、《穀梁傳》二傳皆同。當時非以卷之字數作為分卷之依據，所以除了《春秋》每卷之字數較平均，所以卷軸之大小會平均外，《公羊傳》、《穀梁傳》的卷軸大小是不一樣的。另外前人研究認為唐代以前的典籍多以冊、簡、木牘，唐代之後（帛、紙）卷才盛行。不過這裏所討論的不在書寫的媒介，而是討論典籍被編纂的過程中，編纂者對形式的處理。後來注疏者為《公羊傳》、《穀梁傳》注疏，其時為單疏本，不影響《公羊傳》、《穀梁傳》的卷次，故至唐代《公羊傳》、《穀梁傳》的卷次是一樣的。[5]今天我們常用之重刊刻宋本的《春秋公羊傳注疏》與《春秋穀梁傳注疏》是將經、傳與注、疏文字合刊，而注疏文字的多寡影響了宋人對於卷數的安排。見上面表格之《公羊傳》平均一卷的經傳文字有一五八一點六字，《穀梁傳》平均一卷的經傳

---

4 喬衍琯：「《春秋》十二公，每公一篇。《公羊傳》閔公二年：繫閔公篇于莊公下。今文《公》、《穀》二家《傳》，因閔公事短，不必自成一篇，所以合併成一卷。何休明云閔公篇，莊公的篇字承前省略，再參考《釋文》，可知十二篇是以內容分的。」〈漢書藝文志中的篇與卷〉，《國立中央圖書館館刊》新27卷第2期（1994年12月），頁95。

5 考慮《公羊傳》、《穀梁傳》卷數的變異，主要從《十三經注疏》本來討論，是因為隋、唐《經籍志》、《藝文志》所錄《公羊傳》、《穀梁傳》研究著作雖多，但都亡佚，無法真正檢視《公羊傳》、《穀梁傳》二傳卷數的變化，唯有被宋人選入《十三經》的注疏，才能清楚的看到變化的差異。《漢書》〈藝文志〉：「《公羊傳》十一卷。《穀梁傳》十一卷。」卷30，頁1712。《隋書》〈經籍志〉：「《春秋公羊解詁》十一卷，漢諫議大夫何休注。《春秋穀梁傳》十二卷，范甯集解。」（北京市：中華書局，1995年），卷32，頁930、931。《舊唐書》〈經籍志〉：「《春秋公羊經傳》十三卷，何休注。《春秋穀梁傳疏》十三卷，楊士勛撰。」（北京市：中華書局，1995年），卷46，頁1978。《新唐書》〈藝文志〉：「楊士勛《穀梁疏》十二卷。」（北京市：中華書局，1995年），卷57，頁1437。

文字有二〇四三點三字，其乘以卷數，恰為《公羊傳》、《穀梁傳》的經傳字數，可見二者分卷之原因非是《公羊傳》傳文比《穀梁傳》多。我們再從宋刊本中將注、疏文字合刊之後，所佔的篇幅納入比較，就可看到，《公羊傳》卷數比《穀梁傳》卷數多，且其單卷佔的篇幅平均一卷，有十九點二頁，《穀梁傳》平均一卷，只有十五點二頁。可見《公羊傳》的注疏文字是遠多於《穀梁傳》的，因此宋人為使每卷的字數平均，且書卷的大小能夠儘量一致，才從原來依魯公分卷的方式，改為依字數分卷的分式，因此我們見到重刊宋本的注疏本，《公羊傳》、《穀梁傳》卷次分配會有如此大的差異。

卷數的差別，代表宋代對於《公羊傳》、《穀梁傳》的關係有另一層的看法，就是宋人認為《公羊傳》、《穀梁傳》是個別獨立的典籍，二者可分別閱讀。二者不但可以獨立典籍看待，同時將經、傳、注、疏全部整合在一起，形成「公羊學」、「穀梁學」的體系，不再是「春秋學」的體系。因此，讀者面對同體系不同的著作，如經、公羊傳、公羊注、公羊疏，需相互參照時，它們都被編排在一起，所以不需靠卷次來作為檢索的依據，分卷失去它原本的目的，也就不需以魯公來分卷，而依字數的多寡來平均分配。

五　《公羊傳》、《穀梁傳》問答形式之比較

《春秋》經文的結構為「人、事、時、地、物」，順序略有不同，為「時、人、事、物、地」。起頭便是時間，然後是誰？做了什麼事？在何地點？這個結構非常完整，挑不出有什麼毛病或未盡之意，可見孔子確實設想周詳。不過《公羊傳》、《穀梁傳》的傳文卻不是模仿孔子《春秋》，它自有一套結構，如設問與回答，二傳幾乎都是問答，若將二傳蔽去書名，讀者竟無法分辨究竟為《公羊》或為

《穀梁》。《公羊傳》、《穀梁傳》有相同的傳文形式，幾乎每一條傳文都是以「問答」作為發傳之形式。問答形式對讀者而言，它已是如此。然而《公羊傳》、《穀梁傳》形式相仿，是否仍存在差異？是須進一步討論的。針對《公羊傳》、《穀梁傳》問答形式進行檢索，得以下數據：

魯公稱謂		隱公	桓公	莊公	閔公	僖公	文公	宣公	成公	襄公	昭公	定公	哀公	合計
即位年數		11年	18年	32年	2年	33年	18年	18年	18年	31年	32年	15年	14年	242年
?提問	公羊	164	146	255	31	270	145	109	80	110	120	57	65	1552
	平均	15	8	8	16	8	8	6	4	4	4	4	5	6
?提問	穀梁	47	8	72	1	90	34	21	27	28	29	44	15	416
	平均	4	0	2	0	3	2	1	2	1	1	3	1	2

經計算：《公羊傳》二百四十二年中提問一五五二次，平均一年提問六次。且《公羊傳》二七六一七字，平均十八字就會有一次提問。《穀梁傳》二百四十二年中提問四一六次，平均一年提問二次。且《穀梁傳》二四二七四字，平均五十八字就會有一次提問。我們發現《公羊傳》採用問答形式作為解經方法，其次數遠多於《穀梁傳》，幾近四倍之多。為何《公羊傳》的問答次數會遠多於《穀梁傳》的傳文？（一）《公羊傳》傳文比《穀梁傳》多。如就二傳字數上的差異，我們可以說《公羊傳》較《穀梁傳》多了三三四三字，因此具有問答的次數會多於《穀梁傳》。（二）《公羊傳》於單條經文底下多次問答多於《穀梁傳》。《公羊傳》字數雖然比《穀梁傳》字數多，但《穀梁傳》無傳的次數卻比《公羊傳》少。通常問答只會出現在有傳文的經文之下，也就是說《傳》每多解釋一條經文，其產生問答形式

的機會就會增加。我們看二傳的發傳次數《公羊傳》五五二次，《穀梁傳》六七三次。照理說，《穀梁傳》的問答應多於《公羊傳》，但事實不是如此。從二傳傳文數目，《公羊傳》二七六一七字，《穀梁傳》二四二七四字。可知《穀梁傳》雖然發傳的次數多於《公羊傳》，但因為《穀梁傳》每條傳文下的字數少於《公羊傳》，因此可能產生多次問答的機會便少了。因此可以判斷，《公羊傳》的問答常在一條經文底下，有多次的問答出現；而《穀梁傳》在一條經文底下重複問答的次數少於《公羊傳》。例如《公羊傳》隱公元年春王正月：

> 元年者何？君之始年也。春者何？歲之始也。王者孰謂？謂文王也。曷為先言王而後言正月？王正月也。何言乎王正月？大一統也。公何以不言即位？成公意也。何成乎公之意？公將平國而反之桓。曷為反之桓？桓幼而貴，隱長而卑，其為尊卑出微，國人莫知。隱長又賢，諸大夫扳隱而立之。隱於是焉而辭立，則未知桓之將必得立也。且如桓立，則恐諸大夫之不能相幼君也，故凡隱之立為桓立也。隱長又賢，何以不宜立？立適以長不以賢，立子以貴不以長。桓何以貴？母貴也。母貴則子何以貴？子以母貴，母以子貴。

《公羊傳》這一段傳文中便提了十一次的問題，然後自答之。又如僖公二十八年春，晉侯侵曹，晉侯伐衛。《公羊傳》：

> 曷為再言晉侯？非兩之也。然則何以不言遂？未侵曹也。未侵曹則其言侵曹何？致其意也。其意侵曹，則曷為伐衛？晉侯將侵曹，假塗於衛，衛曰不可得，則固將伐之也。

此段亦提了四次問答。而《穀梁傳》的例子，如隱公元年九月，及宋人盟於宿：

> 及者何？內卑者也。宋人外卑者也。卑者之盟不日。宿，邑名也。

僅提了一次問答，其他為陳述句。又如桓公十一年九月，宋人執鄭祭仲。《穀梁傳》：

> 宋人者，宋公也。其曰人何也？貶之也。突歸於鄭。曰突，賤之也。曰歸，易辭也。祭仲易其事，權在祭仲也。死君難，臣道也。今立惡而黜正，惡祭仲也。鄭忽出奔衛。鄭忽者，世子忽也。其名，失國也。柔會宋公、陳侯、蔡叔，盟於折。柔者何？吾大夫之未命者也。公會宋公於夫鍾。

此段傳文中只有兩次問答。

這麼比較當然不是說《穀梁傳》沒有重複問答的句法形式，而是從相對的比例來比較，《穀梁傳》傳文中重複兩次以上的問答情形，確實是比較少的。問答次數的差異，是會產生影響的。

(一) 問答形式限定讀者意識

問答的形式是限定讀者閱讀角度的一種有效方式。讀者很容易依循《公羊傳》所提出的問答來理解《春秋》，一旦傳文沒有問答之處，往往讀者也無法確定自己的理解是否正確。如襄公二年冬，仲孫蔑會晉荀罃、齊崔杼、宋華元、衛孫林父、曹人、邾婁人、滕人、薛人、小邾婁人於戚，遂城虎牢。《公羊傳》：

> 虎牢者何？鄭之邑也。其言城之何？取之也。取之則曷為不言取之？為中國諱也。曷為為中國諱？諱伐喪也。曷為不繫乎鄭？為中國諱也。大夫無遂事，此其言遂何？歸惡乎大夫也。

面對經文，讀者可能只會問「戚」、「虎牢」在哪？或為何有這麼多位的大夫會盟。而《公羊傳》卻將問題焦點放在為中國諱，並進一步說明，諱伐喪。這便是傳文通過問答的方式，限定了讀者的讀經方向。

(二)問答形式與經文更密不可分

問答形式一問一答之間，所針對的都是《春秋》經文，如「何以不書」、「公何以不書即位」、「何以不日」等等。這樣的問答將《春秋》與《傳》之間的關係，形成更緊密的關係。當《傳》與《經》的關係越緊密時，二者的依存便更無法切割。也就是為何《左傳》一直以來可以被部分經師學者認為是獨立的作品。從《公羊傳》、《穀梁傳》來說，《公羊傳》的問答多於《穀梁傳》，因此它與《春秋》之間的依存關係更緊密，無法獨立作為一部經典閱讀。當沒有了《春秋》，《公羊傳》便有很大的部分無法閱讀。如襄公六年十有二月，齊侯滅萊。《公羊傳》：

> 曷為不言萊君出奔？國滅君死之正也。

若此傳文不與《春秋》合併參讀，則此《公羊傳》並無法自己獨立成為一個文本，因前後都不完整，不知所云。但當此傳文與《春秋》一起閱讀時，便很清楚傳文指「萊君出奔」是因為萊國被齊國所滅，經文不書「萊君出奔」，是《春秋》書法之正例。由是可知問答句法使得《春秋》與《公羊傳》之間，形成不可分割的緊密關係。

（三）問題明確化

《公羊傳》限定讀者意識的同時，其實是預先將許多問題意識給點撥出來，讓讀者能夠快速掌握《春秋》經文的重點。這種方式是利弊互見的。問答形式將讀者心中最容易產生疑問的部分預先提出來，除了上述所言，會對讀者產生閱讀時的限定之外，它其實是將《春秋》所欲傳達給讀者的內容，清楚明白的傳達。作為《傳》，除了解釋文意之外，最重要的是將《經》所要傳達的宗旨，傳達出來。這也就是《傳》與注、疏最大的不同。注、疏多流於名詞、人物、制度上的解釋，對於《經》文的意義則較少闡釋。因此，我們可說《公羊傳》比《穀梁傳》更多意義上的闡發，因為每條經文都有清楚的規範，所以反而比較不需要「傳例」的使用。「傳例」是透過歸納傳文的解經模式，來對相同經文，卻沒有傳文解釋的部分，進行理解的手段。如果傳文的解釋對於經文都是限定式的解釋，那傳文彼此之間的「例的形成」，便無此需要。反之如《穀梁傳》，因為單一經文底下的限定式問答較少，則《穀梁傳》本身必須建立一套能夠貫串前後的「傳例」，以便在解經上能夠一以貫之。所以「傳例」的使用《穀梁傳》比《公羊傳》發展得更完備，對於解經來說，重要性更高於《公羊傳》。

問答形式對於解經會產生不同的影響，一般以有問有答、有問無答、無問無答、無問有答來作區分。[6]然而真正在問答上會產生解經

6 歐修梅：《春秋公羊傳解經方法研究》（臺北縣：淡江大學中國文學研究所碩士論文，2000年）。

的差異，是縱向問答與橫向問答的差異。縱向問答：是指同一條經文底下，有兩次以上問答發生，它的問答是追問一個問題，一層又一層的追問，進一步的追問。橫向問答：是指同一條經文底下，有兩次以上問答發生，它的問答是針對經文每一字所作的問答。橫式問答並不追問問題的深度，它僅將經文的每一字詞，作為解釋重點，對經文各個文字一一回覆。

(一) 縱向問答

1 桓公六年，蔡人殺陳佗

《公羊傳》:

> 陳佗者何？陳君也。陳君則曷為謂之陳佗？絕也。曷為絕之？賤也。其賤奈何？外淫也。惡乎淫，淫於蔡，蔡人殺之。

《公羊傳》首先由經文之陳佗為誰，開始發問；答「陳君」。接著以陳君為問題，云:「陳君則曷為謂之陳佗？」答「絕也」。接著又以「絕」為題，問之；答曰「賤也」。又以賤字為題，問；答「外淫也」。最後得出經文蔡人殺陳佗的結論。《公羊傳》以一個接續一個的問題，做縱向的剖析，讓經文的文字深度呈現不同的層度。

2 莊公元年春王正月

《公羊傳》:

> 公何以不言即位？《春秋》君弒，子不言即位。君弒則子何以

不言即位？隱之也。孰隱？隱子也。

《公羊傳》以經文不書「公即位」為設問，答「《春秋》君弑，子不言即位」。接著以「君弑則子何以不言即位」為問，答「隱之也」。又以「隱」為問題，最後將孔子述作《春秋》的微言大義揭示，即為魯公隱。

3 莊公九年八月庚申，及齊師戰于乾時，我師敗績

《公羊傳》：

> 內不言敗，此其言敗何？伐敗也。曷為伐敗？復讎也。此復讎乎大國，曷為使微者？公也。公則曷為不言公？不與公復讎也。曷為不與公復讎？復讎者在下也。

《公羊傳》先以經文書「敗」字，開始問題；答「伐敗」。《公羊傳》料想「伐敗」二字恐不明白，故進一步問「伐敗」，答「復讎」。確定此言「敗」的原因是為「復讎」，話鋒一轉，轉到經文的不書「公」，一般經文不書「公」字，為此人微，故不書。然此《公羊傳》認為經文的主角仍是魯莊公，深怕讀者不明，故以此提問「公則曷為不言公？」，答「不與公復讎也」。最後歸結原因「復讎者在下也」。是經文下一條「九月，齊人取子糾殺之」。魯國本欲擁立齊子糾，出兵援助子糾，不料齊小白得位，故《公羊傳》認為孔子為魯莊公隱諱其行，使若為報父讎而伐齊。《公羊傳》揭露了魯國的真正出兵伐齊的原因不是為了復讎，只是為援助子糾。

(二) 橫向問答

1 莊公元年，王使榮叔來錫桓公命

《公羊傳》:

> 錫者何？賜也。命者何？加我服也。其言桓公何？追命也。

《公羊傳》分別就經文之「錫」字、「命」字及書「桓公」，各自解釋。

2 莊公六年春王三月，王人子突救衛

《公羊傳》:

> 王人者何？微者也。子突者何？貴也。

《公羊傳》對經文「王人」、「子突」，各自作解釋。如此讀者對於經文之書寫，可以有進一步的理解。

3 僖公十四年夏六月，季姬及繒子遇於防，使繒子來朝

《穀梁傳》:

> 遇者，同謀也。來朝者，來請己也。朝不言使，言使非正也。以病繒子也。

《穀梁傳》分別就經文之「遇」、「來朝」、「使」各別解釋。

4 僖公十四年秋八月辛卯，沙鹿崩

《穀梁傳》：

> 林屬於山為鹿。沙，山名也。無崩道而崩，故志之也。其日，重其變也。

《穀梁傳》分別就經文「鹿」、「沙」、「崩」字，及書日，分別解說。

《公羊傳》與《穀梁傳》對經文採用問答形式來作解經時，二傳皆有縱向的問答與橫向的問答，不過《公羊傳》縱向的問答次數比《穀梁傳》多上三倍；而二傳的橫向形式的問答次數相差不多。也就是說《公羊傳》的問答多採用縱向形式的問答方式。我們若看這兩種問答形式對經文解釋所產生的影響，縱向的解釋是一層一層的切入孔子的述作之義，而且其中的邏輯並非有很必然的關係，所以若讀者沒有讀到《公羊傳》的層層推進，是無法讀懂孔子的《春秋》之義。而橫向形式的問答，稍有不同，它主要是針對經文每一字句的意思，個別解釋，彷彿「注釋」。讀者不必然完全依靠這樣的解經文字，亦可透過「工具書」將不同字面意思的經文理解，再重新整合經文，便可知道《春秋》述作之意。此為《公羊傳》、《穀梁傳》採用問答形式的差異。

六 《公羊傳》、《穀梁傳》解經結構之差異

解經方法是指《公羊傳》與《穀梁傳》在解釋《春秋》時所運用的方法。一般或云問答，或云訓詁，或云微言大義。另有認為義例、屬辭比事為解釋《春秋》的方法。義例與屬辭比事是一種歸納的結

果。如前人分類，舉即位、朝聘、侵伐為一類別，再將《春秋》相同的傳文歸為一類。這些說法都是正確的，不過難以包含全部傳文所採用的方式。筆者碩士論文《穀梁傳解經方法研究》[7]認為要全面的認識《穀梁傳》解經方法，必得從傳文的每一發傳文字，進行分析，也就是以傳文的性質來視其解經的方法。將全部傳文加以分析，區分為十種類別：「定義」、「理由」、「傳例同訓詁」、「說明」、「推論」、「轉而論」、「規定」、「或曰」、「轉語」、「故事」。得到結果如下：

	定義	理由	傳例同訓　詁	說明	推論	轉而論	規定	或曰	轉語	故事	無聞焉爾
公羊傳	160	894	35	439	4	70	54	27	32	41	6
穀梁傳	363	462	156	474	20	194	139	61	131	26	3

從上表所得結果，說明了《公羊傳》、《穀梁傳》二傳在解經時，所運用的方法是一致的，即全部傳文的文字不脫以上十一種類型。然而二傳在解經時所慣習使用方法的次數，卻略有差異。從解經方法來看，一般人都將二傳的重點放在所闡釋的微言大義上，但從結構上看，二傳的解經方式主要是「理由」與「說明」。這並不是說義例或訓詁不重要，而是將「傳」字的意義，還原它本身的性質。就《公羊傳》、《穀梁傳》二傳的「傳」字而言，是複合型的解經，主要是透過「理由」與「說明」的方式來發傳。且二傳的解經方法結構基本上一致，少許同中有異。最大的差異在於《穀梁傳》所衍生出解經的類別是較繁多的。如何解釋為何《穀梁傳》的解經類別較多且細呢？若從問答形式的數量來看，《公羊傳》多於《穀梁傳》約一千多條，則《公羊

7 簡逸光：《穀梁傳解經方法研究》（臺北市：中國文化大學中國文學研究所碩士論文，2003年）。

傳》在有問的情形下，必須有答。而答的內容多是要解釋「理由」，故我們見《公羊傳》的解經方法中「理由」佔的比例甚高，這就說明其問答形式影響了其解經方法。而《穀梁傳》問答的形式解經較少，故其能發揮的方式不同，著重在傳例。當然《穀梁傳》的目的也是要讓讀者能讀懂《春秋》，其限定方式雖未用縱向的問答，也有其一套。其用的是對經文的意義加以定義，故《穀梁傳》有很多為經文定義的內容，這便是《穀梁傳》的方式。

七 《公羊傳》、《穀梁傳》對日食發生時間之修正

《公羊傳》、《穀梁傳》在日食解釋與《春秋》歧異的地方，呈現傳文對於自我意識的堅持。例如《春秋》對於日食的記載，《春秋》記載了魯隱公元年至魯哀公十四年，二四二年間所發生的日食共三十六次。根據紫金山天文臺研究員張培瑜研究指出：

> 對春秋魯國的實際行用的曆法作了復原，我們得出，春秋魯國曆法不是四分曆，月的長度比四分術稍小，較為準確，但閏年設置前期比正常閏率要小，後期也並非嚴格地按十九年七閏設閏，在一章歲內位置也不完全固定。歲首早期建寅、建丑，後期主要建子。[8]

我們現在無法準確的說《春秋》用的是什麼曆法，只知道不是四分術[9]的系統，確定不是漢代所傳的古六曆。由於日食只會發生在朔，

8 張培瑜：〈春秋魯國曆法與古六曆〉，《南京大學學報》（哲學社會科學）1985年第4期（1985年），頁64。

9 四分術是以一歲日數為三六五又四分之一日，一歲月數為十二又十九分之七月，一

從這點可以作為研究的固定基點，進而計算當時日食實際發生的時間，張培瑜先生以現代天文計算考察《春秋》日食，云：「經研究，這三十七次記錄中有三十二次與天象相符，確係當時所記。」[10]可知《春秋》日食記錄為實錄。其中僖公十五年五月、宣公十七年六月，經文記載有日食，實際上皆無日食，可能是誤記。另外，襄公二十一年十月、襄公二十四年八月兩次都是比月而食，比月而食是不會發生的。這兩次應是後人傳抄上，因日食記錄不能確定為哪一月，故兩存之。《春秋》比月而食的記錄，傳文無明確的解釋。宣公七年五月有日食，《春秋》未記，有可能是傳抄時誤七年為十七年。因此，《春秋》只有僖公十五年一條無法解釋，其他皆可知乃實際觀測之記錄。僖公十五年五月、宣公十七年六月、襄公二十一年十月、襄公二十四年八月無日食，孔子知不知道？公羊高、穀梁赤知不知道？若不知道卻仍依《經》發《傳》，則《公羊傳》、《穀梁傳》解經的意義如何成立？《春秋》如何可信？

這問題可從另一現象來思考，根據張培瑜研究指出自魯隱公元年至哀公十九年二四七年中，曲阜可見的日食共九十八次。《經》載三十三次（昭公十七年九月晦癸酉日食計入）外，另有六十五次失記。《春秋》經未載的六十五次日食中，食分大於零點九者兩次；食分大於零點八者七次；食分大於零點五者二十四次；食分小於零點五者四十一次；食分大於零點三者二十九次；食分小於零點三者三十六次。氣象因素可能是《春秋經》失載的主要原因。史官所書悉為較大的日

月日數為二十九又九百分之四九九日計算。由於它比平均朔望月二十九點五日大，會出現連大月，十九年需置七閏的方式。

10 參考張培瑜：〈春秋魯國曆法與古六曆〉，《南京大學學報》（哲學社會科學）1985年第4期（1985年），頁64。

食，三分以下不記。[11]這表示當時負責觀測天象的人，是有發生觀測失誤的情形，因此《春秋》無從記載，當然也不會知道發生日食的事。所以我們只能就孔子與《公羊傳》、《穀梁傳》所記載的部分來討論。

綜上所述，可以說明《春秋》的日食記載是實錄結果，這不是推算的，也不是預測。雖然《春秋》之中有缺記、誤記的情形，但大體而言，透過現代天文曆法，證明了《春秋》記錄是正確的。既然《春秋》的日食記載是可信的，如果《公羊傳》、《穀梁傳》有更改日食發生的時間，那就有可能是《公羊傳》、《穀梁傳》所特意更動的。今將《春秋》與《公羊傳》、《穀梁傳》對日食三十六次的記載對照，如下：

時間	經文	《公羊傳》	《穀梁傳》
1 隱三年二月	三年春王二月己巳，日有食之	食二日	食晦日
2 桓三年七月	秋七月壬辰朔，日有食之既	（食正朔）	食正朔也
3 桓十七年十月	冬十月朔日有食之	無傳（食晦日）	食既朔也（食二日）
4 莊十八年三月	十有八年春王正（三月）[12]，日有食之	食晦	夜食
5 莊二十五年六月	六月辛未朔日有食之，鼓用牲於社	（食正朔）	食正朔
6 莊二十六年十二月	冬十有二月癸亥朔，日有食之	無傳（食正朔）	無傳（食正朔）
7 莊三十年九月	九月庚午朔，日有食之，鼓用牲於社	無傳（食正朔）	無傳（食正朔）
8 僖五年九月	九月戊申朔，日有食之	無傳（食正朔）	無傳（食正朔）

---

11 張培瑜：〈《春秋經》內外傳天文曆法紀事的比較研究〉，《第一屆世界漢學中的春秋學學術研討會論文集》（宜蘭縣：佛光大學人文社會學院歷史系，2004年9月），頁186。

12 《穀梁傳》作「三月」。

時間	經文	《公羊傳》	《穀梁傳》
9 僖十二年三月	十有二年春王三（正）[13]月庚午日有食之	無傳（食二日）	無傳（食晦日）
10僖十五年五月	夏五月，日有食之	無傳（食二日）	無傳（夜食）
11 文元年二月	二月癸亥朔[14]，日有食之	無傳（食正朔）	無傳（食晦日）
12 文十五年六月	六月辛丑朔，日有食之，鼓用牲于社	無傳（食正朔）	無傳（食正朔）
13 宣八年七月	秋七月甲子，日有食之既	無傳（食二日）	無傳（食晦日）
14 宣十年四月	夏四月丙辰，日有食之	無傳（食二日）	無傳（食晦日）
15 宣十七年六月	六月癸卯，日有食之	無傳（食二日）	無傳（食晦日）
16 成十六年六月	六月丙寅朔，日有食之	無傳（食正朔）	無傳（食正朔）
17 成十七年十二月	十有二月丁巳朔，日有食之	無傳（食正朔）	無傳（食正朔）
18 襄十四年二月	二月乙未（亥）[15]朔，日有食之	無傳（食正朔）	無傳（食正朔）
19 襄十五年八月	秋八月丁巳，日有食之	無傳（食二日）	無傳（食晦日）
20 襄二十年十月	冬十月丙辰朔，日有食之	無傳（食正朔）	無傳（食正朔）
21 襄二十一年九月	九月庚戌朔，日有食之	無傳（食正朔）	無傳（食正朔）
22 襄二十一年十月	冬十月庚辰朔，日有食之	無傳（食正朔）	無傳（食正朔）
23 襄二十三年二月	二十有三年春王二月癸酉朔日有食之	無傳（食正朔）	無傳（食正朔）
24 襄二十四年七月	秋七月甲子朔，日有食之既	無傳（食正朔）	無傳（食正朔）

13 《穀梁傳》作「春王正月」記載。《公羊》、《左傳》皆記春王三月。依現在天文日食推測應為此年三月。

14 《穀梁傳》無「朔」字。

15 《穀梁傳》作「乙亥」。

時間	經文	《公羊傳》	《穀梁傳》
25 襄二十四年八月	八月癸巳朔，日有食之	無傳（食正朔）	無傳（食正朔）
26 襄二十七年十二月	冬十有二月乙亥朔，日有食之	無傳（食正朔）	無傳（食正朔）
27 昭七年四月	夏四月甲辰朔，日有食之	無傳（食正朔）	無傳（食正朔）
28 昭十五年六月	六月丁巳朔，日有食之	無傳（食正朔）	無傳（食正朔）
29 昭十七年六月	夏六月甲戌朔，日有食之	無傳（食正朔）	無傳（食正朔）
30 昭二十一年七月	秋七月壬午朔，日有食之	無傳（食正朔）	無傳（食正朔）
31 昭二十二年十二月	十有二月癸酉朔，日有食之	無傳（食正朔）	無傳（食正朔）
32 昭二十四年五月	夏五月乙未朔，日有食之	無傳（食正朔）	無傳（食正朔）
33 昭三十一年十二月	十有二月辛亥朔，日有食之	無傳（食正朔）	無傳（食正朔）
34 定五年三月	五年春王三月辛亥朔，日有食之	無傳（食正朔）	無傳（食正朔）
35 定十二年十一月	十有一月丙寅朔，日有食之	無傳（食正朔）	無傳（食正朔）
36 定十五年八月	八月庚辰朔，日有食之	無傳（食正朔）	無傳（食正朔）

透過整理得知《公羊傳》、《穀梁傳》對日食的判斷標準並不一致。二傳於「食晦」與「食二日」恰好相反。

《公羊傳》解釋日食的定義，有三種。一、「曰某月某日朔，日有食之者。食正朔也。」此為食正朔的定義，指經文書月、日、朔三者皆備時，是食正朔。二、「失之前者，朔在前也。」此為朔發生在三十日，未發生在初一，故先於朔，是為先天。《公羊傳》的條件是經文不書日，為食晦日。三、「失之後者，朔在後也。」此為朔發生在初二，未發生在初一，故後於朔日，是為後天。《公羊傳》的條件是經文不書朔，為食二日。統計後，一、食正朔，二十七次。二、食晦日，兩次。三、食二日，七次。

《穀梁傳》日食的定義有四種：一、「言日不言朔，食晦日也。」（隱公三年）此為食晦日的定義。說明日食提前一天發生。但日食只會發生在朔日，只有曆法不準時才會有日食發生於晦日的情形。二、「言日言朔，食正朔也。」（桓公三年）此為食正朔的定義。指日食發生在朔日。三、「言朔不言日，食既朔也。」（桓公十七年）此為食既朔的定義。既者，盡也。范甯云：「既，盡也。盡朔一日，至明日乃食，是月二日食也。」按其說是指日食發生在初二，晚了一天。是范甯認為《穀梁傳》認為《春秋》記載日食於初二發生，這便是認為當時曆法不合天，是為失天。四、「不言日，不言朔，夜食也。」（莊公十八年）此為夜食的定義。《漢書》〈五行志〉云：「史推合朔在夜，明旦日食而出，出而解，是為夜食。」[16]統計後，四種的次數如下：一、言日不言朔，食晦日也。有七次。二、言日言朔，食正朔也。有二十六次。三、言朔不言日，食既朔也。有一次。四、不言日不言朔，夜食也。有兩次。結果與班固《漢書》〈五行志〉中記載《公羊傳》、《穀梁傳》日食分判的結果一致，其云：

> 凡《春秋》十二公，二百四十二年，日食三十六。《穀梁》以為朔二十六，晦七，夜二，二日一。《公羊》以為朔二十七，二日七，晦二。[17]

由上面分析可以知道《公羊傳》、《穀梁傳》二傳的解釋都是從《春

---

16 班固：〈五行志〉，《漢書》（北京市：中華書局，1995年），卷27，頁1483。

17 班固：〈五行志〉，《漢書》（北京市：中華書局，1995年），卷27，頁1500。

秋》經文而來，從經文文字上書不書月、日、朔的分別，產生傳例。既然《春秋》是實際觀測，是正確的記錄，《公羊傳》、《穀梁傳》為何在日食發生的時間上，有說前一天或說後一天的情形？這樣的結果代表了公羊高與穀梁赤對日食發生時間的意見，二人皆非以推算曆法的方式作出修正。假設公羊高、穀梁子真懂得日食的曆法推算，他應該會以算式來解經，而不是以傳例作為一種判斷的理由。顯然他們都是發現了孔子在書日食的經文上的規律，即「《春秋》書法」，因此他們依自己得出的經例解經，提出經文日食發生的正確時間。

《公羊傳》、《穀梁傳》對日食記載的傳文，都是透過「經例」來分判出食正朔、食晦日、食二日等主要的日食種類。而以「經例」的規律性所作的解經語言，透過現代天文的印證，都是不可信的，二者誤將原本是正確的記載改成錯的。重點是二傳都進行了對《春秋》經文日食記載發生時間的修正，二傳皆有作者「意」的介入。

八　《公羊傳》、《穀梁傳》的三科九旨

三科九旨一直是公羊家與穀梁家對《春秋》大義的區別處，公羊家認為穀梁子未親受子夏，故不知三科九旨。清代今文經學大盛，公羊學家亦是強調《公羊傳》的微言大義。筆者從《穀梁傳》中，找到同於《公羊傳》三種九小類的解經語言，只是穀梁家向來未將此內容作為整體的系統性解釋。認為《穀梁傳》有三科九旨。這不是要與《公羊傳》爭勝，而是《穀梁傳》真有符合比例原則的對照組。《公羊傳》的三科九旨與《穀梁傳》一樣，只在傳文中出現一、二次，它的意義是由注疏者賦予，並進而形成一套方法論。因此，《穀梁傳》的三科九旨，值得提出作為詮釋《春秋》經典意義的新理解。

《春秋》大義隱微不傳，自孔子歿即開始發生。如《漢書》〈藝

文志〉云：「孔子沒而微言絕，七十子喪而大義乖。」[18]范甯〈春秋穀梁傳序〉云：「蓋九流分而微言隱，異端作而大義乖。」[19]因此需要有《公羊傳》、《穀梁傳》，為之詮解。《春秋》大義既然絕、隱、乖、微，那麼二《傳》逐字逐句解釋經文後，便還原了《春秋》大義嗎？注疏的出現，如何休、徐彥、范甯、楊士勛等，並不只是在疏解《傳》文字義，他們亦是在進行《春秋》大義的建構。其中，三科九旨，是為人熟悉的一套屬於《公羊傳》的解經語言。此向來是公羊家的註冊商標，自何休起首倡此說。這雖然是解釋《春秋》為目的，但《春秋》大義與《公羊》大義，被含混的糾結於一塊，形成《公羊傳》所獨傳的師法、家法，因此《穀梁傳》的解釋被排斥在外。三科九旨，成了公羊家與穀梁家的區別處。公羊家認為穀梁子未親受子夏，故不知三科九旨。如劉逢祿批評穀梁子，未親受口傳大義：

> 《春秋》之有《公羊》也，豈第異于《左氏》而已，亦且異于《穀梁》。《史記》言《春秋》上記隱，下至哀，以制義法，為有所刺譏褒諱抑損之文，不可以書見也。故七十子之徒，口受其傳恉。《漢書》言仲尼歿而微言絕，七十子喪而大義乖。夫使無口受之微言大義，則人人可以屬詞比事而得之。趙汸、崔子方何必不與游、夏同識？惟無其張三世、通三統之義以貫之。故其例此通而彼礙，左支而右絀。是故以日、月、名、字為褒貶，《公》、《穀》所同，而大義迴異者，則以穀梁非卜商高弟，傳章句而不傳微言，所謂中人以下，不可語上者與。[20]

---

18 班固：〈藝文志〉，《漢書》（北京市：中華書局，1997年），卷30，頁1701。

19 穀梁赤傳，范甯集解，楊士勛疏：《春秋穀梁傳注疏》（臺北市：藝文印書館，1997年），卷首，頁7a。

20 劉逢祿：〈春秋論下〉，《劉禮部集》，卷3，頁19a。

劉逢祿認為三科九旨是何休之前的公羊先師就有的，他所據的是何休〈公羊解詁序〉:「略依胡毋生條例」。但這似乎沒有很堅強的理據說明胡毋生的條例就是三科九旨。況且從《公羊傳》中並沒有三科九旨這樣以系統性解經的意識，三科九旨是以散見的方式，出現在文獻上，《公羊傳》並不以三科九旨為一整體。三科九旨是何休開始使用來解釋《春秋》微言大義的方式。這樣的解經方法與認識《春秋》的方式有一個好處，即能快速的掌握《春秋》思想的核心概念。

先說《公羊傳》的三科九旨。見徐彥引何休《文謚例》云：

> 新周、故宋、以春秋當新王，此一科三旨也。
> 又云所見異辭、所聞異辭、所傳聞異辭，二科六旨也。
> 又內其國而外諸夏，內諸夏而外夷狄，是三科九旨。[21]

此是何休提出的。他依據《公羊傳》解經內涵「訂定」出來，而非歸納集結出來。此意見與劉逢祿看法不同，其云：

> 何氏〈序〉明言依胡毋生條例，又有董生之《繁露》，太史公之《史記》〈自序〉、〈孔子世家〉，皆《公羊》先師，七十子遺說，不特非何氏臆造，亦且非董、胡特創也。無「三科九旨」則無《公羊》，無《公羊》則無《春秋》，尚微言之與有？[22]

劉逢祿認為三科九旨不是何休臆造，應是有傳承。實際上《公羊傳》

21 公羊高傳，何休解詁，徐彥疏：《春秋公羊傳注疏》（臺北市：藝文印書館，1997年），卷1，頁4b。

22 公羊高傳，何休解詁，徐彥疏：《春秋公羊傳注疏》（臺北市：藝文印書館，1997年），卷3，頁20。

並未如此稱之。《公羊傳》僅散見這些內容。[23]且三科九旨並未出現於《公羊傳》的前言凡例，亦未在《公羊傳》中指出其作為解經的綱領。至少可以判斷，三科九旨不是公羊子有意識的書寫，是後來公羊經師加以強調的內容。公羊子並無三科九旨的概念，這是何休提出用來解釋《春秋》經文的。從何休提出之後，三科九旨並沒有什麼太大的影響力，一直到清代今文經學劉逢祿的發揚，才又受世人所重視。這說明一個學術意見的提出，被讀者知道與被讀者相信是兩回事，若能像何休受到劉逢祿的尊崇，說無何休便無公羊學，極度的推崇，那更是難能可貴。

我們知道《公羊傳》與注疏者的理解有差異外，更相信注疏者對經典進行系統性的建構一套理論是重要的。因為有何休、徐彥等經師對《公羊傳》賦予了新的意義，使讀者可以容易的掌握《公羊傳》的要義，然後轉而與同時代的議題相互激盪。相對而言，《穀梁傳》因為沒有相對應的理論基礎，故無法取得學者的重視，僅能就《穀梁傳》的敦厚氣息來稱許。其實對三科九旨的內容有所更動的前賢，還是有的。例如清代研究《公羊》的孔廣森，他曾試圖為三科九旨立下新意。其釋為：

> 天道者，時、月、日。
> 王法者，王、天王、天子。
> 人情者，尊、親、賢。[24]

---

23 「新周」一詞，《公羊傳》出現一次。「故宋」、「以春秋當新王」，只出現在《注》、《疏》之中。「所見異辭、所聞異辭、所傳聞異辭」，《公羊傳》出現三次。「內其國而外諸夏，內諸夏而外夷狄」，《公羊傳》出現一次。

24 孔廣森：〈敘〉，《公羊通義》，影印《皇清經解春秋類彙編》（臺北市：藝文印書館，1986年9月），第2冊，頁1。

以《春秋》之為書，上本天道，中用王法，下理人情。不奉天道，王法不正；不合人情，王法不行。但此一提出，便受當時人所排斥，如劉逢祿、皮錫瑞，今人錢穆、梁啟超等，皆沒有人願意接受。其中的原因，大抵是因為清代今文經以何休為宗，當然反對有人對何休的內容進行改動，甚至想要去取代何休的說法。

在《穀梁傳》內，一直以來沒有系統性的解經方法。民初有柯劭忞《春秋穀梁傳注》提出《公羊傳》的九旨「時、月、日、王、天王、天子、譏、貶、絕」為《穀梁傳》所傳[25]。但卻沒有太大的影響。這個原因可能是因為此說並無新意，對《穀梁傳》的解經幫助也有限，所以讀者只當作一說。《穀梁傳》亦有與之相對應的三科九旨，結構上與《公羊傳》類似。這部分的研究，或許可以作為《穀梁傳》微言大義的補充。如下：「有臨天下之言焉，有臨一國之言焉，有臨一家之言焉」此一科三旨；「微殺大夫謂之盜，非所取而取之謂之盜，辟中國之正道以襲利謂之盜」此二科六旨；「不以嫌代嫌，不以亂治亂也，不以親親害尊尊」此三科九旨也。

（一）《穀梁傳》的一科三旨

哀公七年《穀梁傳》：

> 《春秋》有臨天下之言焉，有臨一國之言焉，有臨一家之言焉。[26]

---

25 柯劭忞：〈春秋穀梁傳注序〉，《春秋穀梁傳注》（臺北市：力行書局，1970年），頁2。

26 穀梁赤傳，范甯集解，楊士勛疏：《春秋穀梁傳注疏》（臺北市：藝文印書館，1997年），卷20，頁9b-10a。

此三言是《穀梁傳》對《春秋》敘述方式的區分。若無此一區分，或以為孔子作《春秋》行文皆相同，或以為行文間有矛盾。實際上行文的差異性，就是作《春秋》的方法。范甯引徐乾云：

> 臨者，撫有之也。王者無外，以天下為家，盡其有也。諸侯之臨國，亦得有之，如王於天下。大夫臨家，猶諸侯臨國。[27]

意指《春秋》文字敘述，分別就天子、諸侯、大夫之立場而立言。這樣的敘述非常特別。通常一本著作會有一個統一的視點，來作為書寫的角度。如《孟子》、《荀子》就是一個作者觀點下的作品。孔子將這作者單一視角分別就天子、諸侯、大夫的立場來言說，彷彿這一本著作的作者是模糊的，他讓《春秋》的記載不同於史書，亦不同於諸子之書，亦不同於單純的批評之書。讓《春秋》忠實的呈現歷史所發生的事件，而這些事件原本應屬於不同地方的內容全被孔子作為認識世界的對象。揭示天子之醜、諸侯之醜、大夫之醜於天下後世，卻依然保持它的「含蓄」，《春秋》沒讓其形式像《論語》般，字字都是「子曰」。孔子讓天子、諸侯、大夫的行為為自己敘說自己的面貌，所以好像天子、諸侯、大夫，自己向天下後世說著「我做了什麼！」孔子透過「《春秋》有臨天下之言焉，有臨一國之言焉，有臨一家之言焉」達到這樣的效果。孔子向來以為名不正則言不順，他並非為君王，亦非受君王所託而作《春秋》，故其著述方式轉變成另一種如史官的書寫，讓經文看起來好像是國君、諸侯、大夫行事的實錄。並不會讓人感到孔子是以批評者的態度在書寫。《孟子》文中提過《春秋》是天子的事，孔子非天子作《春秋》「名不正」，有僭越之嫌，故

---

27 穀梁赤傳，范甯集解，楊士勛疏：《春秋穀梁傳注疏》(臺北市：藝文印書館，1997年)，卷20，頁9b-10a。

當時敘述對象與敘述角度該如何拿捏確實有相當的難度，而其以「臨天下之言，臨一國之言，臨一家之言」來書寫，正有「述而不作」的用意。所謂「述而不作，信而好古，竊比於我老彭。」[28]孔子將敘述的人區分為天子的角度、諸侯的角度、大夫的角度，正如他們所自言已事，孔子不過是將之轉述出來，因此「述而不作」的具體書寫方式並非是全文的抄錄不去更動文字部分，而是就其敘述者的身分配合其說法，天子的部分就以天子的方式敘說，諸侯的部分就以諸侯的身分去說，大夫的部分就以大夫的身分去寫，以摹擬角色身分的話語來著作，這樣就成為一部「述而不作」的《春秋》。

這同時是《穀梁傳》對《春秋》的一個認識。我們若檢閱《春秋》經文，便可發現《春秋》經文中確實不脫以上三種敘述角度。以天子之角度言之，如天王使宰咺來歸惠公、仲子之賵；以諸侯之角度言之，如鄭伯克段于鄢；以大夫之角度言之，如公子翬如齊逆女。《春秋》百分之九十五以上都是從這三者角度來書寫，僅少部分提到大水、蟲災、地震、日食之類的自然現象。可見《穀梁傳》的理解是很精確的。

（二）《穀梁傳》的二科六旨

哀公四年《穀梁傳》：

> 《春秋》有三盜：微殺大夫謂之盜，非所取而取之謂之盜，辟

28 《論語正義》云：「記仲尼著述之謙也。作者之謂聖，述者之謂明，老彭殷賢大夫也，老彭於時但述脩先王之道，而不自制作。篤信而好古事，孔子言今我亦爾，故云比老彭，猶不敢顯言。」《論語》〈述而〉，卷7，頁1a。

中國之正道以襲利謂之盜。[29]

所謂三盜，是《春秋》對「盜」的三種區別。這三種是孔子書寫《春秋》的凡例，凡經文對此三類事件則稱盜。「三盜」蘊含對世界的認識，亦是對三種身分的規範，孔子認為「微殺大夫謂之盜」，是指比大夫卑微的人去殺了大夫，這樣的行為是不合禮的，大夫為諸侯所任命，權責在諸侯，百姓不該越過自己的份際。擴而言之諸侯弒天子、臣弒君、子弒父，皆為此類所批評的對象。「非所取而取之謂之盜」，主要指大夫與諸侯。在《春秋》中常出現諸侯侵伐小國，或大夫、諸侯與民爭利，皆是一種盜的行為。孔子認為「名正言順」，行為與利益都是一樣的，做符合身分的事，講符合身分的話，拿符合身分的錢財利益。人能如此安於所得，天下豈不寧乎？「辟中國之正道以襲利謂之盜」，這裡指的是天子或諸侯對於正道的遵守。中國之正道是經緯之綱常，可使人正其是非，不會疑惑。若天子、諸侯不以此為鑑，徒以利益為追逐目標，這便是「盜」。「盜」是不忠實於自己的良知，如掩耳盜鈴般，明知不可為而為之。遮蔽自己的良知道德，所做的行為便是「盜」。

這三類基本上也涵蓋了人世間的一切規範。如微殺大夫謂之盜，是以「人」為主；非所取而取之謂之盜，是以「事」為主；辟中國之正道以襲利謂之盜，是以「義理」為主。由是可知《春秋》之完備。

(三)《穀梁傳》的三科九旨

昭公十三年夏四月《穀梁傳》：

---

29 穀梁赤傳，范甯集解，楊士勛疏：《春秋穀梁傳注疏》(臺北市：藝文印書館，1997年)，卷20，頁7a。

> 《春秋》不以嫌代嫌。[30]

昭公四年秋七月《穀梁傳》：

> 《春秋》之義，不以亂治亂也。[31]

文公二年《穀梁傳》：

> 君子不以親親害尊尊，此《春秋》之義也。[32]

《穀梁傳》言《春秋》不以嫌代嫌，不以亂治亂，不以親親害尊尊，主要是因為當時子弒父，臣弒君，微殺尊的事件層出不窮，為奪權力往往不擇手段，孔子在此提出消弭類似事件的箴言，就是從自身為基點做起，若已身不正，則不能去糾正他人，唯有已身為正，才不會製造更多的亂源。以此一基點，來穩固散亂的人心，提供規矩無所措手足的君臣百姓一個堅實的道德規範。同時這也是孔子在書寫《春秋》時的一個判斷準則。

此三類包含對制度的規範。如不以嫌代嫌，主內政之說；不以亂治亂，主法律之說；不以親親害尊尊，主倫理之說。這些規範基本上對當時社會，有全面性的規定，是穩定社會的有效原則。

《穀梁傳》提出《春秋》穩定人類信念的關鍵信仰，一般人對事

30 穀梁赤傳，范甯集解，楊士勛疏：《春秋穀梁傳注疏》（臺北市：藝文印書館，1997年），卷17，頁14a。

31 穀梁赤傳，范甯集解，楊士勛疏：《春秋穀梁傳注疏》（臺北市：藝文印書館，1997年），卷17，頁4a。

32 穀梁赤傳，范甯集解，楊士勛疏：《春秋穀梁傳注疏》（臺北市：藝文印書館，1997年），卷10，頁5a。

物的判斷多以現實利益之好惡來作為判斷的依準，然此依準多不確定，時有反覆，因此孔子將此重要的具結構性的基礎概念確定下來，就可以免除許多爭勝奪權。

《公羊傳》、《穀梁傳》的三科九旨，內容雖不同，其本身若具有貫通《春秋》的效力，即能成為《春秋》的微言大義。

九　《公羊傳》、《穀梁傳》皆以子般為魯公

《春秋》有魯公十二公，已為常識，然魯國有一位子般，其身分為魯莊公之子，《公羊傳》、《穀梁傳》皆以為魯公，故《春秋》應有十三公。

（一）《公羊傳》以子般為魯公，為慶父所弒

《公羊傳》莊公三十二年秋七月癸巳，公子牙卒。

> 何以不稱弟？殺也。殺則曷為不言刺？為季子諱殺也，曷為為季子諱殺？季子之遏惡也，不以為國獄，緣季子之心而為之諱。季子之遏惡奈何？莊公病將死，以病召季子，季子至而授之以國政，曰：「寡人即不起此病，吾將焉致乎魯國？」季子曰：「般也存，君何憂焉？」公曰：「庸得若是乎？牙謂我曰：『魯一生一及，君已知之矣。慶父也存。』」季子曰：「夫何敢？是將為亂乎？夫何敢？」俄而牙弒械成。季子和藥而飲之曰：「公子從吾言而飲此，則必可以無為天下戮笑，必有後乎魯國。不從吾言而不飲此，則必為天下戮笑，必無後乎魯國。」於是從其言而飲之，飲之無傫氏，至乎王堤而死。公子

> 牙今將爾。辭曷為與親弒者同？君親無將，將而誅焉，然則善之與？曰：「然。」殺世子母弟直稱君者，甚之也。季子殺母兄何善爾？誅不得辟兄，君臣之義也。然則曷為不直誅而鴆之？行誅乎兄，隱而逃之，使托若以疾死，然親親之道也。[33]

《公羊》提到魯莊公將死，問季子魯國將交給他的兒子公子般，還是弟弟公子慶父呢？他希望子般能即位，卻擔心公子牙欲擁戴公子慶父，所以季子為了完成莊公的心願，殺了公子牙。不久八月癸亥，魯莊公薨。理應公子般便可即位。不過經文書冬十月乙未，子般卒。《公羊傳》：

> 子卒云子卒，此其稱子般卒何？君存稱世子，君薨稱子某，既葬稱子，逾年稱公。子般卒，何以不書葬？未逾年之君也。有子則廟，廟則書葬。無子不廟，不廟則不書葬。[34]

在此《公羊傳》並未說明這位從八月當到十月的魯公子般是什麼原因死亡，只說子般卒。《公羊》以子般的身分為魯公，故以「君存稱世子，君薨稱子某，既葬稱子，逾年稱公」之國君的繼承制度來看待，視子般為魯公。但子般卒的時間點恰在魯莊公八月卒至隔年元月的中間。所以按照魯國繼承制度，子般是準即位之魯公，實際上從八月起子般就是魯公了，只是名義上的即位時間在隔年元月。《公羊傳》提到國君與世子在交接時，一定是國君卒的時候，彼此的稱謂如莊公在

33 公羊高傳，何休解詁，徐彥疏：《春秋公羊傳注疏》（臺北市：藝文印書館，1997年），卷9，頁7a-10a。

34 公羊高傳，何休解詁，徐彥疏：《春秋公羊傳注疏》（臺北市：藝文印書館，1997年），卷9，頁10b-11a。

世時，子般稱世子，何休：「明當世父位為君。」莊公薨，子般稱子某，何休：「緣民臣之心不可一日無君，故稱子某，明繼父也。」莊公葬，子般則稱子，何休：「不名者，無所屈也。緣終始之義，一年不二君。」直到隔年元月才正式稱公，何休：「不可曠年無君。」這些傳注皆說明子般為魯公。且閔公元年春王正月。《公羊傳》又云：

> 公何以不言即位？繼弒君不言即位。孰繼？繼子般也。孰弒子般？慶父也。殺公子牙，今將爾，季子不免。慶父弒君，何以不誅？將而不免遏惡也，既而不可及，因獄有所歸，不探其情而誅焉，親親之道也。惡乎歸獄？歸獄僕人鄧扈樂。曷為歸獄僕人鄧扈樂？莊公存之時，樂曾淫於宮中，子般執而鞭之。莊公死。慶父謂樂曰：「般之辱爾，國人莫不知，盍弒之矣？」使弒子般，然後誅鄧扈樂而歸獄焉，季子至而不變也。[35]

《公羊傳》並未在莊公三十二年十月乙未時，揭露公子般是被公子慶父所殺，而到閔公元年才說明。同時《公羊傳》重申閔公繼弒君，所繼的就是子般。又《公羊傳》在閔公二年冬，齊高子來盟。此條經文下亦明言魯國三君死：

> 高子者何？齊大夫也。何以不稱使？我無君也。然則何以不名？喜之也。何喜爾？正我也。其正我奈何？莊公死，子般弒，閔公弒，比三君死，曠年無君，設以齊取魯，曾不興師徒，以言而已矣。桓公使高子將南陽之甲，立僖公而城魯，或

35 公羊高傳，何休解詁，徐彥疏：《春秋公羊傳注疏》（臺北市：藝文印書館，1997年），卷9，頁11b-12 b。

曰自鹿門至於爭門者是也，或曰自爭門至於吏門者是也，魯人至今以為美談，曰：「猶望高子也。」[36]

《公羊》所指分別為莊公、子般、閔公。因此，我們可說，《公羊傳》以魯國有十三公。

（二）《穀梁傳》以子般為魯公，隱弒而深諱

我們再從《穀梁傳》的敘述來看。莊公三十二年，秋，七月癸巳，公子牙卒。《穀梁傳》無傳。而冬，十月乙未，子般卒。《穀梁》：

子卒日，正也；不日，故也。有所見則日。

子般卒，《穀梁傳》只云有故。至於何故？並未明說。在子般卒後下一條經文「公子慶父如齊」，云：

此奔也，其曰「如」何也？諱莫如深，深則隱。苟有所見，莫如深也。[37]

《穀梁傳》依舊以隱諱的方式陳述，未有明說。范甯則云：「深謂君弒賊奔，隱痛之至也。故子般日卒，慶父如齊。」直接說魯君子般為公子慶父所弒。《穀梁傳》於閔公元年元年春王正月，將此「諱」稍

36 公羊高傳，何休解詁，徐彥疏：《春秋公羊傳注疏》（臺北市：藝文印書館，1997年），卷9，頁17b-18a。

37 穀梁赤傳，范甯集解，楊士勛疏：《春秋穀梁傳注疏》（臺北市：藝文印書館，1997年），卷6，頁18a-18b。

微透露一些訊息，曰「閔公繼弒君」，其云：

> 繼弒君不言即位，正也。親之非父也，尊之非君也，繼之如君父也者，受國焉爾。[38]

《穀梁傳》雖未說明子般之死與慶父間的關係，但他亦是認為子般為人所弒。同時也表示同意子般為魯君。在魯國這段改朝換君的過程中，先是魯莊公傳位給子般，子般繼承不到二個月，即被公子慶父所弒，公子慶父還畏罪逃往齊國。

之後魯國以閔公為君，不料不出二年，又過世。《公羊傳》秋八月辛丑，公薨。云：

> 公薨何以不地？隱之也。何隱爾？弒也。孰弒之？慶父也。弒公子牙，今將爾，季子不免。慶父弒二君何以不誅？將而不免遏惡也。既而不可及，緩追逸賊，親親之道也。[39]

《公羊傳》亦如子般被弒，指出閔公為公子慶父所弒。《穀梁傳》依舊為魯國隱諱不書，只於秋，八月辛丑，公薨，云：

> 不地，故也。其不書葬，不以討母葬子也。[40]

---

38 穀梁赤傳，范甯集解，楊士勛疏：《春秋穀梁傳注疏》（臺北市：藝文印書館，1997年），卷6，頁18b-19a。

39 公羊高傳，何休解詁，徐彥疏：《春秋公羊傳注疏》（臺北市：藝文印書館，1997年），卷9，頁16a-16b。

40 公羊高傳，何休解詁，徐彥疏：《春秋公羊傳注疏》（臺北市：藝文印書館，1997年），卷6，頁20b。

九月，夫人姜氏孫於邾，《穀梁傳》：

> 孫之為言猶孫也。諱奔也。公子慶父出奔莒。其曰出，絕之也。慶父不復見矣。[41]

《穀梁傳》只云有故，卻未說明內情。范甯於此亦直言：「慶父弒子般、閔公。」魯國數年間國君迭死，直到閔公二年冬，齊高子來盟，介入魯國的內政，立僖公，此事才告一段落。足顯魯國之內已無法處理自己的事，若諸侯國任其內亂，則魯國自滅矣。有趣的是，我們一般都認為本國是嫌惡他國干涉內政，不過這通常只是執政者，當權者的看法，我們見《公羊傳》：

> 齊大夫也。何以不稱使？我無君也。然則何以不名？喜之也。何喜爾？正我也。其正我奈何？莊公死，子般弒，閔公弒，比三君死，曠年無君，設以齊取魯，曾不興師徒，以言而已矣。桓公使高子將南陽之甲，立僖公而城魯，或曰自鹿門至於爭門者是也，或曰自爭門至於吏門者是也，魯人至今以為美談，曰：「猶望高子也。」[42]

《穀梁傳》：

> 冬，齊高子來盟。其曰來，喜之也。其曰高子，貴之也。盟立

---

41 公羊高傳，何休解詁，徐彥疏：《春秋公羊傳注疏》（臺北市：藝文印書館，1997年），卷6，頁20b-21a。

42 公羊高傳，何休解詁，徐彥疏：《春秋公羊傳注疏》（臺北市：藝文印書館，1997年），卷9，頁17b-18a。

僖公也。[43]

《公羊傳》、《穀梁傳》二傳一致對齊國的介入，立僖公，表示認同。《公羊傳》甚至說魯人對齊大夫高的幫助，至今仍以為美談。

回過來說，對此一事，公羊家與穀梁家的看法是一致的，都認為慶父弒二君，不過《公羊傳》與《穀梁傳》的態度顯然不同。一則直說，一則隱諱。

孔子《春秋》中似乎未刻意強調子般為魯公一事，且莊公之編年結束，下一位接繼者即為閔公元年。即便魯國內政天翻地覆，孔子還看到「狄侵邢」、「狄入衛」、「鄭棄其師」等等，與魯無直接關係的事。由是再從《公羊傳》、《穀梁傳》的書寫情緒中，隱隱亦能感到二人的性格。對於過去的歷史，顯然有些傳聞是不需透過孔夫子傳授，亦能知悉有所感動，而公羊高對於這類的傳聞之事的反應，是很積極的，如同清人對其內文中能感受到三世、三統、一番事業等熱情是有關的；而穀梁子雖也知道這些傳聞之事，卻與孔子一樣選擇低調的方式，陳述此事。

十 《公羊傳》、《穀梁傳》對「《春秋》之末」的理解

哀公十四年，為孔子「絕筆之處」。絕筆對於孔子是「備矣」，或「道窮」，還是一個深遠悠長的感歎呼吸，後人難以想像。但對於《公羊傳》、《穀梁傳》而言，卻是一個結束。我們對聖人孔子是無法

43 公羊高傳，何休解詁，徐彥疏：《春秋公羊傳注疏》（臺北市：藝文印書館，1997年），卷6，頁21a。

知悉的，對《公羊傳》、《穀梁傳》或許還可以透過「語言」加以透視。故說《春秋》是連綿不絕的，《公羊傳》、《穀梁傳》是斷於此處的。這裡對《公羊傳》、《穀梁傳》而言，是開始之處，也是結束之處，開始之處是因為此處是離他們最近的時間點，也是孔子發述為何作《春秋》的契機。結束之處是說他們沒有解經的對象了。

從《公羊傳》的傳文分析其敘述的內容，可以論證其非是「純粹轉述者」的角色，它不是傳說中像子夏之徒不能「贊」孔子微言大義「一辭」。另從傳文中可以也找到《公羊傳》有許多不解孔子的《春秋》之義，所以在傳文中有揣測、有補充、有詮釋、有和《春秋》對話的情形。其實《春秋》之義在《春秋》的每一條經文中，並未特別強調經文「開始」或是「結束」，這兩處能蘊藏多少的微言大義？且如《公羊傳》：

> 《春秋》何以始乎隱？祖之所逮聞也。所見異辭，所聞異辭，所傳聞異辭。何以終乎哀十四年？曰：「備矣。」
> 君子曷為為《春秋》？撥亂世、反諸正，莫近諸《春秋》。則未知其為是與其諸君子樂道堯、舜之道與，末不亦樂乎堯、舜之知君子也？制《春秋》之義，以俟後聖，以君子之為，亦有樂乎此也。

說「撥亂世、反諸正」這等概論的文字，對一般讀者並不具有特殊的意義，因為這樣的敘述之所以有意義，必須通讀《春秋》之後才能產生認同。

《穀梁傳》對《春秋》「絕筆」處，顯得異常冷漠。筆者認為《公羊傳》、《穀梁傳》對《春秋》最後一條經文的解釋，皆非孔子所言。孔子的《春秋》書寫，是一個結束，但這個結束是偶然的，也是必然，所謂偶然就是哀公十四年有一麟獸出現，被人擄獲。所謂必然是指一個書寫會受現實時間的限制而結束。《穀梁傳》在此將麟「自以為是」的比擬為孔子，所謂聖人乃麟之象徵，說聖人不外於中國，因此聖人是中國所自生，且往後的中國仍然會出現屢屢的聖人，《穀梁傳》含此期盼與追思之意，寄情於對《春秋》的解釋。

《公羊傳》說「麟」「非中國之獸也」，為何《穀梁傳》卻云「麟」「不外麟於中國也」呢？這是因為《公羊傳》將「麟」當作是動物性的「仁獸」，像是一種「有王者則至，無王者則不至」，具候鳥性格並有指標性的物件。而《穀梁傳》並不將「麟」視為動物性的「獸」，它是暗喻，喻「麟」為孔子，為聖人之類的指稱。其意義已經轉移，並不在乎「麟」在哀公十四年的事實，而是透過「麟」來闡述對於孔子絕筆的詮釋。也就是說雖然《公羊傳》、《穀梁傳》二者對「麟」的解釋不同，卻都呈現了他們對孔子的認識，所以《公羊傳》以「君子為《春秋》」來作為與「麟」意義的切割，《穀梁傳》以暗喻來解釋「麟」的意義。這又說明了一件事，就是《公羊傳》、《穀梁傳》都未將「麟」的出現與孔子絕筆作意義上的連繫，不像昔人說孔子是因為「獲麟起筆」或「文成致麟」。[44]若說《公羊傳》、《穀梁傳》對《春秋》的結束，懷抱著兩種不同典型的「情緒」，是可以理解的，我們看聯考過後，不也是有那種忽然放鬆而異常興奮而到處慶祝的學子，也有那種長嘆一氣，說「終於結束了」。《公羊傳》像是一個樂觀的詮釋者，《穀梁傳》像是一個不慍不火的冷眼者，這冷眼下仍有那堅實的信心在。二者都對《春秋》的使命提出自己的感悟，也承擔了使命的責任。《公羊傳》：「制《春秋》之義，以俟後聖，以君子之為，亦有樂乎此也。」《穀梁傳》云聖人常在。都顯示對孔子儒學的深深期許。

---

44 黃聖修：《《春秋》西狩獲麟解》（宜蘭縣：佛光大學歷史學系碩士論文，2006年）。

十一　結論

《公羊傳》、《穀梁傳》之所以成為經典的理由，一直以來是因為依附於《春秋》之下，即使唐代列入《九經》、宋代入於《十三經》中，二傳的地位乍看之下，似由「傳」升格為「經」，實際上對於閱讀者而言，它從來都只是「傳」。所以希望透過《公羊傳》、《穀梁傳》自身存在價值的呈現，可以說明「傳」之所以為「經」，是有屬於它們的條件的。

《春秋》學的核心價值是孔子的思想，如尊周、重禮。《公羊傳》、《穀梁傳》雖闡釋《春秋》經文，二者是否有屬於它們自己的核心思想？之所以會如此問，是因為就閱讀《公羊傳》、《穀梁傳》的經驗，發覺常人一開始便認定二傳以解經為目的，所以二傳似乎不會有自己的意見，反而會將自己的意見隱匿收藏，完全相信孔子的判斷。但當研究者對《公羊傳》、《穀梁傳》進行討論時，卻將《春秋》思想與《公羊傳》、《穀梁傳》思想視為不同的領域。從孟子、司馬遷等人對孔子作《春秋》的目的與《公羊傳》、《穀梁傳》解經產生的影響來說，二者已不是完全相從的情形。《公羊傳》、《穀梁傳》闡述的意義對於後人的影響，早已超出孔子作《春秋》使亂臣賊子懼的目的。這亦可呼應平勢隆郎《中國古代の予言書》認為《春秋》、三傳皆是戰國之後的陰謀書，為特定國君所寫的。

《穀梁傳》曾在西漢平帝時，因為傳文中對祭祀之禮的關係，得到君王的認同，一度置為博士。《公羊傳》的致用，最明顯的就是晚清《公羊》學的興起，帶起一股三世說的風潮。讓這些經典除了保存過去史事之外，還可以與當下的時代產生互動，給予一種思想的指導。向來人們對於宋代以《春秋》中的尊王、攘夷思想來貫徹政治時，總會以過度想像與偏離經旨加以批評，殊不知，此正是經典源源不絕的生命力之呈現。因此，經典的意義不只存在其文字的道德規勸，另有一意義是由詮釋者對其作出可供實踐的道理闡發，此正是古人「經世致用」之泉源。回到《公羊傳》、《穀梁傳》本身，二者在當下的現代意義，究竟為何？要論及《公羊傳》、《穀梁傳》的現代意義，就必須先瞭解當下的社會、政治環境，然後細讀經典，找出相對應的地方。舉例來說，春秋時期的魯國國勢不強、卻以禮樂中國自居、以道統自居、與大國不睦、常受打壓欺凌，又喜與非中國的國家相通。這些情勢，《公羊傳》、《穀梁傳》皆寫出了魯國的態度與處理方式，並在時局中作出的決策與後來對應的結果，都讓我們清楚的知道。《公羊傳》、《穀梁傳》的處理態度是不一樣的，如《公羊》強調復仇等等，都可留給今人參考。但有幾點基本上是一致的，如，一、不與大國爭勝，二、維持謙遜的態度，三、避免涉入大國間的衝突，四、要對具道統與正統的大國給予一以貫之的支持，五、行正道。在貫徹這些條件下，小國才可能保持基本的和平狀態。若我們再細較《公羊傳》、《穀梁傳》對於小國存在方式的體會與感受，《穀梁傳》相對來說，比《公羊傳》持復讎觀念是務實許多。弔詭的是，這些參考意見並不能明目張膽的以公告天下的方式執行，因為一旦它被以僵化的條規按部就班的執行，就一定會像王莽、王安石等欲以《周禮》治理天下的荒誕結果收場，或像晚清以《公羊》之說力圖奮發圖強，結果也是不濟。那該如何？勢必得是一位有識君王於日理萬機之下，猶精進不懈閱覽羣書，於閱讀中每有體會，不知覺中暗合經訓，如此天理正合人心，人心即是天理。既是如此，此君必賢，此國必興。若不是如此，即便整日將聖人之語掛在嘴上，鎮日將經典放在桌案，只是表面工夫，無所用處。

《公羊傳》、《穀梁傳》解經的目的，是為了要讓讀者接受其解釋經文的正統性，然後才是將經典的意義闡釋出來。所以它們在解釋的過程中，將傳文與經文雜揉在一起，並將傳文解釋的意義等同於孔子所親授。

《公羊傳》、《穀梁傳》的目的本是解經，然而它們的解經文字所造成的影響，已遠超過孔子作《春秋》時設定的目的。如「亂臣賊子懼」等。因為《春秋》的目的是這些亂臣賊子，所以對象是他們。而《公羊傳》、《穀梁傳》的對象是《春秋》，所以它的對象不會是亂臣賊子，它也就不具有規勸的效果。但是《公羊傳》、《穀梁傳》在解經的過程中，卻凝聚了許多新的議題，產生了新的影響。如「三科九旨」、「尊王攘夷」、「親親尊尊」、為尊賢長諱例、時月日例等等。這些議題被讀經者移挪出來，或置於政治上談、或在制度上談論，甚至成為法律判決的依準。在在都脫離了《春秋》原本設定的目標。所以《公羊傳》、《穀梁傳》其實具有自己的核心價值，對社會的影響確實也來自於《公羊傳》、《穀梁傳》的傳文，而非《春秋》。這樣我們才能真正的確定《公羊傳》、《穀梁傳》由「傳」升格為「經」，是有理由的。

《春秋》曆日與《穀梁傳》傳例

一 《春秋》日食記載與曆法

從史書的記載中可以知道，對「曆」的掌握是古代君王的要務。《漢書》〈律曆志〉云：

> 曆數之起上矣。傳述顓頊命南正重司天，火正黎司地，其後三苗亂德，二官咸廢，而閏餘乖次，孟陬殄滅，攝提失方。堯復育重、黎之後，使纂其業，故《書》曰：「乃命羲、和，欽若昊天，曆象日月星辰，敬授民時。」「歲三百有六旬有六日，以閏月定四時成歲，允釐百官，眾功皆美。」其後以授舜曰：「咨爾舜，天之曆數在爾躬。」「舜亦以命禹。」至周武王訪箕子，箕子言大法九章，而五紀明曆法。故自殷周，皆創業改制，咸正曆紀，服色從之，順其時氣，以應天道。[1]

這裡提到至少自夏代起君王即觀天象授民時。中國君王非常重視天文曆象的觀測與其準確度，舉凡君王頒曆及觀測重要的天文現象，會有專屬職官記載下來。

《春秋》記載了魯隱公元年至魯哀公十四年，共二四二年間所發

---

1 班固：〈律曆志〉，《漢書》（北京市：中華書局，1995年），卷21，頁973。

生的事，對象包括魯國及當時許多諸侯國。之中記載了三十六次日食、約七百個月名、三九三條曆日干支、數十條朔晦閏的資料，是現在可見較完整與曆法有關的記錄。

根據紫金山天文臺研究員張培瑜研究指出：「對春秋魯國的實際行用的曆法作了復原，我們得出，春秋魯國曆法不是四分曆，月的長度比四分術稍小，較為準確，但閏年設置前期比正常閏率要小，後期也並非嚴格地按十九年七閏設閏，在一章歲內位置也不完全固定。歲首早期建寅、建丑，後期主要建子。」[2]我們現在無法準確的說《春秋》用的是什麼曆法，只知道不是四分術的系統，確定不是漢代所傳的古六曆。古六曆是指《黃帝曆》、《顓頊曆》、《夏曆》、《殷曆》、《周曆》及《魯曆》。《漢書》〈律曆志〉云：

> 三代既沒，五伯之末史官喪紀，疇人子弟分散，或在夷狄，故其所記，有《黃帝》、《顓項》、《夏》、《殷》、《周》及《魯》曆。[3]

《漢書》〈藝文志〉亦有記載：

> 《黃帝五家曆》，三十三卷。
> 《顓項曆》，二十一卷。
> 《顓項五星曆》，十四卷。
> 《夏殷周魯曆》，十四卷。[4]

2 張培瑜：〈春秋魯國曆法與古六曆〉，《南京大學學報》（哲學社會科學）1985年第4期（1985年），頁64。

3 班固：〈律曆志〉，《漢書》（北京市：中華書局，1995年），卷21，頁973。

4 班固：〈律曆志〉，《漢書》（北京市：中華書局，1995年），卷30，頁1765。

四分術是以一歲日數為三六五又四分之一日，一歲月數為十二又十九分之七月，一月日數為二十九又九百分之四九九日計算。由於它比平均朔望月二十九點五日大，會出現連大月，十九年需置七閏的方式。

不只以現代天文計算可以得知《春秋》曆法與漢代所傳不同，早在後秦姜岌便知道漢代所傳的曆法已與《春秋》當時記載的曆法不同。故說《春秋》「不知用何曆？」

> 後秦姚興時，當孝武太元九年，歲在甲申，天水姜岌造《三紀甲子元曆》，其略曰：「治曆之道，必審日月之行，然後可以上考天時，下察地化。一失其本，則四時變移。故仲尼之作《春秋》，日以繼月，月以繼時，時以繼年，年以首事，明天時者人事之本，是以王者重之。自皇羲以降，暨于漢魏，各自制曆，以求厥中。考其疏密，惟交會薄蝕可以驗之。然書契所記，惟《春秋》著日蝕之變，自隱公訖于哀公，凡二百四十二年之間，日蝕三十有六，考其晦朔，不知用何曆也。班固以為《春秋》因《魯曆》，《魯曆》不正，故置閏失其序。魯以閏餘一之歲為蔀首，檢《春秋》置閏不與此蔀相符也。〈命曆序〉曰：『孔子為治《春秋》之故，退修殷之故曆，使其數可傳於後。』如是，《春秋》宜用《殷曆》正之。今考其交會，不與《殷曆》相應，以《殷曆》考《春秋》，月朔多不及其日，又以檢《經》，率多一日，《傳》率少一日。但《公羊經》、《傳》異朔，於理可從，而《經》有蝕朔之驗，《傳》為失之也．服虔解《傳》用太極上元，太極上元迺《三統曆》劉歆所造元也，何緣施於《春秋》？於《春秋》而用漢曆，於義無乃遠乎？《傳》之違失多矣，不惟斯事而已。襄公二十七年冬十有

> 一月乙亥朔，日有蝕之。《傳》曰：『辰在申，司曆過，再失閏也。』考其去交分，交會應在此月，而不為再失閏也。案歆曆於《春秋》日蝕一朔，其餘多在二日，因附《五行傳》，著朓與側匿之說云：『春秋時諸侯多失其政，故月行恒遲。』歆不以曆失天，而為之差說。日之蝕朔，此乃天驗也，而歆反以己曆非此，冤天而負時曆也。杜預又以為周衰世亂，學者莫得其真，今之所傳七曆，皆未必是時王之術也。今誠以七家之曆，以考古今交會，信無其驗也，皆由斗分疏之所致也。《殷曆》以四分一為斗分，《三統》以一千五百三十九分之三百八十五為斗分……」[5]

以上說明漢代所認知使用的曆法與春秋時期是不同的。

由於日食只會發生在朔，從這點可以作為研究的固定基點，進而計算當時日食實際發生的時間，張培瑜先生以現代天文計算考察《春秋》日食，云：「經研究，這三十七次記錄中有三十二次與天象相符，確係當時所記。」[6]可知《春秋》日食記錄為實錄。

其中僖公十五年五月、宣公十七年六月，經文記載有日食，實際上皆無日食，可能是誤記。

另外，襄公二十一年十月、襄公二十四年八月兩次都是比月而食，比月而食是不會發生的。這兩次應是後人傳抄上因日食上記錄不能確定為哪一月，故兩存之。《春秋》比月而食的記錄，傳文無明確的解釋。

宣公七年五月有日食，《春秋》未記，有可能是傳抄時誤七年為

5　房玄齡：〈律曆志〉，《晉書》（北京市：中華書局，1995年），卷18，頁566。

6　張培瑜：〈春秋魯國曆法與古六曆〉，《南京大學學報》（哲學社會科學）1985年第4期（1985年），頁64。

十七年。因此，《春秋》只有僖公十五年一條無法解釋，其他皆可知乃實際觀測之記錄。

延伸兩個問題，第一，僖公十五年五月、宣公十七年六月、襄公二十一年十月、襄公二十四年八月無日食，孔子知不知道？《穀梁傳》知不知道？第二，若不知道卻仍依《經》發《傳》，則《穀梁傳》解經的意義如何成立？《春秋》如何可信？

這問題可從另一現象來思考，根據張培瑜研究指出：

> 自魯隱公元年至哀公十九年二百四十七年中，曲阜可見的日食共九十八次。《經》載三十三次（昭公十七年九月晦癸酉日食計入）外，另有六十五次失記。《春秋》經未載的六十五次日食中，
> 食分大於零點九者二次；
> 食分大於零點八者七次；
> 食分大於零點五者二十四次；
> 食分小於零點五者四十一次；
> 食分大於零點三者二十九次；
> 食分小於零點三者三十六次。
> 氣象因素可能是《春秋經》失載的主要原因……史官所書悉為較大的日食，三分以下不記。[7]

這表示當時負責觀測天象的人，是有發生觀測失誤的情形，因此《春秋》無從記載，當然也不會知道有發生日食的事。所以我們對孔子與《穀梁傳》只能就其所記載的部分來討論。

---

7 張培瑜：〈《春秋經》內外傳天文曆法紀事的比較研究〉，《第一屆世界漢學中的春秋學學術研討會論文集》（宜蘭縣：佛光大學人文社會學院歷史系，2004年），頁186。

綜上所述，可以說明《春秋》的日食記載是實錄結果，這不是推算的，也不是預測。雖然《春秋》之中有缺記、誤記的情形，但大體而言透過現代天文曆法證明了《春秋》記錄是正確的。

二 《春秋》與《穀梁傳》傳例

在沒有《穀梁傳》介入的情況，透過現在科學的天象復原，我們可以知道過去與未來的日食發生時間，因為天體的運行是有規律可循。而《春秋》中的日食記載，基本上是合天的，也就是說這些記載是實際觀測記錄而非戰國或漢代學者推演曆法的復原成果。

而考慮《穀梁傳》之後，在此需先懸置一個問題，就是《穀梁傳》與《春秋》對日食發生的時間可否有不同看法。當《穀梁傳》不同意《春秋》記載日食發生的時間點，一種情形是《穀梁傳》對《春秋》的修正，另一種情形是《穀梁傳》如實依《春秋》的所要表達的意思解釋。

《穀梁傳》是解釋《春秋》的著作，理當正確的將《春秋》解釋清楚或將夫子的微言大義揭示出來。然而我們檢查《穀梁傳》中關於《春秋》日食記載卻有著一個問題，即《穀梁傳》對日食發生的時間與《春秋》有認知上的差異。

我們將《春秋》與《穀梁傳》對日食三十六次的記載對照，如下：

時間	經文	傳文
1 隱三年二月	三年春王二月己巳日有食之	言日不言朔，食晦日也。其日有食之何也？吐者外壞，食者內壞。闕然不見其壞，有食之者也。有內辭也或外辭也。有食之者，內於日也。其不言食之者何也？知其不可知知也。

時間	經文	傳文
2 桓三年七月	秋七月壬辰朔日有食之，既	言日言朔，食正朔也。既者，盡也。有繼之辭也。
3 桓十七年十月	冬十月朔日有食之	言朔不言日，食既朔也。
4 莊十八年三月	十有八年春王三月日有食之	不言日不言朔，夜食也。何以知其夜食也？曰：王者朝日，故雖為天子，必有尊也。貴為諸侯，必有長也。故天子朝日，諸侯朝朔。
5 莊二十五年六月	六月辛未朔日有食之，鼓用牲於社	言日言朔，食正朔也。鼓，禮也。用牲，非禮也。天子救日，置五麾，陳五兵、五鼓。諸侯置三麾，陳三鼓、三兵。大夫擊門、擊柝。言充其陽也。
6 莊二十六年十二月	冬十有二月癸亥朔日有食之	無傳（食正朔）
7 莊三十年九月	九月庚午朔日有食之，鼓用牲于社	無傳（食正朔）
8 僖五年九月	九月戊申朔日有食之	無傳（食正朔）
9 僖十二年三月	十有二年春王正[8]月庚午日有食之	無傳（食晦日）
10 僖十五年五月	夏五月，日有食之	無傳（夜食）
11 文元年二月	二月癸亥日有食之	無傳（食晦日）
12 文十五年六月	六月辛丑朔日有食之，鼓用牲于社	無傳（食正朔）
13 宣八年七月	秋七月甲子日有食之，既	無傳（食晦日）
14 宣十年四月	夏四月丙辰日有食之	無傳（食晦日）
15 宣十七年六月	六月癸卯日有食之	無傳（食晦日）

8 《穀梁傳》記載春王正月。《公羊》、《左傳》皆記春王三月。依現在天文日食推測應為此年三月。

時間	經文	傳文
16 成十六年六月	六月丙寅朔日有食之	無傳（食正朔）
17 成十七年十二月	十有二月丁巳朔日有食之	無傳（食正朔）
18 襄十四年二月	二月乙亥朔日有食之	無傳（食正朔）
19 襄十五年八月	秋八月丁巳日有食之	無傳（食晦日）
20 襄二十年十月	冬十月丙辰朔日有食之	無傳（食正朔）
21 襄二十一年九月	九月庚戌朔日有食之	無傳（食正朔）
22 襄二十一年十月	冬十月庚辰朔日有食之	無傳（食正朔）
23 襄二十三年二月	二十有三年春王二月癸酉朔日有食之	無傳（食正朔）
24 襄二十四年七月	秋七月甲子朔日有食之既	無傳（食正朔）
25 襄二十四年八月	八月癸巳朔日有食之	無傳（食正朔）
26 襄二十七年十二月	冬十有二月乙亥朔日有食之	無傳（食正朔）
27 昭七年四月	夏四月甲辰朔日有食之	無傳（食正朔）
28 昭十五年六月	六月丁巳朔日有食之	無傳（食正朔）
29 昭十七年六月	夏六月甲戌朔日有食之	無傳（食正朔）
30 昭二十一年七月	秋七月壬午朔日有食之	無傳（食正朔）
31 昭二十二年十二月	十有二月癸酉朔日有食之	無傳（食正朔）
32 昭二十四年五月	夏五月乙未朔日有食之	無傳（食正朔）
33 昭三十一年十二月	十有二月辛亥朔日有食之	無傳（食正朔）
34 定五年三月	五年春王三月辛亥朔日有食之	無傳（食正朔）
35 定十二年十一月	十有一月丙寅朔日有食之	無傳（食正朔）
36 定十五年八月	八月庚辰朔日有食之	無傳（食正朔）

透過整理得知《穀梁傳》解釋《春秋》日食的定義有四種：

1 「言日不言朔，食晦日也。」（隱公三年）此為食晦日的定義。說明日食提前一天發生。但日食只會發生在朔日，只有曆法不準時才會有日食發生於晦日的情形。

2 「言日言朔，食正朔也。」（桓公三年）此為食正朔的定義。指日食發生在朔日。

3 「言朔不言日，食既朔也。」（桓公十七年）此為食既朔的定義。既者，盡也。范甯云：「既，盡也。盡朔一日，至明日乃食，是月二日食也。」按其說是指日食發生在初二，晚了一天。是范甯認為《穀梁傳》認為《春秋》記載日食於初二發生，這便是認為當時曆法不合天，是為失天。

4 「不言日，不言朔，夜食也。」（莊公十八年）此為夜食的定義。《漢書》〈五行志〉云：「史推合朔在夜，明旦日食而出，出而解，是為夜食。」[9]

統計後，四種的次數如下：一、言日不言朔，食晦日也。有七次。二、言日言朔，食正朔也。有二十六次。三、言朔不言日，食既朔也。有一次。四、不言日不言朔，夜食也。有二次。這樣的結果便是班固於《漢書》〈五行志〉中解說《穀梁傳》日食的分判理由，其云：

> 凡《春秋》十二公，二百四十二年，日食三十六。《穀梁》以為朔二十六，晦七，夜二，二日一。《公羊》以為朔二十七，二日七，晦二。《左氏》以為朔十六，二日十八，晦一，不書日者二。[10]

由上面分析可以知道《穀梁傳》的解釋是從《春秋》經文而來，從經文文字上的分別，產生傳例。既然《春秋》是實際觀測，是正確

9 班固：〈五行志〉，《漢書》（北京市：中華書局，1995年），卷27，頁1483。

10 班固：〈五行志〉，《漢書》（北京市：中華書局，1995年），卷27，頁1500。

的記錄，《穀梁傳》為何在有些日食發生的時間上，有說前一天或說後一天的情形？這是否亦意謂孔子是這樣的理解呢？筆者從《論語》中沒有發現孔子提到與日食、朔、閏等相關的曆法知識。

但有沒可能《穀梁傳》是一種曆法計算後的修正結果？若將《穀梁傳》與孔子作切割，再從戰國、漢代所傳的曆法推算春秋時代的日食多發生在晦的情形來看，則其狀況與《穀梁傳》類似。進而可說《穀梁傳》的曆法所代表的時代比《左傳》、《公羊傳》更接近戰國或漢代。

另外《春秋》日食三十六次記載中，《穀梁傳》有三十一次沒有發傳，這種情形稱為「無傳」。這無傳的原因，應是孔子傳授時未講，或弟子遺漏了，或意義與前同故省略不書。

《春秋》經文有一八八八條，《穀梁傳》無傳者，達一一五八條。當閱讀《春秋》遇到無傳，在《穀梁傳》並非無傳文便不得理解《春秋》的意思。因為無傳時可用《穀梁傳》曾訓解過的傳文來解釋相同經文文字的意義，將這些相同的例子歸納後，會有共同的原則，這就是「傳例」。《穀梁傳》是有無傳現象，但不會因無傳而不得解經，反而透露「傳例」的成立。[11]

---

11 《穀梁傳》的無傳情形，可分為三種。一、《穀梁傳》無傳，《穀梁傳》並非於每條經文下都有傳文。例如：(1) 隱公二年，《春秋》：「秋八月庚辰，公及戎盟於唐。」《穀梁傳》無傳。(2) 僖公二十七年，《春秋》：「乙巳，公子遂帥師入杞。」《穀梁傳》無傳。二、是無事之傳，(1) 桓公元年，《春秋》：「冬十月」《穀梁傳》：「無事焉，何以書，不遺時也，春秋編年四時具而後為年。」案：此冬十月下無經文，故《傳》無事可解，是無事之《傳》。而《穀梁傳》說明了經文記載「冬十月」的理由。三、經傳皆無文字，(1) 桓公四年及七年，秋、冬二季，既無經文也無傳文。若依《穀梁傳》：「無事焉，何以書，不遺時也，春秋編年四時具而後為年。」的說法，則桓公四年與七年，秋、冬雖無事，至少要書時以不遺時也，春秋編年四時具而後為年。但此二年《春秋》無經文，《穀梁傳》也無傳文，並未說明原因。(2) 桓公十四年《春秋》：「夏五，鄭伯使其弟禦來盟。」《穀梁傳》：「……孔子曰聽遠

亦有重發傳的情形，當傳文相同的文字重複出現，並不是所有相同經文文字底下都會有相對的傳文發傳。例如：會、盟、入、伐、會、及等出現的次數很多，但傳文卻不會每次都發傳。若會重發傳，這表示有特殊的意義。筆者將重發傳的現象區別為兩種情形，一是造成文義上的加強效果，二是文字雖同，但意義不同所以重發傳。如桓公三年日食為食正朔：

> 秋七月壬辰，朔，日有食之既。《穀梁傳》：「言日言朔，食正朔也。既者，盡也。有繼之辭也。」[12]

莊公二十五年也是食正朔

> 六月辛未，朔，日有食之，鼓用牲于社。《穀梁傳》：「言日言朔，食正朔也。鼓，禮也。用牲，非禮也。天子救日，置五

音者，聞其疾而不聞其舒，望遠者，察其貌而不察其形，立乎定、哀以指隱、桓，隱、桓之日遠矣，夏五傳疑也。」孔子面對「資料」的未書不敢妄添，穀梁子面對《春秋》少一個字也不敢妄添，而將孔子傳疑的理由說明。第一種無傳，我們可以透過其他傳例來瞭解，第二種無傳，因為《穀梁傳》有說是編年的關係，所以解決了。第三種無傳連經文都沒有，只能存疑。孔子修《春秋》面對處理前的資料有不了解的「事」，其作法是信以傳信，疑以傳疑。穀梁子作傳，其方式依循孔子，把孔子如此修的原因說明。即孔子修《春秋》呈現結果，傳文說明理由。就《穀梁傳》的形式問題，無傳或不發傳似乎只需從《春秋》與《穀梁傳》來談。但從《穀梁傳》底下范甯與楊士勛的注疏，我們發現這個問題他們已經有解決的方式，替經文找出理由，並加以解釋。面對《穀梁傳》無傳時，注疏者如范甯以推論的方式或引他人的說法來解釋，楊士勛用制度來解釋外，還可以用《穀梁傳》本身歸納出來的「傳例」來解釋。由是可知，《穀梁傳》確有無傳的情形，且為數不少。經過分析有三種類型，只有第一種的無傳我們需要去解決。參考簡逸光：《穀梁傳解經方法研究》（臺北市：中國文化大學中國文學研究所碩士論文，2003年），頁52-59。

12 穀梁赤傳，范甯集解，楊士勛疏：《春秋穀梁傳注疏》（臺北市：藝文印書館，1997年），頁31。

> 麾，陳五兵、五鼓。諸侯置三麾，陳三鼓、三兵。大夫擊門、擊柝。言充其陽也。」[13]

這兩次都有言日、言朔，就《穀梁傳》而言皆是食正朔，但看似相同的日食，《穀梁傳》為何要重發傳？細看可知這二者是有一些不同，二者日食的發生時間雖都在朔日，但桓公三年那次強調「日有食之既」與莊公二十五年這次日食有些不同，故重發傳來別異同。

從無傳與重發傳的方式，便可對《春秋》三十六次日食記載，《穀梁傳》有三十一次無傳的部分加以理解。

關於這些日食的傳例是否有褒貶之義呢？若有，是什麼？若無，又為何要改變《春秋》的說法？

從《穀梁傳》的傳例來看，可以確定它是對曆日與朔的書與不書來作為解釋日食的作法，所以看不見它有特別要表示褒貶的意思。至於改變《春秋》的解釋，筆者推論可能是《穀梁傳》於日食部分的記載受到戰國或漢代天文學知識的進步所影響，進而對《春秋》有修正的情形。經漢代所傳的曆法如《三統曆》計算當時朔望，合天比例較高，但計算春秋發生日食的時間與《春秋》記載便不合天，是因為他們當時曆法推步對日、月運行的速度仍無法正確把握，故產生計算誤差，可用於當時卻不能上推至春秋時期，但他們不瞭解，以為可以用於現在的曆法就一定可以對春秋時期的天象也適用，進而修正文獻的記載，這是可以理解的。只是對《春秋》日食發生時間的推算不準確，延伸的討論便會有問題。

綜合《穀梁傳》有關日食的傳例，究其來源可能有以下三種情形。一、傳例是從《春秋》經文中分析出來。二、傳例是孔子所傳下

---

13 穀梁赤傳，范甯集解，楊士勛疏：《春秋穀梁傳注疏》（臺北市：藝文印書館，1997年），頁61。

來的。三、傳例是《穀梁傳》依新的曆法知識所推出來的。筆者以為第一種的可能性較大，而之所以肯如此修正《春秋》的記載則是受到新曆法知識的影響，然而它也不是推算出來的。

三　傳例與《穀梁春秋》

《穀梁傳》中除了日食記錄之外，尚有許多義理是根據《春秋》中時、月、日記載之有無而加以發揮議論。《春秋》的時、月、日皆被運用在傳例上，例如：

(一) 書時

諸侯來朝，時，正也。(隱公十一年)
旱，時，正也。(僖公二十一年)
葬，時，正也。(成公十三年)

此為經文書時，正也的定義。《穀梁傳》對經文書「時」，凡有以上三種情形，則認為是正的，沒有貶意。

諸侯時卒，惡之也。(僖公十四年)
雩，不月而時。非之也，冬無為雩也。(成公十年)

此為書時不正的定義。《穀梁傳》以諸侯卒書時與雩書時皆非之也。

螽，蟲災也。不甚則時。(僖公十五年)
朝，時。(桓公二年)

> 侵，時。（莊公十年）

此為書時的定義。這並沒有褒貶之義，只是當有朝或侵的時候會書時。

(二) 不書時

沒有不書時的定義。

(三) 書月

> 雩，月，正也。（僖公十一年）
> 雩，月。雩之正也。（定公元年）

此為書月，正也的定義。凡雩則需書月，表示雩祭正也。

> 雖無事，必舉正月，謹始也。（隱公元年）
> 雨，月。（隱公九年）
> 螽，蟲災也。甚則月。（桓公五年）
> 滅國有三術，卑國月。（宣公十五年）

此為書月的定義。這沒有褒貶義，是針對卑國或雨等的記載方式。

> 月葬，故也。（莊公三年）
> 致，月，故也。（莊公二十三年）

此為書月有故的定義。凡葬有書月或諸侯致廟書月都表示另有內情。

(四) 不書月

公如京師不月，月，非如也。(成公十三年)

此為公如京師不需書月，若有書月表示非如的定義。

(五) 書日

大夫日卒，正也。(隱公元年)
諸侯日卒，正也。(隱公三年)
子卒，日，正也。不日，故也，有所見則日。(莊公三十二年)
日弒，正卒也。(昭公十九年)

此為書日，正也的定義。凡大夫、諸侯、子，卒書日，是正也。

日入，惡入者也。(宣公十一年)
人因己以求與之盟，已迎而執之，惡之，故謹而日之也。(僖公十九年)
大夫國體也，而行婦道，惡之，故謹而日之也。(莊公二十四年)
大夫潰莒而之楚，是以知其上為事也，惡之，故謹而日之也。(成公九年)

此為書日有惡的定義。其中書日除了表示惡事外，亦為強調此惡事而書日。

其日，未踰竟也。（宣公九年）

其日，重其變也。（僖公十四年）

其日，以其再致天子，故謹而日之。（僖公二十八年）

其日，未踰竟也。（宣公九年）

其日，莒雖夷狄，猶中國也。（成公九年）

其日，公也。（成公三年）

其日，正臧孫紇之出也。（襄公二十三年）

其日，亦以同日也。（昭公十八年）

其日，善是盟也。（昭公十三年）

日葬，危不得葬也。（僖公三十三年）

日之，甚矣，其不葬之辭也。（文公九年）

日其事，敗也。（宣公十二年）

日，歸。見知弒也。（襄公二十六年）

滅國有三術，中國謹日。（宣公十五年）

弒君者日。（昭公十三年）

善其成之會而歸之，故謹而日之。（昭公十三年）

內之大事，日。（定公元年）

此為書日的定義。書日的定義包括有正、有惡與作為解釋的一種意義的賦予。

(六) 不書日

不日卒，惡也。（隱公元年）

其不日，數渝，惡之也。（莊公十九年）

其不日，惡盟也。（襄公十九年）

其不日，子奪父政，是謂夷之。（襄公三十年）

此為不書日，惡也的定義。大夫日卒，正也；不日卒，則惡也。

不日，其盟渝也。（莊公九年）

不日，微國也。（僖公二十六年）

不日，疑戰也。（僖公元年）

不日，前定之盟，不日。（宣公七年）

其不日，微國也。（莊公十三年）

其不日，前定也。（僖公三年）

其不日，前定之盟，不日也。（文公七年）

桓盟雖內與，不日，信也。（莊公十三年）

桓盟不日。（僖公九年）

卑者之盟不日。（隱公元年）

取邑不日。（文公七年）

子卒不日，故也。（文公十八年）

滅國有三術，夷狄不日。（宣公十五年）

夷狄不日。（成公十二年）

卒，少進也。卒而不日，日，少進也。（襄公十八年）

此為不書日的定義。不書日有惡的意義，且不書日亦是作為意義賦予的對象。

（七）複合型

公如，往時，正也。（莊公二十三年）

> 公如，往時。致月，危致也。(定公八年)
>
> 往月，致時，危往也。(定公八年)
>
> 往月，致月，惡之也。(定公八年)
>
> 日卒，時葬，正也。(襄公七年)
>
> 月卒，日葬，非葬者也。(成公十五年)
>
> 中國日，卑國月，夷狄時。(襄公六年)
>
> 稱時、稱月、稱日、稱地，謹之也。(昭公十一年)

此為書時、月、日的定義。這些都是複合式的，需配合時、月、日一起來判斷。

由以上的書不書時、月、日的定義發現，這之中並非所有的曆日都是為貶辭而作，書時共八種情形，其中書時為惡只有一種情形，書日有二十五種情形，為惡有四種，不書日有十九種情形，為惡有四種，複合型共有八種，為惡的也只有一種。故知《穀梁傳》對於《春秋》經文書不書時、月、日的定義，一部分是藉定義來分別善惡褒貶，另一部分則是用來強調文字書寫「謹之也」的意義。

細察這些書時、月、日的傳例，可知非全為褒貶，因此面對這些傳例也就不需如朱子等排斥傳例的存在。朱子曾云：

> 或有解《春秋》者，專以日、月為褒貶，書時、月則以為貶，書日則以為褒，穿鑿得全無義理！若胡文定公所解，乃是以義理穿鑿，故可觀。人傑[14]

14 朱熹撰，朱傑人等編：〈春秋·綱領〉《朱子語類》，收於《朱子全書》(上海市：上海古籍出版社，2002年)，第17冊，卷83，頁2833。

朱子的看法提醒我們重新思考傳例的存在，它們究竟是解釋《春秋》的意義，還是解釋夫子作《春秋》的方法。前者是有傳承的，因為後人不知《春秋》微言大義所在，及夫子斟酌用字之苦心，故揭以世人知。後者不需傳承，《穀梁傳》直接從經文的書寫中去找出夫子述作的規則。

筆者以為當夫子「不書」的時候，《穀梁傳》解釋的是不書的原因，則《傳》與《經》可能是同義的。若《穀梁傳》解釋的是作《春秋》方法，則《傳》與《經》不一定同義。如「不日」，經文未書寫曆日干支，是一個空白，如何在這空白之處判斷究竟是孔子不書，還是「不日」是《穀梁傳》的補充說明？成公十二年經文：「秋，晉人敗狄于交剛。」《穀梁傳》：「中國與夷狄不言戰，皆曰敗之，夷狄不日。」孔子於曆日干支處空白，這裡孔子不書干支，依《穀梁傳》所傳，孔子於此經文無曆日干支，是將曆日刪去，以突顯夷狄的書法。還是《穀梁傳》透過傳例分析補充了「夷狄不日」的書法意義，所以經文無曆日干支。[15]

這個問題和判斷日食的種類與曆日干支與朔書不書的關係是一樣的。是先有傳例（歸納經文的書寫原則），還是先有定義（以書寫原則來決定經文內容）。

至少這些傳例說明《春秋》之前的底本書不書時、月、日都不重要，意謂著不管原來有無，而是重新付與意義。

這些傳例是從《春秋》而來，它可能是夫子所傳下的，也可能在《穀梁傳》這一家傳承時所定義下來的。這樣定義便似乎可以清楚的

15 關於《春秋》空白不書的部分，可參考李紀祥：〈孔夫子的書寫——《春秋》中的「闕文」與「不書」〉，《第一屆世界漢學中的春秋學學術研討會論文集》（宜蘭縣：佛光大學人文社會學院歷史系，2004年），頁251-286。其將「闕文」與「不書」作為《春秋》中「空白」態的兩種形態，並認為空白本身就是一種「空白敘述」。

明白去告訴後來者，孔子是如何作《春秋》的，在某一種模糊的認知中，解經的《傳》就等於是《春秋》的意義。因此朱子不信傳例，弟子記朱子語：

> 《春秋》傳例多不可信。聖人記事，安有許多義例！如書伐國，惡諸侯之擅興；書山崩、地震、螽、蝗之類，知災異有所自致也。德明[16]

傳例的出現讓《春秋》有了更多明白的解釋，《春秋》也在這之中被充分的理解，從《春秋》到《穀梁》傳例，再從《穀梁》傳例去理解《春秋》，這本《春秋》也就變成了《穀梁春秋》。

四 《穀梁傳》與劉向《穀梁春秋》

當《穀梁傳》文本固定下來後，它與注、疏形成一條主脈，同時與《左傳》、《公羊傳》一起傳播。而漢代突然利用符應思想來為《春秋》經文解釋。它們為何擺脫了《三傳》的解釋框架？它們是否可以看作是解經的《傳》？

班固於《漢書》〈五行志〉中有提到董仲舒、劉向、劉歆等對《春秋》經作解釋的意義。

> 昔殷道弛，文王演《周易》；周道敝，孔子述《春秋》。則〈乾〉、〈坤〉之陰陽，效〈洪範〉之咎徵，天人之道粲然著

16 朱熹撰，朱傑人等編：〈春秋・綱領〉，《朱子語類》，收於《朱子全書》（上海市：上海古籍出版社，2002年），第17冊，卷83，頁2835。

> 矣。漢興，承秦滅學之後，景、武之世，董仲舒治《公羊春秋》，始推陰陽，為儒者宗。宣、元之後，劉向治《穀梁春秋》，數其禍福，傳以〈洪範〉，與仲舒錯。至向子歆治《左氏傳》，其《春秋》意亦已乖矣；言《五行傳》，又頗不同。是以攬仲舒，別向、歆，傳載眭孟、夏侯勝、京房、谷永、李尋之徒所陳行事，訖於王莽，舉十二世，以傳《春秋》，著於篇。

從班固的敘述中，我們發覺他有意將漢代大儒對《春秋》的解釋作為秦滅學之後的一種中興起蔽的聖人事業，同時與文王演《周易》、孔子述《春秋》相提並論。其所舉董仲舒治《公羊春秋》、劉向治《穀梁春秋》、劉歆治《左氏傳》的解經方式都與現所認知的《三傳》體系解釋不同。即便如此，班固卻很清楚這些解釋並未與《春秋》脫離，反而是可以貼近《春秋》的重要著作。

習慣上討論《公羊傳》多以《公羊傳》與何休、徐彥的注疏為主；討論《穀梁傳》則以《穀梁傳》和范甯、楊士勛的注疏為主。但在論及傳承的學統上，都會就現所僅存的史料如《史記》、《漢書》中去連繫某傳與某，某又傳某，在漢代《公羊傳》會提到胡毋生、董仲舒；《穀梁傳》則會提到劉向、瑕丘江公等。實際上在閱讀時卻會刻意忽略何休之前的《公羊》家與范甯之前的《穀梁》家，這是為何呢？既然承認他們於學統上是一系的，為何在學理上有如此大的斷裂與歧異？

我們看董仲舒治《公羊春秋》、劉向治《穀梁春秋》、劉歆治《左氏傳》的解經方式都與《三傳》不同，他們代表的是一種漢代新的傳《經》方式，他們是傳《經》之學。而班固將三者並列一起，則又代表著一種「春秋學」的解釋方式。一般對《春秋學史》的認識都認為范甯的《春秋穀梁傳集解》是兼採《三傳》的開端，或將唐代啖助、趙匡視為「捨傳求經」新《春秋》學的開始[17]，不過我們從班固的《漢書》〈五行志〉中便已發覺其兼融《三傳》的作法。但因為班固所舉漢儒解釋多與符應讖緯相關，在傳統《經》、《傳》訓讀的脈絡下，別立一支，不為世人所重視。

在《春秋三傳》傳到《三傳》注疏的過程中，這段時間以董仲舒、劉向、劉歆等以日食、災異與人事來解釋《春秋》為主的這一解釋系統，與秦漢間興起的「符應」說有極大的關係，即後來發展的讖緯之學，而且我們可說董仲舒這些人已經將符應之學融會貫通，進而運用於《春秋》的解釋中。

董仲舒對《春秋》日食、災異與人事相應的解釋，可見於《春秋繁露》〈二端〉：

> 《春秋》至意有二端，不本二端之所從起，亦未可與論異也，小大微著之分也。夫覽求微細於無端之處，誠知小之將為大也，微之將為著也，吉凶未形，聖人所獨立也，雖欲從之，末由也已，此之謂也。故王者受命，改正朔，不順數而往，必迎來而受之者，授受之義也。故聖人能繫心於微，而致之著也。是故《春秋》之道，以元之深，正天之端，以天之端，正王之政，以王之政，正諸侯之即位，以諸侯之即位，正竟內之治，五者俱正，而化大行。故書日蝕，星隕，有蜮，山崩，地震，夏大雨水，冬大雨雹，隕霜不殺草，自正月不雨，至於秋七月，有鸜鵒來巢，《春秋》異之，以此見悖亂之徵，是小者不得大，微者不得著，雖甚末，亦一端，孔子以此效之，吾所以貴微重始是也，因惡夫推災異之象於前，然後圖安危禍亂於後者，非春秋之所甚貴也，然而《春秋》舉之以為一端者，亦欲

17 參考趙伯雄：《春秋學史》（濟南市：山東教育出版社，2004年），頁310、387。

其省天譴，而畏天威，內動於心志，外見於事情，修身審己，明善心以反道者也，豈非貴微重始、慎終推效者哉！[18]

《春秋繁露》〈精華〉中亦有提到日食為下犯上、賤傷貴，逆節之象：

大旱者，陽滅陰也，陽滅陰者，尊厭卑也，固其義也，雖大甚，拜請之而已，敢有加也。大水者，陰滅陽也，陰滅陽者，卑勝尊也，日食亦然，皆下犯上，以賤傷貴者，逆節也，故鳴鼓而攻之，朱絲而脅之，為其不義也，此亦《春秋》之不畏強禦也。[19]

有關日食的部分也有他們新的認識。《漢書》〈五行志〉引《左傳》昭公二十一年提到「二至二分，日有食之」：

二至二分，日有食之，不為災。日月之行也，春秋分日夜等，故同道；冬夏至長短極，故相過。相過同道而食輕，不為大災，水旱而已。[20]

知道冬至、夏至、春分、秋分時日月相遇所產生日食食分小，這是天文知識進步的原因，只是近一步說因為食分輕而不為大災，這便是漢代特殊的解《經》語言。

另外，班固對於日食所代表的意義，視為一種有故之預兆，其云：

---

18 董仲舒：《春秋繁露》（北京市：中華書局，1991年），卷6，頁145。

19 董仲舒：《春秋繁露》（北京市：中華書局，1991年），卷3，頁73。

20 班固：〈五行志〉，《漢書》（北京市：中華書局，1995年），卷27，頁1497。

> 凡日所躔而有變，則分野之國失政者受之。人君能修政，共御厥罰，則災消而福至；不能，則災息而禍生。故經書災而不記其故，蓋吉凶亡常，隨行而成禍福也。[21]

認為日食本身就是一種記災，至於之後會不會真的發生事故，完全看當位者是否可以修政消災，若是好好修政，不僅災可消，福亦可至。若當位者不能有所警覺，則日食之後必有禍至。這種看法除了將日食純粹當作是一種預兆之外，還與人事有必然關係。其中還提到經書災不記其故，蓋吉凶無常，禍福未定。這說明《春秋》不記災故的原因，而漢儒如董仲舒、劉向、劉歆便是將其故說明出來，由是證明日食皆有故之災。

班固以《春秋》不言朔及不書日，皆官員的失職，其云：

> 周衰，天子不班朔，魯曆不正，置閏不得其月，月大小不得其度。《史》記日食，或言朔而實非朔，或不言朔而實朔，或脫不書朔與日，皆官失之也。[22]

既然認為是官員的失職，這就是直接否定了《穀梁傳》從《春秋》經文所辨別四種日食傳例的說法。

知道漢儒對日食、災異與人事的連繫，便可理解《漢書》〈五行志〉中引董仲舒、劉向、劉歆等為何對日食有這樣的闡釋，如[23]：

---

21 班固：〈五行志〉，《漢書》（北京市：中華書局，1995年），卷27，頁1479。

22 班固：〈五行志〉，《漢書》（北京市：中華書局，1995年），卷27，頁1479。

23 班固：〈五行志〉，《漢書》（北京市：中華書局，1995年），卷27，頁1479-1500。

	《春秋》	《三傳》	董仲舒	劉向	劉歆
1	隱公三年「二月己巳，日有食之。」	《穀梁傳》曰：「言日不言朔，食晦。」《公羊傳》曰：「食二日。」	董仲舒、劉向以為其後戎執天子之使。鄭獲魯隱，滅戴。衛、魯、宋咸殺君。	董仲舒、劉向以為其後戎執天子之使。鄭獲魯隱，滅戴。衛、魯、宋咸殺君。	《左氏》劉歆以為正月二日。燕、越之分野也。
2	桓公三年「七月壬辰朔，日有食之，既。」		董仲舒、劉向以為以為前事已大，後事將至者又大，則既。先是魯、宋弒君，魯又成宋亂，易許田，亡事天子之心；楚僭稱王。後鄭岠王師，射桓王。又二君相篡。	董仲舒、劉向以為以為前事已大，後事將至者又大，則既。先是魯、宋弒君，魯又成宋亂，易許田，亡事天子之心；楚僭稱王。後鄭岠王師，射桓王。又二君相篡。	劉歆以為六月，趙與晉分。先是，晉曲沃伯再弒晉侯，是歲晉大亂，滅其宗國。
3	十七年「十月朔，日有食之」	《穀梁傳》曰：「言朔不言日，食二日也。」	董仲舒以為言朔不言日，惡魯桓且有夫人之禍，將不終日也。	劉向以為是時衛侯朔有罪出奔齊，天子更立衛君。朔藉助五國，舉兵伐之而自立，王命遂壞。魯夫人淫失於齊，卒殺威公。	劉歆以為楚、鄭分。
4	嚴公十八年「三月，日有食之。」	《穀梁傳》曰：「不言日不言朔，夜食。」公羊傳曰：「食晦。」	董仲舒以為宿在東壁。魯象也。後公子慶父、叔牙果通於夫人以劫公。	劉向以為夜食者，陰因日明之衰而奪其光，象周天子不明。齊桓將奪其威，專會諸侯而行伯道。其後遂九合諸侯。天子使世子會之，此其效也。	劉歆以為晦魯、衛分。

	《春秋》	《三傳》	董仲舒	劉向	劉歆
5	二十五年「六月辛未朔，日有食之。」		董仲舒以為宿在畢，主邊兵夷狄象也，後狄滅邢、衛。		劉歆以為五月二日魯、趙分。
6	二十六年「十二月癸亥朔，日有食之。」		董仲舒以為宿在心，心為明堂，文武之道廢，中國不絕若線之象也。	劉向以為時戎侵曹，魯夫人淫於慶父、叔牙，將以弒君，故比年再蝕以見戒。	劉歆以為十月二日楚、鄭分。
7	三十年「九月庚午朔，日有食之。」		董仲舒、劉向以為後魯二君弒，夫人誅，兩弟死，狄滅邢，徐取舒，晉殺世子，楚滅弦。	董仲舒、劉向以為後魯二君弒，夫人誅，兩弟死，狄滅邢，徐取舒，晉殺世子，楚滅弦。	劉歆以為八月秦、周分。
8	僖公五年「九月戊申朔，日有食之。」		董仲舒、劉向以為先是齊桓行伯，江、黃自至，南服彊楚。其後不內自正，而外執陳大夫，則陳、楚不附，鄭伯逃盟，諸侯將不從桓政，故天見戒。其後晉滅虢，楚（國）[圍]許，諸侯伐鄭，晉弒二君，狄滅溫，楚伐黃，桓不能救。	董仲舒、劉向以為先是齊桓行伯，江、黃自至，南服彊楚。其後不內自正，而外執陳大夫，則陳、楚不附，鄭伯逃盟，諸侯將不從桓政，故天見戒。其後晉滅虢，楚（國）[圍]許，諸侯伐鄭，晉弒二君，狄滅溫，楚伐黃，桓不能救。	劉歆以為七月秦、晉分。
9	十二年「三月庚午（朔），日有食之。」		董仲舒、劉向以為是時楚滅黃，狄侵衛、鄭，莒滅杞。	董仲舒、劉向以為是時楚滅黃，狄侵衛、鄭，莒滅杞。	劉歆以為三月齊、衛分。
10	十五年「五月，日有食之。」		董仲舒以為後秦獲晉侯，齊滅項，楚敗徐于婁林。	劉向以為象晉文公將行伯道，後遂伐衛，執曹伯，敗楚城濮，	劉歆以為二月朔齊、越分。

	《春秋》	《三傳》	董仲舒	劉向	劉歆
				再會諸侯，召天王而朝之，此其效也，日食者臣之惡也，夜食者掩其罪也，以為上亡明王。桓、文能行伯道，攘夷狄，安中國，雖不正猶可，蓋《春秋》「實與而文不與」之義也。	
11	文公元年「二月癸亥，日有食之。」		董仲舒、劉向以為先是大夫始執國政，公子遂如京師。後楚世子商臣殺父，齊公子商人弒君，皆自立，宋子哀出奔，晉滅江，楚滅六，大夫公孫敖、叔彭生並專會盟。	董仲舒、劉向以為先是大夫始執國政，公子遂如京師。後楚世子商臣殺父，齊公子商人弒君，皆自立，宋子哀出奔，晉滅江，楚滅六，大夫公孫敖、叔彭生並專會盟。	劉歆以為正月朔燕、越分。
12	十五年「六月辛丑朔，日有食之。」		董仲舒、劉向以為後宋、齊、莒、晉、鄭八年之間五君殺死。（夷）[楚]滅舒蓼。	董仲舒、劉向以為後宋、齊、莒、晉、鄭八年之間五君殺死。（夷）[楚]滅舒蓼。	劉歆以為四月二日魯、衛分。
13	宣公八年「七月甲子，日有食之，既。」		董仲舒、劉向以為先是楚商臣弒父而立，至于嚴王遂彊。諸夏大國唯有齊、晉。齊、晉新有篡弒之禍。內皆未安，故楚乘弱橫行，八年之間六侵伐而一滅國，伐陸渾戎，觀兵周室；後又入鄭。鄭伯肉袒	董仲舒、劉向以為先是楚商臣弒父而立，至于嚴王遂彊。諸夏大國唯有齊、晉。齊、晉新有篡弒之禍。內皆未安，故楚乘弱橫行，八年之間六侵伐而一滅國，伐陸渾戎，觀兵周室；後又入鄭。鄭伯肉袒	劉歆以為十月二日楚、鄭分。

	《春秋》	《三傳》	董仲舒	劉向	劉歆
			謝罪；北敗晉師于邲，流血色水；圍宋九月，析骸而炊之。	謝罪；北敗晉師于邲，流血色水；圍宋九月，析骸而炊之。	
14	十年「四月丙辰，日有食之。」		董仲舒、劉向以為後陳夏徵舒弒其君，楚滅蕭，晉滅二國，王札子殺召伯、毛伯。	董仲舒、劉向以為後陳夏徵舒弒其君，楚滅蕭，晉滅二國，王札子殺召伯、毛伯。	劉歆以為二月魯、衛分。
15	十七年「六月癸卯，日有食之。」		董仲舒、劉向以為後邾支解鄫子。晉敗王師于貿戎，敗齊于鞍。	董仲舒、劉向以為後邾支解鄫子。晉敗王師于貿戎，敗齊于鞍。	劉歆以為三月晦朓魯、分。
16	成公十六年「六月丙寅朔，日有食之。」		董仲舒、劉向以為後晉敗楚、鄭于鄢陵，執魯侯。	董仲舒、劉向以為後晉敗楚、鄭于鄢陵，執魯侯。	劉歆以為四月二日魯、衛分。
17	十七年「十二月丁巳朔，日有食之。」		董仲舒、劉向以為後楚滅舒庸，晉弒其君，宋魚石因楚奪君邑，莒滅鄫，齊滅萊，鄭伯弒死。	董仲舒、劉向以為後楚滅舒庸，晉弒其君，宋魚石因楚奪君邑，莒滅鄫，齊滅萊，鄭伯弒死。	劉歆以為九月周、楚分。
18	襄公十四年「二月乙未朔，日有食之。」		董仲舒、劉向以為後衛大夫孫、甯共逐獻公，立孫剽。	董仲舒、劉向以為後衛大夫孫、甯共逐獻公，立孫剽。	劉歆以為前年十二月二日宋、燕分。
19	十五年「八月丁巳[朔]，日有食之。」		董仲舒、劉向以為先是晉為雞澤之會，諸侯盟，又大夫盟。後為溴梁之會，諸侯在而大夫獨相與盟，君若綴斿，不得舉手。	董仲舒、劉向以為先是晉為雞澤之會，諸侯盟，又大夫盟。後為溴梁之會，諸侯在而大夫獨相與盟，君若綴斿，不得舉手。	劉歆以為五月二日魯、趙分。

	《春秋》	《三傳》	董仲舒	劉向	劉歆
20	二十年「十月丙辰朔，日有食之。」		董仲舒以為陳慶虎、慶寅蔽君之明。邾庶其有叛心，後庶其以漆、閭丘來奔，陳殺二慶。		劉歆以為八月秦、周分。
21	二十一年「九月庚戌朔，日有食之。」		董仲舒以為晉欒盈將犯君，後入于曲沃。		劉歆以為七月秦、晉分。
22	「十月庚辰朔，日有食之。」		董仲舒以為宿在軫、角，楚大國象也。後楚屈氏譖殺公子追舒，齊慶封脅君亂國。		劉歆以為八月秦、周分。
23	二十三年「二月癸酉朔，日有食之。」		董仲舒以為後衛侯入陳儀。甯喜弒其君剽。		劉歆以為前年十二月二日宋、燕分。
24	二十四年「七月甲子朔，日有食之，既」。				劉歆以為五月魯、趙分。
25	「八月癸巳朔，日有食之。」		董仲舒以為比食又既，象陽將絕，夷狄主上國之象也。後六君弒，楚子果從諸侯伐鄭，滅舒鳩，魯往朝之，卒主中國，伐吳討慶封。		劉歆以為六月晉、趙分。
26	二十七年「十二月乙		董仲舒以為禮義將大滅絕之象也。時吳子	劉向以為自二十年至此歲，八年間日食七	劉歆以為九月周、楚

	《春秋》	《三傳》	董仲舒	劉向	劉歆
	亥朔，日有食之。」		好勇，使刑人守門；蔡侯通於世子之妻；莒不早立嗣。後閽戕吳子，蔡世子般弒其父，莒人亦弒君而庶子爭。	作，禍亂將重起，故天仍見戒也。後齊崔杼弒君，宋殺世子，北燕伯出奔，鄭大夫自外入而篡位。指略如董仲舒。	分。
27	昭公七年「四月甲辰朔，日有食之。」		董仲舒、劉向以為先是楚靈王弒君而立，會諸侯，執徐子，滅賴。後陳公子招殺世子，楚因而滅之，又滅蔡，後靈王亦弒死。	董仲舒、劉向以為先是楚靈王弒君而立，會諸侯，執徐子，滅賴。後陳公子招殺世子，楚因而滅之，又滅蔡，後靈王亦弒死。	劉歆以為二月魯、衛分。
28	十五年「六月丁巳朔，日有食之。」				劉歆以為三月魯、衛分。
29	十七年「六月甲戌朔，日有食之。」		董仲舒以為時宿在畢，晉國象也。晉厲公誅四大夫，失眾心，以弒死。後莫敢復責大夫，六卿遂相與比周，專晉國，君還事之。日比再食，其事在《春秋》後，故不載於經。		劉歆以為魯、趙分。
30	二十一年「七月壬午朔，日有食之。」		董仲舒以為周景王老，劉子、單子專權。蔡侯朱驕，君臣不說之象也。後蔡侯朱果出奔，劉子、單子立王猛。		劉歆以為五月二日魯、趙分。

	《春秋》	《三傳》	董仲舒	劉向	劉歆
31	二十二年「十二月癸酉朔，日有食之。」		董仲舒以為宿在心，天子之象也。後尹氏立王子朝，天王居于狄泉。		劉歆以為十月楚、鄭分。
32	二十四年「五月乙未朔，日有食之。」		董仲舒以為宿在胃，魯象也。後昭公為季氏所逐。	劉向以為自十五年至此歲，十年間天戒七見，人君猶不寤。後楚殺戎蠻子，晉滅陸渾戎，盜殺衛侯兄。蔡、莒之君出奔，吳滅巢，公子光殺王僚，宋三臣以邑叛其君。它如仲舒。	劉歆以為二日魯、趙分。是月斗建辰。
33	三十一年「十二月辛亥朔，日有食之。」		董仲舒以為宿在心，天子象也。時京師微弱，後諸侯果相率而城周，宋中幾亡尊天子之心，而不衰城。	劉向以為時吳滅徐，而蔡滅沈，楚圍蔡，吳敗楚入郢，昭王走出。	劉歆以為二日宋、燕分。
34	定公五年「三月辛亥朔，日有食之。」		董仲舒、劉向以為後鄭滅許，魯陽虎作亂，竊寶玉大弓，季桓子退仲尼，宋三臣以邑叛。	董仲舒、劉向以為後鄭滅許，魯陽虎作亂，竊寶玉大弓，季桓子退仲尼，宋三臣以邑叛。	劉歆以為正月二日燕、趙分。
35	十二年「十一月丙寅朔，日有食之」。		董仲舒、劉向以為後晉三大夫以邑叛，薛弒其君，楚滅頓、胡，越敗吳，逐世子。	董仲舒、劉向以為後晉三大夫以邑叛，薛弒其君，楚滅頓、胡，越敗吳，逐世子。	劉歆以為十二月二日楚、鄭分。
36	十五年「八月庚辰朔，日有食之。」		董仲舒以為宿在柳，周室大壞，夷狄主諸夏之象也。明年，中國諸侯果累累從楚而	劉向以為盜殺蔡侯，齊陳乞弒其君而立陽生，孔子終不用。	劉歆以為六月晉、趙分。

	《春秋》	《三傳》	董仲舒	劉向	劉歆
			圍蔡。蔡恐，遷于州來，晉人執戎蠻子歸于楚，京師楚也。		
37	哀公十四年「五月庚申朔，日有食之。」	（在獲麟後）			劉歆以為三月二日齊、衛分。

劉向與董仲舒於三十七次日食解說中，有十七次全同，有三次皆未解說，還有一次桓公十七年都提到魯夫人之事，另有兩次班固言劉向同於董仲舒，分別是襄公二十七年十二月「指略如董仲舒」、昭公二十四年五月「它如仲舒」，二人解說的相似度高達六成。另外劉向僖公十五年五月提到「《春秋》『實與而文不與』之義也」是《公羊傳》的說法，因為《公羊傳》僖公元年、二年、十四年傳文都有「實與而文不與」的文字。可見劉向雖治《穀梁春秋》為主，實際上兼雜了《公羊》家的說法。

班固云：「董仲舒治《公羊春秋》、劉向治《穀梁春秋》。」為何二人的解說差異不大？究其原因是他們都以別於《公》、《穀》二傳的傳統說法，另外運用新的解經方法來為《春秋》解說，故在相同的符應思想背景下，出現如此的結果。

雖然董仲舒與劉向以相似的方式解說《春秋》，但我們從劉向的解說中還是有一些線索，知道劉向確實是治《穀梁春秋》的。

一、莊公十八年三月「劉向以為夜食者，陰因日明之衰而奪其光，象周天子不明。齊桓將奪其威，專會諸侯而行伯道。其後遂九合諸侯。天子使世子會之，此其效也。」此劉向與《穀梁傳》皆云是夜食。且《三傳》中，惟《穀梁傳》特別提到行伯道，雖然陸德明《經典釋文》云：「伯音霸，又如字本又作霸。」[24]提出二字有相通用的情形，但《穀梁傳》有特別區分伯、霸二字的用法，強調尊崇周天子的地位不許諸侯僭越，有受天子命才能行伯事，才是伯，若未經天子任命，只是行霸。如莊公十三年，《春秋》：「十有三年春，齊人、宋人、陳人、蔡人、邾人會於北杏。」《穀梁傳》：「是齊侯、宋公也。其曰人，何也？始疑之。何疑焉？桓非受命之伯也，將以事授之者也。曰：可以矣乎？未乎。舉人，眾之辭也。」[25]《穀梁傳》的意思是說齊桓將有事於北杏之會授與諸侯，但齊桓並不是周天子所封命的伯，不能有踰越的舉動。《春秋》經文將眾「諸侯」的會面記成眾「人」的會面，貶低諸侯的身分以明此會不正。《穀梁傳》說的更清楚，齊桓非受王命，卻授事諸侯，是不可以的。

二、僖公十五年五月「劉向以為象晉文公將行伯道，後遂伐衛，執曹伯，敗楚城濮，再會諸侯，召天王而朝之，此其效也，日食者臣之惡也，夜食者掩其罪也，以為上亡明王。桓、文能行伯道，攘夷狄，安中國，雖不正猶可，蓋《春秋》『實與而文不與』之義也。」劉向對齊桓公、晉文公攘夷狄、安中國，猶有不正之處與《穀梁傳》同。如齊桓公於莊公九年，《春秋》：「夏，齊小白入於齊。」《穀梁傳》：「大夫出奔反，以好曰歸，以惡曰入。齊公孫無知弒襄公。公子糾、公子小白，不能存，出亡。齊人殺無知，而迎公子糾於魯。公子小白不讓公子糾，先入，又殺之于魯，故曰齊小白入于齊，惡之也。」[26]《穀梁傳》認為齊人所擁戴的是公子糾，而魯國支持的也是

24 陸德明：《經典釋文》（上海市：上海古籍出版社，1985年），卷15，頁898。

25 穀梁赤傳，范甯集解，楊士勛疏：《春秋穀梁傳注疏》（臺北市：藝文印書館，1997年），頁52。

26 穀梁赤傳，范甯集解，楊士勛疏：《春秋穀梁傳注疏》（臺北市：藝文印書館，1997年），頁52。

公子糾，故公子小白的即位不正。又如晉文公僖公二十八年，《春秋》：「壬申，公朝于王所。」《穀梁傳》：「朝於廟，禮也。於外，非禮也。獨公朝與？諸侯盡朝也。其日，以其再致天子，故謹而日之。主善以內，目惡以外。言曰公朝，逆辭也。而尊天子。會于溫，言小諸侯。溫，河北地。以河陽言之，大天子也。日繫於月，月繫於時。壬申，公朝于王所。其不月，失其所繫也。以為晉文公之行事，為已傎矣。」[27]說明晉文公招天子而朝，太不尊重周天子了。

從這兩點便可知劉向確實傳承著《穀梁傳》。

漢代儒者為《春秋》所作的解釋，與《三傳》實有落差，然而為何說董仲舒治《公羊春秋》、劉向治《穀梁春秋》、劉歆治《左氏傳》呢？筆者以為《公羊傳》、《穀梁傳》與《左氏傳》僅是他們依存的地方，《春秋》才是他們解說的對象。他們不應繫於《三傳》學，因為他們運用新的方式在解經，故稱其為《傳》學較為適當。以劉向為例，他在解說《春秋》日食時，便不是從《穀梁傳》的說法。後人之所以承認在漢代的傳承中仍以他們為主，主要是因為他們將《三傳》的文本傳承下來。過去他們的說法未成為主流，僅從傳承《春秋》與《三傳》等聖人經典於不墜發揚他們的重要性。對於今天而言，他們不同於《三傳》的解經方法正是我們要去多加理解的。

五　結論

有關《春秋》曆日與《穀梁傳》傳例的關係，由以上探討，初步得到以下幾點看法。

---

27 穀梁赤傳，范甯集解，楊士勛疏：《春秋穀梁傳注疏》（臺北市：藝文印書館，1997年），頁93。

一、《春秋》與《穀梁傳》對日食發生的時間看法不一，藉由現代天文曆法計算，我們得知《春秋》的日食記載是實錄結果，其記錄是可信的。反觀《穀梁傳》則是錯誤的修正，究其原因可能與戰國、漢代天文曆法知識進步的影響。這樣的現象並不代表《穀梁傳》與《春秋》間毫無傳承關係，應該從《穀梁傳》並非成於一時、一地、一人的角度去看待，也就是說《穀梁傳》中有部分為後來經師增加進去的，這從日食記載這部分可以很明確知道。

二、《穀梁傳》區別《春秋》經文日食記載的方式，是由經文書不書干支與朔的記載而區分四種情形。當《穀梁傳》從《春秋》經文中歸納出一套符合日食的規則，同時是適用全經的，這就成為《穀梁傳》傳例。後來日食記載凡與此傳例相合者，則可以以「無傳」的方式發傳，若有不同者，則以「重發傳」來區別。這便是《穀梁傳》從《春秋》經文中得出的傳例，它雖然是歸納出來的，但其目的是強制性的規定《春秋》的讀法，在此取代過程中，讀者便容易忽略《穀梁傳》與《春秋》實為不同的文本，它變成與《春秋》一體，它也就代表了《春秋》的意思。這也就是筆者為何要說明《穀梁傳》從傳例這一門徑主導了《春秋》的解釋，成了《穀梁春秋》，取代了《春秋》。

三、《春秋》的時、月、日皆被運用在傳例上，但是「年」並不被納入傳例的運用，《春秋》二四二年中一次也沒有，年是完整的，不過構成年的月、日，在《春秋》中卻不是完整的。關於年的完整，筆者以為有兩個原因。(1) 年是《經》、《傳》分別刊行時連繫的關鍵字，所以不可不完全。(2) 年的計數是最不會有問題的，故全錄。

四、漢代如董仲舒、劉向、劉歆這些大儒，並未繼承左丘明、公羊高、穀梁赤的解經方法，他們另闢蹊徑從符應說來解釋《春秋》，他們並非繫於《三傳》之下，而是與《三傳》同為解經之作，故筆者稱其為《傳》學。而班固於《五行志》將董仲舒、劉向、劉歆等這些代表傳承《三傳》的說法集合於一起解釋《春秋》，其方法論便是《春秋》學，為兼採《三傳》非主一《傳》。

五、班固言劉向治《穀梁春秋》、董仲舒治《公羊春秋》，而筆者從《漢書》〈五行志〉中發現他與董仲舒對日食的解釋相合處甚多，並雜有《公羊》家的說法，同時劉向的解說中確實也有《穀梁傳》特殊的解經說法，究其原因他們皆採用符應思想來解釋《春秋》日食，所以有多處的相合。而劉向之所以夾雜《公》、《穀》二家的說法，主要是因為他們擺脫《三傳》師法、家法嚴格的限制，而以新方法解說《春秋》，故不陷溺於《三傳》之中。

六、從《穀梁傳》的傳例來看，它不全是要表示褒貶的意思。因此《春秋》曆日的記載是孔子「信以傳信，疑以傳疑」實錄的結果，還是筆削之後的結果？筆者通過考察《春秋》日食記載與《穀梁傳》解釋的關係中，確實發現二者之間有差異存在，如孔子《春秋》日食記載便是實錄。故筆者傾向於透過《穀梁傳》內容的重新分析，應該可以去判別出某些為孔子的筆削，而某部分則是孔子實錄。

八年春晉侯使韓穿來言汶陽之田歸之于齊

一　前言

> 《春秋》經文作為一個標題應該不成問題。每條經文就像標題，覆蓋底下叢聚的所有。

本文所要處理主要有兩個問題：其一，《春秋》經文是如何產生，夫子「述而不作」的方式為何？其二，《傳》導致一種讀法，不見得是合乎實情。也不見得是《春秋》夫子的聲音。歷代解經者的著重點亦不同，今天的解經者應該如何解釋？

另外亦涉及經文的敘事來源、反映歷史事件到《經》、《傳》、《史》間不同的處理方式。

二　經文的理解

(一) 來言者何？

成公八年《公羊傳》：

> 來言者何？內辭也。脅我，使我歸之也。曷為使我歸之？鞍之戰，齊師大敗，齊侯歸，弔死視疾，七年不飲酒，不食肉。[1]晉侯聞之曰：「嘻！奈何使人之君，七年不飲酒，不食肉，請皆反其所取侵地。」[2]

《春秋》：「八年春晉侯使韓穿來言汶陽之田歸之于齊。」

《公羊傳》：「脅我，使我歸之也。」

晉侯語：「嘻！奈何使人之君，七年不飲酒，不食肉，請皆反其所取侵地。」

「脅」與「請」二字有特別明顯的反差。但夫子不用「脅」也不用「請」，用「來言」。

《公羊傳》：「來言者何」。意指「來言」還是「來言者」？按《公羊傳》對內辭的發傳有以下數種情形；如桓公十八年，《春秋》：「十有八年，春，王正月，公會齊侯于濼，公夫人姜氏遂如齊。」《公羊傳》：「公何以不言及夫人，夫人外也，夫人外者何？內辭也。其實夫人外公也。」[3]案：此《公羊傳》發傳非使用《春秋》經的經文，是另外解釋意義。（非經文字，是傳文釋義）

---

1 司馬遷：〈齊世家〉，《史記》（北京市：中華書局，1997年9月），頁1498。案：按《史記》所載，鞍之戰結束，隔年，齊頃公已歸附晉侯，《公羊傳》至成公八年始記。《史記》〈齊世家〉齊頃公十一年（魯成公三年）：「晉初置六卿，賞鞍之功。齊頃公朝晉，欲尊王晉景公，晉景公不敢受，乃歸。歸而頃公弛苑囿，薄賦斂，振孤問疾，虛積聚以救民，民亦大說。厚禮諸侯。竟頃公卒，百姓附，諸侯不犯。」

2 公羊高傳，何休解詁，徐彥疏：《春秋公羊傳注疏》（臺北市：藝文印書館，1997年8月），頁220。案：鞍之戰於成公二年夏，至今成公八年春，計數為五年多，未滿六年，何以晉侯直曰七年？不知所云。或如喪制，第二十五個月就算守三年喪。而此亦未滿六年何以言七年？蓋是晉侯從年算，二、三、四、五、六、七、八，則七年。

3 公羊高傳，何休解詁，徐彥疏：《春秋公羊傳注疏》（臺北市：藝文印書館，1997年），頁67。

僖公五年，《春秋》:「杞伯姬來朝其子。」《公羊傳》:「其言來朝其子何？內辭也。與其子俱來朝也。」[4]案：此《公羊傳》使用《春秋》經的經文，直接發明。(經文之字，傳文承之)

僖公十四年，《春秋》:「夏，六月，季姬及鄫子，遇于防，使鄫子來朝。」《公羊傳》:「鄫子曷為使乎季姬來朝？內辭也。非使來朝，使來請已也。」[5]案：此《公羊傳》使用《春秋》經的經文，但有一轉換的說法。(經文文字，傳文釋義)

文公七年，《春秋》:「三月，甲戌，取須朐。」《公羊傳》:「取邑不日，此何以日？內辭也。使若他人然。」[6]案：此《公羊傳》使用《春秋》經的經文，但有一轉換的說法。(經文文字，傳文釋義)

文公八年，《春秋》:「公孫敖如京師，不至復，丙戌，奔莒，」《公羊傳》:「不至復者何，不至復者，內辭也，不可使往也，不可使往，則其言如京師何，遂公意也，何以不言出，遂在外也。」[7]案：此《公羊傳》使用《春秋》經的經文，但有一轉換的說法。(經文文字，傳文釋義)

文公十五年，《春秋》:「冬，單伯如齊，齊人執單伯，齊人執子叔姬。」《公羊傳》:「執者曷為或稱行人，或不稱行人，稱行人而執者，以其事執也，不稱行人而執者，以已執也，單伯之罪何，道淫也，惡乎淫，淫乎子叔姬，然則曷為不言齊人執單伯及子叔姬，內辭

---

4 公羊高傳，何休解詁，徐彥疏：《春秋公羊傳注疏》(臺北市：藝文印書館，1997年)，頁127。

5 公羊高傳，何休解詁，徐彥疏：《春秋公羊傳注疏》(臺北市：藝文印書館，1997年)，頁137。

6 公羊高傳，何休解詁，徐彥疏：《春秋公羊傳注疏》(臺北市：藝文印書館，1997年)，頁168。

7 公羊高傳，何休解詁，徐彥疏：《春秋公羊傳注疏》(臺北市：藝文印書館，1997年)，頁170。

也，使若異罪然。」[8]案：此《公羊傳》發傳非使用《春秋》經的經文，另外解釋意義。（非經文字，是傳文釋義）

文公十五年，《春秋》：「齊人歸公孫敖之喪。」《公羊傳》：「何以不言來，內辭也，脅我而歸之，筍將而來也。」[9]案：此《公羊傳》發傳非使用《春秋》經的經文，另外解釋意義。（非經文字，是傳文釋義）

文公十五年，《春秋》：「齊侯侵我西鄙，遂伐曹，入其郛。」《公羊傳》：「郛者何，恢郭也，入郛書乎，曰，不書，入郛不書，此何以書，動我也，動我者何，內辭也，其實我動焉爾。」[10]案：此《公羊傳》使用《春秋》經的經文，直接發明。（經文之字，傳文承之）

成公九年，《春秋》：「春，王正月，杞伯來逆叔姬之喪以歸。」《公羊傳》：「杞伯曷為來逆叔姬之喪以歸，內辭也，脅而歸之也。」[11]案：此《公羊傳》使用《春秋》經的經文，但有一轉換的說法。（經文文字，傳文釋義）

哀公七年，《春秋》：「秋，公伐邾婁，八月，己酉，入邾婁，以邾婁子益來。」《公羊傳》：「入不言伐，此其言伐何，內辭也，若使他人然，邾婁子益何以名，絕，曷為絕之，獲也，曷為不言其獲，內大惡諱也。」[12]案：此《公羊傳》使用《春秋》經的經文，直接發

---

8 公羊高傳，何休解詁，徐彥疏：《春秋公羊傳注疏》（臺北市：藝文印書館，1997年），頁180。

9 公羊高傳，何休解詁，徐彥疏：《春秋公羊傳注疏》（臺北市：藝文印書館，1997年），頁180。

10 公羊高傳，何休解詁，徐彥疏：《春秋公羊傳注疏》（臺北市：藝文印書館，1997年），頁181。

11 公羊高傳，何休解詁，徐彥疏：《春秋公羊傳注疏》（臺北市：藝文印書館，1997年），頁222。

12 公羊高傳，何休解詁，徐彥疏：《春秋公羊傳注疏》（臺北市：藝文印書館，1997年），頁346。

明。（經文之字，傳文承之）

《公羊傳》的內辭有三種用法，其一是「經文之字，傳文承之」，意指傳文利用經文的文字來解釋，其褒貶與經文用字一致。其二是「經文文字，傳文釋義」，意指傳文雖用經文之字，卻是有另外的解釋來強調其用此字的意義。其三，「非經文字，是傳文釋義」，意指傳文提出非出現於經的文字來作為對比的意義解釋。

內辭的用意，一是作為文字轉語時的理由，如當言而不言，二是作為一種使若然的避諱用法，如僖公十四年，《春秋》：「夏，六月，季姬及鄫子，遇于防，使鄫子來朝。」《公羊傳》：「鄫子曷為使乎季姬來朝？內辭也。非使來朝，使來請已也。」文公十五年，《春秋》：「齊人歸公孫敖之喪。」《公羊傳》：「何以不言來，內辭也，脅我而歸之，筍將而來也」。三是直接承經文字，來發揮經文文字的意思。

而這條傳文就《公羊傳》來說是「經文文字，傳文釋義」的方式發傳，用來使若然的避諱。

另外傳文所指經文為「來言」或「來言者」？差別在於釐清《公羊傳》所指的是「來言」二字的經文上的用法，即經文用「來言」二字是一種內辭的修辭法。還是指「晉侯使韓穿來言汶陽之田歸之于齊」這整件事的意思，把之濃縮為「來言」，為魯諱，實際的內情是一種脅迫。

筆者從《公羊傳》內辭的傳例，認為是「經文文字，傳文釋義。」即《公羊傳》傳文是指用「來言」二字在經文上的用法。《春秋》經文有「來言」，而這種夫子的用法是一種內辭的修辭，達到內辭的目的後，才進一步說明「來言」底下的實情是脅迫。而不是一開始就從內諱的方式直接發傳。

（二）《經》、《傳》、《注》、《疏》，宋、元、清解經者，著重點皆不同

1 何休與徐彥的焦點

何休與徐彥他們的經文理解與《公羊傳》不同。何休與徐彥都認為第二個「之」字的使用，表現出是晉「使」。即何休與徐彥的關鍵字不在「來言」而是第二個「之」字。
何休

> 以此經加之，知見使。即聞晉語。自歸之，但當言歸。[13]

徐彥：

> 其自歸，言歸者，哀八年夏歸邾婁子益于邾婁。注云善魯能悔過歸之。然則若自歸當言「歸汶陽之田于齊。」今乃如此作文，而又言之，則知被晉使之，非其本情。[14]

說明魯國是被晉所支使，非是自歸。

2《左傳》的焦點

> 八年，春，晉侯使韓穿來言汶陽之田，歸之于齊。季文子餞

13 公羊高傳，何休解詁，徐彥疏：《春秋公羊傳注疏》（臺北市：藝文印書館，1997年），頁220。

14 公羊高傳，何休解詁，徐彥疏：《春秋公羊傳注疏》（臺北市：藝文印書館，1997年），頁220。

之，私焉曰：「大國制義，以為盟主，是以諸侯懷德畏討，無有貳心。謂汶陽之田，敝邑之舊也，而用師於齊，使歸諸敝邑。今有二命，曰：『歸諸齊』信以行義，義以成命，小國所望而懷也。信不可知，義無所立，四方諸侯，其誰不解體。詩曰：『女也不爽，士貳其行，士也罔極，二三其德。』七年之中，一與一奪，二三孰甚焉，士之二三，猶喪妃耦，而況霸主，霸主將德是以而二三之，其何以長有諸侯乎？」詩曰：「猶之未遠，是用大簡」。行父懼晉之不遠猶，而失諸侯也，是以敢私言之。[15]

《左傳》藉魯國臣季文子私下向韓穿訴說，對晉侯行為的微辭。以強調晉侯無信無義於魯國。

3 陸淳、孫復、劉敞的觀點

陸淳曰：穀梁子曰：「天子在上，諸侯不得以地相與。」以之地猶不可，況命人乎。此言譏晉令魯與齊地也。
孫復曰：魯之土地，天子所封，非晉侯所得制也。
劉敞曰：古者諸侯不專土，歸汶陽之田于齊，非禮也。[16]

三人注意的方向都在諸侯不應該私與土地，它是天子才可以分封的。所以說的是晉侯非禮，對象在晉侯。

---

15 杜預集解，孔穎達疏：《春秋左傳注疏》（臺北市：藝文印書館，1997年8月），頁445。

16 王掞等編纂：《欽定春秋傳說彙纂》，影印文淵閣《四庫全書》（臺北市：臺灣商務印書館，1983年），頁646。

4 張洽、趙鵬飛、汪克寬的觀點

> 張洽曰：汶陽之歸，徇私而匪公，比疆而凌弱。易以成之制命，而自亂之，故書來言以著其不得為制命。書歸之于以著其不當予。而晉與魯之罪咸見矣。
>
> 趙鵬飛曰：晉得齊之服，為大榮矣。故常以取其田為負也。魯人得田，晉實無補，而負齊為多。魯人失田，晉實無傷，而於齊為惠。故寧使魯失田，而晉無負於齊。
>
> 汪克寬曰：齊既從，晉俾魯歸田，所以堅齊也。[17]

三人的觀點不只認為晉侯專土非禮，更進一步詮解晉侯是為了保住齊侯對他的順服，而犧牲魯國。

5 傅隸樸對《公羊傳》的解釋

> 齊頃公自鞍之戰敗後，七年不飲酒不食肉一事，可能以頃公之狂傲，一旦受此大錯，矢志復仇，理或有之。如果真因此而命魯反汶陽之田，那是畏齊頃公的報復，而犧牲魯國以圖舒緩齊恨了。則晉此舉之卑鄙，更為可恥。[18]

傅隸樸以勾踐臥薪嘗膽的形象來描述齊頃公。

由上述所舉例子，可以發現基本上，《傳》所言多在一種為魯避諱。至《注》、《疏》則將重點轉到晉使魯還田的專權。至唐、宋，陸淳、孫復、劉敞的觀點著重在諸侯不可以私相交換土地。至宋、元，

---

17 王掞等編纂：《欽定春秋傳說彙纂》，影印文淵閣《四庫全書》（臺北市：臺灣商務印書館，1983年），頁647。

18 傅隸樸：《春秋三傳比義》（臺北市：臺灣商務印書館，1983年5月），頁655。

張洽、趙鵬飛、汪克寬的觀點則強調晉文公在利益權衡下的決定。民國傅隸樸，對《公羊傳》的解釋晉侯又成一懦弱怕事之人了。

這也說明《傳》與春秋時代較近，為魯國諱的情感仍在，越至後代與魯的關係越遠，因此就會從事理上來解釋。且這一轉折與《左傳》的關係甚大，雖《左傳》本身只是敘述季文子與韓穿私下的對話，間接說明晉侯無信，而後代解經者多從這個脈絡，尤其宋元之以義理解經的方式，將《左傳》的內容轉以義理式的發義，他們並不承繼《公羊傳》與《穀梁傳》的解經角度，即將《左傳》的敘事轉成《左傳》的義理。

(三) 多重敘述與「晉侯之言或韓穿的轉述竟成經文？」

> 來言者何？內辭也。(《公羊傳》)
>
> 脅我，使我歸之也。(《公羊傳》)
>
> 曷為使我歸之？(《公羊傳》)
>
> 鞍之戰，齊師大敗，齊侯歸，弔死視疾，七年不飲酒，不食肉。(過去的史述)
>
> 晉侯聞之曰：「嘻！奈何使人之君，七年不飲酒，不食肉，請皆反其所取侵地。」(晉侯的話)

前面三句是《公羊傳》對此經文的解釋，後面兩段則是引述兩件事，其一，指從鞍之戰後齊侯的行為。其二，引述晉侯的話。

前面的解經語言可以理解，但納入晉侯的臺辭就非常有趣。

「八年，春，晉侯使韓穿來言：『汶陽之田歸之于齊。』」

對於經文當然是一個整體。但分析語境的來源，又可發現在一個大敘述底下，還有小敘述。

夫子說：「八年，春，晉侯使（晉侯對韓穿說）韓穿來言（韓穿對魯說）：『汶陽之田歸之于齊。』」

「汶陽之田歸之于齊」是出自夫子轉述，但在韓穿說此話之前，這是晉侯的話或意思。

因此想問，此話的所有權是歸於夫子？還是韓穿？還是晉侯？還是《魯史》？

若《公羊傳》記載晉侯：「嘻！奈何使人之君，七年不飲酒，不食肉，請皆反其所取侵地。」是夫子所傳授的。

這過程應是晉侯聽聞齊侯之事，產生一個想法，說於韓穿轉告，魯君聽，並有歸田動作，被史所記、被民間所傳，夫子見又書於文字，口授於弟子，然後《公羊傳》記錄下晉侯的話。

這些過程的最後結果是，因為《春秋》，所以一般的話成為經文，即使「汶陽之田歸之于齊」可能是晉侯的話，或韓穿的話，都成為經文。

至於《公羊傳》記載的晉侯聞之曰：「嘻！奈何使人之君，七年不飲酒，不食肉，請皆反其所取侵地。」雖是夫子傳授與公羊赤，仍無法成為經文。

(四) 鞍之戰其實齊侯並沒有什麼大錯，反而是晉與魯等國去攻打齊國，如今按照《公羊傳》的解法，好似晉侯是對的，齊侯反而是思過而改的形象。

何休：「晉侯聞齊侯悔過自責，高其義，畏其德，使諸侯還鞍之所喪邑。」、「主書者，善晉之義齊。」[19]

19 公羊高傳，何休解詁，徐彥疏：《春秋公羊傳注疏》（臺北市：藝文印書館，1997年），頁220。

實際上對於這次晉要魯歸田這件事，《左傳》與宋代以後的經學家都對晉侯加以貶斥，原因並不如《公羊傳》、何休所言，只是因為齊侯悔過，而是齊侯於戰敗後又願意歸附晉國，承認他為天下霸主。

如此對於齊、晉兩大國就像一項交易，而卻教魯國來負責這項協議的結果，很令魯國不堪。當初說給的也是晉國，今天要魯國還汶陽之田還是晉國，同時取還對象都是齊國。

（五）「于齊」，緩辭也

《穀梁傳》:「于齊，緩辭也。不使盡我也。」[20]

《穀梁傳》所解的經文義在「于齊」，以「于齊」所表現的是一種緩辭，緩辭的目的是一種「不使盡我也」的舒緩之辭，與實情有所避諱，即晉國的干預魯國朝政，是一種讓魯國很不堪的，以此緩辭，讓魯國於《春秋》經文或世人閱讀中沒有一種完全無法作主的尷尬，讓面子還保留著。實際上就是被晉侯干政。

范甯與杜預都無法理解《公羊傳》中晉侯所說的之理由，他們說出一個真正的實情，就是「晉為盟主，齊還事晉，故使魯還二年齊所反之田。」[21]楊士勛更補充:「公羊以為齊侯敗鞍之後，七年不飲酒，不食肉，晉侯高其德，遂反其所取侵地。此雖無傳，齊頃是中平之主，安能以一敗之後，七年不飲酒食肉乎？故以為晉為盟主，齊還事晉。故使魯還二年，齊所反之田，杜預解《左氏》，其意若然。」[22]

---

20 穀梁赤傳，范甯集解，楊士勛疏:《春秋穀梁傳注疏》(臺北市：藝文印書館，1997年8月)，頁133。

21 穀梁赤傳，范甯集解，楊士勛疏:《春秋穀梁傳注疏》(臺北市：藝文印書館，1997年)，頁133。

22 穀梁赤傳，范甯集解，楊士勛疏:《春秋穀梁傳注疏》(臺北市：藝文印書館，1997年)，頁133。。

他們都認為齊侯於戰敗後能認晉侯為盟主，這才是晉侯要魯國歸田的原因。

另外對於緩辭的解釋，鍾文烝引趙鵬飛與自云：

> 趙鵬飛以為《春秋》書法未有若是之詳且婉者。
> 竊以為《春秋》、《論語》皆不與他書同。《春秋》，夫子之手筆也，片言隻字，自然入妙焉。《論語》，夫子之口說也，發聲送句，渾然畢肖焉。[23]

緩辭除了意義上的婉轉，同時語音上也有同樣的效果。

三　重「塑／溯」《春秋》經文

閱讀到宣公十年「齊人歸我濟西田」一條，忽然從前面的「黑臀卒于扈」跳到這條，讓人有點不知所措，原來同一時間的國際有兩個脈絡的事都在發生，其一是齊、魯間的取田、歸田的事，其二是晉、楚爭霸的糾纏，而這些看似不同的事件被夫子編輯、纂寫，至我們眼前，讀者都認為這就是夫子的東西，也順著時間讀下來。然而從現在網路的語言剪輯下發現，似乎有與此現象的解說，作一種現在的詮釋。就是夫子是如何的述而不作。

---

23 鍾文烝：《春秋穀梁傳補注》（北京市：中華書局，1996年），頁489。

(一) 我們認知的文章之網路作者

笨問題 這個問題就是》…… **炳文學長，到底姓什麼啊？** （這問題，好像真的有點蠢...） 炳文學長，到底姓什麼啊？ 嗯～ 可能姓歐陽 炳文學長到底姓什麼呀???快告速偶!!! 好餓喔 原來忘了吃東西 炳文學長姓什麼實在是一個很困難的問題 姓『燒』好了 不然姓『太陽』也不錯 到底是誰問這個問題呀 害偶已經想了快一個多小時了 到底姓什麼啊????????????? 這位炳文學長到底是隨??? 為什麼只能知道他的名字??? 難道其實都寫錯了 是該寫火丙文 這才是真正的答案 原來姓火啊 阿哈～～早說嘛!!!

這名字很少有說
耶耶耶～～～不是
怒火中燒（最近完全沒耐性中……兜芮咪芮兜）
變成獅子亂跳亂跳
到底姓什麼
啊～姓『學長』也可以
因為姓通常都放在後面嘛
冷氣團
需要名字
～～～炳～～～文～～～學～～～長～～～
鬼哭神號
快出來告訴大家你的名字吧
知道自己的名字
就可以回到原來的世界囉
（正在威脅利誘中……嘿嘿……偶是X級的妖怪咩）
知道自己的名字應該很重要吧
為什麼會有人不知道自己的名字呢
就連嘟嘟兔都知道自己的名字
如果不知道名字
就會被世界遺忘啦
就連這裡一堆歷史學家
也記不起名字
可能是偶錯怪了
因為是無法表達自己的姓字
就像猶太族人
不能隨便讓自己的髮頂

接觸到陽光
猜猜看
有關學長姓啥，答案就在下列提示中：
提示一
風蕭蕭兮易水寒，壯士一去兮不復還
提示二
有一個英文姓氏，用中文聽來是說女性，用英文聽來是說男性
提示三
更正，提示二並非英文姓氏，而是名字
提示三
有一種恐龍的學名，就是那個英文字。
偶猜是尼
又是恐龍
又是男的女的名字
本想說該不會姓『雷』吧
不過現在改了
嗯
偶猜是尼
就是尼斯的尼 \\（^◯^）// 哈啊哈啊哈啊哈啊哈啊
哈啊哈啊哈啊哈啊哈啊哈啊哈啊哈啊哈啊哈啊哈啊
真神耶～居然有人姓尼
夠少見囉說～～
現在還存在的龍還夠少了說
除了鱷魚
恐龍占星──透視你的原始本性
恐龍占星──透視你的原始本性

http://www.my-way.com.tw/ver3/33/33.htm

「侏羅紀公園」以及迪士尼動畫片「恐龍」在國內掀起了一股恐龍熱潮。
但你知道嗎？在兩億多年前，恐龍稱霸了地球達一億六千萬年之久！
想想看，若是你出生於那個時代，
你，會屬於哪一種恐龍??
是溫馴的草食性動物、兇猛的掠奪者，還是機靈的飛毛腿？
在競爭激烈的環境裡，你是依靠哪一種生存方式？
恐龍占星，將給你意想不到的解答！
我……終……於……知……道……了……
洗澡洗完
回到房間
突然
靈光乍現
原來
學長的姓，是
"湯"……
有沒有搞錯啊
怎麼大家想個姓氏
跟討論春秋一樣熱絡
真是只差沒有跟小丸子一樣臉上三條線了……
不過話說回來，真是好個"風蕭蕭兮易水寒"啊～
公佈答案
讚華真是的，自己公佈答案

提示一
風蕭蕭兮「易水」寒
「易水」：湯
提示二
湯姆：中文：湯母（女）
：英文：Tom（男）
提示三
恐龍：湯姆龍
原來是這樣的啊~
提示一與二我都還猜想的到
只不過，真沒有想到，原來
湯姆龍，也算是恐龍啊……～，～
新的冷笑話冠軍出爐囉!
天啊！
我被明憲打敗了，
冷笑話冠軍的寶座，
我叫浩浩讓給你!
真是冷到極點喔!!
冷到讓我的感冒又更嚴重了!!!

以上的文字是將作者與時間刪除後按照時間排在一起，它尚未牽涉到錯置與潤飾，它呈現什麼呢？凡看過網路上原來文字的人，都是看到事實的原貌，都知道這些文字不是我撰寫的，但網路的文字隨時間它就被覆蓋了，見證歷史的，若未經提醒，看過也就忘了。而當有人重新將這些文字編輯，作者就是編輯者，編輯者同時重新建構看歷史的角度。

還可以看到將時間刪除，讓原本兼具時間性的流動，變成故事內同時的流動。

以下將原來標題、作者、時間還原附上，即可見文字非一人一時一地所寫。

標題	回應次數	作者	點閱人數	時間
不客氣	0	小非	4	03.14.04 21:05pm 小非
小非的 '大家好'	0	老驢	13	03.13.04 23:07pm 老驢
新的冷笑話冠軍出爐囉!	0	艷陽少女	15	03.12.04 23:41pm 艷陽少女
\\\\○. oO 老師\\\\生 日 快 樂 ///。. ○	3	小非	47	03.12.04 23:27pm 老驢
原來是這樣的啊~	0	tsenhwa	19	03.12.04 22:34pm tsenhwa
公佈答案	0	謝客	21	03.12.04 22:06pm 謝客
我…終…於…知…道…了…	0	tsenhwa	15	03.12.04 21:05pm tsenhwa
恐龍占星---透視你的原始本性	0	小非	13	03.12.04 20:50pm 小非
	0	小非	15	

標題	回應次數	作者	點閱人數	時間
提示三	0	謝客	20	03.12.04 19:38pm 謝客
猜猜看	0	謝客	19	03.12.04 19:22pm 謝客
需要名字	0	小非	16	03.12.04 14:50pm 小非
炳文學長到底姓什麼呀???快告速偶!!!	0	小非	13	03.12.04 14:37pm 小非
	0	小非	12	

原本是有作者的，一旦作者被我塗掉名字，作一種串聯，它就像是一篇故事。《春秋》的內容今天我們所見到的也似乎都以為是夫子所作，但那介入多少的修改或創作，保留多少原貌都是我們只能懷疑無法確定。你們是知道的，真正的作者是誰，但過若干年，這些隱沒的作者就真的失去聲音的發言權，但告訴作者是誰也沒用，因為作者只可代表其中的一個片段聲音，是因為編輯者才讓斷裂的對話變成連續的文本。

它之中甚至有延伸出去的恐龍占星，它與炳文學長姓什麼看似無關，它可以被一些人刪除，但對於對話的提示導引而出的結果，我選擇保留，而且是有意義的，意義在於不是讀者同不同意或覺得有沒意義，而是它是已發生的事，就真的會產生意義。讀者之中一定有人像編輯者也許早就知道答案，但並未介入，讓對話中斷，仍讓其持續發展，（晉史狐就是在事的發生點上介入了大家對趙穿弒君的事實中忽略對趙盾的批判，他的介入導致整個歷史對趙盾的印象，卻也掩蓋掉晉國百姓對於鎮國大臣的崇敬）或另外有一種聲音覺得炳文學長姓陳，但私下與他人討論，並未在網路留言。錯解的版本在沒有答案之前都是一種版本，即使流傳在民間。

它的對話中有些是對問題的回應，有說明、有解答、有延伸、有評論、有猜測、有舉例。如同夫子處理的面向，也是一樣多元的。

由此可知孔子作《春秋》所謂「述而不作」，是一種編輯，當然這之中會有一些更動文字的部分。如「晉侯使韓穿來言汶陽之田歸之于齊」或《公羊傳》所引的晉侯語，但其必有材料來源，不只是《魯史》。

這也是為何《春秋》的內容並不一致，常有不同的事件穿插交雜。

(二) 於《春秋》相同的理解——《春秋》的排序與本事

《春秋》是一種穿插的排序，所以有人說是編年體，意思大概就是簡單的化約以時間的順時來處理歷史。紀事本末是對單一對象的集合。形式是一種處理的方法，還是一種本身就具有意義的存在呢？

今天區分這二種，其中紀事本末的方式，《國語》、《戰國策》已是如此以單國為主的單事件處理，到《史記》的「世家」則用單國的概念處理《春秋》的編年體。由是可見，夫子所處理天下古今的複雜度，就像一本書要去解決「世界通史」，同時這不只是客觀的資料羅列，它還必須經過主觀的考量，考量那事彷彿是每個字都經過三千年的時間才做成決定，自夫子以下我們都沒超過夫子的判斷，所以這些意義就像夫子已從各種想法、各種時代、各種人的角度想過，所以才如此。

紀事本末的開始於何條經文？結束於何條經文？

當出現於字面上就是故事的發端，另記他事，不見此事之人、事時，事件早已結束，也許潛伏下去，十年後才又見端倪。例如對《春秋》經文的抽取，將連續的經文依主題擇出，以宣公為例：

1 齊、魯之間

宣公
元年，春，王正月，公即位。
公子遂如齊逆女。
三月，遂以夫人婦姜至自齊。
夏，季孫行父如齊。
公會齊侯于平州。
公子遂如齊。
六月，齊人取濟西田。
四年，春，王正月，公及齊侯平莒及郯，莒人不肯。
秋，公如齊。
公至自齊。
五年，春，公如齊。
夏，公至自齊。
秋，九月，齊高固來逆子叔姬。
冬，齊高固及子叔姬來。
夏，公會齊侯伐萊。
夏，六月，公子遂如齊，至黃乃復。
九年，春，王正月，公如齊。
公至自齊。
十年，春，公如齊。
公至自齊。

齊人歸我濟西田。
公如齊。
五月公至自齊。
公孫歸父如齊。
冬，公孫歸父如齊。
齊侯使國佐來聘。
公孫歸父會齊人伐莒。

2 晉、楚、陳、鄭之間

楚子，鄭人，侵陳，遂侵宋。
晉趙盾帥師救陳。
宋公，陳侯，衛侯，曹伯，會晉師于棐林，伐鄭。
冬，晉趙穿帥師侵崇。
晉人，宋人，伐鄭，伐鄭。
夏，晉人，宋人，衛人，陳人，侵鄭。
夏，楚人侵鄭。
冬，楚子伐鄭。
楚人伐鄭。
六年，春，晉趙盾，衛孫免，侵陳。
楚師伐陳。
九月，晉侯，宋公，衛侯，鄭伯，曹伯，會于扈。
晉，荀林父帥師伐陳。
辛酉，晉侯黑臀卒于扈。
楚子伐鄭。
晉郤缺帥師救鄭。
陳殺其大夫泄冶。

晉人，宋人，衛人，曹人，伐鄭。

季孫行父如齊。

楚子伐鄭。

夏，楚子陳侯，鄭伯，盟于夷陵。

冬，十月楚人殺陳夏徵舒。

丁亥，楚子入陳。

楚子圍鄭。

夏，六月，乙卯，晉荀林父帥師，及楚子戰于邲，晉師敗績。

晉人，宋人，衛人，曹人，同盟于清丘。

由不同主題的排列重整，我們可以很快知道這段時間齊、魯關係，或同時晉、楚、陳、鄭的關係為何？因為若只順經文順序看下，很容易被不同的事件、對象所分散，無法連繫事件的始末。後來《國語》、《戰國策》、《史記》等單獨一國的敘事或許就是受到《春秋》的啟發，讓其內容處理起來可以簡單化。即《春秋》提供我們可單獨去探討一個主題的材料，只要我們將所欲討論的題材擇出。相反的，孔子雖是以魯公為分年標準，但內容卻包括多國的事，其標準的訂定，複雜度更高。

四　結論

一、對於經文「來言」的理解，先解決《公羊傳》內辭傳例，然後再由傳例來確定此條傳文的理解。《公羊傳》:「來言者何？」，指的是經文上用「來言」二字的原因。然而依《傳》解《經》也會碰到一個問題，就是《春秋》在我們無法直接詢問夫子的情形下，許多《傳》所導引我們的印象，會使我們先入為主。如鞍之戰，齊侯戰敗，就成為一個晉侯口下所體諒的對象，但實際上當時是晉、齊都是大國，相互想爭取盟主的地位。這種背景知識若從《史記》等史料理解，也不見得公允客觀，還需從孔子《春秋》中，前後經文的各國征伐、盟會、小國依附可推測出。

二、經學的解釋從《傳》、《注》、《疏》開始，一直到千年之後，解釋經典的人越無法從感受為魯國諱的出發點來解經，故從理上來解釋。從上述所分析，《傳》以魯諱為主，《注》、《疏》則將重點轉到晉使魯還田的專權。至陸淳、孫復、劉敞的觀點著重在諸侯不可以私相交換土地。至張洽、趙鵬飛、汪克寬的觀點則強調晉文公在利益權衡下的決定。

三、《傳》與春秋時代較近，為魯國諱的情感仍在，越至後代與魯的關係越遠，因此就會從事理上來解釋。這一轉折與《左傳》的關係甚大，雖《左傳》本身只是敘述季文子與韓穿私下的對話，間接說明晉侯無信，而後代解經者多從這個脈絡，尤其宋元之以義理解經的方式，將《左傳》的內容轉以義理式的發義，他們並不承繼《公羊傳》與《穀梁傳》的解經角度，但用《公羊傳》與《穀梁傳》闡述意義的方式，即將《左傳》的敘事轉成《左傳》的義理。

四、孔子「述而不作」的意義便在於編輯，編輯就是一種可將他人的說話引述進來，非全然的創作。原本的作者被刪去，只將重要的事件選擇性的保留下來。

五、傳文與經文的關係特別密切，除了時代關係，《傳》文發傳，會從經文文字上取得與經文的連繫，這才使傳文和經文成為一體。後代往往從事理上談「義」，而漸與《春秋》經文的「意」遠離。歷來解此條經義，均在孔子寫下「八年春晉侯使韓穿來言汶陽之田歸之于齊」後，便轉移解釋的對象，或說晉侯的人格，或說為魯國諱，但今人重看此經文，應很確定這條經文所講便是「八年春晉侯使韓穿來言汶陽之田歸之于齊」這事。經文捕捉到一個最現實、最核心的問題，就是晉侯使韓穿來，向魯國言汶陽之田歸之于齊。其他如晉侯、齊侯、魯國等等延伸的道義、避諱等說法，都無法成為一個核心。而今人又可由何延伸？「二〇〇四年秋布希使鮑爾來言臺灣歸之于中國。」

《公》、《穀》二傳的文學研究

一　前言

《公羊傳》與《穀梁傳》同是詮解《春秋》的著作，在漢代曾立博士，在唐代為試子舉業進仕的策試科目，於宋代列為《十三經》。一直以來多以經學的身分被討論。同為解釋《春秋》的《左傳》，不僅身兼經學身分，同時被注意到傳文的文學價值，認為它的文句辭義贍富[1]、多膏腴美辭[2]、文采若雲月[3]。而《公羊傳》與《穀梁傳》亦是如《左傳》般的解經著作，其文學部分卻較少受到討論，故筆者嘗試論之。

二　以「傳」乏「文」

《公》、《穀》的身分一直以來是解釋《春秋》的作品，它被切割

1　引王接語：「《左氏》辭義贍富。」房玄齡：《晉書》（北京市：中華書局，1995年），卷51，頁1435。

2　引荀崧語：「丘明退撰所聞而為之《傳》……多膏腴美辭，張本繼末，以發明經義，信多其偉，學者好之。」沈約：《宋書》（北京市：中華書局，1995年），卷14，頁361。

3　引賀循語：「左氏之《傳》……文采若雲月，高深若山海。」朱彝尊撰，許維萍等點校，林慶彰等編審：《點校補正經義考》（臺北市：中央研究院中國文哲研究所，1997年），卷169，頁514。

成一條條的，由於二傳對事件本末且詳細記載的數量遠不及《左傳》[4]，加上它有太多說明人物身分、制度、規定、儀式的內容，所以整體來看都不會有人將之視為文學作品。其實范甯曾就三傳特色提到：「《左氏》豔而富，其失也巫。《穀梁》清而婉，其失也短。《公羊》辯而裁，其失也俗。」[5]這些既是經學上解經的特點，同時也是三傳文字敘述的特色。我們可從文學角度來認識這些分別。就《公》、《穀》來說，《公羊傳》的敘述深於辯證，用語精練有邏輯；《穀梁傳》則是文字清新婉轉，頗有脫俗之味。范甯雖對《公》、《穀》文字風格提出總括之言，礙於二傳附屬於《春秋》之下，作為聖人的代言人，讀者所欲得到的是微言大義，既而忽略了二傳的文學價值。《左傳》因為其敘事的內容較長且豐富，很早就被當作是散文的模範。

二十世紀「中國文學史」在撰寫過程中，許多經典、諸子議論皆被收錄，並視為文學的源頭，或說對後世文學具有典範價值。在先秦散文部分，《公》、《穀》並未被選入。如葉慶炳《中國文學史》區分春秋、戰國的散文為史傳散文與諸子散文，史傳散文部分以《尚書》、《春秋》為最古之歷史散文，至戰國則以《左傳》、《國語》、《戰國策》為敘事文代表。提到《公》、《穀》則云缺乏文學價值：

> 《公羊傳》、《穀梁傳》純是解經之書，故乏文學價值。《左傳》則以敘事為主，文筆至為動人。[6]

---

4 馬積高：「《穀梁傳》且有某些頗為精彩的敘述，但語焉不詳者多。」馬積高、黃鈞主編：《中國古代文學史1》（臺北市：萬卷樓圖書公司，1998年），頁65。

5 范甯：〈春秋穀梁傳集解序〉，《春秋穀梁傳注疏》（臺北市：藝文印書館，1997年），頁7。

6 葉慶炳：《中國文學史》（臺北市：臺灣學生書局，1987年），頁20。

劉大杰《中國文學發展史》甚至略過《公》、《穀》不提，直接談《春秋》、《左傳》、《國語》、《戰國策》。弔詭的是，劉大杰提到《春秋》仍說：

> 《春秋》的文句雖是簡短，前人竟有譏為斷爛朝報者，但在文字的技巧及史事的編排上，比起《尚書》來，都有顯著的進步。……在語言上必然要注意到謹嚴深刻，一字不苟，這一點對後人也很有影響。[7]

連《春秋》如此單調的敘事都是散文發展的一個過程，實在沒理由忽略《公》、《穀》傳文中精彩的敘事。《文學史》未選擇《公》、《穀》，大概是因為二傳的內容，文學性較低的緣故，然而若就《春秋》與《公》、《穀》來比較的話，相信大家會認為《春秋》更不具文學性吧！其實在過去的歷史中，還是一些人看到了《公》、《穀》的文學價值，如柳宗元以《穀梁傳》作為習作文章的對象。只能說《公》、《穀》是被遺漏的史傳「散文」。

三　以「傳」為「文」

在漢代《春秋》為經，《公》、《穀》二傳為解經著作，是以《公》、《穀》二傳的身分被確立在解經的作用上。即所謂的經、傳、注、疏之學。班固云：

> 以魯周公之國，禮文備物，史官有法，故與左丘明觀其史記，

7　劉大杰：《中國文學發展史》（臺北市：華正書局，1997年），頁67、68。

據行事，仍人道，因興以立功，就敗以成罰，假日月以定曆數，藉朝聘以正禮樂。有所褒諱貶損，不可書見，口授弟子，弟子退而異言。丘明恐弟子各安其意，以失其真，故論本事而作《傳》，明孔子不以空言說《經》也。《春秋》所貶損大人當世君臣，有威權勢力，其事實皆形於《傳》，是以隱其書而不宣，所以免時難也。及末世口說流行，故有公羊、穀梁、鄒、夾之傳。[8]

《春秋》與《公》、《穀》二傳的關係可視為主從、正副，二傳以解釋經文之意與義為目的。

這種認知到了六朝劉勰時，有一個比較大的轉變。《文心雕龍》是論文的著作[9]，其〈序志〉云：

蓋周書論辭，貴乎體要，尼父陳訓，惡乎異端，辭訓之異，宜體於要。於是搦筆和墨，乃始論文。

劉勰認為「文」乃是天地之心，聖人觀天文以極變，察人文以成化，故「論文必徵於聖，窺聖必宗於經。」[10]強調世人欲作文章必以聖人、聖經為依據，且「唯文章之用，實經典枝條。」[11]文章乃從聖人經典所演繹而出。以孔子《春秋》為例，《春秋》正是《公》、《穀》二傳的源頭。我們可以說劉勰所欲建構的體系是「五經皆文」。例如

8 班固：《漢書》（北京市：中華書局，1995年），卷30，頁1715。

9 劉勰撰，周振甫注：《文心雕龍注釋》（臺北市：里仁書局，1998年），頁916。

10 劉勰撰，周振甫注：〈徵聖〉，《文心雕龍注釋》（臺北市：里仁書局，1998年），頁18。

11 劉勰撰，周振甫注：〈序志〉，《文心雕龍注釋》（臺北市：里仁書局，1998年），頁915。

劉勰提到《春秋》經文的特色，以簡練的文字表達意旨。：

> 《春秋》一字以褒貶，〈喪服〉舉輕以包重，此簡言以達旨。[12]

又云：

> 《春秋》辨理，一字見義，五石六鷁，以詳備成文，雉門兩觀，以先後顯旨，其婉章志晦，諒以邃矣。……《春秋》則觀辭立曉，而訪義方隱。[13]

指《春秋》分辨事理，用一個字來顯出褒貶的微言大義；用詳細的記載構成文章，其文筆婉曲，用意隱晦，是很深刻的。文字雖然一看即可明瞭，意義的探尋顯得隱蔽不顯。這些都是論及《春秋》經文用辭遣字的技巧，也可視為其寫作的表現手法。

《公》、《穀》二傳書寫的起因源自《春秋》，「傳」此類文體，《文心雕龍》亦有論及。其於文體分「文」與「筆」，一是有韻文的，一則是無韻文的。〈史傳〉正是「筆」之首章。而〈史傳〉的寫作根源即是宗經、徵聖。

劉勰在《文心雕龍》中提到「傳體」，為左丘明創，指的是《左傳》。其云：

> 舉得失以表黜陟，徵存亡以標勸戒，褒見一字，貴逾軒冕，貶

12 劉勰撰，周振甫注：〈徵聖〉，《文心雕龍注釋》（臺北市：里仁書局，1998年），頁17。

13 劉勰撰，周振甫注：〈宗經〉，《文心雕龍注釋》（臺北市：里仁書局，1998年），頁31-32。

> 在片言，誅深斧鉞。然睿旨幽隱，經文婉約，丘明同時，實得微言，乃原始要終，創為傳體。[14]

以「傳體」為左丘明所創，此說與班固同。[15]不同的是劉勰將「傳體」視為「文體」之一類。

而「傳」的內涵劉勰亦有定義。其云：

> 傳者，轉也，轉受經旨，以授於後。實聖文之羽翮，記籍之冠冕也。[16]

《公》、《穀》二傳亦屬於「傳體」，目的為轉授經旨，以授於後。二者有相同的述作方法與述作目的。當「傳」之文體的源流身分確立之後，可以理解劉勰不只認為孔子聖人的著作五經是文，《公》、《穀》二傳亦是「文」的一部分。

劉勰曾對「傳體」的書寫規範上提出一些準則。如：

> 立義選言，宜依經以樹則，勸戒與奪，必附聖以居宗，然後詮評昭整，苛濫不作矣。[17]

同時對後人摹彷「傳體」寫作時所會遭遇的困難亦提出見解。其云：

---

14 劉勰撰，周振甫注：〈史傳〉，《文心雕龍注釋》（臺北市：里仁書局，1998年），頁293。

15 班固：「丘明恐弟子各安其意，以失其真，故論本事而作《傳》。」

16 劉勰撰，周振甫注：〈史傳〉，《文心雕龍注釋》（臺北市：里仁書局，1998年），頁293。

17 劉勰撰，周振甫注：〈史傳〉，《文心雕龍注釋》（臺北市：里仁書局，1998年），頁295。

> 紀傳為式，編年綴事，文非泛論，按實而書，歲遠則同異難密，事積則起訖易疏，斯固總會之為難也。或有同歸一事，而數人分功，兩記則失於複重，偏舉則病於不周，此又銓配之未易也。
>
> 若夫追述遠代，代遠多偽，公羊高云：「傳聞異辭」；荀況稱：「錄遠略近」；蓋文疑則闕，貴信史也。然俗皆愛奇，莫顧實理。傳聞而欲偉其事，錄遠而欲詳其跡，於是棄同即異，穿鑿傍說，舊史所無，我書則傳，此訛濫之本源，而述遠之巨蠹也。至於記編同時，時同多詭，雖定哀微辭，而世情利害。勳榮之家，雖庸夫而盡飾；迍敗之士，雖令德而常嗤，理欲吹霜喣露，寒暑筆端，此又同時之枉，可為歎息者也！故述遠則誣矯如彼，記近則回邪如此，析理居正，唯素心乎！[18]

劉勰對於傳之書寫對象時代遠近，編年綴事分屬不同時間，作者權衡恐或失之偏頗，或過多的揣測而與實情不符，這些都是傳者易犯的毛病。

劉勰論文雖以「傳」為「文」，但見他所論，還是將「傳」的目的與功能視為首要，反而「傳體」的文學特色談的較少，因此也未提到《公》、《穀》的文學特色。不過至少劉勰將《公》、《穀》納入了其建構「文」的體系了。後人才可能更理所當然的以《公》、《穀》的文字風格作為學習的對象。

如柳宗元學習《穀梁傳》的文章來增進其文氣，讓文章的氣勢更有力量：

18 劉勰撰，周振甫注：〈史傳〉，《文心雕龍注釋》（臺北市：里仁書局，1998年），頁295-296。

> 始吾幼且少，為文章，以辭為工。及長，乃知文者以明道，是故不苟為炳炳烺烺，務采色夸聲音而以為能也。凡我所陳，皆自謂近道，而不知道之果近乎遠乎。……本之《詩》以求其恆、本之《禮》以求其宜、本之《春秋》以求其斷、本之《易》以求其動，此吾所以取道之原也。參之穀梁氏以厲其氣；參之《孟》、《荀》以暢其支；參之《莊》、《老》以肆其端；參之《國語》以博其趣；參之《離騷》以致其幽；參之《太史》以著其潔，此吾所以旁推交通而以為之文也。[19]

並建議學者可以浸淫於《穀梁傳》，透過這種具有峻潔風格的文章感染，使文章進步：

> 大都文以行為本，在先誠其中。其外者當先讀六經，次《論語》，孟軻書皆經言，《左氏》、《國語》、莊周、屈原之辭，稍采取之。穀梁子、太史公甚峻潔，可以出入。[20]

諸如以閱讀體會典籍的方式，來幫助作文，還有趙彥衛。其云：

> 歐陽文忠公〈醉翁亭記〉，體《公羊》、《穀梁》解《春秋》。……此所謂奪胎換骨法。[21]

趙氏指出歐陽修體會《公》、《穀》解釋《春秋》的方法，寫成〈醉翁

19 柳宗元：〈答韋中立論師道書〉，《柳宗元集》（北京市：中華書局，2000年），卷34，頁873。

20 柳宗元：〈報袁君陳秀才避師名書〉，《柳宗元集》（北京市：中華書局，2000年），卷34，頁880。

21 趙彥衛：《雲麓漫鈔》（臺北市：臺灣商務印書館，1980年），卷3，頁16b。

亭記〉一文。從外在形式來看，〈醉翁亭記〉與《公》、《穀》是完全不同的文類，但在表現文章的深義，如歐陽修在被貶官的情況下，卻在文中一派逍遙飲酒暢遊，蘊藏絃外之音，此正趙彥衛說歐陽修體會的作文之法。劉聲木〈論劉開論文書〉：

> 世之真好學者，必實有得於此，而後能明道以修辭。於是乎從容於《孝經》以發其端，諷誦於典謨訓誥以莊其體，涵泳於《國風》以深其情，反覆于《變雅》、《離騷》以致其怨。如是而以為未足也，則有《左氏》之宏富，《國語》之修整，益之以《公羊》、《穀梁》之清深。[22]

劉氏提到《公》、《穀》文章清麗深厚，熟讀這兩本著作，能增加文筆這方面的不足。揭傒斯云：

> 盧陵劉氏《綱目書法》者，其辭則《公羊》、《穀梁》，其義則《春秋》，而其志則朱子也。[23]

指劉有益作《綱目書法》一書時，在文辭上採用《公》、《穀》的語言模式，大義則仿《春秋》微言，著書之心志與朱子同。

以上都是肯定《公羊傳》、《穀梁傳》的文字是具有特色的，並且是文人可學習模仿的對象。他們慢慢的將《公》、《穀》從經學的範疇脫離開來，比范甯、劉勰更進一步，將二傳視為學習文章學的對象。

---

22 劉聲木：〈論劉開論文書〉，《萇楚齋隨筆（四筆）》（臺北市：新文豐出版公司，1997年），卷3，頁14a。

23 揭傒斯撰，李夢生標校：〈通鑑綱目書法序〉，《揭傒斯全集》（上海市：上海古籍出版社，1985年），卷3，頁287。朱子因司馬氏《通鑑》作《綱目》；劉有益因朱子《綱目》作《通鑑綱目書法》。

四　以「經」為「文」

《公》、《穀》二傳自唐代列為九經，宋代入為《十三經》，身分由「傳」成為「經」。然其文字實未曾改變，變化只在讀者眼中有所不同。既然讀者認為其重要，擢升其地位；相反的，讀者亦能換個角度來面對這堆文字。明、清之際的文人，從字裡行間看到《公》、《穀》的文字，體驗了二傳的文學性，是以有評點的行為。

(一) 注疏者的讀者反應

提到評點都會讓人想起明清的小說評點。所謂評點，簡單的理解是評議與句讀。然而我們若從評點的意義來說，可以上溯至漢代章句訓詁傳注之學。漢代學者以尊聖崇賢的心，敬畏的面對經典，恐世人不識聖人教訓，故予以注釋、詮說。傳注者並不敢對經典的內容有所批評，只是將事件本末詳而述之，或注音。然亦有注疏者不明白作者何以書此的疑惑。如桓公十四年「夏五，鄭伯使其弟語來盟。」《公羊傳》:「夏五者何？無聞焉爾。」[24]明白的指出，對於經文只書「夏五」的原因，並不知情。或像范甯於桓公四年「夏，天王使宰渠伯糾來聘。」《穀梁》無傳，《集解》云：

> 下無秋、冬二時，甯所未詳。[25]

---

24 公羊高傳，何休解詁，徐彥疏：《春秋公羊傳注疏》(臺北市：藝文印書館，1997年)，卷5，頁13a。

25 穀梁赤傳，范甯集解，楊士勛疏：《春秋穀梁傳注疏》(臺北市：藝文印書館，1997年)，卷3，頁9b。

范甯指的是桓公四年，無秋與冬二時的記載，經文只記到夏季。因為據隱公九年秋七月，《穀梁傳》：「無事焉！何以書？不遺時也。」[26]桓公元年冬十月，「無事焉！何以書？不遺時也。《春秋》編年，四時具而後為年。」[27]儘管無事仍要書四時。所以范甯《集解》依《傳》言而注說：「四時不具，不成年也。」當范甯見無《經》又無《傳》時，感到不合《傳》所訂下的「例」，卻不說《經》闕或《傳》失，則知其對《經》、《傳》的態度是先不去替《經》、《傳》解釋，而是以為《經》之所發，必有其義。只是范甯其尚未明白其義，所以就說「甯所未詳」。桓七年也是下無秋、冬。抱持「不知為不知」的態度。

對於不可解釋、不明白處，直接將其「感受」真實呈現，這正是《公羊傳》與范甯等人閱讀經驗之真實反應。

宋代經師漸漸有自己的看法，不盡信三傳之說，對三傳產生質疑。這些內容與方式，其對象是針對經文微言大義及名物制度加以說明，不是對傳文的文字加以評述，故與評點學針對文學部分仍不盡相同，但方法上同是對作品進行細讀，或進行細部批評。[28]

（二）小說的評點

評點是指作者對作品進行評議與圈畫點抹的一種形式，從中表達出自己的看法。它的對象主要是詩、詞、曲、賦、散文、小說等文學作品。它的特點有三：重直覺與主觀感受；短小精悍，生動活潑；帶

26 穀梁赤傳，范甯集解，楊士勛疏：《春秋穀梁傳注疏》（臺北市：藝文印書館，1997年），卷2，頁11b。

27 穀梁赤傳，范甯集解，楊士勛疏：《春秋穀梁傳注疏》（臺北市：藝文印書館，1997年），卷3，頁3a。

28 龔鵬程：〈細部批評導論〉，《文學批評的視野》（臺北市：大安出版社，1998年），頁398。

有較多的鑒賞性。[29]同時也是文學批評的活動，所有評點者都期望能對作品本身做最精確的分析與闡釋。

評點家就作品構成的篇法、章法、句法、字法、敘事之法來進行句評、段評與總評。這些評點語言，雖有玩賞性質或主觀批評，它卻很真實的呈現讀者觀點。我們若看看李贄或金聖嘆的評點，就可發現他們已脫離傳統訓詁引經據典，或不敢為聖人立言的拘謹。如李贄《評水滸傳》：

> 此篇有水窮雲起之妙，吾讀之而不知其為《水滸》也。張順渡江而殺一盜，殺一淫，此是極其手段。作此傳者，真是極奇文字，及請得安道全，忽出神行太保迎接上山，此又是機變之法，不可測識者也。噫！奇也。[30]

寫得傳神，又有感染力，極其親切彷若口語。又如金聖嘆《水滸傳》書前總評：

> 作《水滸傳》者，真是識力過人。某看他一部書，要寫一百單八個強盜，卻為頭推出一個孝子來做門面，一也。三十六員天罡，七十二座地煞，卻倒是三座地煞先做強盜，顯見逆天而行，二也。盜魁是宋江了，卻偏不許他出頭，另又幻一晁蓋蓋住在上，三也。天罡地煞，都置第二，不使出現，四也。臨了收到「天下太平」四字作結，五也。[31]

---

29 孫琴安：《中國評點文學史》（上海市：上海社會科學院出版社，1999年），頁11。

30 施耐庵集撰，羅貫中撰修，李贄評點：《李卓吾批評忠義水滸傳》（上海市：上海古籍出版社，1990年），第65回。

31 金聖嘆：《金聖嘆全集．讀第五才子書法》（南京市：江蘇古籍出版社，1985年），頁18。

所評不僅見識卓絕，還洞悉小說的章法與結構，看得深入。並能引起讀者閱讀小說時的興趣。故讀此類評點可開後人讀書法門、眼界，體會作者之文心。

此風氣一開，不只詩文可以評點，經傳、子書也都被這群為數不少的評點家大刀闊斧的點評。如穆文熙《國語抄評》、《左傳抄評》、《春秋左傳評林》；沈汝紳《南華經集評》；馮夢龍《論語指月》、《孟子指月》等等，都受到小說評點方式的啟發而對經書、子書加以評點。

（三）《公》、《穀》的評點

看過明清之際文人評點小說的模式，再回來參看武億評點《公》、《穀》的內容。可以發現武氏確實從文學的角度來對《公》、《穀》點評。

1 武億點評《敦樸堂簡明評點春秋公羊傳鈔》[32]

此書為武氏《敦樸堂簡明評點三禮春秋三傳鈔》其中一部。評點乃逐字句逗，並於行間以朱筆評點。文中並未對經傳全文評點，惟部分擇要評點。方式分為句評、段評、總評。句評是以句為單位作為評點的對象；段評是以段為單位作為評點的對象；總評是以一篇或整部作品為單位作為評點的對象。例如隱公「元年春王正月」。底下武億有云：

> 桓貴隱卑亦當時附會之說，但將隱公愛桓說得深切，則桓公之罪無所逃矣。（1a）
>
> 讀至此處，前長而疑一段，猶是迷樓。（1b）

32 武億：《敦樸堂簡明評點春秋公羊傳鈔》，清抄本。

武億所關注的焦點不全依《公羊傳》褒貶是非，《公羊傳》中詮解隱公愛桓公，欲將君位傳桓公的愛，提出「桓幼而貴」的解釋，武億並不認同，堅持自己閱讀的判斷。此為段評。即於經傳文字的段落處下文，以指出此段文字之意義。另有句評會直接附在文句後。如：

> 國人莫之隱長又賢，諸大夫扳隱而立之。隱於是焉而辭立，則未知桓之將必得立也如此兩折直說得隱公心事深曲。且如桓立則恐諸大夫之不能相幼君也。故凡隱之立為桓煞明立也。（1a）
>
> 隱長又賢何以不宜立？立適以長不以賢，立子以貴不以長，桓何以貴，母貴也。母貴則子何以貴，子以母貴，母以子貴。疊二句收矯勁。（1b）

句評皆在文句中穿插，以少數語點明，或彰明大義，或賞析文章之法。如上例武億云：「如此兩折直說得隱公心事深曲」將《公羊傳》所言隱公情緒揭露出來，讀者見武億此語相信亦能深表認同。又「煞明」、「疊二句收矯勁」是對《公羊傳》的文章文眼及技巧使用加以評述，看重的亦是文章上的特色。末有總評：

> 元年者何？下解經所有不言即位。下解經所云篇中得勢全在微國、人莫知句。將舊案寫渺茫，則知一篇大文不是為罪人文過，此為鐵筆。（1b）
>
> 桓母非元妃，隱母亦繼室，非的然有尊卑之辨者，故曰微。然以貴以長、母貴、子貴之說，寔古今立嗣大法，又不耑論隱、桓也。（1b）

這段總評便是針對隱公「元年春王正月」這條經文而發，試圖為傳文寫下評斷。

又如桓公二年「春王正月戊申，宋督弒其君與夷及其大夫孔父。」

段評曰：

> 識用筆輕重之訣，便能作省筆。如「孔父生而存」句，是重筆。下公「知孔父死」數句是輕筆。俱是省法，卻得力在「孔父生而存」句。(5a)

《公羊傳》這部分的原文是「孔子生而存，則殤公不可得而弒也。故於是先攻孔父之家。殤公知孔父死，己必死，趨而救之，皆死焉。」武億看到《公羊傳》在敘事上具有文章用筆輕重的自覺，是以能具營造出讀者的閱讀感受。

> 孔父生而存，則殤公不可得而弒也。一身繫社稷之重，說來英氣凜凜。(5a)

《春秋》將書寫對象聚焦在魯公及天子諸侯，士卿大夫隨公出使，僅隨侍於旁，不甚重要。武億卻看到孔父儼然是這段經文的主角，以社稷為重，保護國君不惜生命的人格特質。此不涉及經文大義，他注意到角色人物的形象。

總評：

> 激烈悲壯，文有餘情。(5b)

對此武億給《公羊傳》下了一句總評，認為《公羊傳》這段傳文寫得激烈且悲狀，文筆之中帶有情感。這顯然不是《公羊傳》所欲表達的目的，但對於評點家而言，傳文中潛在感動文學人的文字才是精華所在。

宣公六年「春，晉趙盾衛孫免侵陳。」《公羊傳》：

> 趙盾弒君，此其復見何？親弒君者趙穿也。……靈公為無道，使諸大夫皆內朝，然後處乎臺上引彈而彈之，已趨而辟丸，是樂而已矣。……靈公聞之怒，滋欲殺之甚，眾莫可使往者。於是伏甲於宮中，召趙盾而食之。趙盾之車右祁彌明者，國之力士也，仡然從乎趙盾而入，放乎堂下而立。趙盾已食，靈公謂盾曰：「吾聞子之劍，蓋利劍也，子以示我，吾將觀焉。」趙盾起將進劍，祁彌明自下呼之曰：「盾食飽則出，何故拔劍於君所？」趙盾知之，躇階而走。靈公有周狗，謂之獒，呼獒而屬之，獒亦躇階而從之。祁彌明逆而踆之，絕其頷。趙盾顧曰：「君之獒不若臣之獒也！」……

武億對這段長文的段評為：「倉卒時事，頃刻百變，絕處逢生，細細描寫，亦整亦暇。此等絡摹，左氏、史遷尚遜一籌。」、「神情逼現如生，此為獨絕。（28a）」指出《公羊傳》這段文字的描寫，充滿變化、劇情緊湊、張力十足，寫來栩栩如生。

哀公六年「齊陳乞弒其君舍。」《公羊傳》：

> 景公謂陳乞曰：「吾欲立舍何如？」陳乞曰：「所樂乎為君者，欲立之則立之，不欲立則不立。君如欲立之，則臣請立之。」陽生謂陳乞曰：「吾聞子蓋將不欲立我也。」……於是使力士

> 舉臣囊而至於中霤，諸大夫見之皆色然而駭，開之則闖然公子陽生也。陳乞曰：「此君也已！」諸大夫不得已皆逡巡北面，再拜稽首而君之爾，自是往弒舍。

段評：「以下結構離奇俶詭，別一格法。（45b）」總評：「著眼在當國二字，唯當國，故兩公子之死生，諸大夫之存亡皆在陳乞之手，又以機變行之，筆下寫得有神。一諉字步步描寫，生動令讀者欲笑欲哭，奇文也。（46a）」

武億給予《公羊傳》的評價是很高的，認為此乃奇文。

2 武億點評《敦樸堂簡明評點春秋穀梁傳鈔》[33]

武億評點《穀梁傳》大抵與評點《公羊傳》的方式一樣，唯有一點是評《公羊傳》在先，評《穀梁傳》在後，所以會有與《公羊傳》比較的文字。如隱公「元年春王正月」句評：

> 雖無事必舉正月，謹始也。補《公羊》不及（1a）
> 君之不取為公何也？將以讓桓也。讓桓正乎？曰不正。較《左》、《公》進一層（1a）
> 隱將讓，桓弒之。交互筆法清圓（1a）
> 《春秋》貴義不貴惠，信道而不信邪。下句如峭石危崖（1a）

武億對《公》、《穀》隱公元年春王正月一條，都有比較詳細的評點，也特別注意到二傳在這條經文上的差異。其提到「《春秋》貴義不貴惠，信道而不信邪」，下句如「峭石危崖」指的是「孝子揚父之美，

33 武億：《敦樸堂簡明評點春秋穀梁傳鈔》，清抄本。

不揚父之惡」這句。《穀梁》確實到這邊有一個轉折，前面在褒隱公讓桓公，此話後則一轉貶隱公成父之惡。

段評：

> 一篇段案在「不正」二字。（1a）
>
> 已探先君之邪志。盡說先君二字，較《公羊》說諸大夫扳隱者更勝。（1b）

武氏將《穀梁》此段文字之文眼給挑明，使讀者能清楚《穀梁》宗旨大義。

總評：

> 林西仲曰：將成公志及讓桓不正二意，先立兩柱，復以不正之志不當成既善，不可為不正二意，層層自駁自解，分為兩段，其上下啣卸之妙，如天衣無縫，筆力變化之極。（1b）
>
> 隱、桓名份獨此說得鑿鑿，正乎不正句，翻去《左氏》桓立隱揖，《公羊》隱卑桓貴二說，要之彼為微言，此為大義，各相發明。（1b-2a）
>
> 《公》罪桓、《穀》罪隱；《公》予桓以當立，《穀》奪桓以不當立。當立而罪，反在桓；不當立而罪反在隱，推勘入微，變幻百出，可見文人之心，無所不至。（2a）
>
> 用意比《公羊》又進，而行文更有離，即縹緲之妙，此見古人讀書為文，必不肯為前人所蔀。
>
> 兩君罪案輕重劃然，嚴而不苛。（2a）

在總評部分，武億對《公》、《穀》二傳的立場加以比較，又從二傳的行文得出「推勘入微，變幻百出」的特色。且從傳文中可見文人的用心，表示以武億對文字的敏銳度，他能夠感受到《公》、《穀》二傳的作者如此作文，是有意為之的安排佈局，非僅僅只是解釋經文。至於他說《穀梁》用意比《公羊》又進，而行文更有縹緲之妙，我們可理解成《穀梁》或許在這條經文上略勝一籌，但整體而言，武氏並不以二傳比較為其述作的焦點。

莊公三年「五月，葬桓王。」《穀梁傳》：「《傳》曰：改葬也。改葬之禮緦，舉下緬也。或曰郤尸以求諸侯。天子志崩不志葬，必其時也，何必焉？舉天下而葬一人，其義不疑也。志葬，故也，危不得葬也。日近不失崩。不志崩，失天下也。獨陰不生，獨陽不生，獨天不生，三合然後生。故曰母之子也可，天之子也可。尊者取尊稱焉，卑者取卑稱焉。其曰王者，民之所歸往也。」

總評：

> 《穀梁》文字全在經文空隙處尋議論，如此文「天子」二字是也。真得夫子繫《易》精處。
>
> 出題之外，令人想見題中之妙。
>
> 所言似迂而寔微。（12a）

武億前有提過《穀梁》行文有離，此又云「似迂而寔微」、得夫子精處等等，是從文字的細微處去反覆體會而得到的閱讀經驗，此若非靜心品味，實難得出此番意見。而《穀梁傳》是否真的具有這樣的巧妙，武億點出來，還要讀者印證之，這樣評點家的目的才真的達成，帶領讀者將《公》、《穀》視為文學作品賞之析之。

從以上所舉評點《公》、《穀》的部分，我們可以說傳統的經傳注疏之學，目的在透過訓詁辨明文字以曉大義，告訴讀者一個確定的答案，或一個解釋。這些內容可能很瑣碎，除了專業讀者，一般人是沒什麼興趣閱讀的。而經典的評點，它的方法沿襲小說評點的方式，所以將《公》、《穀》的傳文亦當作是一篇文學作品來進行點評，傳文精彩處則褒之，寫得不好的地方也不吝批評。注疏之學將他們的解釋確定為一種讀法，或分今文學、古文學或公羊家法、穀梁師法。評點則不會去限定讀者的讀法，它僅供參考，若讀者亦心有戚戚焉則成為此點評家的跟隨者，若不甚滿意而自有領會，亦無不可。

近人對《公》、《穀》評點的著作至今未有深入的研究，主要原因是一般以小說評點為正統。而正經的讀書人，一見評點者近似「嘻皮笑臉」的經驗分享，就已經火冒三丈，直斥詆毀聖經[34]。或如胡適說：「機械的文評，正是八股選家的流毒，讀了不但沒有益處，並且養成一種八股式的文學觀。」等話。[35]殊不知評點家的作法，本來就源於經典的閱讀法，只是切入的角度不同。評點家對《公》、《穀》進行點評時，其面對經典的態度是文學性的。他們在意的是這段文字是否寫得精彩，寫得動人；作品的章法、句法，及敘事背後的感人精神。焦點不在褒貶、微言大義上。如今他們的「慧眼」正為經學提供另一種視野。

五　以「文」為「傳」

《公》、《穀》傳文中，解經文字的類型有許多種，如有人物身分的說明，有地名的解說，有制度的規定，禮制的規範，這些內容都能提供讀者確定的經文意義，不過讀來枯燥一些。常人喜讀《左傳》認

34 顧炎武引錢尚書謙益《文集》謂：「古人之于經傳，敬之如神明，尊之如師保，維敢僭而加之評騭？」參見《日知錄》（臺北市：明倫出版社，1970年），卷20，頁541。

35 胡適：〈水滸傳考證〉，《中國章回小說考證》（上海市：上海書店，1980年），頁3。

為其文辭優美，主要還是《左傳》對事件本末有完整的敘述，即故事讀起來比較有興味。

筆者選錄《公》、《穀》二傳皆有故事解經的條文，來探討二傳的文學特色。

《公羊傳》	《穀梁傳》
僖公二年「虞師、晉師滅夏陽。」	僖公二年「虞師、晉師滅夏陽。」
虞，微國也。曷為序乎大國之上？使虞首惡也。曷為使虞首惡？虞受賂，假滅國者道，以取亡焉。其受賂奈何？	非國而曰滅，重夏陽也。虞無師，其曰師何也？以其先晉，不可不言師也。其先晉何也？為主乎滅夏陽也。夏陽者，虞虢之塞邑也。滅夏陽而虞虢舉矣。虞之為主乎滅夏陽，何也？
獻公朝諸大夫而問焉，曰：「寡人夜者寢而不寐，其意也何？」諸大夫有進對者曰：「寢不安與？其諸侍御有不在側者與？」獻公不應。荀息進曰：「虞、郭見與？」獻公揖而進之，遂與之入而謀曰：「吾欲攻郭，則虞救之，攻虞則郭救之，如之何？願與子慮之。」荀息對曰：「君若用臣之謀，則今日取郭，而明日取虞爾，君何憂焉？」獻公曰：「然則奈何？」荀息曰：「請以屈產之乘，與垂棘之白璧往，必可得也。則寶出之內藏，藏之外府，馬出之內廄，繫之外廄爾，君何喪焉？」獻公曰：「諾。雖然宮之奇存焉，如之何？」	晉獻公欲伐虢，荀息曰：「君何不以屈產之乘，垂棘之璧，而借道乎虞也？」公曰：「此晉國之寶也，如受吾幣而不借吾道，則如之何？」荀息曰：「此小國之所以事大國也，彼不借吾道，必不敢受吾幣，如受吾幣，而借吾道，則是我取之中府，而藏之外府，取之中廄，而置之外廄也。」公曰：「宮之奇存焉，必不使受之也。」荀息曰：「宮之奇之為人也，達心而懦，又少長于君，達心則其言略，懦則不能強諫，少長於君則君輕之，且夫玩好在耳目之前，而患在一國之後，此中知以上，乃能慮之，臣料虞君，中知以下也。」公遂借道而

《公羊傳》	《穀梁傳》
荀息曰：「宮之奇知則知矣。雖然虞公貪而好寶，見寶必不從其言，請終以往。」於是終以往，虞公見寶許諾。宮之奇果諫：「記曰：『唇亡則齒寒。』虞、郭之相救，非相為賜，則晉今日取郭，而明日虞從而亡爾，君請勿許也。」虞公不從其言，終假之道以取郭，還四年，反取虞。虞公抱寶牽馬而至。荀息見曰：「臣之謀何如？」獻公曰：「子之謀則已行矣，寶則吾寶也，雖然吾馬之齒亦已長矣。」蓋戲之也。 夏陽者何？郭之邑也。曷為不繫於郭？國之也，曷為國之？君存焉爾。[36]	伐虢。宮之奇諫曰：「晉國之使者，其辭卑，而幣重，必不便於虞。」虞公弗聽，遂受其幣而借之道。宮之奇諫曰：「語曰：脣亡則齒寒，其斯之謂與！」挈其妻子以奔曹，獻公亡虢，五年而後舉虞，荀息牽馬操璧而前曰：「璧則猶是也，而馬齒加長矣。」[37]

《公》、《穀》對這條經文有相同的解經語言，即《春秋》經義，重在貶虞，故序於晉師上。因為虞君收了晉國的賄賂，借道給晉國去攻打夏陽，導致虢國被滅。基本上傳文如此闡釋已經將經文大義闡述清楚，然而二傳卻在此之後還有補充了完整的故事敘述。

二傳故事大抵與平時所認知的「唇亡齒寒」故事情節相同。不過從二傳的敘述方式中還是略有差異。

36 公羊高傳，何休解詁，徐彥疏：《春秋公羊傳注疏》（臺北市：藝文印書館，1997年），卷10，頁7b-10a。

37 穀梁赤傳，范甯集解，楊士勛疏：《春秋穀梁傳注疏》（臺北市：藝文印書館，1997年），卷7，頁4b-6a。

（一）《公羊傳》對人物的敘述較《穀梁傳》活潑生動

我們見《公羊傳》云獻公夜寢不寐，問諸大夫何故？有大夫問是否服侍的人不在身邊呢？晉獻公不應。顯然對這位大夫的回應呢！深感無趣，甚至不想理他。而荀息直接說中晉獻公欲伐虞虢的心思，獻公態度馬上一百八十度轉變，又是作揖，又是高高興興的邀請荀息入幕近一步商量。此將晉獻公之樣態寫得生動。相較於《穀梁傳》，其敘述晉獻公與荀息的對話便非常冷靜。

> 獻公朝諸大夫而問焉，曰：「寡人夜者寢而不寐，其意也何？」諸大夫有進對者曰：「寢不安與？其諸侍御有不在側者與？」獻公不應。荀息進曰：「虞、郭見與？」獻公揖而進之，遂與之入而謀曰：「吾欲攻郭，則虞救之，攻虞則郭救之，如之何？願與子慮之。」

好像兩人在唸對白，沒有情緒。即便獻公滅了虞、虢二國，荀息也是淡淡的說：「璧則猶是也，而馬齒加長矣。」《公羊傳》則是獻公高興的一手抱著寶玉，一手牽著寶馬，和荀息分享勝利的喜悅。

> 虞公抱寶牽馬而至。荀息見曰：「臣之謀何如？」獻公曰：「子之謀則已行矣，寶則吾寶也，雖然吾馬之齒亦已長矣。」

（二）《公羊傳》強調荀息之謀略，《穀梁傳》強調虞君之無能

前面說過，《公》、《穀》對《春秋》的褒貶之義的掌握是一致的，且二傳的表達亦清楚明白。接著二傳各有一段故事來補充，這之中似乎有些微的偏離經義，而有《公》、《穀》二傳的主張在內。我們看到《公羊傳》將荀息主動積極給晉獻公獻計策的表現，寫得如此生動，彷彿他就是這故事的主角，牽動的讀者的情緒。因此我們可以說《公羊傳》偏離經義的地方，在於他在故事中未堅持孔子貶虞君的重點。他選擇將荀息的靈巧精明充分的發揮。而《穀梁傳》在傳文中雖然寫得相對平淡，但他將故事的重筆放在虞君與其大夫宮之奇間的不信任，與虞君的迂腐不聰明，整體來說，他依著孔子貶斥的對象在立說。

《公羊傳》	《穀梁傳》
僖公二十二年，冬十有一月己巳朔，宋公及楚人戰於泓，宋師敗績。	僖公二十二年，冬，十有一月，己巳，朔，宋公及楚人戰于泓，宋師敗績。
宋公與楚人期戰于泓之陽。楚人濟泓而來。有司復曰：「請迨其未畢濟而擊之。」宋公曰：「不可。吾聞之也，君子不厄人，吾雖喪國之餘，寡人不忍行也。」既濟未畢陳，有司復曰：「請迨其未畢陳而擊之。」宋公曰：「不可。吾聞之也，君子不鼓不	宋公與楚人戰于泓水之上。司馬子反曰：「楚眾我少，鼓險而擊之，勝無幸焉。」襄公曰：「君子不推人危，不攻人厄，須其出。」既出，旌亂於上，陳亂於下。子反曰：「楚眾我少，擊之，勝無幸焉。」襄公曰：「不鼓不成列，須其成列而後擊之。」則眾

《公羊傳》	《穀梁傳》
成列。」已陳，然後襄公鼓之，宋師大敗。[38]	敗而身傷焉，七月而死。[39]

二傳對宋襄公堅持不對尚未整列完成的軍隊發動攻擊，有相似的情節。不過若仔細分辨，還是能看出《公羊傳》對人物與對過程的細節描述比較清楚。如《公羊傳》提到宋襄公對有司說「寡人不忍行」，表現了宋襄公臨大事不忘大禮的風範；另外有司提議宋襄公趁楚軍正在渡河時發動攻擊，也點明是渡河這時機。而《穀梁傳》只云「鼓險而擊之」，雖然知道對方是在險處，不過不如《公羊傳》交代得詳細。

《公羊傳》	《穀梁傳》
僖公三十三年，夏四月辛巳，晉人及姜戎敗秦於殽。	僖公三十三年，夏四月辛巳，晉人及姜戎敗秦師于殽。
其謂之秦何？夷狄之也。曷為夷狄之？	不言戰而言敗，何也？狄秦也。其狄之，何也？秦越千里之險，入虛國，進不能守，退敗其師徒，亂人子女之教，無男女之別，秦之為狄，自殽之戰始也。
秦伯將襲鄭，百里子與蹇叔子諫曰：「千里而襲人，未有不亡者也。」秦伯怒曰：「若爾之年者，宰上之木拱	秦伯將襲鄭。百里子與蹇叔子諫曰：「千里而襲人，未有不亡者也。」秦伯曰：「子之冢，木已拱矣，何

38 公羊高傳，何休解詁，徐彥疏：《春秋公羊傳注疏》（臺北市：藝文印書館，1997年），卷12，頁1a-2a。

39 穀梁赤傳，范甯集解，楊士勛疏：《春秋穀梁傳注疏》（臺北市：藝文印書館，1997年），卷9，頁4a-5b。

《公羊傳》	《穀梁傳》
矣，爾曷知」。	知？」
師出，百里子與蹇叔子送其子而戒之曰：「爾即死必於殽之嶔巖，是文王之所辟風雨者也，吾將屍爾焉。」	師行。百里子與蹇叔子送其子而戒之曰：「女死必於殽之巖唫之下，我將尸女。」
子揖師而行。百里子與蹇叔子從其子而哭之。秦伯怒曰：「爾曷為哭吾師？」對曰：「臣非敢哭君師，哭臣之子也。」弦高者，鄭商也，遇之殽，矯以鄭伯之命而犒師焉，或曰往矣，或曰反矣。	於是師行。百里子與蹇叔子隨其子而哭之，秦伯怒曰：「何為哭吾師也。」二子曰：「非敢哭師也，哭吾子也，我老矣，彼不死，則我死矣。」
然而晉人與姜戎要之殽而擊之，匹馬隻輪無反者。	晉人與姜戎，要而擊之殽，匹馬隻輪無反者。
其言及姜戎何？姜戎，微也，稱人亦微者也。何言乎姜戎之微？先軫也，或曰襄公親之。襄公親之則其稱人何？貶。曷為貶？君在乎殯而用師危，不得葬也。詐戰不日，此何以日？盡也。[40]	晉人者，晉子也。其曰人何也？微之也。何為微之？不正其釋殯而主乎戰也。[41]

此二傳故事幾乎完全相同，似乎此一故事得於傳聞，非傳者所自書。見《春秋》經義褒貶，在於秦君、晉君、姜戎，凡主戰者皆貶之。然而故事中並未貶斥晉君與姜戎。我們可以想見二傳故事解經部

40 公羊高傳，何休解詁，徐彥疏：《春秋公羊傳注疏》（臺北市：藝文印書館，1997年），卷12，頁22a-24a。

41 穀梁赤傳，范甯集解，楊士勛疏：《春秋穀梁傳注疏》（臺北市：藝文印書館，1997年），卷9，頁16b-17b。

分，不全然是必要的。它似乎有「傳播」此傳聞的用意，因為秦大敗于殽是當時普遍流傳的重大事件，所有人對其中的內情並沒有歧說，故二傳引用此事件時，沒有「傳者」介入的特別意見。若比較《公》、《穀》的差異，則是《公羊傳》中多了鄭商人弦高犒師秦軍的情節。

《公羊傳》	《穀梁傳》
宣公六年春，晉趙盾、衛孫免侵陳。	宣二年秋，九月，乙丑，晉趙盾弒其君夷皋。
趙盾弒君，此其復見何？親弒君者趙穿也。親弒君者趙穿，則曷為加之趙盾？不討賊也。何以謂之不討賊？	穿弒也，盾不弒，而曰盾弒，何也？以罪盾也。其以罪盾，何也？
晉史書賊曰「晉趙盾弒其君夷獋。」趙盾曰：「天乎無辜！吾不弒君，誰謂吾弒君者乎？」史曰：「爾為仁為義，人弒爾君，而復國不討賊，此非弒君如何？」	曰：靈公朝諸大夫而暴彈之，觀其辟丸也。趙盾入諫，不聽，出亡，至於郊。趙穿弒公，而後反趙盾。
趙盾之復國奈何？靈公為無道，使諸大夫皆內朝，然後處乎臺上引彈而彈之，已趨而辟丸，是樂而已矣。趙盾已朝而出，與諸大夫立於朝，有人荷畚，自閨而出者。趙盾曰：「彼何也，夫畚曷為出乎閨？」呼之不至，曰：「子大夫也，欲視之則就而視之。」趙盾就而視之，則赫然死人	史狐書賊曰：「趙盾弒公。」盾曰：「天乎！天乎！予無罪。孰為盾而忍弒其君者乎。」史狐曰：「子為正卿，入諫不聽，出亡不遠，君弒，反不討賊，則志同，志同則書重，非子而誰。」故書之曰，晉趙盾弒其君夷皋者，過在下也。[43]

43 穀梁赤傳，范甯集解，楊士勛疏：《春秋穀梁傳注疏》（臺北市：藝文印書館，1997年），卷12，頁3b-4b。

《公羊傳》	《穀梁傳》
也。趙盾曰：「是何也？」曰：「膳宰也，熊蹯不熟，公怒以斗摮而殺之，支解將使我棄之。」趙盾曰：「嘻！」趨而入。靈公望見趙盾訴而再拜。趙盾逡巡北面再拜稽首，趨而出，靈公心怍焉，欲殺之。於是使勇士某者往殺之，勇士入其大門，則無人門焉者；入其閨，則無人閨焉者；上其堂，則無人焉。俯而窺其戶，方食魚飧。勇士曰：「嘻！子誠仁人也！吾入子之大門，則無人焉；入子之閨，則無人焉；上子之堂，則無人焉；是子之易也。子為晉國重卿而食魚飧，是子之儉也。君將使我殺子，吾不忍殺子也。雖然，吾亦不可復見吾君矣。」遂刎頸而死。靈公聞之怒，滋欲殺之甚，眾莫可使往者。於是伏甲於宮中，召趙盾而食之。趙盾之車右祁彌明者，國之力士也，仡然從乎趙盾而入，放乎堂下而立。趙盾已食，靈公謂盾曰：「吾聞子之劍，蓋利劍也，子以示我，吾將觀焉。」趙盾起將進劍，祁彌明自下呼之曰：「盾食飽則出，何故拔劍於君所？」趙盾知之，躇階而走。靈公有周狗，謂之獒，呼獒而屬之，獒亦躇階而從之。祁彌明逆而踆之，絕其頷。趙盾顧曰：「君之獒不若臣之獒也！」然而宮中申鼓而起，有起於甲中者抱趙盾而乘之。趙盾顧曰：「吾何以得此	

《公羊傳》	《穀梁傳》
於子？」曰：「子某時所食活我於暴桑下者也。」趙盾曰：「子名為誰？」曰：「吾君孰為介？子之乘矣，何問吾名？」趙盾驅而出，眾無留之者。趙穿緣民眾不說，起弒靈公，然後迎趙盾而入，與之立於朝，而立成公黑臀。[42]	

《公羊傳》趙盾弒其君之一段，為《公羊傳》中極精彩的一段，《穀梁傳》自然不及。然而若從故事的精彩來論《公》、《穀》，顯然將二傳的作用給忽略了。二傳乃是傳經之作，目的在闡發孔子微言大義。《穀梁傳》其故事雖短，但將焦點聚焦在趙盾不臣的議題上，與《春秋》所以言「趙盾弒其君」的用意，貶趙盾是一致的。反觀《公羊傳》，雖在一開始亦如《穀梁傳》標示著罪趙盾，但故事中卻彰顯趙君夷獆的暴虐無道，其細數趙君彈大夫、殺膳宰、刺趙盾等等暴行，又處處提醒讀者趙盾清廉、節儉、勇士不忍刺殺而自刎、侍從為之賣命、食活暴桑下者、百姓擁戴。對比之下，《公羊傳》藉著精彩的故事隱隱的透露趙盾弒君之無罪，甚至是替天行道。此之微言當然不能明說，但讀者見此故事，亦會為趙盾的處境深表同情，趙盾便在此過程中除罪了。由此筆者說《公羊傳》在此故事中表達了與孔子《春秋》大義不近相同的意見，反觀《穀梁》則謹守本分，始終尊服《春秋》經義。

42 公羊高傳，何休解詁，徐彥疏：《春秋公羊傳注疏》（臺北市：藝文印書館，1997年），卷15，頁10a-14b。

《公羊傳》	《穀梁傳》
成公二年秋七月，齊侯使國佐如師。己酉，及國佐盟於袁婁。	成公二年冬十月。
君不使乎大夫，此其行使乎大夫何？佚獲也。其佚獲奈何？師還齊侯，晉郤克投戟逡巡再拜稽首馬前。逢丑父者，頃公之車右也，面目與頃公相似，衣服與頃公相似，代頃公當左。使頃公取飲，頃公操飲而至，曰：「革取清者。」頃公用是佚而不反。逢丑父曰：「吾賴社稷之神靈，吾君已免矣。」郤克曰：「欺三軍者其法奈何？」曰：「法斮。」於是斮逢丑父。	
己酉，及齊國佐盟於袁婁。曷為不盟於師而盟於袁婁？前此者，晉郤克與臧孫許同時而聘于於齊。蕭同侄子者，齊君之母也，踴於棓而窺客，則客或跛或眇，於是使跛者迓跛者，使眇者迓眇者。二大夫出，相與踦閭而語，移日然後相去。齊人皆曰：「患之起，必自此始！」	季孫行父禿，晉郤克眇，衛孫良夫跛，曹公子手僂，同時而聘於齊。齊使禿者御禿者，使眇者御眇者，使跛者御跛者，使僂者御僂者。蕭同姪子，處臺上而笑之，聞於客，客不說而去，相與立胥閭而語，移日不解。齊人有知之者，曰：「齊之患，必自此始矣。」
二大夫歸，相與率師為鞍之戰，齊師大敗。齊侯使國佐如師，	秋，七月，齊侯使國佐如師。己酉，及國佐盟于爰婁。 鞍，去國五百里。爰婁，去國五十里。一戰綿地五百里，焚雍門之茨，

《公羊傳》	《穀梁傳》
	侵車東至海，君子聞之曰：「夫甚！」甚之辭焉。齊有以取之也，齊之有以取之，何也？敗衛師于新築，侵我北鄙，敖郤獻子，齊有以取之也。爰婁在師之外，
郤克曰：「與我紀侯之甗，反魯、衛之侵地，使耕者東畝，且以蕭同侄子為質，則吾捨子矣。」 國佐曰：「與我紀侯之甗，請諾。反魯、衛之侵地，請諾。使耕者東畝，是則土齊也。蕭同侄子者，齊君之母也，齊君之母，猶晉君之母也，不可。	郤克曰：「反魯、衛之侵地，以紀侯之甗來，以蕭同姪子之母為質，使耕者皆東其畝，然後與子盟。」 國佐曰：「反魯、衛之侵地，以紀侯之甗來，則諾。以蕭同姪子之母為質，則是齊侯之母也，齊侯之母，猶晉君之母也，晉君之母，猶齊侯之母也。使耕者盡東其畝，則是終土齊也。不可。
請戰，一戰不勝請再，再戰不勝請三，三戰不勝，則齊國盡子之有也，何必以蕭同侄子為質？」揖而去之。郤克眣魯、衛之使，使以其辭而為之請，然後許之。逮於袁婁而與之盟。[44]	請一戰，一戰不克，請再，再不克，請三，三不克，請四，四不克，請五，五不克，舉國而授，」於是而與之盟。[45]

二傳於此事件上略有不同，今僅就相同情節來談。二傳最大的差異在於《公羊傳》以蕭同侄子「踴於棓而窺客，則客或跛或眇，於是

44 公羊高傳，何休解詁，徐彥疏：《春秋公羊傳注疏》（臺北市：藝文印書館，1997年），卷17，頁5a-6b。

45 穀梁赤傳，范甯集解，楊士勛疏：《春秋穀梁傳注疏》（臺北市：藝文印書館，1997年），卷13，頁4a-5a。

使跛者迓跛者，使眇者迓眇者。」為始作俑者。而《穀梁傳》則是齊國使者作之，導致蕭同姪子禁不住笑了來訪的使者。「齊使禿者御禿者，使眇者御眇者，使跛者御跛者，使僂者御僂者。蕭同姪子，處臺上而笑之，聞於客，客不說而去。」蕭同姪子一則以主動取笑之，一則是被動而笑。然而後來談判時，《公》、《穀》的記載晉郤克都將對象鎖定在蕭同姪子，可見當時晉郤克等使臣是受到蕭同姪子的羞辱，所以指名要其作為齊國戰敗的主要賠償物。此事說來荒謬，兩國戰爭為一女挑起。但孔子並未將罪怪在女子上，他從另外一角度來談兩國談判的重要，勝方若取之過甚，是站不住腳，反而會自取其辱，反觀敗方，若能據理以爭，亦能博得尊重。故夫子在《春秋》經文上將齊大夫國佐書於經文上「齊侯使國佐如師。已酉，及國佐盟于爰婁。」以褒齊大夫保住齊國的尊嚴。而這部分的處理《公羊傳》描述的較清楚，《穀梁傳》「於是而與之盟」這層含意略模糊。或《穀梁傳》以魯學的身分，對於齊國之事，僅點到為止，而《公羊》為齊學，故頗有為國佐之舉，與有榮焉而得意。

討論《公》、《穀》傳文中的故事，是因為這些內容最容易讓人聯想起《左傳》般的文學藝術成就。實際上《公》、《穀》這些文字一點也不比《左傳》差，只是數量太少，讀者若非有意，翻則過矣，未能細細品嘗。

回到「傳體」的功能，這些故事不是講求一個精彩即完事，它的目的在於解經。但從這些例證中，我們發現以故事發傳的方式並非必要，也無法完全替代經文的發義，傳文仍一如其他經文般的發傳，如故事之前還得云「君不使乎大夫，此其行使乎大夫何？佚獲也。其佚獲奈何？」等等，這些傳文足以將經文何以書的理由說明清楚，故事只是附屬於經文大義的後面。

然仔細分析《公》、《穀》的故事，卻可發現故事中潛藏有公羊子、穀梁子的用意所在。即《公羊傳》會在故事中表現出與孔子經文略有差異的意見，例如對荀息示以機靈、趙盾表以同情。反觀《穀梁傳》雖文采、詳盡不若《公羊》，卻以服膺孔子為最重要的原則，它自有「冷冷」的眼來書寫。

六　結論

筆者以為《公》、《穀》文學研究的開展，從范甯、劉勰就已意識到傳文書寫的特點與其解經敘事語言有密切的關係。但范甯、劉勰仍將《公》、《穀》二傳視為經傳之傳。到了唐代柳宗元等文士以摹仿《公》、《穀》文字風格來增進文學表達的能力，只是肯定二傳的文字魅力。真正將二傳作為文學作品來讀是明清的評點家。

近代《文學史》將《尚書》、《春秋》、《左傳》歸類於歷史散文或史傳散文，《公》、《穀》應屬這類。我們相信撰寫《文學史》的作者只是不小心遺漏了《公》、《穀》，若能在《文學史》中補上《公》、《穀》，則二傳在「文學研究」上，更能得到一個光明正大的地位。

提要曾云欲進一步探討經學文學研究化的變化過程。這並非是單一變化，《公》、《穀》二傳在被閱讀的過程中開展出來兩條研究的面向，作為文本而言，其並未純粹的經典化或是純粹的文學化，這樣的理解應當是較合情理的。此問題亦非如此簡單，礙於篇幅與能力，留待往後能繼續完成。

從歷史的發展過程，筆者將范甯、劉勰、柳宗元與明清的評點家，及現代的《中國文學史》作者串成一個脈絡。實際上明清的評點家並不是受范甯、劉勰的影響才注意到《公》、《穀》，他們是從詩詞小說的點評轉移過來評點《公》、《穀》；而現代的《中國文學史》作者亦不是受明清的《公》、《穀》評點著作而將《春秋》、《左傳》列為散文，他們可能是受到文學史的分類需要而有此歸類。雖然如此，對《公》、《穀》文學性的認識，行之既久，不容忽視。即便在現代，應該也已經是一個具「合法性」的公開結果了。

歷史的改寫與文學的實錄

——以頰谷之會為例

一　前言

什麼是「歷史」？什麼是「文學」？這個大問題到現在都不容易說清楚，不過傳統給予的概念，基本上歷史是對過去事實的記載；而文學則指以藝術的手法，表現思想、情感或想像，用文字記述的作品。因此感覺上歷史似乎較客觀與近乎於事實，而文學則常因作者賦予情感與想像於作品中而顯得較主觀。但是近來文學界與歷史學界多對此議題加以反思，並提出如亞里斯多德《詩學》所云：「詩比歷史更真實」作為文學比歷史更真實的口號；又新歷史主義指出，歷史充滿斷層，任何歷史都不過是一種論述。而該種論述，是根據當時的時間、地點、觀念建構的。換句話說，歷史並不是對史實單一的記載，亦不是對於過去事件單純的記錄。這些都是對傳統的解釋重新反省。

筆者以頰谷之會為例，找出古代典籍曾對此事件的記載，加以突顯所謂的歷史如何存有改寫的痕跡，及所謂的文學又如何有呈現事實的可能。

二　何休與三書

徐彥於《春秋公羊傳注疏》中，首先提到何休《春秋公羊傳解詁》有關定公十年頰谷之會的解詁之文乃《晏子春秋》、《家語》、《孔子世家》之文[1]。徐彥云：

> 「頰谷之會」至「曲節從教」，《家語》及《晏子春秋》文也。注「齊侯自頰谷」至「還之」，解云皆《晏子春秋》及《家語》、《孔子世家》之文。[2]

徐彥所指為何休於《春秋公羊傳解詁》中所提到的內容：

一則在定公十年，經文：「夏，公會齊侯于頰谷，公自至頰谷。」之下有注。

> 頰谷之會，齊侯作侏儒之樂，欲以執定公。孔子曰：「匹夫而熒惑於諸侯者，誅。」於是誅，侏儒首足異處。齊侯大懼，曲節從教。[3]

一則在定公十年，經文：「齊人來歸運、讙、龜、陰田。」《公羊

1 從這些典籍中發現記錄相同事件的不同文本有「互文」關係，這包括有註明引用出處與襲用但未註明出處的部分。未註明出處的內容與內容相關的文本之間或許會有一種「何以見得」是某抄某的問難，這部分的回應可由西方討論文本關係「互文性」(intertextualite)來作為其中一種思考。克里絲蒂娃(Julia Kristeva)認為任何一篇文本都吸收和轉換別的文本，即凡有文本都有互文，但本篇討論目的不在證明這是互文，而是進一步探討不同文本間的互文意義為何？此問題雖可參考西方互文的概念進行相關理解，不過小說文學上的互文多有「戲擬」(parodie)與「仿作」(pastiche)的遊戲動機在內，這與中國經典的互文狀態不同。參考〔法〕薩莫瓦約著，邵煒譯，《互文性研究》(天津市：人民出版社，2003年)，頁4。

2 公羊高傳，何休解詁，徐彥疏：《春秋公羊傳注疏》(臺北市：藝文印書館，1997年)，頁330。

3 公羊高傳，何休解詁，徐彥疏：《春秋公羊傳注疏》(臺北市：藝文印書館，1997年)，頁330。

傳》:「齊人為是來歸之」之下有注。

> 齊侯自頰谷會歸，謂晏子曰:「寡人獲過於魯侯，如之何?」晏子曰:「君子謝過以質，小人謝過以文，齊嘗侵魯四邑，請皆還之。」[4]

參看《晏子春秋》、《史記》〈孔子世家〉、《孔子家語》三書，如下:

《晏子春秋》佚文:

> 齊侯自頰谷歸，謂晏子曰:「寡人獲罪於魯君，如之何?」晏子曰:「君子謝過以質，小人謝過以文，齊嘗侵魯四邑，請皆歸之。」[5]

《史記》〈孔子世家〉:

> 定公十年春，及齊平。夏，齊大夫黎鉏言於景公曰:「魯用孔

---

4 公羊高傳，何休解詁，徐彥疏:《春秋公羊傳注疏》(臺北市:藝文印書館，1997年)，頁330。

5 吳則虞編著:《晏子春秋集釋》(北京市:中華書局，1961年)，頁527。實際上，現傳《晏子春秋》並無此段文字，是後人見徐彥云此為《晏子春秋》文，故以輯佚之概念補入，稱此為《晏子春秋佚文》。其云:「案:此為《公羊》定十年傳，何休《解詁》文。《疏》云:『皆《晏子春秋》及《家語》、《孔子世家》之文。』是本書亦記歸魯邑事，其與《解詁》同異若何，今不可攷，姑錄《解詁》文於此。」而我們查對《晏子春秋佚文》所錄又與阮刻《十三經注疏》本的何休《解詁》之文不同，阮刻本原文為「齊侯自頰谷會歸，謂晏子曰:『寡人獲罪於魯侯，如之何?』晏子曰:『君子謝過以質，小人謝過以文，齊嘗侵魯四邑，請皆歸之。』」文字略有不同。另外，徐彥云何休《解詁》自「頰谷之會」至「曲節從教」這段文字，為《家語》及《晏子春秋》文，卻不見收入《晏子春秋佚文》不知何故。

丘，其勢危齊。」乃使使告魯為好會，會於夾谷。魯定公且以乘車好往。孔子攝相事，曰：「臣聞有文事者必有武備，有武事者必有文備。古者諸侯出疆，必具官以從。請具左右司馬。」定公曰：「諾。」具左右司馬。會齊侯夾谷，為壇位，土階三等，以會遇之禮相見，揖讓而登。獻酬之禮畢，齊有司趨而進曰：「請奏四方之樂。」景公曰：「諾。」於是旍、旄、羽、袚、矛、戟、劍撥鼓噪而至。孔子趨而進，歷階而登，不盡一等，舉袂而言曰：「吾兩君為好會，夷狄之樂何為於此！請命有司！」有司卻之，不去，則左右視晏子與景公。景公心怍，麾而去之。有頃，齊有司趨而進曰：「請奏宮中之樂。」景公曰：「諾。」優倡侏儒為戲而前。孔子趨而進，歷階而登，不盡一等，曰：「匹夫而營惑諸侯者罪當誅！請命有司！」有司加法焉，手足異處．景公懼而動，知義不若，歸而大恐，告其羣臣曰：「魯以君子之道輔其君，而子獨以夷狄之道教寡人，使得罪於魯君，為之奈何？」有司進對曰：「君子有過則謝以質，小人有過則謝以文。君若悼之，則謝以質。」於是齊侯乃歸所侵魯之鄆、汶陽、龜陰之田以謝過。[6]

《孔子家語》〈相魯〉：

定公與齊侯會于夾谷，孔子攝相事，曰：「臣聞有文事者，必有武備。有武事者，必有文備，古者諸侯並出疆，必具官以從，請具左右司馬。」定公從之，至會所，為壇位土階三等，以遇禮相見，揖讓而登，獻酢既畢，齊使萊人以兵鼓欲劫定

6 司馬遷：《史記》（北京市：中華書局，1995年），卷47，頁1915。

> 公，孔子歷階而進，以公退曰：「士以兵之，吾兩君為好，裔夷之俘，敢以兵亂之，非齊君所以命諸侯也，裔不謀夏、夷不亂華、俘不干盟、兵不偪好、於神為不祥、於德為無義、於人為失禮，君必不然。」齊侯心怍，麾而避之。有頃，齊奏宮中之樂，俳優侏儒戲於前，孔子趨進歷階而上，不盡一等，曰：「匹夫熒侮諸侯者，罪應誅，請右司馬速刑焉。」於是斬侏儒，手足異處。齊侯懼，有慚色。將盟，齊人加載書曰：「齊師出境，而不以兵車三百乘從我者，有如此盟。」孔子使茲無還對曰：「而不返我汶陽之田，吾以供命者，亦如之。」齊侯將設享禮，孔子謂梁丘據曰：「齊、魯之故，吾子何不聞焉？」事既成矣，而又享之，是勤執事，且犧象不出門，嘉樂不野合，享而既具是棄禮，若其不具，是用秕粺，用秕粺君辱，棄禮名惡，子盍圖之。夫享，所以昭德也，不昭，不如其已。」乃不果享。齊侯歸，責其羣臣曰：「魯以君子道輔其君，而子獨以夷狄道教寡人，使得罪。」於是乃歸所侵魯之四邑，及汶陽之田。[7]

由三書所述，看得出來何休《解詁》文中有關頰谷之會的內容敘述，如「侏儒之樂」、「匹夫而熒惑於諸侯」、「手足異處」、「君子謝過以質」、「齊嘗侵魯四邑」的說法確實出現在其為文之前的典籍已經可見，故徐彥意指何休據《晏子春秋》、《家語》、《孔子世家》三書為注文之本。

7 王肅注：《孔子家語》，收入《四部叢刊》（臺北市：臺灣商務印書館，1979年），正編第17冊，卷2，頁2-3。

三　三書與《左傳》、《穀梁傳》、《新語》

回到這故事本身，這些文獻的記載是否可以看出故事的原型為同源，若從故事情節與語氣脈絡來看，《孔子世家》、《孔子家語》確實很相似。但徐彥是忘了提「頰谷之會」除了《晏子春秋》、《孔子世家》、《孔子家語》三書有敘述外，在何休之前更有《左傳》、《穀梁傳》、《新語》也提到了「頰谷之會」，還是何休確實未參考《左傳》、《穀梁傳》、《新語》等三書呢？

《左傳》定公十年：

> 夏，公會齊侯于祝其，實夾谷，孔丘相。犁彌言於齊侯曰：「孔丘知禮而無勇，若使萊人以兵劫魯侯，必得志焉。」齊侯從之。
> （案此《左傳》應少了一段魯定公與齊侯會面時的場景說明，故語意不接。）
> 孔丘以公退，曰：「士兵之！兩君合好，而裔夷之俘，以兵亂之，非齊君所以命諸侯也。裔不謀夏，夷不亂華，俘不干盟，兵不偪好，於神為不祥，於德為愆義，於人為失禮，君必不然。」齊侯聞之，遽辟之。將盟，齊人加於載書曰：「齊師出竟，而不以甲車三百乘從我者，有如此盟。」孔丘使茲無還揖對曰：「而不反我汶陽之田，吾以共命者，亦如之。」齊侯將享公，孔丘謂梁丘，據曰：「齊、魯之故，吾子何不聞焉？」事既成矣，而又享之，是勤執事也。且犧象不出門，嘉樂不野合，饗而既具，是棄禮也。若其不具，用秕稗也，用秕稗君辱，棄禮名惡，子盍圖之。夫享所以昭德也，不昭不如其已

也，乃不果享。齊人來歸鄆讙龜陰之田。[8]

《春秋穀梁傳》定公十年：

夏，公會齊侯于頰谷。公至自頰谷。

離會不致，何為致也？危之也。危之則以地致，何也？為危之也。其危奈何？曰：「頰谷之會，孔子相焉，兩君就壇，兩相相揖，齊人鼓譟而起，欲以執魯君。孔子歷階而上，不盡一等，而視歸乎齊侯，曰：『兩君合好，夷狄之民，何為來為？』命司馬止之。齊侯逡巡而謝曰：『寡人之過也。』退而屬其二三大夫。曰：『夫人率其君與之行古人之道，二三子獨率我而入夷狄之俗。何為？』罷會。齊人使優施舞於魯君之幕下，孔子曰：『笑君者罪當死』使司馬行法焉，首足異門而出，齊人來歸鄆讙龜陰之田者，蓋為此也。因是以見，雖有文事，必有武備，孔子於頰谷之會見之矣。」[9]

陸賈《新語》〈辨惑〉：

魯定公之時，與齊侯會於夾谷，孔子行相事。兩君升壇，兩相處下，而相欲揖，君臣之禮，濟濟備焉。齊人皷噪而起，欲執魯公，孔子歷階而上，不盡一等而立，謂齊侯曰：「兩君合好，以禮相率，以樂相化。臣聞嘉樂不野合，犧象之薦不下

8 左丘明傳，杜預集解，孔穎達疏：《春秋左傳注疏》（臺北市：藝文印書館，1997年），頁976、977。

9 穀梁赤撰，范甯集解，楊士勛疏：《春秋穀梁傳注疏》（臺北市：藝文印書館，1997年），頁191-192。

堂。夷、狄之民何求為？」命司馬請止之。定公曰：「諾。」齊侯逡巡而避席曰：「寡人之過。」退而自責大夫。罷會，齊人使優旃儛於魯公之幕下，傲戲，欲候魯君之隙，以執定公。孔子嘆曰：「君辱臣當死。」使司馬行法斬焉，首足異河而出。於是齊人懼然而恐，君臣易操，不安其故行，乃歸魯四邑之侵地，終無乘魯之心。[10]

比較《晏子春秋》、《孔子世家》、《孔子家語》與《左傳》、《穀梁傳》、《新語》頰谷之會的記載。其中《左傳》、《穀梁傳》、《新語》的故事與《晏子春秋》並無重疊，又《左傳》與《穀梁傳》所傳的是兩個差異頗大的故事，而《家語》、《世家》參考《左傳》與《穀梁傳》的可能性非常大。其中《家語》的內容同時存有《左傳》與《穀梁傳》二傳說法，《世家》只存有《穀梁傳》一家的說法。《新語》是漢初陸賈的作品，很明顯其採用了《左傳》與《穀梁傳》的說法。

將八家的重要的關鍵字分析如下：

1	孔丘（子）相	左傳		穀梁					
	孔子攝（行）相事[11]				新語	世家	家語		
2	優箍			穀梁	新語				
	優倡（俳優）侏儒					世家	家語		何休
3	宮中之樂					世家	家語		
4	笑君者罪當死			穀梁					

10 陸賈：《新語》，收入《四部叢刊》（臺北市：臺灣商務印書館，1979年），正編第17冊，卷5，頁12、13。

11 案「攝」一詞為司馬遷著《史記》時常用的語詞。如「攝相事」、「攝當國」、「攝行政當國」。

	匹夫而熒惑於諸侯，罪應誅					世家	家語		何休
	君辱臣當死				新語				
5	君子謝過以質					世家		晏子	何休
6	文事者必有武備			穀梁		世家	家語		
7	武事者必有文備					世家	家語		
8	具左右司馬					世家	家語		
9	鼓譟而起，欲以執魯君			穀梁	新語	世家	家語		
10	萊人	左傳					家語		
11	司馬（有司）斬侏儒手足異處			穀梁	新語	世家	家語		何休
12	君子（古人）之道、夷狄之道			穀梁		世家	家語		
13	兩君合好，而裔夷之俘……	左傳			新語		家語		
14	犧象不出門，嘉樂不野合……	左傳			新語		家語		
15	齊人加載書	左傳					家語		
16	還魯地	左傳		穀梁	新語	世家	家語		
	齊嘗侵魯四邑							晏子	何休
17	行乎季孫，三月不違		公羊						

由文本間的對照可發現何休書寫頰谷之會的內容，僅部分引用《晏子春秋》、《孔子世家》、《孔子家語》三書，因這三書中所描述的內容比何休所引的繁複，所以何休是刪去了一些情節而不取。另外何休是刻意選擇此三書而不用《左傳》與《穀梁傳》、《新語》的說法？

事實上這些關鍵字同時代表了事件本身的意義。

「優倡侏儒」、「匹夫而熒惑於諸侯」、「鼓譟而起，欲以執魯君」：鴻門宴。

「君子謝過以質」、「君子（古人）之道、夷狄之道」：言兩國之禮。

「文事者必有武備」：言國君出訪之準備。

「司馬（有司）斬侏儒手足異處」：殺雞儆猴。

「兩君合好，而裔夷之俘⋯⋯」、「犧象不出門，嘉樂不野合⋯⋯」：外交辭令。

「行乎季孫，三月不違」：言孔子政績。

我們假設這個事件本身共蘊含有以上六種意義，何休的選擇只突顯「鴻門宴」、「言兩國之禮」、「殺雞儆猴」三種，很明顯的另外三種分別隸屬於《三傳》，如「文事者必有武備」言國君出訪之準備，這是《穀梁傳》所言的。「兩君合好，而裔夷之俘⋯⋯」、「犧象不出門，嘉樂不野合⋯⋯」外交辭令，這是《左傳》所言的。「行乎季孫，三月不違」言孔子政績，這是《公羊傳》所言的。這三種意義在《三傳》中並未有相互並存的情形，這更證明徐彥所云何休注文：「皆《晏子春秋》及《家語》、《孔子世家》之文。」是正確的。但何休為何要避開《三傳》具有獨特解釋性的內容而不取，亦不用《新語》處理好的故事，僅取與《晏子春秋》、《孔子世家》、《孔子家語》的內容？

筆者推究其原因在何休與漢代所傳的《公羊》家師法或家法，在此議題上沒有特殊的見解，否則何休應該會傳揚師說，不需據他書了。而當《公羊》家師法與家法沒有對這條經文有特殊解釋時，若何休據《左傳》或《穀梁傳》任何一種說法，就很容易引起《三傳》間最忌諱的抄襲對方解經內容的嫌疑，而《公羊傳》本身又無頰谷之會的記載，因此何休乾脆從其他文本取得故事來源，他認為故事本身是一個普遍的認知，無從去說抄自《三傳》的某一《傳》，所以就採用了《孔子世家》、《孔子家語》、《晏子春秋》的部分內容。

當然這只能說明頰谷之會這個故事部分，是何休建立起來「屬於」《公羊》家的解釋，其他的解經內容，《公羊傳》還是很有師承的。

四 《公羊傳》的「頰谷之會」

何休為《公羊傳》作注，為何不採用《公羊傳》的解釋呢？究其原因是因為《公羊傳》根本沒有「頰谷之會」的記載。《公羊傳》於《春秋》定公十年「夏公會齊侯于頰谷。公至自頰谷。」[12]無發《傳》。於同年「齊人來歸運、讙、龜陰田。」[13]下有《傳》云：「齊人曷來歸運、讙、龜陰田？孔子行乎季孫，三月不違，齊人為是來歸之。」[14]此《公羊傳》皆無一字提到與「頰谷之會」有關的內容。

見《左傳》、《穀梁傳》、《晏子春秋》、《孔子世家》、《孔子家語》，都有清楚的交代，齊人之所以來歸魯田，原因在頰谷之會獲罪於定公，故「以質謝過」。而《公羊傳》齊人歸田是否與頰谷之會有關？筆者以為《公羊傳》的頰谷之會只是一次單純的齊、魯會盟記錄，魯公也平安回來告廟，故為常事不書。這裡並不如他《傳》典籍所載，有孔子攝相等 過程。

那《公羊傳》此條該如何解釋呢？

（1）《公羊傳》不以《春秋》定公十年「夏公會齊侯于頰谷。公至自頰谷。」與同年「齊人來歸運、讙、龜陰田。」為一事之發展，特分別為單條獨立的經文，視為不同的事件，因此所要闡述的意義，在二條上未有連繫，應獨立看待。所以於「夏公會齊侯于頰谷。公至自頰谷。」《公羊傳》無傳，意同《春秋》，以齊、魯兩國會，公

12 公羊高傳，何休解詁，徐彥疏：《春秋公羊傳注疏》（臺北市：藝文印書館，1997年），頁330。

13 公羊高傳，何休解詁，徐彥疏：《春秋公羊傳注疏》（臺北市：藝文印書館，1997年），頁330。

14 公羊高傳，何休解詁，徐彥疏：《春秋公羊傳注疏》（臺北市：藝文印書館，1997年），頁330。

至自告廟為義。而「齊人來歸運、讙、龜陰田。」《公羊傳》有發《傳》說明齊人歸田的原因。

（2）《公羊傳》於定公十年「齊人來歸運、讙、龜陰田。」下有發《傳》。

先提問：齊人曷來歸運、讙、龜陰田？

講理由：孔子行乎季孫，三月不違。

得結果：齊人為是來歸之。

「提問」是單純的提問，「結果」也不會有問題，因為結果確實如此。重點在「理由」，齊人為何因為「孔子行乎季孫，三月不違。」而來歸田？齊人與「孔子」、「季孫」、「三月不違」並無關係，為何要因此而來歸田呢？

何休云：「孔子仕魯，政事行乎季孫，三月之中不見違，過是違之也。不言政行乎定公者，政在季氏之家。」[15]

何休反駁《公羊傳》「三月不違」的說法，他認為這之中有「違」，不是孔子違，也不是定公違，也不是齊人違，而是魯國國政倫理之違，國家之政居然不在定公身上，而落於季氏之家，因此有違。

何休只反駁《公羊傳》說不違，認為《春秋》的本意是有違。但這並未解釋齊人為何要來歸田。

再參考徐彥所云：「《孔子家語》亦有此言。若以《家語》言之，孔子今年從邑宰為司空。既為大夫，故有行於季孫之義。」[16]

徐彥又不同於何休的說法，何休認為政在季氏是一種「違」，徐

15 公羊高傳，何休解詁，徐彥疏：《春秋公羊傳注疏》（臺北市：藝文印書館，1997年），頁330。

16 公羊高傳，何休解詁，徐彥疏：《春秋公羊傳注疏》（臺北市：藝文印書館，1997年），頁330。

彥引《家語》認為孔子既為大夫，理當行於季孫。顯然從政治倫理去談大夫與其上司間孔子應扮演的角色。而何休是從君臣倫理去談定公與季孫間的關係。乍看以為徐彥有所反駁，但其實徐彥與何休是各說各話，毫不相干。何休談的是政治倫理，徐彥講的是上司與部屬的倫理。

再看徐彥於定公十二年「季孫斯、仲孫何忌帥師墮費。」下有《疏》文，再次詳細的解釋一次「孔子行乎季孫，三月不違。」的意義。其云：

> 案上十年，齊人來歸邑之下，《傳》云：「孔子行乎季孫，三月不違。」以此言之三月之外違之明矣。故上有《注》云：「定公貪而受之」此違之驗。然則三月之後，必似違之，今此《傳》文復言之者，蓋不違有二。何者？案如《家語》，定十年之時，孔子從邑宰為司空，十一年又從司空為司寇。然則為司空之時，能別五土之宜，咸得其所，為季孫所重，是以三月不違也。齊人遂懼，來歸四邑矣。及作司寇之時，攝行相事，設法而用之，國無姦民，在朝七日，誅亂政大夫少正卯，戮于兩觀之下，凡諸朝三日，政化大行，季孫重之，復不違三月。是以此《傳》文言其事矣。[17]

從徐彥的再次清楚的闡釋一次「三月不違」之意，便知所謂不違，非孔子行為之不違，是魯國上下皆不違。當時孔子初職掌國政，能讓國家百姓，安居樂業，各有所錯手足，故諸事不違。而第一次是

---

17 公羊高傳，何休解詁，徐彥疏：《春秋公羊傳注疏》（臺北市：藝文印書館，1997年），頁330。

魯國定公有違，因為定公受田，故違之；第二次是季孫、仲孫帥師墮費，故違之。

如此再回到《公羊傳》，便可知徐彥的理解是「孔子行乎季孫，三月不違。」而讓齊人有所欽羡或懼其盛治，而歸還三田。

此之理由與《左傳》、《穀梁傳》、《晏子春秋》、《孔子世家》、《孔子家語》都不同，何休、徐彥所闡釋的經義與「頰谷之會」之「會」無關，而在孔子身上。講到這裡，就應當明白《公羊傳》根本無「頰谷之會」的記載。

另外何休與徐彥都將《公羊傳》「三月不違」的「三月」作為現實時間上的三個月，因此會去計算從何時始，何時結束，但這「三月」亦可能是一種泛時間的用法。筆者以為「三月不違」乃《公羊》先師意取《論語》文也，如《論語》:「子曰:『回也，其心三月不違仁，其餘則日月至焉而已矣。』」程子曰:「三月，天道小變之節，言其久也，過此則聖人矣。」朱子:「三月，言其久。」[18]

觀《公羊傳》「三月不違」，何休、徐彥據事、時言違，但數其時間可知非真三月，則依《論語》解是當。

五　何休的「頰谷之會」

既然《公羊傳》無「頰谷之會」，那何休是如何創造出一個公羊家的「頰谷之會」呢？

首先，何休分別在兩條經文底下注文。其目的為將《公羊傳》二條獨立的經文，作為同一故事脈絡下的先後關係。

---

18 朱熹撰，朱傑人編：《論語集注》，收入《朱子全書》(上海市：上海古籍出版社，2002年)，第6冊，頁111。

定公十年，經文：「夏，公會齊侯于頰谷，公自至頰谷。」之下有注。

> 頰谷之會，齊侯作侏儒之樂，欲以執定公。孔子曰：「匹夫而熒惑於諸侯者，誅。」於是誅，侏儒首足異處。齊侯大懼，曲節從教。[19]

定公十年，經文：「齊人來歸運、讙、龜、陰田。」《公羊傳》：「齊人為是來歸之」之下又注。

> 齊侯自頰谷會歸，謂晏子曰：「寡人獲過於魯侯，如之何？」晏子曰：「君子謝過以質，小人謝過以文，齊嘗侵魯四邑，請皆還之。」[20]

第二，是剪裁《晏子春秋》、《孔子家語》、《孔子世家》的故事作為其「頰谷之會」的具體描述。何休將一個故事，切分為二，分別置放於兩條經文底下，此一舉動是成功的，因為在所有的文本故事中，這本來就是個事件本末關係，雖然《公羊傳》將之獨立，但何休的作法，在其他文本的互文關係中，讀者很容易就認同何休的作法，同時會將《公羊傳》的兩部分連繫在一起看，也無意識到何休脫離了《公羊傳》的本意。

如此，何休就建構了一個原本不存在的「頰谷之會」的內容置於《公羊傳》中。

19 公羊高傳，何休解詁，徐彥疏：《春秋公羊傳注疏》（臺北市：藝文印書館，1997年），頁330。

20 公羊高傳，何休解詁，徐彥疏：《春秋公羊傳注疏》（臺北市：藝文印書館，1997年），頁330。

六　歷史的改寫與文學的實錄

從上述所見的各文本，可以視為對歷史的再描述，目的在記錄此次頰谷之會是重大事件，值得傳與後世，而切開其存在的脈絡，其又成為一篇篇古人記載的故事，雖有不同，不過其主要情節與主角是一致的。這之中彷彿不存在一個固定的歷史事實，但所有的文本也都指向一個確定它存在的事實，曾發生過這件事的事實不容懷疑，剩下的是如何去呈現這事件的方式。

從事件的發生到以文字記載下來是第一階段的成「文」，而第二階段是孟子所云：「其文則史」[21]，故這些文本既可通稱為「文」，亦可稱之為「史」。

我們可以再區分細一點，分別為「歷史的改寫」與「文學的實錄」。二者的差別在：「歷史的改寫」：會轉移敘事的焦點，讓討論的問題轉移，如從齊景公與魯定公為主題，變成以孔子為敘事重心。「文學的實錄」：是對文字作文學性的修辭，它並不想改變敘事的重心，而只是將所描述的內容以更加「精彩」的方式呈現。

筆者將《左傳》、《穀梁傳》、《晏子春秋》、《新語》、《孔子世家》、《孔子家語》、《公羊傳解詁》加以區別。

歷史的改寫：《晏子春秋》、《孔子家語》。

因為《晏子春秋》的內容所敘述以晏子為主，未有齊景公、魯哀公與孔子等的角色發揮，所以《晏子春秋》將此事件焦點轉移到晏子身上。《孔子家語》所呈現的主角是孔子，所以齊景公、魯哀公都少有發言的機會，可以說都將之省略不寫，因此有目的性的將焦點聚在

21　孟子：《孟子》（臺北市：藝文印書館，1997年），頁146。

孔子一人身上，在諸文本中其讓孔子說話的次數最多。因此二者都是對歷史的改寫。

文學的實錄：《左傳》、《穀梁傳》、《新語》、《孔子世家》、《公羊傳解詁》。

以上五種文本，主要在於對事件的完整記載，期以傳於後世所知，所以裡面的人都有出場與發言的機會，未有偏重。雖然《三傳》是解經之作，應有很強的目的性，但在頰谷之會這事件上，他們褒貶之義，僅在故事之外另外發傳，關於頰谷之會的部分，其目的在讓後人可以如實的知道當時所發生的事實，得以參考，所以文字上雖有不同，但目的是一樣的，都是要讓實際的情形傳下來，所以是文學的實錄。

這麼區分的目的是因為這些文本都是對同一事件的記載，當它被並排閱讀時，通常會被視為互相參照的文本，或視為史料，或僅意識到彼此文字描述上的出入，或精或細。然而作者在描述此事件時，實際上含有目的性的原則，如為彰顯孔子德行或晏子事績，或想將事件過程清楚於後來者，因為有不同的目的，所以產生不同的書寫樣貌，通過我們的分析，可以知道書寫者的用心之所在，會改變敘述的內容，這也是透過文本分析所得到的。

七　《穀梁傳》文學的實錄

在文學的實錄中，《穀梁傳》值得特別提出來談，其他諸本就是故事，而《穀梁傳》又附加一些說道理的內容，這些說道理的內容使得故事本身更趨近於實錄，因為這個故事被當作是說理的基礎，基礎就是穩定的東西，唯有穩定的基礎，才能讓道理有說服性。

《穀梁傳》的內容包括大義、故事與說理三部分。《春秋》定公十年：「夏，公會齊侯于頰谷。公至自頰谷。」[22]

《穀梁傳》：

> （敘事）離會不致，何為致也？危之也。危之則以地致，何也？為危之也。其危奈何？
>
> 曰：「（敘述）頰谷之會，孔子相焉，兩君就壇，兩相相揖，齊人鼓譟而起，欲以執魯君，孔子歷階而上，不盡一等，而視歸乎齊侯。曰：
>
> （對白）『兩君合好，夷狄之民，何為來為？』
>
> （敘述）命司馬止之。齊侯逡巡而謝曰：
>
> （對白）『寡人之過也。』
>
> （敘述）退而屬其二三大夫，曰：
>
> （對白）『夫人率其君與之行古人之道，二三子獨率我而入夷狄之俗，何為？』
>
> （敘述）罷會，齊人使優施舞於魯君之幕下。孔子曰：
>
> （對白）『笑君者，罪當死。』
>
> （敘述）使司馬行法焉，首足異門而出。
>
> （敘事）齊人來歸鄆、讙、龜陰之田者，蓋為此也。因是以見，雖有文事，必有武備，孔子於頰谷之會見之矣。」[23]

---

22 穀梁赤傳，范甯集解，楊士勛疏：《春秋穀梁傳注疏》（臺北市：藝文印書館，1997年），頁191。

23 穀梁赤傳，范甯集解，楊士勛疏：《春秋穀梁傳注疏》（臺北市：藝文印書館，1997年），頁191-192。

《春秋》之義在於魯公會齊侯于頰谷，後齊人來歸田。《穀梁傳》於此中來談為何孔子要「致」此會，因為有「危」。另外《穀梁》先師敘述了頰谷之會的內容，印證了「危之也」的事實。

為何這故事筆者認為是穀梁先師所補充敘述的呢？筆者從敘述者角度，可以釐清整段《穀梁傳》傳文只有「離會不致，何為致也？危之也。危之則以地致，何也？為危之也。」此三句為孔子授受，以下所談「其危奈何？曰……」至結束，為《穀梁傳》先師為詮解清楚此事之脈絡而說出，記入。這部分是為讓弟子對事件發生的過程有清楚的認識。

這之中並非否定孔子參與頰谷之會，而是從敘述者的角度去分別出《傳》文的敘述者為誰。孔子既為被敘述的角色之一，則孔子非此敘述者。

確定《穀梁傳》的敘述者是穀梁子，便可確定穀梁子是此文本書於竹帛的作者，非只轉述師說。就像孔子處理《春秋》一般，過程中有實錄，亦有筆削。

《傳》的角色本是解經，當其將說理文字置放於《春秋》經文之下，作為《傳》時，如「齊人來歸鄆、讙、龜陰之田者，蓋為此也。因是以見，雖有文事，必有武備，孔子於頰谷之會見之矣。」[24]這些話便不像是在解《經》，而近於說理。說理式的解經方法並非不可產生於《穀梁傳》，相反的這就是《穀梁傳》多元性的解《經》特徵。說理之中將後事前提，便將《春秋》乍看單獨的經文連繫起來，建立起有必然性的關係，何休的方式亦是如此。這樣的形式特色就有別於其他文本而獨立出來，形成自己的特色。

24 穀梁赤傳，范甯集解，楊士勛疏：《春秋穀梁傳注疏》（臺北市：藝文印書館，1997年），頁192。

八　觀點、意義與《春秋》之義

《左傳》、《穀梁傳》、《晏子春秋》、《新語》、《孔子世家》、《孔子家語》、《公羊傳解詁》以上七書或是文學的實錄，或是歷史的改寫，但孔子《春秋》談的是魯國的國家大事，其外交盟會得利，使齊國歸田。嚴格來講，《春秋》經文並未提到孔子事績，只有「夏，公會齊侯于頰谷。公至自頰谷。」也未談到故事性的「頰谷之會」，孔子記載的是「齊、魯於頰谷的會盟」。

以「文學的實錄」與「歷史的改寫」的述作方式如何來看待孔子的《春秋》呢？它既不是對事件的詳細說明，也不是有目的性的改寫主題，這是否說，在「文學」與「歷史」的範疇之外有一個孔子創造出來的表達方式[25]？這是什麼？也就是說，它不是「文學」，也不是「歷史」，筆者認為它是一個讓人目光轉向「刻痕」[26]的引導，就像在石頭上抹滅不去的一個痕跡，他只是讓那個「刻痕」被注意，他不需要說明是什麼工具，是誰造成的，也不需要立一個告示牌說明警語，他只是讓人們的目光「看到」。法人于連有相似的看法：

聖人的話是在指示，聖人的話只是在提醒人們注意，孔子在

---

25 案「文」與「史」的概念，在孔子之前已經形成，如《論語》〈雍也〉：「質勝文則野，文勝質則史，文質彬彬，然後君子。」（臺北市：藝文印書館，1997年）頁54。《論語》〈八佾〉：「夏禮吾能言之，杞不足徵也。殷禮，吾能言之，宋不足徵也，文獻不足故也，足則吾能徵之矣。」頁27。《論語》〈衛靈公〉：「吾猶及史之闕文也。」頁140。

26 筆者所謂「刻痕」是歷史走過留下的痕跡，孔子「重現」了刻痕，就像甲骨、鐘鼎，文在其中，而其藏千年於地下，不為世人知，鄉人或以為龍骨，磨而食之。此所謂視而不見，孔子正是讓我們去看到的引導。就像「拓碑」，紙上在剎那間映入眼簾浮現了過去的刻痕，那原本一色的灰，頓時黑白分明。

《論語》裡說的話，不管是以有針對性的就事論事，還是一般性的忠告，實際上從始至終都是在提醒人們注意（remarque）……「提醒人注意」的話目的也不是要得出什麼結論，或者闡明什麼，其目的不是要表述觀念。「提醒人注意」的話不具有規定性，只是強調人們容易忽視的東西，引起有關人的注意。[27]

「看到」為何會明瞭？「刻痕」是給「看到」的人準備的，「看得到的人」就一定「看得懂」，「看不懂的人」即使看到，也是一種看不到，因為視而不見，沒有反應。故孟子云：

世道衰微，邪說暴行有作，臣弒其君者有之，子弒其父者有之，孔子懼，作《春秋》。[28]

王者之跡息而《詩》亡，《詩》亡然後《春秋》作。

晉之《乘》，楚之《檮杌》，魯之《春秋》，一也。其事則齊桓、晉文，其文則史。孔子曰：「其義，則丘竊取之矣。」[29]

《孟子》中記載著孔子作《春秋》的理由。

司馬遷〈太史公自序〉也有引孔子語，說明作《春秋》的理由：

27 〔法〕弗朗索瓦・于連著，閻素偉譯：《聖人無意——或哲學的他者》（北京市：商務印書館，2004年），頁41。

28 孟子：〈滕文公下〉，《孟子》（臺北市：藝文印書館，1997年），頁117。

29 孟子：〈離婁下〉，《孟子》（臺北市：藝文印書館，1997年），頁146。

> 我欲載之空言，不如見之行事之深切著明也。[30]

又云：

> 是以孔子明王道，干七十餘君，莫能用，故西觀周室，論史記舊聞，興於魯而次《春秋》。[31]

筆者以為孟子與司馬遷對孔子的認識是正確且深刻的，如世道衰微，子弒父，臣弒君等，過去與現在的刻痕本來就存在，孔子也無法去阻止或改變歷史，他能做的便是讓大家能「看到」，過程不需巨細靡遺的交代，也不需特別為某來翻案，重點是讓懂的人「看到」，其目的便達成了，所謂「見之行事之深切著明也」。歷來對孔子作《春秋》的目的，《公羊傳》云：「制《春秋》之義，以俟後聖。」[32]何休《解詁》:「待聖漢之王以為法」[33]「為漢制法」一說多認為是漢代公羊家的偏頗之言，誰知此乃何休閉門苦讀《春秋公羊》十七載之苦心體會[34]，並非只認為孔子僅為漢說辭，而是體會到孔子述作之意，在「為世制法」，其言為漢制法只是因為後代未出，故如此說，倘何休驟生今世，相信他不會說孔子《春秋》僅為漢朝所用，其必知此乃萬世之大法。

---

30 司馬遷：〈太史公自序〉《史記》(北京市：中華書局，1997年)，卷130，頁3297。

31 司馬遷：〈十二諸侯年表序〉《史記》(北京市：中華書局，1997年)，卷14，頁509。

32 公羊高傳，何休解詁，徐彥疏：《春秋公羊傳注疏》(臺北市：藝文印書館，1997年)，頁359。

33 公羊高傳，何休解詁，徐彥疏：《春秋公羊傳注疏》(臺北市：藝文印書館，1997年)，頁359。

34 范曄：《後漢書》:「休坐廢錮，迺作《春秋公羊解詁》，覃思不窺門十有七年。」(北京市：中華書局，1997年)，卷109，頁12。

九　結論

關於頰谷之會的記載出現在不同典籍中，讓我們對文本間存在相似的影子這種情形有重新認識的必要。一般我們是透過作者的自我定位來認識其作品，如書寫者為「文」為「史」的角色確定之後，也就確定了文本的目的與屬性，有時也會將文獻典籍全作為史料看待。筆者另由其書寫的目的來區別為「歷史的改寫」與「文學的實錄」，發現當作者針對某一事件有不同的書寫目的，作者會暫時脫離其原本設定的角色，作品的內容就會不同。如《晏子春秋》、《孔子家語》為歷史的改寫；《左傳》、《穀梁傳》、《孔子世家》、《公羊傳解詁》、《新語》為文學的實錄。這種結果與一般常識性認識剛好相反，《傳》、《注》乍看之下有極強的目的性，但在傳述史實這部分，它們卻是將故事作最真實的重現者，以期給後人有完整的認識。對照於此，《晏子春秋》與《孔子家語》的編纂用意，本在崇揚晏子與孔子，為其言行得以流傳，所以將其言其行忠實的記載。意在重現晏子、孔子的言行，卻因為過度聚焦而使歷史的原貌偏移，故改寫了歷史。筆者這麼說卻未否定當其為歷史的改寫就是非歷史或其為文學的實錄就是非文學，正好相反，正是要說明文與史間的關係到現在仍如同其一開始發生時，既是成「文」的文，又是「其文則史」的史，未能完全切割。

文本的互文意義在於作者書寫內容與其他文本有相似性，但在目的上實有不同。如文本內容選取差異，因為不是全文的抄錄，故在選取的內容與引用文句擺置位置的不同，因此有了作者賦予的意義在內。例如何休對於「頰谷之會」僅採用《孔子世家》、《孔子家語》、《晏子春秋》的內容，而不用《左傳》與《穀梁傳》的內容，在重新書寫中有著極明顯的區隔意義。

而此二種「文學的實錄」與「歷史的改寫」又非能說明《春秋》的述作之義，筆者以為孔子作《春秋》乃是為了讓人「看到」，透過「看到」而明白「是非」，所謂「道德的奠基」正是如此。

從《春秋》到《史記》撰寫角度改易試析

——以魯莊公十三年「柯之盟」為例

一 前言

「柯之盟」為魯莊公時齊、魯間的會盟，關於這件事，較早記載此事的是孔子，其於《春秋》莊公十三年記載「冬，公會齊侯盟于柯。」《公羊傳》、《穀梁傳》，將此事件作為齊桓九合諸侯之一的過程，並是魯國外交的一次勝利，所以未特意強調此事，也未聚焦於曹劌身上，所以不在曹劌[1]這人物上著墨太多。後來司馬遷將柯之盟的過程譜寫在史書中，又將曹沫獨立出來成為〈刺客列傳〉的主角。撰述者從孔子「冬公會齊侯盟于柯」到司馬遷「柯之盟」的書寫，意謂從《春秋》到《史記》有著文本的互文性。此雖是對同一事件的撰寫，卻產生兩種記載方式與角度，二者的書寫意義及對事件的撰寫方式為何？正是文章所要討論的主題。

1 《史記》作「曹沫」。《史記索隱》：「沫音亡葛反。《左傳》、《穀梁》並作「曹劌」，然則沫宜音劌，沫、劌聲相近而字異耳。」（北京市：中華書局，2003年），卷86，頁2515。

二　司馬遷之前有關柯之盟、曹沫的記載

有關曹沫與柯之盟的記載，要屬司馬遷《史記》記載最為詳實與精彩，影響也大。需要探討一下《史記》如此豐富多元的寫作技巧是否全然出於司馬遷之新創或是從何處繼承。從《史記》中，我們可以發現五處地方都提到曹沫與柯之盟的記載，其內容下章節再細說，不過大略可以發現司馬遷的記載包括以事件為敘述主體或以人物為敘述主體。《史記》之前的《春秋》是以事件為敘述主體，是否將曹沫獨立出來並且以人物為敘述主體，司馬遷是第一人嗎？查司馬遷之前記載有關柯之盟的文獻，有《春秋》、《公羊傳》、《穀梁傳》、《管子》、《戰國策》、《新序》、《胡非子佚文》，筆者想知道關於以人物為敘述主體的方式是否為司馬遷所獨創。從這些文獻中便可發現，事實上在司馬遷之前的記載方式，便存有兩種方式。筆者區別這些文獻的書寫差異，是從敘述內容主要傳達的意義是強調人或強調事來區別。如能分別以事件為敘述主體與以人物為敘述主體兩類，則可說明在司馬遷之前已具有兩種記載的方式，則以人物為主的書寫方式非司馬遷所獨創，其是有所繼承的，然後繼而可說明司馬遷在此基礎下，於〈刺客列傳〉中有關曹沫的記載是往前更進一步的發展。

(一) 以事件為敘述主體

1《春秋》莊公十三年

冬，公會齊侯盟于柯。[2]

2　公羊高傳，何休解詁，徐彥疏：《春秋公羊傳注疏》（臺北市：藝文印書館，1997

孔子於《春秋》記載魯公與齊侯的會盟，地點在柯。是以事件為主。

2《公羊傳》莊公十三年

何以不日，易也。其易奈何，桓之盟不日，其會不致，信之也。其不日何以始乎此？莊公將會乎桓，曹子進曰：「君之意何如？」莊公曰：「寡人之生，則不若死矣。」曹子曰：「然則君請當其君，臣請當其臣。」莊公曰：「諾。」於是會乎桓，莊公升壇，曹子手劍從之。管子進曰：「君何求乎？」曹子曰：「城壞壓竟，君不圖與。」管子曰：「然則君將何求？」曹子曰：「願請汶陽之田。」管子顧曰：「君許諾。」桓公曰：「諾。」曹子請盟，桓公下，與之盟。已盟，曹子摽劍而去之。要盟可犯，而桓公不欺，曹子可讎，而桓公不怨，桓公之信著乎天下，自柯之盟始焉。[3]

《公羊傳》將此次會盟桓公不欺、不怨的行為視作桓公信乎天下的開始，此是傳文的敘述重點，亦是以事件為主。不過《公羊傳》在敘述事件中將曹子與齊侯、管仲間的對話過程清楚的描寫，在《公羊傳》中曹子的意義本是為彰顯齊侯有信而存在，敘述中讓齊侯與管仲圍繞著曹子，因此曹子行為本身也潛在了曹子獨當一面以對齊大國的意義，卻是隱藏性的性質。

3 劉向《新序》〈雜事〉

昔者，齊桓公與魯莊公為柯之盟，魯大夫曹劌謂莊公曰：「齊

年)，卷7，頁15。

3 公羊高傳，何休解詁，徐彥疏：《春秋公羊傳注疏》(臺北市：藝文印書館，1997年)，卷7，頁15。

之侵魯，至於城下，城壞壓境，君不圖與？」莊公曰：「嘻！寡人之生不若死。」曹劌曰：「然則君請當其君，臣請當其臣。」及會，兩君就壇，兩相相揖，曹劌手劍拔刀而進，迫桓公於壇上曰：「城壞壓境，君不圖與？」管仲曰：「然，則君何求？」曹劌曰：「願請汶陽田。」管仲謂桓公曰：「君其許之。」桓公許之，曹劌請盟，桓公遂與之盟。已盟，標劍而去。左右曰：「要盟可倍，曹劌可讎，請倍盟而討曹劌。」管仲曰：「要盟可負，而君不負；曹劌可讎，而君不讎，著信天下矣。」遂不倍。天下諸侯，翕然而歸之，為鄄之會，幽之盟，諸侯莫不至焉。為陽穀之會，貫澤之盟，遠國皆來，南伐強楚，以致菁茅之貢；北伐山戎，為燕開路，三存亡國，一繼絕世，尊事周室，九合諸侯，一匡天下，功次三王，為五伯長，本信起乎柯之盟也。[4]

劉向《新序》說明齊桓公尊周室、九合諸侯、一匡天下，信於天下自柯之盟起，此說與《公羊傳》同。[5]是以此次會盟視為一次事件，然後說明此會盟所產生的影響。

4 劉向：《新序》，收入《四部叢刊》（臺北市：臺灣商務印書館，1979年），正編第17冊，卷4，頁3、4。

5 司馬遷在《史記》〈齊太公世家〉以齊桓不背柯盟，成為其信乎天下的重要盟會，說明齊國勢力達到霸業功顯的高峰（北京市：中華書局，1995年），卷33，頁1487。〈太史公自序〉亦有云：「不背柯盟，桓公以昌，九合諸侯，霸功顯彰。」《史記》，卷130，頁3307。

(二) 以人物為敘述主體

1 《管子》〈大匡〉

三年，桓公將伐魯，曰：「魯與寡人近，於是其救宋也疾，寡人且誅焉。」管仲曰：「不可，臣聞有土之君，不勤於兵，不忌於辱，不輔其過，則社稷安，勤於兵，忌於辱，輔其過，則社稷危。」公不聽，興師伐魯，造於長勺，魯莊公興師逆之，大敗之。桓公曰：「吾兵猶尚少，吾參圍之，安能圉我。」四年，修兵，同甲十萬，車五千乘・謂管仲曰：「吾士既練，吾兵既多，寡人欲服魯。」管仲喟然嘆曰：「齊國危矣，君不競於德而競於兵，天下之國，帶甲十萬者不鮮矣，吾欲發小兵以服大兵，內失吾眾，諸侯設備，吾人設詐，國欲無危，得已乎？」公不聽，果伐魯，魯不敢戰，去國五十里而為之關。魯請比於關內，以從於齊，齊亦毋復侵魯，桓公許諾。魯人請盟曰：「魯，小國也，固不帶劔，今而帶劔，是交兵聞於諸侯，君不如已，請去兵。桓公曰：「諾。」乃令從者毋以兵。管仲曰：「不可，諸侯加忌於君，君如是以退可，君果弱魯君，諸侯又加貪於君，後有事，小國彌堅，大國設備，非齊國之利也。」桓公不聽，管仲又諫曰：「君必不去魯，胡不用兵，曹劌之為人也，堅強以忌，不可以約取也。桓公不聽，果與之遇，莊公自懷劔，曹劌亦懷劔踐壇，莊公抽劔其懷曰：「魯之境去國五十里，亦無不死而已。」左揕桓公，右自承，曰：「均之死也，戮死於君前。」管仲走君，曹劌抽劔當兩階之間曰：「二君將改圖，無有進者。」管仲曰：「君與地，以汶為

> 竟。」桓公許諾，以汶為竟而歸。桓公歸而修於政，不修於兵革，自圍辟人，以過弭師。[6]

《管子》中記載主要是以管仲為主，且管仲進諫齊桓公的諫言，皆是大國為政之道，突顯管仲之賢臣形象。此是以人物為敘述主體，曹劌雖是代表魯國的主要關鍵人物，但文章敘述不是以他為主。

2 《穀梁傳》莊公十三年

> 冬，公會齊侯盟于柯。
>
> 曹劌之盟也。信齊侯也。桓盟雖內與，不日信也。[7]

《穀梁傳》將柯之盟的意義解釋在曹劌身上，強調曹劌為這次會盟的關鍵角色。

3 《胡非子佚文》

> 胡非子[8]脩墨以教。有屈將子好勇，聞墨者非鬭，帶劔危冠往見胡非子，劫而問之曰：「將聞先生非鬭，而將好勇，有說則可，無說則死。」胡非子曰：「吾聞勇有五等。夫負長劔，赴榛薄，析兕豹，搏熊羆，此獵徒之勇也；負長劔，赴深泉，斬蛟龍，搏黿鼉，此漁人之勇也；登高陟危，鵠立四望，顏色不變，此陶缶之勇也；剽必刺，視必殺，此五刑之勇也。昔齊桓

6 管子：《管子》，收入《子書二十八種》（臺北市：廣文書局，1991年），卷7，頁3、4。

7 穀梁赤撰，范甯集解，楊士勛疏：《春秋穀梁傳注疏》（臺北市：藝文印書館，1997年），卷5，頁18。

8 班固：《漢書》〈藝文志〉，提到墨家者流，《胡非子》三篇，書名後有注，為墨翟弟子（北京市：中華書局，1997年），卷30，頁1738。

> 公以魯為南境，魯公憂之，三日不食。曹劌聞之，觸齊軍，見桓公曰：『臣聞君辱臣死，君退師則可，不退，則臣請擊頸以血濺君矣。』桓公懼，不知所措。管仲乃勸與之盟而退。夫曹劌，匹夫徒步之士，布衣柔履之人也，唯無怒，一怒而劫萬乘之師，存千乘之國。此謂君子之勇，勇之貴者也。晏嬰疋夫，一怒而沮崔子之亂，亦君子之勇也。五勇不同，公子將何處？」屈將悅，稱善。乃解長劍，釋危冠，而請為弟子焉。[9]

《胡非子佚文》這段文字主要是以胡非子答問勇者的意義，其將曹劌選入為五種勇者的類型之一，是對人物有分類觀念的作法，此或是司馬遷以刺客勇士為類而獨立出〈刺客列傳〉的想法來源。但《胡非子佚文》內容與諸本不同，之中記載曹劌並非劫齊桓公而脅迫還田，而是以自身性命脅逼齊桓公退師。

4 《戰國策》〈齊六〉

> 曹沫為魯君將，三戰三北，而喪地千里。使曹子之足不離陳，計不顧後出，必死而不生，則不免為敗軍禽將。曹子以敗軍禽將，非勇也；功廢名滅，後世無稱，非知也。故去三北之恥，退而與魯君計也，曹子以為遭齊桓公，有天下，朝諸侯。曹子以一劍之任，劫桓公於壇位之上，顏色不變，而辭氣不悖。三戰之所喪，一朝而反之，天下震動驚駭，威信吳、楚，傳名後世。[10]

9　孫詒讓：《墨子閒詁》（北京市：中華書局，1954年），頁756。

10　高誘注：《戰國策》，收入《叢書集成初編》（北京市：中華書局，1985年），卷13，頁9。

《戰國策》對此會盟，說明了曹沫這次的行為已為自己洗刷他人對他的評價，強調曹劌這次以一劍之任，一朝而反之，成就了天下震動驚駭，威信吳、楚，傳名後世的功績，很明顯的以曹沫為書寫對象。

從司馬遷之前的文獻記載可以得到以下幾點看法。

第一，在司馬遷之前的文獻，對曹沫與柯之盟的記載便存有以記事為主或以記人為主兩種類型。如《公羊傳》、《新序》以會盟之事為敘述主體；而《戰國策》直接以曹沫為書寫對象；《穀梁傳》與《胡非子佚文》則以曹劌為柯之盟的主要關鍵人物。

第二，在諸本中，柯之盟與曹劌二者在意義上是連繫在一起的，除了《春秋》沒有將二者書寫於一起。

第三，柯之盟與曹劌二者在《管子》、《公羊傳》、《穀梁傳》、《胡非子》、《新序》是柯之盟為主，曹劌的敘述附屬於柯之盟，在《戰國策》則是以曹劌為主，將柯之盟的敘述附屬在曹劌底下。

有了這樣的初步分析，則可說明在司馬遷之前曹沫或柯之盟的書寫已經非常豐富且多元。筆者先不談《公羊傳》、《穀梁傳》、《管子》、《戰國策》、《新序》、《胡非子佚文》這幾部文獻間有著什麼先後影響的關係，至少對於司馬遷而言，自《春秋》之後，他已經面對到不同的敘述文本，既然重新面對相同的題材，司馬遷如何集大成？如何改寫？而不是憑空的創造，筆者試圖將這軌跡給描述出來。

三 《史記》的書寫

司馬遷《史記》中有關柯之盟與曹沫的書寫，出現於〈十二諸侯年表〉、〈齊太公世家〉、〈魯周公世家〉、〈刺客列傳〉與〈太史公自序〉五處。

(一)《史記》〈十二諸侯年表〉的「柯之盟」有會無盟

〈十二諸侯年表〉[11]：

公元前681	鳌王元年	十三（魯莊公） 曹沫劫桓公，反所亡地。	五（齊桓公） 與魯人會柯。

對於司馬遷而言，魯莊公十三年〈年表〉下的重點是曹沫劫桓公與反地。此已不同於孔子作《春秋》之用意，孔子意在齊、魯會盟，而司馬遷在最短的敘述文句中闡述了他對於柯之盟事件的看法，此關鍵性的表示與《史記》中其他記載曹沫的事，立場一致，以曹沫為敘述重心。對於齊國，司馬遷從齊國立場書寫「與魯人會柯」，貶魯莊公為魯人，是指被魯脅逼下而反田。《春秋》書「冬，公會齊侯盟于柯。」有會有盟，為何司馬遷〈十二諸侯年表〉的書寫僅書會而不書盟？若失去二國會而盟的意義，則何以成立齊桓重信於「柯之盟」的論點？《史記》是有書會又書盟的例子，如〈六國年表〉，就有會有盟。

公元前242	三 趙相、魏相會（魯）柯，盟。[12]

推其〈十二諸侯年表〉書會不書盟原因，是就齊國立場書寫，此柯之會盟，為魯臣曹沫所劫，迫歸魯田，故既稱魯莊公為魯人，又不承認此會為二國之盟，頗有《春秋》筆法的痕跡。

---

11 司馬遷：《史記》（北京市：中華書局，1997年），卷14，頁580。

12 司馬遷：《史記》（北京市：中華書局，1997年），卷15，頁751。

(二)〈齊太公世家〉

> 五年，伐魯，魯將師敗。魯莊公請獻遂邑以平，桓公許，與魯會柯而盟。魯將盟，曹沫以匕首劫桓公於壇上，曰：「反魯之侵地！」桓公許之。已而曹沫去匕首，北面就臣位。桓公後悔，欲無與魯地而殺曹沫。管仲曰：「夫劫許之而倍信殺之，愈一小快耳，而棄信於諸侯，失天下之援，不可。」於是遂與曹沫三敗所亡地於魯。諸侯聞之，皆信齊而欲附焉。七年，諸侯會桓公於甄，而桓公於是始霸焉。[13]

〈齊太公世家〉中，是從齊國立場來書寫，它說出了其他文本所未談到柯之盟本來所要聚會盟議的議題為何？即齊桓公五年伐魯，魯敗師，所以以獻遂邑這地方作為戰後賠償，柯之盟正是要討論此事。不料曹沫以匕首劫齊桓公，不但遂邑這塊地魯國不必割讓，連之前曹沫三敗所亡的魯地，一併要回來。

司馬遷在這段敘述中將許多可議之處一併書寫進去，卻未逐一加以評論，並從結果上來說齊桓公因此取信於天下。這之中的可議之處包括，魯國敗師卻不願意賠地，反而採用曹沫的脅迫手段取得之前所失的田，曹沫的行為之正當否？司馬遷在此並未置一詞。又齊桓公本後悔不還魯地而要殺曹沫，不過經管仲進諫，反而得到天下的信任，則齊桓公的霸業是經討伐他國而建立起來的，還是其真的崇信，而具有德業？筆者覺得司馬遷在〈齊太公世家〉中留下許多「未定」之論，他將事件的發生過程書寫下來，同時也將其關心的焦點放置於顯眼處，等著後來者去體會。

---

13 司馬遷：《史記》(北京市：中華書局，1997年)，卷32，頁1487。

(三)〈魯周公世家〉

> 十三年，魯莊公與曹沫會齊桓公於柯，曹沫劫齊桓公，求魯侵地，已盟而釋桓公。桓公欲背約，管仲諫，卒歸魯侵地。十五年，齊桓公始霸。二十三年，莊公如齊觀社。[14]

〈魯周公世家〉是以魯國的大事為主，並以魯國立場書寫，故言曹沫劫齊桓公求的是魯國被侵的田地。此處司馬遷的記載有會有盟，為先會而盟，會盟之事本非為還魯侵地而舉行，是曹沫有劫齊桓公之舉遂有歸地之盟。這裡桓公所以不背約，是因為管仲的進諫。在〈魯周公世家〉，魯、齊之間並沒有因為此次的脅逼造成對立，魯國得到土地，齊國得到天下的尊信，後來魯莊公還到齊國去觀社。其中「桓公欲背約」一事值得注意，因為司馬遷透露了齊桓公於此事件上的結果雖有信於天下，但其實真實狀態下，齊桓公的想法並非是大信之人。

(四)〈刺客列傳〉

曹沫者，魯人也，以勇力事魯莊公。莊公好力。曹沫為魯將，與齊戰，三敗北。魯莊公懼，乃獻遂邑之地以和。猶復以為將。

> 齊桓公許與魯會于柯而盟。桓公與莊公既盟於壇上，曹沫執匕首劫齊桓公，桓公左右莫敢動，而問曰:「子將何欲?」曹沫曰:「齊強魯弱，而大國侵魯亦甚矣。今魯城壞即壓齊境，君

---

14 司馬遷:《史記》(北京市:中華書局，1997年)，卷33，頁1531。

> 其圖之。」桓公乃許盡歸魯之侵地。既已言，曹沫投其匕首，下壇，北面就羣臣之位，顏色不變，辭令如故。桓公怒，欲倍其約。管仲曰：「不可。夫貪小利以自快，棄信於諸侯，失天下之援，不如與之。」於是桓公乃遂割魯侵地，曹沫三戰所亡地盡復予魯。[15]

這亦是書會又書盟。此不知齊、魯盟為何事，而脅地之事是會盟中曹沫忽然劫齊桓公，方有還侵地事。曹沫脅齊桓公命，要其還敗師所亡之魯地。此敘述以人物為主，包括曹沫、齊桓公與管仲，文字中人物形象的表現力大於事件的描寫。文末「曹沫三戰所亡地盡復予魯」，說明齊桓公所歸還的地，本是魯國所有，之前魯國與齊國戰，敗師，為齊國所侵，當時魯國正是曹沫所帶領的，所以在此司馬遷留下一個潛伏的意義，就是曹沫為此將功贖罪，為自己之前的敗師而有此行動。司馬遷將曹沫的行為與魯莊公切割，讓曹沫的行為出於自發。

（五）〈太史公自序〉

> 曹子匕首，魯獲其田，齊明其信；豫讓義不為二心，作《刺客列傳》第二十六。[16]

司馬遷〈太史公自序〉對〈刺客列傳〉中曹沫行為有兩點強調，一是魯獲其田，一是齊明其信。可說〈刺客列傳〉的書寫重心，意義不在柯之盟，而在曹沫身上。故《索隱》：「曹沫盟柯」，亦以曹沫為柯之盟的主角。〈索隱述贊〉：

---

15 司馬遷：《史記》（北京市：中華書局，1997年），卷86，頁2515。

16 司馬遷：《史記》（北京市：中華書局，1997年），卷130，頁3315。

曹沫盟柯，返魯侵地。專諸進炙，定吳篡位。彰弟哭市，報主塗廁。刎頸申冤，操袖行事。暴秦奪魄，懦夫增氣。[17]

《史記》在五處提到曹沫與柯之盟的事，主要的觀點是曹沫出於自心於會上劫齊桓公，魯莊公並不知情，結果是魯獲歸田，齊桓得天下之大信。在此之中，司馬遷於〈刺客列傳〉與〈太史公自序〉言及述作之意，都特別以曹沫為書寫的主要對象，而不是柯之盟。這敘述與《戰國策》以曹沫為主，柯之盟乃附屬於曹沫的方式相同。

另外〈曹沫傳〉提到「曹沫三戰所亡地盡復予魯」此與《戰國策》說法一致，《戰國策》有云「曹沫為魯君將，三戰三北，而喪地千里……故去三北之恥，退而與魯君計也。」不同的是《戰國策》認為曹沫劫桓公之事有與魯公商討過，《史記》則未見曹沫有與魯公商計此事。且〈魯周公世家〉提到「桓公欲背約」及〈曹沫傳〉「桓公怒，欲倍其約。」一事則未知所來由，此等大概如司馬遷自云「百年之閒，天下遺文古事靡不畢集太史公。」[18]是其所知悉的遺文古事吧！

四　〈刺客列傳〉的形成

《史記》有五處書寫曹沫之事，有一處以曹沫及專諸、豫讓、聶政、荊軻共五位事蹟，合為〈列傳〉，名〈刺客列傳〉，筆者以為此處最有可觀。《史記索隱》：

列傳者，謂敘列人臣事跡，令可傳於後世，故曰列傳。[19]

17　司馬遷：《史記》（北京市：中華書局，1997年），卷86，頁2538。
18　司馬遷：《史記》（北京市：中華書局，1997年），卷130，頁3319。
19　司馬遷：《史記》（北京市：中華書局，1997年），卷61，頁2121。

《史記正義》：

其人行跡可序列，故云列傳。[20]

由《史記》記載曹沫與柯之盟的敘述中，可以發現司馬遷對此一事件有兩種書寫的方式，一則以事件為主，一則以曹沫為主。尤其〈刺客列傳〉中挑選五位「刺客」代表，更改變了人們對其人事蹟的觀感，給予一種正面的肯定。然司馬遷於《史記》中並未有說明「刺客」的定義、「刺客」意義建立的過程及〈刺客列傳〉文體建立的過程。從〈刺客列傳〉中可以歸納出幾點來說明。

(一) 將功與贖罪；犯上與合情

司馬遷在〈曹沫傳〉中將國與國之間的刺殺行動，不正當的脅盟方式合情化，一轉為曹沫大義凜然的樣貌，還「顏色不變，辭令如故」。尤其管仲一語，將取信諸侯天下之事對比於貪魯地小利之事，同時造成曹沫是將功贖罪的魯之功臣，齊桓因此事件取信於天下，成為霸功的基礎，二者皆是得利之人。故以下犯上、臣脅君的不正當行為便未在議論的對象中，以下犯上的行為就被淡化了，反以將功贖罪的方式取代，又齊桓公失小利而得天下之有信。

(二) 刺客與英雄；罪臣與功臣

〈荊軻傳〉：

---

20 司馬遷：《史記》（北京市：中華書局，1997年），卷61，頁2121。

秦王貪，其勢必得所願矣。誠得劫秦王，使悉反諸侯侵地，若曹沫之與齊桓公，則大善矣；則不可，因而刺殺之。彼秦大將擅兵於外而內有亂，則君臣相疑，以其閒諸侯得合從，其破秦必矣。[21]

經過曹沫成功事件的案例，派刺客脅逼外國國君成為一種學習的對象，由殺手屠夫之類，轉為可以興邦佐主的英雄。司馬遷在〈刺客列傳〉上為五位扭轉了常人的觀感，成功的將刺客身分與英雄作為一種連繫，也將原本可能有罪的身分轉為待罪立功的功臣。

(三) 刺客的譜系建立

司馬遷將曹沫等的行為以刺客類別獨立起來，是從不同事件中找出相同關係，於是〈刺客列傳〉得以成立。除了理由的類聚外，又賦予「刺客」的特殊身分，既是英雄，亦是義行。

司馬遷在〈刺客列傳〉中將五位作一連繫成為一個沒有血緣的系譜，他們是一種精神的譜系，〈荊軻傳〉提到以曹沫之行動為模擬的對象，其曰：「若曹沫之與齊桓公，則大善矣；則不可，因而刺殺之。彼秦大將擅兵於外而內有亂，則君臣相疑，以其閒諸侯得合從，其破秦必矣。」[22]且司馬遷在銜接之處皆有明言，曹沫之後云：

其後百六十有七年，而吳有專諸之事。[23]

---

21 司馬遷：《史記》（北京市：中華書局，1997年），卷86，頁2531。

22 司馬遷：《史記》（北京市：中華書局，1997年），卷86，頁2531。

23 司馬遷：《史記》（北京市：中華書局，1997年），卷86，頁2516。

專諸之後云：

> 其後七十餘年，而晉有豫讓之事。[24]

豫讓之後云：

> 其後四十餘年，而軹有聶政之事。[25]

聶政之後云：

> 其後二百二十餘年，秦有荊軻之事。[26]

透過司馬遷的慧眼看到彼此間的精神性繼承，當然我們也可說這是司馬遷所塑造出的「刺客精神」，爾等並沒有意識，或許專諸等四位只是曾經耳聞曹沫事蹟，便埋下精神性的領悟因子，這正是司馬遷所看到的。

筆者覺得這之中還有一個值得注意的事，就是這些刺客不一定會成功，成不成功不是司馬遷的選擇標準，司馬遷將其事蹟記載下來留傳後世，不是以成敗論英雄，而是肯定了其行為本身的價值，後人談論到荊軻之屬，莫不以為是一悲壯之大英雄。〈刺客列傳〉：

> 太史公曰：世言荊軻，其稱太子丹之命，「天雨粟，馬生角」也，太過．又言荊軻傷秦王，皆非也。始公孫季功、董生與夏

24 司馬遷：《史記》（北京市：中華書局，1997年），卷86，頁2519。
25 司馬遷：《史記》（北京市：中華書局，1997年），卷86，頁2522。
26 司馬遷：《史記》（北京市：中華書局，1997年），卷86，頁2526。

> 無且游，具知其事，為余道之如是。自曹沫至荊軻五人，此其義或成或不成，然其立意較然，不欺其志，名垂後世，豈妄也哉！[27]

故我們可說司馬遷藉由〈刺客列傳〉人物的選錄標準，也奠定了此類行為的道德性典範意義。直到〈刺客列傳〉的建立，我們可說司馬遷不只是像之前的文本單純以事件或以人物為敘述主體，他更進一步將以人物為主體的敘述塑造成「這一種人」。過去的人物敘述是一種瞻仰式的描述；而司馬遷〈刺客列傳〉是一種主動性的俯視動作，由他來決定被書寫者的歷史定位。

五　文體與意義的取代

上古典籍史料流傳到司馬遷時，我們見《史記》中的書寫有以《春秋》筆法書寫的〈十二諸侯年表〉，有以事件敘述為主的〈齊太公世家〉、〈魯周公世家〉，也有以人物敘述為主的〈曹沫傳〉，此種變化是繼承《春秋》以事件為主的書寫，而後自已轉換成以人物為書寫的模式？或是兩套的繼承：一套繼承《春秋》以事為敘述對象而有〈十二諸侯年表〉、〈齊太公世家〉、〈魯周公世家〉，另一套是繼承《管子》、《胡非子佚文》、《戰國策》以人物為敘述對象的書寫模式，而有〈刺客列傳〉？

應是兩套的繼承，雖說司馬遷在〈太史公自序〉中有言：

> 太史公曰：「先人有言：『自周公卒五百歲而有孔子。孔子卒後

27 司馬遷：《史記》（北京市：中華書局，1997年），卷86，頁2538。

> 至於今五百歲，有能紹明世，正《易傳》，繼《春秋》，本《詩》、《書》、《禮》、《樂》之際？』意在斯乎！意在斯乎！小子何敢讓焉。」
>
> 七年而太史公遭李陵之禍，幽於縲紲。乃喟然而歎曰：「是余之罪也夫！是余之罪也夫！身毀不用矣。」退而深惟曰：「夫《詩》、《書》隱約者，欲遂其志之思也。昔西伯拘羑里，演《周易》；孔子戹陳蔡，作《春秋》；屈原放逐，著《離騷》；左丘失明，厥有《國語》；孫子臏腳，而論《兵法》；不韋遷蜀，世傳《呂覽》；韓非囚秦，《說難》、《孤憤》；《詩》三百篇，大抵賢聖發憤之所為作也。此人皆意有所鬱結，不得通其道也，故述往事，思來者。」於是卒述陶、唐以來，至于麟止，自黃帝始。[28]

強調其追隨孔子的心意，並自比乃繼孔子之後五百年之承繼者，但此事是在遭李陵之禍後才更加確定，在此之前司馬遷已在撰述《史記》，故有與上壺大夫間的問答。當時所繼承的是「百年之閒，天下遺文古事靡不畢集太史公。」所以在形式上會採多元的選擇，與《傳》注《經》式的解經模式不同。在文體上，司馬遷於〈年表〉中的敘述多與《春秋》同，其間亦雜有褒貶的《春秋》筆法。於〈魯周公世家〉在魯隱公前的魯公事蹟，與《尚書》敘述模式相似，魯隱公後的記載，則夾雜《尚書》敘事形式與《春秋》簡潔筆法，混而用之。而〈曹沫傳〉則取人物的敘事方式進行。

這之中，《史記》與《春秋》的關係於後人而言，一則為「史」，一則為「經」，不過就司馬遷的精神而言，其與孔子都是「意有所鬱

---

28 司馬遷：《史記》（北京市：中華書局，1997年），卷86，頁3296、3300。

結，不得通其道也，故述往事，思來者。」且在〈年表〉與〈魯周公世家〉和《春秋》所記二百四十二年間的敘述，多有相近。

而從〈曹沫傳〉這部分又可見「史」撰述方式的多元，此部分便與《春秋》記事的性質不符，近於《尚書》、《左傳》、《管子》之類以記人物言行為主。

但不是因為《史記》多了這些模式就稱為《史》，或《春秋》文簡就為《經》，文體不是區分經、史的條件，區別應是述作之義的轉變。司馬遷自云孔子作《春秋》乃「子曰：『我欲載之空言，不如見之於行事之深切著明也。』夫《春秋》，上明三王之道，下辨人事之紀，別嫌疑，明是非，定猶豫，善善惡惡，賢賢賤不肖，存亡國，繼絕世，補敝起廢，王道之大者也。」[29]而司馬遷作《史記》的用意，除了一部分有孔子的繼絕世，補敝起廢的精神之外，他更多的是載明聖盛德、述功臣世家賢大夫之業，故自云「余所謂述故事，整齊其世傳，非所謂作也，而君比之於《春秋》，謬矣。」[30]可見司馬遷對《史記》內容與定位，具有自覺性。

又其〈太史公自序〉亦自言：

> 維我漢繼五帝末流，接三代絕業。周道廢，秦撥去古文，焚滅《詩》、《書》，故明堂石室金匱玉版圖籍散亂……百年之閒，天下遺文古事靡不畢集太史公……罔羅天下放失舊聞，王跡所興，原始察終，見盛觀衰，論考之行事，略推三代，錄秦、漢，上記軒轅，下至于茲，著十二《本紀》，既科條之矣。並時異世，年差不明，作十《表》。禮樂損益，律曆改易，兵權

29 司馬遷：《史記》（北京市：中華書局，1997年），卷86，頁3297。

30 司馬遷：《史記》（北京市：中華書局，1997年），卷86，頁3299-3300。

> 山川鬼神，天人之際，承敝通變，作八《書》。二十八宿環北辰，三十輻共一轂，運行無窮，輔拂股肱之臣配焉，忠信行道，以奉主上，作三十《世家》扶義俶儻，不令己失時，立功名於天下，作七十《列傳》。凡百三十篇，五十二萬六千五百字，為《太史公書》。序略，以拾遺補蓺，成一家之言，厥協六經異傳，整齊百家雜語，藏之名山，副在京師，俟後世聖人君子。[31]

因此我們可以說《春秋》與《史記》雖都重視意義的褒貶與歷史的記載流傳，但孔子主要以意義的褒貶為主，以歷史記載的流傳為輔，司馬遷則以歷史記載的流傳為主，意義上的褒貶為輔。對司馬遷而言，他的《史記》之所以不是《經》的原因便是在此，由是二者的書寫方式上也就不同，文體形式也不相近了。

在中國傳統的評價上《經》是高於《史》的，但在柯之盟的意義上，很明顯的曹沬的行為意義取代了《春秋》的會盟意義，《史記》不但將《春秋》柯之盟的會盟意義吸收，並且於此事上將曹沬的人獨立來談，從以事為主，一轉為以人物為主，甚至別立一〈刺客列傳〉以「名垂後世」。後世論及柯之盟時便以討論曹沬為主，柯之盟對於魯國獲田的意義便被取代了。後代追述此事，已不談柯之盟的過程與內容，談的是司馬遷賦予曹沬勇者的意義。
如《崔駰傳》：

> 昔孔子起威於夾谷，晏嬰發勇於崔杼；曹劌舉節於柯盟，卞嚴克捷於彊禦；范蠡錯埶於會稽，五員樹功於柏舉；魯連辯言以

---

31 司馬遷：《史記》（北京市：中華書局，1997年），卷86，頁3319-3320。

> 退燕，包胥單辭而存楚；唐且華顛以悟秦，甘羅童牙而報趙；原衰見廉於壺飧，宣孟收德於束脯；吳札結信於丘木，展季效貞於門女；顏回明仁於度轂，程嬰顯義於趙武．僕誠不能編德於數者，竊慕古人之所序。[32]

便將柯之盟一事冠於曹劌身上。

不只如此，文體上的影響更鉅，自《史記》以下，《列傳》的撰寫形式一直傳用到《清史稿》仍是如此。

六　結論

本文主要是針對事件的撰寫來討論《春秋》與《史記》書寫上的差異。若只從《史記》看「柯之盟」與「曹沫」的書寫，很容易以為〈曹沫傳〉乃脫胎於〈齊太公世家〉，因為內容大抵雷同，原因可能在於太史公有著天下遺文古事等史冊資料在手，可以減省添加故事內容。但從司馬遷之前的一些文獻記載進行梳理，再回來看其對「曹沫」的書寫，可看到司馬遷的繼承與創新，如〈齊太公世家〉、〈魯周公世家〉是一種對史料的處理與記錄，而〈曹沫傳〉是司馬遷的一家之言。就敘述角度，司馬遷同時繼承了事件與人物兩種書寫方式；在文體上，他新立〈刺客列傳〉一體，並賦與「刺客」與「列傳」意義。就同一事件上的撰寫結果來說，孔子強調會盟，司馬遷兼採納會盟與曹沫行誼，尤其在〈刺客列傳〉上超越了事件的單純敘述與人物的單純描述，賦與「刺客列傳」形式本身意義，完全將柯之盟消融於〈刺客列傳〉內。

---

32 范曄：《後漢書》（北京市：中華書局，1997年），卷52，頁1715。

除此之外，另有以下幾點說明。

第一，針對柯之盟與曹沫，《史記》雖未明說其是否參考了《公羊傳》、《穀梁傳》、《管子》、《戰國策》、《新序》等之前的典籍，不過其說「百年之閒，天下遺文古事靡不畢集太史公。」大概這些典籍他都可見，因此筆者認為司馬遷在敘述柯之盟與曹沫時，在〈年表〉、〈魯周公世家〉上是仿《春秋》記事筆法，而〈曹沫傳〉不是從《春秋》轉變而來，而是受其他以人物為書寫對象的典籍影響，如《戰國策》、《管子》先秦諸子等，以人物為主的敘述方式。故是兩套書寫模式的繼承。

第二，柯之盟與曹劌二者在《管子》、《公羊傳》、《穀梁傳》、《胡非子》、《新序》是以柯之盟為主，曹劌的敘述附屬於柯之盟，在《戰國策》則是以曹劌為主，將柯之盟的敘述附屬在曹劌底下。到了《史記》，司馬遷在〈齊太公世家〉與〈魯周公世家〉的部分是以柯之盟為主，曹沫的敘述附屬於柯之盟，而〈刺客列傳〉則是以曹沫為主，柯之盟的敘述附屬於曹沫底下。由是可見《史記》對於先前文獻敘述方式的吸收。

第三，〈齊太公世家〉:「桓公後悔，欲無與魯地而殺曹沫。」及〈魯周公世家〉提到「桓公欲背約」為諸文本中未見的一個敘述內容，此或是司馬遷掌握的史料文獻豐富所致，或是司馬遷特意留下齊桓公以武功得天下之霸業，不知覺中僭越了周天子，故司馬遷以齊桓公有背約之嫌，來說明齊桓公之德尚不足以為天下之共主，還是應以有天命的周天子為主。

第四，《史記》中將曹沫的行為與魯莊公作切割，即此劫齊桓之事，不是魯莊公授意，甚至魯莊公亦不知情。這樣突顯了曹沫英雄的獨立性，知其所當為，使得曹沫作為〈刺客列傳〉第一位的代表，具有典範意義。

第五，司馬遷從曹沫的敘述中對以下犯上的焦點轉移為將功贖罪，亦使刺客的行為成為一種英雄的表現，又爾等為一種非血緣的關係，司馬遷藉五位皆有精神性的連繫，將曹沫、專諸、豫讓、聶政、荊軻五人事蹟集合為〈刺客列傳〉。此是司馬遷對之前的文獻記載多以單純的人物事件描述之外，新創立的方式，也可說是司馬遷在前人的基礎上有更進一步發展的地方。

第六，「經」與「史」的書寫差異在述作用意的不同，「經」主要以意義的褒貶為主，以歷史記載的流傳為輔，「史」則以歷史記載的流傳為主，意義上的褒貶為輔。針對同一事件敘述的焦點不同，連帶主要敘述的對象也不同，故形成的文體也就不同。《史記》雖說有部分繼承《春秋》的述作之精神與撰寫方式，不過事實上《史記》在述作精神與撰寫方式都產生轉變了，並且更多元，發揮的更多。我們還可以看到在其他經典或文獻中，作者只從一個角度來描述曹沫或柯之盟；而司馬遷至少有五種模式來呈現曹沫與柯之盟的言行、事件始末，並且從不同角度進行描述，同時呈現多角度的面貌讓讀者自己閱讀，也是「經」與「史」不同之處。另外，柯之盟與曹沫於後世的傳播，就文體而言，《列傳》的撰寫形式一直沿用至清代。就意義上，《史記》曹沫典範的意義也比《春秋》柯之盟中魯獲侵田，來得更有影響力。

「經典」的流行
——以《穀梁傳》為例

一　前言

傳統的經典觀認為，經典是其價值經過時代的考驗，在過程中不斷被檢驗、淘汰，而慢慢確定其為經典這堅實的基礎，例如《十三經》的成立。一般討論經典的意義，多從此角度來談。筆者從經典傳播的另一面向討論，當經典被引用或以經典為附註時，經典的本質與功能是否轉變？且為何會產生轉變？

引用經典或以經典為附註，二者的概念是一樣的，引用即是一種附註。而被引用的經典與論文本身，誰是主體？經典被論文引用時，經典變成附屬於論文的註解，主從關係產生顛倒。其本身至少分化為兩種意義。一、作為被詮釋的對象：文字本身並未更動，但意義卻在詮釋的過程中改變。二、作為引用的對象：文字還是沒變，不過當它被當作例證來引用時，往往脫離其原本的功能，成為一種從屬於引用者文章的角色。此為論文所欲探討的內容。

論文依經典流衍之型態，分為四種類型，第一為原典的流傳，第二為同敘事情境的經典詮釋，第三為新敘事情境的半經典化，第四為非經典化的經典流衍。

二 原典的流傳

原典的流傳，主要是指文字本身，例如經典在不同時代被刊刻、出版。以《穀梁傳》為例，當其從口傳師授，被書於竹帛後，它的文字就很少被更動。除了外在刊刻的型式很複雜，或單行、或與注疏合刊、或與註解翻譯一起發行，其本身文字沒有太大的改變。一方面是經典不能去動它，一方面是很少有人會對經典文字加以修改。再則改寫《穀梁傳》，也取代不了真正的原本。所以原典的流傳，仰賴的是書籍的傳播，與考試制度的親睞。在原典的型態流傳下，經典仍是經典。

現今認為經學的經典，主要以《十三經》為主，但以《穀梁傳》為例，這本書並非一開始就以經典的身分被流傳閱讀。唐、宋之前，它僅是解釋《春秋》的其中一種說法。那麼討論經典的流衍，該不該將唐、宋以前的《穀梁傳》，納入討論的範圍？還是談《穀梁傳》經典的流衍，必須從唐、宋之後，確定為「經」以後談起？可是我們看所有的經學著作的討論，都理所當然的將漢代《穀梁傳》的傳經過程視為經典的傳播。

這種溯源的傳統與司馬遷對聖人的溯源書寫是一樣的，如〈夏本紀〉、〈殷本紀〉、〈周本紀〉的起始，都不是從開朝的斷代開始書寫，他都從一個血緣之始寫起。故周代雖自武王伐紂後立國，但〈周本紀〉的起始則從后稷談起。彷彿周之有聖德不待周文王、周武王，其自周之始即有聖德之象。也就是說經典之所以是經典，並非完全依靠後人的判斷才成為經典，而是當其成書時，經典便已經是經典。所以後人以《穀梁傳》為經典，撰寫「穀梁學史」時，自然會從戰國口傳、漢代書於竹帛寫起。

另一個問題，《穀梁傳》的原典，是以哪一版本為經典？是單傳本，還是現在與《春秋》經文及范甯《注》、楊士勛《疏》合刊的《春秋穀梁傳注疏》為經典？

我們理所當然的會覺得，就是《穀梁傳》傳文的部分都是呀！不管是單傳還是與注疏合刊，傳文並沒有什麼不同。所以就是以印象中的「傳文」為主。但我們若追問，在《春秋》面前，不論從經典性、形式上，《穀梁傳》都不會比《春秋》經典。該如何確信《穀梁傳》的經典性質呢？

回到《穀梁傳》本身，若不管以上的問題，其原典的經典性，正在於今人讀不懂《春秋》，所以必須通過《穀梁傳》的解釋，才能明瞭《春秋》的大義微言。其重要性等同於經典性。

三　同敘事情境的經典詮釋

經典的流衍，除了經文傳播之外，它也會被注疏者加以詮解。在注疏之中的經典，被不同注疏家詮解成不同的理解，但它基本上還是在相同的敘述情境中加以詮釋。所以《穀梁傳》雖被引入注疏之文中，它仍是以經典的文句被看待。只是，這之中已或多或少存在著一種對《穀梁傳》糾正、未詳、不解的態度。以范甯《春秋穀梁傳集解》為例，隱公九年，天王使南季來聘。

> 傳文：南氏，姓也。季，字也。聘，問也。聘諸侯非正也。
>
> 集解：《周禮》天子時聘以結諸侯之好，殷覜以除邦國慝。間問以諭諸侯之志，歸脤以交諸侯之福，賀慶以贊諸侯之喜，致襘以補諸侯之災。許慎曰：「禮，臣病，君親問之。天子有下

> 聘之義。」《傳》曰：「聘諸侯非正」甯所未詳。[1]

這裡范甯據《周禮》、許慎的說法認為天子可以聘諸侯，而《穀梁傳》卻說聘諸侯非正。這與范甯所知相違背，范甯亦不知從何解釋，所以言「甯所未詳」。不過當范甯如此書寫時，我們可以設想幾種可能性：

(一) 據實以告

當范甯所旁徵的參考文獻中，有不同的說法並立，或認為《周禮》亦可信，其會列舉兩說，留疑於後人。就像夫子所言：「知之為知之，不知為不知，是知矣。」范甯既然認為《周禮》之說可以與《穀梁傳》的說法相抗衡，顯然對《穀梁傳》的說法有點動搖。但也可以說《穀梁傳》中的禮制與《周禮》不同時，二者是都有可能是對的，如此並舉可以避免想當然爾的判斷，所造成的錯誤。

(二) 疑《傳》

甯所未詳也可能是范甯對《穀梁傳》有所懷疑的表示。如《春秋穀梁傳集解》隱公四年春二月，「稱《傳》曰者，穀梁子不親授于師，而聞之於傳者。」[2]隱公五年九月，「言穀梁子者，非受於師，自

1 穀梁赤傳，范甯集解，楊士勛疏：《春秋穀梁傳注疏》（臺北市：藝文印書館，1997年），卷2，頁10a-10b。

2 穀梁赤傳，范甯集解，楊士勛疏：《春秋穀梁傳注疏》（臺北市：藝文印書館，1997年），卷2，頁1a。

其意也。」[3]這些注語都是范甯在否定穀梁子作《傳》的一種純然的正統性。其將穀梁子的學習、作《傳》的過程，認定有些內容是親授於師；有些則是受授於其他經師的解經內容，范甯認為穀梁子也會酌而採用；另有些是穀梁子的獨見。實際上這就是對《穀梁傳》的質疑。

又如桓公四年夏，天王使宰渠伯糾來聘。

> 無傳文
>
> 集解：下無秋、冬二時，甯所未詳。[4]

這裡范甯所講的「下無秋、冬二時」，指的是桓公四年無秋與冬二時的記載，而只記載當年的春季與夏季。據隱公九年秋七月，傳文：「無事焉！何以書？不遺時也。」[5]桓公元年冬十月，傳文：「無事焉！何以書？不遺時也。《春秋》編年，四時具而後為年。」[6]傳文強調《春秋》的記載，儘管無事仍要書四時。所以范甯《集解》依《傳》而注說：「四時不具，不成年也。」[7]這裡的「甯所未詳」隱含對《穀梁傳》體例不一，提出疑問。

又如莊公元年齊師遷紀，郱晉郚。

---

3 穀梁赤傳，范甯集解，楊士勛疏：《春秋穀梁傳注疏》（臺北市：藝文印書館，1997年），卷2，頁4a。

4 穀梁赤傳，范甯集解，楊士勛疏：《春秋穀梁傳注疏》（臺北市：藝文印書館，1997年），卷3，頁9b。

5 穀梁赤傳，范甯集解，楊士勛疏：《春秋穀梁傳注疏》（臺北市：藝文印書館，1997年），卷2，頁11b。

6 穀梁赤傳，范甯集解，楊士勛疏：《春秋穀梁傳注疏》（臺北市：藝文印書館，1997年），卷3，頁3a。

7 穀梁赤傳，范甯集解，楊士勛疏：《春秋穀梁傳注疏》（臺北市：藝文印書館，1997年），卷3，頁9b。

> 傳文：紀，國也。郱晉部，國也。或曰：「遷紀于郱晉部。」
> 集解：十年，宋人遷宿。《傳》曰：「遷，亡辭也。」其不地，宿不復見矣。齊師遷紀，四年復書紀侯大去其國者，紀侯賢，不與齊師之亡紀。故變文以見義。郱晉部之君，無紀侯之賢，故不復見，從常例也。若齊師遷紀于郱晉部，當言于以服之。又不應復書地，當如宋人遷宿，齊人遷陽。或曰之說，甯所未詳。[8]

經文「齊師遷紀郱晉部」，古無標點，故歷來對「郱晉部」是為一國或三國，說法不一。《穀梁傳》並列二種說法。其一，「紀，國也。郱晉部（或郱、晉、部），國也。」認為二者皆為國名，則齊師遷二（或四）國。其二，「遷紀于郱晉部（或郱、晉、部）」是齊師將紀國遷往郱晉部（或郱、晉、部）的地方。范甯認為第一種說法才是對的，其舉了三種說法證明；

一、紀侯雖被齊師所亡，但後來莊四年又出現「紀國」，目的是為了表現一種「變文以見義」，突顯紀侯賢，郱晉部君不賢。所以莊四年又出現紀國。

二、若郱晉部真是個地名，則於地名前應加一「于」字。

三、宋人遷宿、齊人遷陽，都不書地。故郱晉部不應是齊師將紀遷于某的地名。

如此正是不同意《穀梁傳》中「或曰」的說法，但卻說成「甯所未詳」。對於范甯而言，他認為就是齊師遷（亡）紀與郱晉部，理由是因紀侯賢，所以不讓後人以為齊師已將紀國滅去。

由以上例證可知，即使在相同敘事情境中，解經者對於經典的認

8 穀梁赤傳，范甯集解，楊士勛疏：《春秋穀梁傳注疏》（臺北市：藝文印書館，1997年），卷5，頁4b。

知都已經有質疑的可能。經典的經典性雖在文字上未被更動，但注疏者換一種方式，將經典文句「引用」到注疏之文內，意識上對經典的經典性是有所質疑的。這樣的經典在流傳中，呈現了特殊的「存在」方式。

四　新敘事情境的半經典化

《穀梁傳》是解釋《春秋》的大義微言，其功能為解《經》。而當《穀梁傳》被引用於徐乾學《讀禮通考》，作為禮制解釋的例證時，《穀梁傳》此時並未解《經》。這時，它只是一條有關禮制的說明，表示它喪失了其原本功能。雖然有這種現象存在，但在一般認知中，常人總還是將《穀梁傳》在此種狀況下視為經典。筆者稱此為新敘事情境的半經典化。筆者將之分為四類：（一）視為一說、（二）間接引述、（三）作為例證、（四）當作字典。

（一）視為一說

「視為一說」，是指著述之人對某一議題的討論，列舉眾說，而以《穀梁傳》為其中之一的說法。此一說並非以此為說，而是可資參考之意。如：

1 江霦〈立琅邪王議〉

兄弟不相為後，雖是舊說，而經無明據，此語不得施于王者。王者雖兄弟，既為君臣，則同父子，故魯躋僖公，《春秋》所譏。《左傳》曰：「子雖齊聖，不先父食。閔公弟也，而同于父。僖公兄也，而齊于子，既明尊之道，不得復敘親之本也。」《公羊傳》曰：「逆祀者何？先禰而後祖。」《穀梁傳》曰：「先親後祖，逆祀也。君子不以親親害尊尊。兄弟也。」由君臣而相後，三傳之明義如此，則承繼有敘，而上下洽通，于義為允，應繼大行皇帝。[9]

江霦為立琅邪王的討論上，列舉三傳的說法。《穀梁傳》只是三傳其中的一種說法。

2 《漢書》〈五行志〉

隱公三年「二月己巳，日有食之。」《穀梁傳》曰：「言日不言朔，食晦。」《公羊傳》曰：「食二日」，董仲舒、劉向以為其後戎執天子之使，鄭獲魯隱，滅戴，衛、魯、宋咸殺君。《左氏》劉歆以為正月二日，燕、越之分野也。[10]

有關《春秋》日食的記載，三傳不同。班固於《漢書・五行志》中並舉《公羊傳》與《穀梁傳》的說法，來解釋隱公三年二月己巳的日食。由於《公羊傳》云日食發生在初二，《穀梁傳》云日食發生在三十一日，故二者說法明顯不同。班固引此傳文，並非同意《穀梁傳》之說。

3 《水經注疏》

太原郡治晉陽城，秦莊襄王三年立，朱莊作昭，全、趙同，戴改。守敬按：《史記・秦本紀》，莊襄王四年，置太原郡。《六國表》在三年。秦、兩

9 嚴可均編：《全上古三代秦漢三國六朝文》（臺北市：世界書局，1982年），卷106，頁10b。

10 班固：《漢書》（北京市：中華書局，1995年），卷27，頁1479。

漢、魏、晉、後魏，郡並治晉陽。《尚書》所謂既脩太原者也。《春秋說題辭》曰：「高平曰太原．原，端也，平而有度。」會貞按：《御覽》五十七引下二句，《廣雅．釋地》曰：「大鹵，太原也。」會貞按：《左傳．昭元年》：「晉荀吳帥師敗狄于大鹵」杜預《注》：「大鹵，太原晉陽」《公羊傳》：「縣作太原」《釋名》《釋地》曰：「地不生物曰鹵。鹵，罏也。」朱罏作盧，脫一鹵字及也字，全、趙同。《箋》曰：「《釋名》曰：鹵，罏也，如罏火處也。」戴依改。《穀梁》昭元年《傳》曰：「中國曰太原，夷狄曰大鹵。」《尚書大傳》曰：「東原底平，大而高平者謂之太原，郡取稱焉。」[11]

《水經注》中以《穀梁傳》傳文，作為一種例證，對「太原」、「大鹵」二詞進行名詞的解釋。

以上都是在「引文」的狀態下，被視為一說的情形。它們都不是在解釋《春秋》，他們將《穀梁傳》搬離經傳的系統，故筆者稱此情境為一新的敘事情境。

(二) 間接引述

「間接引述」，是指著述者引用前人研究中提到《穀梁傳》的部分。試舉例如下：

1 《後漢紀校注》

范書李通傳作「微觀通」。王先謙曰：「《穀梁傳》：『常事曰視，非常曰觀。』謂以其家重大事指示之，感動其意慮也。」

11 桑欽撰，酈道元注，楊守敬、熊會貞疏，段熙仲點校，陳橋驛復校：《水經注疏》（南京市：江蘇古籍出版社，1989年），卷6，頁529-530。

按：「覩」，文義較「難」為長。[12]

王先謙為了解釋范曄寫李通傳「微觀通」一詞，引用了《穀梁傳》的解釋，但此段傳文並未解釋《春秋》。

2〈老子德經〉

謙之案：「木強則共」，《御注》、景福、邢玄、磻溪、樓正、高翿、柰卷、河上、王羲之、顧、范、彭、敦煌庚、辛諸本均同。諸王本作「兵」，《道藏》王本作「共」；經訓堂傅本作「兵」，《道藏》傅本作「共」。「共」字未詳。強本成疏曰：「譬樹木分強，故枝條共壓其上；亦猶梁棟宏壯，故椽瓦共壓其上也。」知成所見本亦作「共」，故繳繞穿鑿其辭。丁仲祜曰：「《集韻》『共』為『拱』之省文。《穀梁》僖三十三年《傳》『子之冢木已拱矣』，注：『拱，合抱也。』又《公羊傳》注：『拱，可以手對抱。』」說雖可通，但以較「木強則兵」，所謂直木先伐，猶覺後義勝也。[13]

朱謙之引《穀梁傳》「子之冢木已拱矣」來解釋《老子》「木強則共」的「共」字。此與《春秋》亦無關係。

(三) 作為例證

「作為例證」，指撰者引《穀梁傳》之說，作為例證。

---

12 袁宏撰，周天游校注：《後漢紀校注》（天津市：天津古籍出版社，1987年），卷1，頁5。

13 朱謙之：《老子校釋》（北京市：中華書局，1991年），卷76，頁296。

《史記集解》中，裴駰欲解釋司馬遷此段文字「故王者天太祖，諸侯不敢懷，大夫士有常宗，所以辨貴賤。貴賤治，得之本也・郊疇乎天子，社至乎諸侯，函及士大夫，所以辨尊者事尊，卑者事卑，宜鉅者鉅，宜小者小。故有天下者事七世，有一國者事五世，有五乘之地者事三世，有三乘之地者事二世，有特牲而食者不得立宗廟，所以辨積厚者流澤廣，積薄者流澤狹也。」引用了《穀梁傳》的說法。如下：

> 《穀梁傳》曰：「天子至于士皆有廟，天子七，諸侯五，大夫三，士二。始封之者，必為其太祖。」[14]

《穀梁傳》在此，作為一個例證，以明天子、諸侯有廟，並無藉此以褒貶國君的意圖。

1 《漢書》〈王莽傳〉

> 莽乃起〔目氐〕事，上書言：「臣以元壽二年六月戊午倉卒之夜，以新都侯引入未央宮；庚申拜為大司馬，充三公位；元始元年正月丙辰拜為太傅，賜號安漢公，備四輔官；今年四月甲子復拜為宰衡，位上公。臣莽伏自惟，爵為新都侯，號為安漢公，官為宰衡、太傅、大司馬，爵貴號尊官重，一身蒙大寵者五，誠非鄙臣所能堪。據元始三年，天下歲已復，官屬宜皆置。《穀梁傳》曰：『天子之宰，通于四海。』臣愚以為，宰衡官以正百僚平海內為職，而無印信，名實不副。臣莽無兼官之材，今聖朝既過誤而用之，臣請御史刻宰衡印章曰『宰衡太傅

14 司馬遷：《史記》（北京市：中華書局，1982年），卷23，頁1168。

> 大司馬印』，成，授臣莽，上太傅與大司馬之印。」太后詔曰：「可。韍如相國，朕親臨授焉。」莽乃復以所益納徵錢千萬，遺與長樂長御奉共養者。太保舜奏言：「天下聞公不受千乘之土，辭萬金之幣，散財施予千萬數，莫不鄉化。蜀郡男子路建等輟訟慚怍而退，雖文王卻虞芮何以加！宜報告天下。」奏可。宰衡出，從大車前後各十乘，直事尚書郎、侍御史、謁者、中黃門、期門羽林。宰衡常持節，所止，謁者代持之。宰衡掾史秩六百石，三公稱「敢言之」。[15]

王莽以《穀梁傳》「天子之宰，通於四海」來向太后要求能夠正百僚平海內的權力。而「天子之宰，通於四海」主要是指天子權力無往不利。王莽為臣，豈能要求擁有天子的權力。故《穀梁傳》作為例證，失去尊周天子的原意。

2 《日知錄》〈卿不書族〉

> 《春秋》隱、桓之時，卿大夫賜氏者尚少，故無駭卒而羽父為之請族。如挾如柔如溺，皆未有氏族者也。《穀梁傳》不爵大夫之說近之，而未得其實。莊、閔以下，則不復見于經，其時無不賜氏者矣。[16]

顧炎武討論「卿書不書族」一事，引《穀梁傳》為旁例。

---

15 班固：《漢書》（北京市：中華書局，1997年），卷99，頁4068。

16 顧炎武：《日知錄》（臺南市：平平出版社，1975年），卷4，頁104。

(四) 當作字典

以《穀梁傳》中解釋名詞為字典依據。如：

1 《史記索隱》

> 《尚書》云：「納于大麓」，《穀梁傳》云：「林屬於山曰麓」，是山足曰麓，故此以為入山林不迷。孔氏以「麓」訓「錄」，言令舜大錄萬幾之政，與此不同。[17]

司馬貞解釋司馬遷〈五帝本紀〉「堯使舜入山林川澤」一句，引《穀梁傳》之文，來解釋「山林」一詞。

2 《爾雅注疏》

> 宣，緩也。遇，偶也。《釋》曰：「郭云：偶爾相值遇。」《春秋》隱八年春「宋公、衛侯遇于垂。」《穀梁》曰：「不期而會曰遇。」[18]

邢昺在解釋經文「宣，緩也。遇，偶也」，亦引《穀梁傳》「不期而會曰遇」作為解釋。

我們之所以將《穀梁傳》視為解《經》著作，是從其本質去定位它的功能，而當其被引用時，是它文字並未改變，只是它的功能被改變了。非它自己改變，而是透過被引用，使其解釋對象改變，它被重

---

17 司馬遷：〈五帝本紀〉，《史記》（北京市：中華書局，1982年），卷1，頁23。

18 郭璞撰，邢昺疏：〈釋言〉，《爾雅注疏》（臺北市：藝文印書館，1997年），卷3，頁16a。

新賦予另一種功能。

受到引用的《穀梁傳》傳文，是一種被斷章取義的引用。說它非解《經》，是因為解釋對象不再是《春秋》。這時的《穀梁傳》非「傳」，它只是《穀梁》。因為是經典，所以引用，「引用」反而讓經典脫離其原本的角色位置，進而失去經典意義，成為不具經典意義的經典，就是筆者所談的半經典化。

五　非經典化的經典流衍

《穀梁傳》作為被引用的對象，還有一種為「摘句」引用，撰者基本上不再將引文中的《穀梁傳》視為經典，只是成為寫作的一個詞句，甚至在意識中，與《穀梁傳》是無關的。筆者擇取三例說明：嗌不容粒、木已拱矣、信以傳信。[19]

(一) 嗌不容粒

《春秋穀梁傳》昭公十九年夏，五月戊辰，許世子止弒其君買。

> 曰弒，正卒也。正卒，則止不弒也，不弒而曰弒，責止也。止曰：「我與夫弒者」，不立乎其位，以與其弟虺，哭泣歠飦粥，嗌不容粒，未踰年而死。故君子即止自責而責之也。[20]

19 筆者從部分「文本」中發現未註明出處的「詞句」，並認為來源自《穀梁傳》，此或許會有「何以見得」的問難，這部分的回應可由西方討論文本關係「互文性」（intertextualite）來代為解答。克里絲蒂娃（Julia Kristeva）認為任何一篇文本都吸收和轉換別的文本，即凡有文本都有互文，但本篇討論目的不在證明這是互文，而是進一步探討經典透過引用後的意義為何。

20 穀梁赤傳，范甯集解，楊士勛疏：《春秋穀梁傳注疏》（臺北市：藝文印書館，1997

形容許世子難過至無法進食。

徐浩〈唐尚書右丞相中書令張公神道碑〉

> 伏臘賜告，給驛歸寧，遷中書侍郎，丁內憂，中使慰問，賜絹三百匹，奔喪南訃，祔葬先塋，毀無圖生，嗌不容粒，白雀黃犬，號噪庭塋，素鳩紫芝，巢植廬隴，孝之至者，將有感乎。[21]

此與許太子不嘗藥無關，而是將「嗌不容粒」此一詞句，用來形容悲傷至極的說法。像是將讀過的經典文句當作成語般，作為新敘事的詞句。不管對象轉變，僅襲取其字面的意義。

(二) 木已栱已

《春秋穀梁傳》僖公三十三年夏，四月辛巳，晉人及姜戎，敗秦師于殽。

> 不言戰而言敗，何也？狄秦也。其狄之何也？秦越千里之險，入虛國，進不能守，退敗其師徒，亂人子女之教，無男女之別，秦之為狄，自殽之戰始也。秦伯將襲鄭，百里子與蹇叔子諫曰：「千里而襲人，未有不亡者也。」秦伯曰：「子之冢，木已拱矣，何知？」師行，百里子與蹇叔子，送其子而戒之曰：「女死必於殽之巖唫之下，我將尸女於是。」師行。百里子與蹇叔子隨其子而哭之。秦伯怒曰：「何為哭吾師也？」二子

年），卷18，頁3b-4a。

21 董誥等編：《全唐文》（臺北市：大通書局，1979年），卷440，頁14b-15a。

> 曰：「非敢哭師也，哭吾子也。我老矣，彼不死，則我死矣。」晉人與姜戎，要而擊之殽，匹馬隻輪無反者。晉人者，晉子也。其曰人何也？微之也。何為微之，不正其釋殯，而主乎戰也。[22]

此指秦伯嘲諷百里子與蹇叔子之冢木已拱，形容時間久了。

1 常袞〈滑州匡城縣令楊君墓誌銘〉

> 夫人河東縣君薛氏，婦道母儀，六姻取則，于我歸處，葛之覃兮，及公而終，木已拱矣，子環在外，不及主喪，其誰尸之？曰有三女，無天何戴，無地何履，誓合泉壤，感通神明，終還營邱，竟同防墓，空悲蔡女之孝，有媿潘郎之詞，銘曰。[23]

此言河東薛氏及公而終，冢木已拱，與百里子、蹇叔子無關。

2 周密〈琴繁聲為鄭衛〉

> 往時，余客紫霞翁之門。翁知音妙天下，而琴猶精詣。自製曲數百解，皆平淡清越，灝然太古之遺音也。……翁往矣！回思著唐衣，坐紫霞樓，調手製閒素琴第一，作新製〈瓊林〉、〈玉樹〉二曲，供客以玻瓈瓶洛花，飲客以玉缸春酒翁家釀名，笑語竟夕不休，猶昨日事，而人琴俱亡，冢上之木已拱矣，悲哉！[24]

---

22 穀梁赤傳，范甯集解，楊士勛疏：《春秋穀梁傳注疏》（臺北市：藝文印書館，1997年），卷9，頁16b-18a。

23 董誥等編：《全唐文》（臺北市：大通書局，1979年），卷419，頁17a-17b。

24 周密：《齊東野語》（北京市：中華書局，1997年），卷18，頁339。

周密思友人知音善琴，惋惜故人久亡，只能追憶。亦與百里子、蹇叔子無關。

二者引文所引用《穀梁傳》的文句，已脫離經典文句所在的情境。均指時間物換星移。

3 信以傳信

《春秋穀梁傳》桓公五年，春正月甲戌、己丑，陳侯鮑卒。

> 鮑卒何為以二日卒之？春秋之義，信以傳信，疑以傳疑，陳侯以甲戌之日出，己丑之日得，不知死之日，故舉二日以包也。[25]

形容穀梁子對《春秋》大義微言，知之為知之，不知為不知的態度。

(1)《史記》

> 褚先生曰：「不然。《詩》言契生於卵，后稷人跡者，欲見其有天命精誠之意耳。鬼神不能自成，須人而生，柰何無父而生乎！一言有父，一言無父，信以傳信，疑以傳疑，故兩言之。堯知契、稷皆賢人，天之所生，故封之契七十里，後十餘世至湯，王天下。堯知后稷子孫之後王也，故益封之百里，其後世且千歲，至文王而有天下。[26]

司馬遷用「信以傳信，疑以傳疑」來強調書寫的客觀，一分事實，說一分話。

---

25 穀梁赤傳，范甯集解，楊士勛疏：《春秋穀梁傳注疏》（臺北市：藝文印書館，1997年），卷3，頁9b-10a。

26 司馬遷：〈三代世表〉，《史記》（北京市：中華書局，1982年），卷13，頁505。

（2）崔致遠〈補安南錄異圖記〉

> 有柔遠軍從事吳降，嘗集是圖，名曰《錄異》。敘云久觀遐蕃，目擊殊形，手題本事。然則信以傳信，斯焉取斯。□閱前詞，退而歎曰：「愚之所以為異者，其諸異乎人之所異。」曰六合之內，何物則棄，至如鼠肉萬觔，蝦鬚一丈，既知南北所產，永釋古今之疑，則彼獸性羣分，鳥聲類聚，誠不足異也。[27]

崔致遠文中以「信以傳信」一詞，說明〈安南錄異圖記〉的寫作態度。

（3）《清朝文獻通考》

> 國家重熙累洽，太和洋溢，亦無所謂變怪之徵，如前史所種種臚陳者。故但以年月先後為次，不復如馬氏瑣列門目，必求其事以實之，庶幾信以傳信，共仰見欽崇。[28]

文臣受清高宗所命，撰寫《清朝文獻通考》，以「信以傳信」之嚴謹態度撰寫。

以上這些被引用的《穀梁傳》文句，都與《春秋》無關，甚至與《穀梁傳》無關，它們之所以被引用書寫，完全是因為文字自身的意義使然，與其出現在《穀梁傳》這本經典中，已無關係。

---

27 陸心源輯：《唐文拾遺》（上海市：上海古籍出版社，1995年），卷41，頁20b。

28 清高宗敕撰：〈物異一〉，《清朝文獻通考》（臺北市：新興書局，1958年），卷268，頁7255。

六　面對經典的知與信

在經典流傳中，讀者所面對的認知過程，有著「知」與「信」兩種認知行為。知是知道與瞭解，純粹是一種認識；而信是相信與信任，它是一種接近完全接受的認同。這二者在經典的傳播與閱讀中起著不同的作用。因為這不同的作用也會對經典的再利用，產生不同的影響。舉例來說經生與一般讀者就有迥然不同的態度。它似乎又是一種相互相反的閱讀經驗。如：

經師經生——面對聖人時有種距離感，自知難以企及。（知）
　　　　——面對經典時有種熟悉感，因浸淫已久。（信）
一般讀者——面對聖人時有種不以為意感，因為不認識。（不信）
　　　　——面對經典時會有陌生感，因為怕看不懂。（不知）

所以經生易入經典，以聖人為師；一般讀者不入經典，以聖人為一般人。

經師經生對聖人的觀感為崇敬，故總有份距離感，難以企及；反觀一般讀者，他們面對聖人時，比較沒有聖人崇拜的壓力，聖人對他們而言，就像一個聖誕老人般，是個神話傳說中的故事人物。

經師經生面對經典時，因為長期浸染於經典之中，故由知而信，信任經典、相信經典，繼而認同經典；而一般讀者面對經典時，覺得經典太過艱澀難懂，所以認為自己根本讀不懂，產生陌生感，幾乎也不會主動去接觸。

這二者的差異，導致經典在傳播的過程中，必須得依賴經師經生的著述，而得以流傳。這是大家普遍認知的《經》、《傳》、《注》、

《疏》，也是屬於經典傳播的主要內容。

對於一般讀者而言，經典與聖人只是其認識世界的其中一環，他們沒有一定要傳播經典的使命，也沒有刻意不去傳播經典的逃避心態。所以當這群人在引用《穀梁傳》的文句時，他並不一定要熟讀《穀梁傳》，甚至可以在二手資料中看到《穀梁傳》的一句話，而引用之。一切只要有一點偶然，便會出現在其作品中。就像漢代與宋代的儒生面對經典時，有著對「經義」無法知悉的各種劇烈的情緒，如焦慮、孤獨、無法言語的絕望等等。所以桓譚云：「秦延君能說〈堯典〉，篇目兩字之說，至十餘萬言。但說『曰若稽古』三萬言。」經典的本質在聖人意識的焦慮感中而述作存在。而後來的文學家或撰文者，將經典的文句從聖人處搬離，使得一般人也去除了與經典之間的距離感，一舉可以親近，如《西遊記》、《紅樓夢》中的引經據典，反而形成另外一種經典的流傳形態。

七　結論

當《穀梁傳》非被當作專著研究時，它雖然被引用，引用的意義是作為一種佐證，如學者為完成研究的論題，所找的一些證明，並不是針對《穀梁傳》，因此《穀梁傳》被置放的位置改變後，同時改變了其本身的功能與價值。即《穀梁傳》解經所彰顯的《春秋》大義並未跟引用者的挪移而將意義一起帶來。

經典的非經典化是一種非意識性的行為，它不是見於一人之手，或從一人之書中所可得見，它必須在一個長時間的傳播中，從不同時代，不同人的過程中，才得以看見其效果。

首先經典的形成於書於竹帛之後，雖傳抄之間難免會有手民之誤，不過大抵文本是固定下來的。

第二步，後人引用經典時，會以經典所蘊涵其事其文作為引用的根據，即撰述者在引用經典時是根據經典原本的意義引用，並清楚的知道經典文句的情境意義。這部分可以區分為兩種，一種是有註明引用經典的名稱，一種是未註明引用經典的名稱。因為二者敘事情境與經典同義，所以他們是有經典意識的。

第三步，當經典的經典地位確立不搖之後，後人會以經典文句作為引用的對象，有時會脫離經典原本敘事情境，而重新建立一個場域，因此經典的意義僅就文字上，經典的意義在斷章取義後便轉移了，其本質與功能都改變了。這部分仍舊可以區分為兩種，一種是有註明引用經典的名稱，一種是未註明引用經典的名稱。二者不管有無註明經典名稱，因為他們用在所欲敘述的對象中，已脫離經典原本的敘事情境，所以可以說他們已將經典的意涵，在無意識中破除了，雖然引用經典，但卻不是將經典作為經典使用。

第四部，當經典更普遍化之後，它的文句可能會存留在撰述者的記憶之中。當撰述者書寫時，他可能有意識的採用經典文句，但也可能是無意識的寫出潛意識中，曾經閱讀過的經典文句。這部分的引用，基本上已經徹底將經典的經典意涵，在不知不覺中消除得更乾淨了，甚至撰述者根本不知道這句話來源於何處。

經典的流衍，不一定是按照上述的發展步驟在變化，但卻存有上述四種類型的流傳情形。有時同一時代，也會同時存在四種流傳方式；但不同類型的存在，彼此之間並沒有交涉的情形，這是很特別的，值得進一步探析。

《穀梁傳》的家庭倫理觀
——被覆蓋於政治與禮制下的想法對現代的啟示

一　前言

《穀梁傳》的家庭倫理觀是散見於傳文之中，同時它在傳統經學的研究角度下也是被覆蓋於政治與禮制之下，為有所糾正而提到的。所以要將這個議題獨立出來談就必須將相關的傳文摘錄出來，據此分析，或能得到前人所未論及的。

二　分析《穀梁傳》家庭倫理觀

傳文摘錄後將之歸納為六個部分，分別為：政治制度下的君臣父子兄弟關係、婦人於古代家庭的角色、家事與國事、倫理與祭祀、父母與子女間的關係、夫妻間的關係。而底下又有二十六個類別與共五十七的舉例，實際上這些問題很難將之簡單歸類，就像問題的個案總有不同。然擴大其條件可以找到交集的點。

(一) 政治制度下的君臣父子兄弟關係

1 於君臣制度下的倫理關係

隱公元年，經文：「元年，春，王正月。」《穀梁傳》：「雖無事，必舉正月，謹始也。公何以不言即位？成公志也。焉成之？言君之不取為公也。君之不取為公何也？將以讓桓也。讓桓正乎？曰不正。《春秋》成人之美，不成人之惡。隱不正而成之何也？將以惡桓也。其惡桓何也？隱將讓而桓弒之，則桓惡矣。桓弒而隱讓，則隱善矣。善則其不正焉何也？《春秋》貴義而不貴惠，信道而不信邪。孝子揚父之美，不揚父之惡。先君之欲與桓，非正也，邪也。雖然既勝其邪心以與隱矣。已探先君之邪志，而遂以與桓，則是成父之惡也。兄弟天倫也。為子受之父，為諸侯受之君，已廢天倫，而忘君父，以行小惠，曰小道也。若隱者，可謂輕千乘之國；蹈道，則未也。」[1]

案： 國之大事中即位問題已是嫡長制度。從這傳文中我們可以見知子女對應父親的態度為「揚父之美，不揚父之惡。」此稱孝子。這其中已有一更大的原則性是「貴義而不貴惠，信道而不信邪。」現在的說法是「不能愚孝」。當君王命太子時就是一種君命的不能違逆；又從父子間的關係來說是不能讓父親的惡成全。以達忠孝兩全。

2 君臣下的兄弟關係

隱公元年，經文：「夏五月，鄭伯克段于鄢。」《穀梁傳》：「克者

---

1 穀梁赤撰，范甯集解，楊士勛疏：《春秋穀梁傳注疏》（臺北市：藝文印書館，1997年），頁9。

何？能也。何能也？能殺也。何以不言殺？見段之有徒眾也。段，鄭伯弟也。何以知其為弟也？殺世子母弟目君，以其目君，知其為弟也。段，弟也，而弗謂弟，公子也，而弗謂公子，貶之也。段失子弟之道矣，賤段而甚鄭伯也。何甚乎鄭伯？甚鄭伯之處心積慮成於殺也。于鄢遠也。猶曰取之其母之懷中而殺之云爾，甚之也。然則為鄭伯者宜奈何，緩追逸賊，親親之道也。」[2]

案：兄弟於政治制度下就是君臣關係。當兄弟為爭君位而需面對落敗一方時的處理方式是「緩追逸賊」,《穀梁傳》稱此為「親親之道」。就是兄弟天倫不能因為奪權而趕盡殺絕。

隱公七年，經文：「齊侯使其弟來聘。」《穀梁傳》：「諸侯之尊，弟兄不得以屬通。其弟云者，以其來接於我，舉其貴者也。」[3]

案：雖是兄弟然於君臣制度上亦有分別。

莊公九年，經文：「齊小白入于齊。」《穀梁傳》：「……公子糾、公子小白，不能存出亡。齊人殺無知，而迎公子糾於魯。公子小白不讓公子糾先入，又殺之于魯。故曰：『齊小白入于齊，惡之也。』」[4]

案：為爭奪君位而兄弟相殘是惡也，即使即位仍然惡之。

宣公十七年，經文：「冬，十有一月壬午，公弟叔肸卒。」《穀梁傳》：「其曰公弟叔肸，賢之也。其賢之何也？宣弒而非之也。非之則胡為不去也。曰：兄弟也，何去而之。與之財，則曰我足矣。織屨而食，終身不食宣公之食。君子以是為通恩也，以取貴乎春秋。」[5]

---

2 穀梁赤撰，范甯集解，楊士勛疏：《春秋穀梁傳注疏》(臺北市：藝文印書館，1997年)，頁10。

3 穀梁赤撰，范甯集解，楊士勛疏：《春秋穀梁傳注疏》(臺北市：藝文印書館，1997年)，頁23。

4 穀梁赤撰，范甯集解，楊士勛疏：《春秋穀梁傳注疏》(臺北市：藝文印書館，1997年)，頁50。

5 穀梁赤撰，范甯集解，楊士勛疏：《春秋穀梁傳注疏》(臺北市：藝文印書館，1997年)，頁123。

襄公二十年，經文：「陳侯之弟光出奔楚。」《穀梁傳》：「諸侯之尊，弟兄不得以屬通。其弟云者，親之也，親而奔之惡也。」[6]

襄公三十年，經文：「天王殺其弟佞夫。」《穀梁傳》：「傳曰：諸侯目不首惡，況於天子乎。君無忍親之義，天子諸侯所親者，唯長子母弟耳。天王殺其弟佞夫，甚之也。」[7]

案：君臣之下的兄弟天倫之親仍不能去之。

昭公八年，經文：「八年春，陳侯之弟招，殺陳世子偃師。」《穀梁傳》：「鄉曰：陳公子招。今曰：陳侯之弟招何也？曰：盡其親，所以惡招也。兩下相殺，不志乎《春秋》，此其志何也？世子云者，唯君之貳也，云可以重之存焉志之也。諸侯之尊兄弟不得以屬通，其弟云者，親之也，親而殺之，惡也。」[8]

案：君臣之下的兄弟天倫之親仍不能去之。

3 君臣、政事下的父子關係

桓公元年，經文：「元年，春，王正月，公即位。」《穀梁傳》：「……繼故不言即位，正也。繼故不言即位之為正何也？曰：『先君不以其道終，則子弟不忍即位也。』繼故而言即位，則是與聞乎弒也。繼故而言即位是為與聞乎弒何也？曰：『先君不以其道終，已正即位之道而即位，是無恩於先君也。』」[9]

案：即位問題仍以重視天倫為賢。

6　穀梁赤撰，范甯集解，楊士勛疏：《春秋穀梁傳注疏》（臺北市：藝文印書館，1997年），頁157。

7　穀梁赤撰，范甯集解，楊士勛疏：《春秋穀梁傳注疏》（臺北市：藝文印書館，1997年），頁162。

8　穀梁赤撰，范甯集解，楊士勛疏：《春秋穀梁傳注疏》（臺北市：藝文印書館，1997年），頁167。

9　穀梁赤撰，范甯集解，楊士勛疏：《春秋穀梁傳注疏》（臺北市：藝文印書館，1997年），頁28。

桓公五年，經文：「天王使任叔之子來聘。」《穀梁傳》：「任叔之子者，錄父以使子也。故微其君臣而著其父子，不正父在，子代仕之辭也。」[10]

案：於政治制度下不同於一般情形可以子代父職。是強調君王的任命。

莊公元年，經文：「元年，春，王正月。」《穀梁傳》：「繼弒君不言即位正也。繼弒不言即位之為正何也？曰：『先君不以其道終，則子不忍即位也。』」[11]

僖公五年，經文：「杞伯姬來朝其子。」《穀梁傳》：「……諸侯相見曰朝，伯姬為志乎朝其子也。伯姬為志乎朝其子，則是杞伯失夫之道矣。諸侯相見曰朝，以待人父之道，待人之子，非正也。故曰：杞伯姬來朝其子，參譏也。」[12]

案：父子於政事上有不同禮儀。

襄公三十年，經文：「夏四月，蔡世子般弒其君固。」《穀梁傳》：「其不日，子奪父政，是謂夷之。」[13]

案：不言臣弒君而說子奪父政是以倫理之常來貶為夷。

由以上例子，可以知道君臣與父子或君臣與兄弟間的關係必須分為兩個方面來談。其一，就政治制度來談的話，一切以制度為準則，無法以人情天倫來合理化。其二，就非政治制度來談的話，卻又以天倫為最重要的標準。

---

10 穀梁赤撰，范甯集解，楊士勛疏：《春秋穀梁傳注疏》（臺北市：藝文印書館，1997年），頁32。

11 穀梁赤撰，范甯集解，楊士勛疏：《春秋穀梁傳注疏》（臺北市：藝文印書館，1997年），頁44。

12 穀梁赤撰，范甯集解，楊士勛疏：《春秋穀梁傳注疏》（臺北市：藝文印書館，1997年），頁74。

13 穀梁赤撰，范甯集解，楊士勛疏：《春秋穀梁傳注疏》（臺北市：藝文印書館，1997年），頁161。

即位的君王就是當時一切的執行者，然由傳文的意見表達可以見知對於當時的「倫理標準」有著清楚的規定。

(二) 婦人於古代家庭的角色

1 婦人於家庭的地位

隱公二年，經文：「冬，十月，伯姬歸于紀。」《穀梁傳》：「禮，婦人謂嫁曰：『歸』；反曰：『來歸』。從人者也，婦人在家，制於父。既嫁，制於夫。夫死從長子。婦人不專行，必有從也。伯姬歸于紀，此其如專行之辭，何也？曰：『非專行也，吾伯姬歸于紀，故志之也。』其不言使何也？逆之道微，無足道焉爾。」[14]

案：這從禮制的規定中談家庭倫理，即婦人行事的徵詢對象為「在家，制於父。既嫁，制於夫。夫死從長子。」強調婦人不專行。這大概是男尊女卑的觀念所致。另一方面，伯姬因為是魯女所以在國家的立場來說等同於國事，所以被納入「國史」的書寫對象。即第一家庭的關係可以是國家的事。

成公九年，經文：「夏，季孫行父如宋致女。」《穀梁傳》：「致者，不致者也。婦人在家制於父，既嫁制於夫。如宋致女，是以我盡之也。不正，故不與內稱也。逆者微故致女，詳其事賢伯姬也。」[15]

2 婦從君

隱公二年，經文：「十有二月，乙卯，夫人子氏薨。」《穀梁

14 穀梁赤撰，范甯集解，楊士勛疏：《春秋穀梁傳注疏》(臺北市：藝文印書館，1997年)，頁13。

15 穀梁赤撰，范甯集解，楊士勛疏：《春秋穀梁傳注疏》(臺北市：藝文印書館，1997年)，頁137。

傳》:「夫人薨，不地。夫人者，隱之妻也。卒而不書葬，夫人之義，從君者也。」[16]

案：夫人之義，從君者也。

莊公二十二年，經文:「癸丑，葬我小君文姜。」《穀梁傳》:「小君非君也。其曰君何也？以其為公配，可以言小君也。」[17]

成公十五年，經文:「秋八月庚辰，葬宋共公。」《穀梁傳》:「月卒、日葬，非葬者也。此其言葬何也？以其葬共姬，不可不葬共公也。葬共姬則其不可不葬共公。何也？夫人之義，不踰君也，為賢者崇也。」[18]

3 婦人嫁後的規矩

莊公二年，經文:「冬，十有二月，夫人姜氏會齊侯于糕。」《穀梁傳》:「婦人既嫁不踰竟，踰竟非正也。婦人不言會，言會非正也。饗，甚矣。」[19]

莊公五年，經文:「夏，夫人姜氏如齊師。」《穀梁傳》:「師而曰如，眾也。婦人既嫁不踰竟，踰竟非禮也。」[20]

莊公七年，經文:「七年春，夫人姜氏會齊侯于防。」《穀梁

16 穀梁赤撰，范甯集解，楊士勛疏:《春秋穀梁傳注疏》(臺北市：藝文印書館，1997年)，頁14。

17 穀梁赤撰，范甯集解，楊士勛疏:《春秋穀梁傳注疏》(臺北市：藝文印書館，1997年)，頁58。

18 穀梁赤撰，范甯集解，楊士勛疏:《春秋穀梁傳注疏》(臺北市：藝文印書館，1997年)，頁140。

19 穀梁赤撰，范甯集解，楊士勛疏:《春秋穀梁傳注疏》(臺北市：藝文印書館，1997年)，頁46。

20 穀梁赤撰，范甯集解，楊士勛疏:《春秋穀梁傳注疏》(臺北市：藝文印書館，1997年)，頁48。

傳》:「婦人不會。會，非正也。」[21]

莊公七年，經文:「冬，夫人姜氏會齊侯于穀。」《穀梁傳》:「婦人不會。會，非正也。」[22]

莊公十五年，經文:「夏，夫人姜氏如齊。」《穀梁傳》:「婦人既嫁不踰竟，踰竟非禮也。」[23]

莊公十九年，經文:「夫人姜氏如莒。」《穀梁傳》:「婦人既嫁不踰竟，踰竟非正也。」[24]

莊公二十年，經文:「二十年春，王二月，夫人姜氏如莒。」《穀梁傳》:「婦人既嫁不踰竟，踰竟非正也。」[25]

僖公五年，經文:「杞伯姬來朝其子。」《穀梁傳》:「婦人既嫁不踰竟，踰竟非正也。……」[26]

僖公二十五年，經文:「宋蕩伯姬來逆婦。」《穀梁傳》:「婦人既嫁不踰竟。宋蕩伯姬來逆婦，非正也。其曰婦何也？緣姑言之之辭也。」[27]

僖公三十一年，經文:「冬，杞伯姬來求婦。」《穀梁傳》:「婦人

---

21 穀梁赤撰，范甯集解，楊士勛疏:《春秋穀梁傳注疏》(臺北市:藝文印書館，1997年)，頁48。

22 穀梁赤撰，范甯集解，楊士勛疏:《春秋穀梁傳注疏》(臺北市:藝文印書館，1997年)，頁49。

23 穀梁赤撰，范甯集解，楊士勛疏:《春秋穀梁傳注疏》(臺北市:藝文印書館，1997年)，頁53。

24 穀梁赤撰，范甯集解，楊士勛疏:《春秋穀梁傳注疏》(臺北市:藝文印書館，1997年)，頁57。

25 穀梁赤撰，范甯集解，楊士勛疏:《春秋穀梁傳注疏》(臺北市:藝文印書館，1997年)，頁57。

26 穀梁赤撰，范甯集解，楊士勛疏:《春秋穀梁傳注疏》(臺北市:藝文印書館，1997年)，頁74。

27 穀梁赤撰，范甯集解，楊士勛疏:《春秋穀梁傳注疏》(臺北市:藝文印書館，1997年)，頁91。

既嫁不踰竟，杞伯姬來求婦，非正也。」[28]

4 婦人之責，夫也

僖公五年，經文：「杞伯姬來朝其子。」《穀梁傳》：「……諸侯相見曰朝，伯姬為志乎朝其子也。伯姬為志乎朝其子，則是杞伯失夫之道矣。諸侯相見曰朝，以待人父之道，待人之子，非正也。故曰：杞伯姬來朝其子，參譏也。」[29]

案：母為子行非正，其夫有責。故婦人不專行，如專行則丈夫有責。

由以上可知，婦人於家中（三從）或於制度上的地位是附屬於丈夫的。而由家庭的尊卑禮制從夫至國家制度的規定從君也是如此。就是不能有所踰越。

(三) 家事與國事

1 國事與第一家庭的關係

隱公二年，經文：「冬，十月，伯姬歸于紀。」《穀梁傳》：「禮，婦人謂嫁曰：『歸』；反曰：『來歸』。從人者也，婦人在家，制於父。既嫁，制於夫。夫死從長子。婦人不專行，必有從也。伯姬歸于紀，此其如專行之辭，何也？曰：『非專行也，吾伯姬歸于紀，故志之也。』其不言使何也？逆之道微，無足道焉爾。」[30]

---

28 穀梁赤撰，范甯集解，楊士勛疏：《春秋穀梁傳注疏》（臺北市：藝文印書館，1997年），頁95。

29 穀梁赤撰，范甯集解，楊士勛疏：《春秋穀梁傳注疏》（臺北市：藝文印書館，1997年），頁74。

30 穀梁赤撰，范甯集解，楊士勛疏：《春秋穀梁傳注疏》（臺北市：藝文印書館，1997年），頁13。

案：關於伯姬可以被記錄其事，是因為其切近於魯國。而她的關係是與國君的血緣關係而被尊貴的。所以她的事就是魯君的事，就是魯國的事。

莊公四年，經文：「三月，紀伯姬卒。」《穀梁傳》：「外夫人不卒。此其言卒何也？吾女也。適諸侯則尊同，以吾為之變卒之也。」[31]

莊公四年，經文：「六月乙丑，齊侯葬紀伯姬。」《穀梁傳》：「外夫人不書葬，此其書葬何也？吾女也。失國，故隱而葬之。」[32]

僖公九年，經文：「九月戊辰，諸侯盟于葵丘。」《穀梁傳》：「桓盟不日，此何以日，美之也。為見天子之禁，故備之也。葵丘之會，陳牲而不殺，讀書加于牲上，壹明天子之禁。曰：毋雍泉、毋訖糴、毋易樹子、毋以妾為妻、毋使婦人與國事。」[33]

案：這裡提到國家的大事所應避免的是繼承君位時勿換庶子、勿以妾為妻、勿讓婦人參與國事。這些都與君王有深切的血緣關係。說明制度上的規定不讓家庭倫理的人情所欲干擾。

僖公十年，經文：「晉殺其大夫里克。」《穀梁傳》：「稱國以殺，罪累上也。里克弒二君與一大夫，其以累上之辭言之何也？其殺之不以其罪也，其殺之不以其罪奈何？里克所為殺者？為重耳也。夷吾曰：是又將殺我乎！故殺之不以其罪也。其為重耳弒奈何？晉獻公伐虢，得麗姬，獻公私之。有二子：長曰奚齊、稚曰卓子。麗姬欲為亂，故謂君曰：『吾夜者夢夫人趨而來曰：「吾苦畏，胡不使大夫將衛士而衛冢乎！」』公曰：『孰可使？』曰：『臣莫尊於世子，則世子

---

31 穀梁赤撰，范甯集解，楊士勛疏：《春秋穀梁傳注疏》（臺北市：藝文印書館，1997年），頁47。

32 穀梁赤撰，范甯集解，楊士勛疏：《春秋穀梁傳注疏》（臺北市：藝文印書館，1997年），頁47。

33 穀梁赤撰，范甯集解，楊士勛疏：《春秋穀梁傳注疏》（臺北市：藝文印書館，1997年），頁80。

可。』故君謂世子曰：『麗姬夢夫人趨而來曰：「吾苦畏，女其將衛士而往衛冢乎？」世子曰：『敬諾。』築宮，宮成。麗姬又曰：『吾夜者夢夫人趨而來曰吾苦飢，世子之宮已成，則何為不使祠也。』故獻公謂世子曰：『其祠。』世子祠，已祠，致福於君，君田而不在，麗姬以酖為酒，藥脯以毒，獻公田來。麗姬曰：『世子已祠，故致福於君。』君將食，麗姬跪曰：『食自外來者，不可不試也。』覆酒於地而地賁，以脯與犬，犬死。麗姬下堂而啼呼曰：『天乎！天乎！國子之國也，子何遲於為君。』君喟然歎曰：『吾與女未有過切，是何與我之深也。』使人謂世子曰：『爾其圖之。』世子之傅里克謂世子曰：『入自明。入自明，則可以生；不入自明，則不可以生。』世子曰：『吾君已老矣，已昏矣。吾若此而入自明，則麗姬必死。麗姬死，則吾君不安。所以使吾君不安者，吾不若自死。吾寧自殺以安吾君，以重耳為寄矣。』刎脰而死。故里克所為弒者，為重耳也。夷吾曰：『是又將殺我也。』』[34]

案：這裡提到妾的介入為庶子爭權與孝的問題，這些影響了國事。

襄公三十年，經文：「秋七月，叔弓如宋葬共姬。」《穀梁傳》：「外夫人不書葬，此其言葬何也？吾女也。卒災，故隱而葬之也。」[35]

2 祭祀與家庭論理

隱公五年，經文：「九月，考仲子之宮。」《穀梁傳》：「考者何也？考者，成之也。成之為夫人也。禮，庶子為君，為其母築宮，使公子主其祭也。於子祭，於孫止。仲子者，惠公之母，隱孫而脩之，

34 穀梁赤撰，范甯集解，楊士勛疏：《春秋穀梁傳注疏》(臺北市：藝文印書館，1997年)，頁81。

35 穀梁赤撰，范甯集解，楊士勛疏：《春秋穀梁傳注疏》(臺北市：藝文印書館，1997年)，頁162。

非隱也。」[36]

案：於禮規定著由倫理親疏所做的禮的規範。家庭倫理除了對親見的家人外且對過往的祖先亦有所交代。

3 家之倫理與書寫

桓公二年，經文：「二年，春，王正月，戊申，宋督弑其君與夷及其大夫孔父。」《穀梁傳》：「……曰：『子既死，父不忍稱其名。臣既死，君不忍稱其名。』以是知君之累之也。孔，氏。父，字。謚也。或曰：『其不稱名，蓋為祖諱也。』孔子故宋也。」[37]

4 家喪與國事

僖公九年，經文：「夏，公會宰周公齊侯、宋子、衛侯、鄭伯、許男、曹伯于葵丘。」《穀梁傳》：「天子之宰，通于四海。宋其稱子何也？未葬之辭也。禮，柩在堂上，孤無外事。今背殯而出會，以宋子為無哀矣。」[38]

案：非天子所傳應以喪事為大，不見天子。

文公二年，經文：「八月丁卯，大事于大廟，躋僖公。」《穀梁傳》：「大事者何？大是事也。著祫嘗，祫祭者，毀廟之主，陳于大祖，未毀廟之主，皆升合祭於大祖。躋，升也。先親而後祖也，逆祀也。逆祀，則是無昭穆也；無昭穆，則是無祖也；無祖，則無天也。故曰：文無天。無天者，是無天而行也。君子不以親親害尊尊，此春

36 穀梁赤撰，范甯集解，楊士勛疏：《春秋穀梁傳注疏》（臺北市：藝文印書館，1997年），頁21。

37 穀梁赤撰，范甯集解，楊士勛疏：《春秋穀梁傳注疏》（臺北市：藝文印書館，1997年），頁29。

38 穀梁赤撰，范甯集解，楊士勛疏：《春秋穀梁傳注疏》（臺北市：藝文印書館，1997年），頁79。

秋之義也。」[39]

案：在祭祀的制度上不允許親情來破壞。

由以上所知，和魯君有血緣關係的人可以因而成為魯國的事，但這些人卻被要求不能影響國事的制度。所以家庭倫理有它的先天條件而被特別看待，但是它不能影響制度。另外家庭倫理除了親見之人，對於過往的祖先也有禮的規定。

(四) 倫理與祭祀

1 倫理與禮

閔公二年，經文：「秋八月，辛丑，公薨。」《穀梁傳》：「不地，故也。其不書葬，不以討母葬子也。」[40]

案：禮，關於子女的傷亡若與父母有關，亦不能討罪於母。

2 倫理與政治中之尊卑

僖公十五年，經文：「己卯，晦震夷伯之廟。」《穀梁傳》：「……天子至于士皆有廟。天子七廟、諸侯五、大夫三、士二，故德厚者流光，德薄者流卑，是以貴始德之本也，始封必為祖。」[41]

案：祭祀對象的多寡由地位決定。

---

39 穀梁赤撰，范甯集解，楊士勛疏：《春秋穀梁傳注疏》（臺北市：藝文印書館，1997年），頁99。

40 穀梁赤撰，范甯集解，楊士勛疏：《春秋穀梁傳注疏》（臺北市：藝文印書館，1997年），頁66。

41 穀梁赤撰，范甯集解，楊士勛疏：《春秋穀梁傳注疏》（臺北市：藝文印書館，1997年），頁83。

3 逆祀與祭祀與天道

文公二年，經文：「八月丁卯，大事于大廟，躋僖公。」《穀梁傳》：「大事者何？大是事也。著祫嘗，祫祭者，毀廟之主，陳于大祖，未毀廟之主，皆升合祭於大祖。躋，升也。先親而後祖也，逆祀也。逆祀，則是無昭穆也；無昭穆，則是無祖也；無祖，則無天也。故曰：文無天。無天者，是無天而行也。君子不以親親害尊尊，此春秋之義也。」[42]

由以上所知，禮制上的規定和尊卑有關。同時對於違反規定者是以最重的嚴厲譴責。

（五）父母與子女間的關係

1 父母對於子女婚禮之禮

桓公三年，經文：「九月，齊侯送姜氏于讙。」《穀梁傳》：「禮，送女，父不下堂，母不出祭門，諸母兄弟不出闕門。父戒之曰：『謹慎從爾舅之言。』母戒之曰：『謹慎從爾姑之言。』諸母般申之曰：『謹慎從爾父母之言。』送女踰竟，非禮也。」[43]

案：家庭倫理於婚禮中身分與行為。

---

42 穀梁赤撰，范甯集解，楊士勛疏：《春秋穀梁傳注疏》（臺北市：藝文印書館，1997年），頁99。

43 穀梁赤撰，范甯集解，楊士勛疏：《春秋穀梁傳注疏》（臺北市：藝文印書館，1997年），頁31。

2 國仇家仇與子女的婚姻

莊公二十四年，經文：「八月丁丑，夫人姜氏入。」《穀梁傳》：「入者，內弗受也。日入，惡入者也。何用不受也？以宗廟弗受也。其以宗廟弗受何也？娶仇人子弟，以薦舍於前，其義不可受也。」[44]

案：家仇大於婚姻。

3 母子之凶

僖公元年，經文：「十有二月丁巳，夫人氏之喪至自齊。」《穀梁傳》：「其不言姜，以其殺二子，貶之也。或曰：為齊桓諱殺同姓也。」[45]

案：諱殺子與諱殺同性之人，是以同性為同一家族、血緣的人。

4 女子於家庭中婚的認知

僖公九年，經文：「秋七月乙酉，伯姬卒。」《穀梁傳》：「內女也，未適人不卒。此何以卒也？許嫁笄而字之，死則以成人之喪治之。」[46]

僖公二十五年，經文：「宋蕩伯姬來逆婦。」《穀梁傳》：「……其曰婦何也？緣姑言之之辭也。」[47]

---

44 穀梁赤撰，范甯集解，楊士勛疏：《春秋穀梁傳注疏》（臺北市：藝文印書館，1997年），頁60。

45 穀梁赤撰，范甯集解，楊士勛疏：《春秋穀梁傳注疏》（臺北市：藝文印書館，1997年），頁70。

46 穀梁赤撰，范甯集解，楊士勛疏：《春秋穀梁傳注疏》（臺北市：藝文印書館，1997年），頁79。

47 穀梁赤撰，范甯集解，楊士勛疏：《春秋穀梁傳注疏》（臺北市：藝文印書館，1997年），頁91。

5 孔子的關係尊長

僖公二十五年，經文：「宋殺其大夫。」《穀梁傳》：「其不稱名姓，以其在祖之位，尊之也。」[48]

6 父哭子

僖公三十三年，經文：「夏四月，辛巳，晉人及姜戎敗秦師于殽。」《穀梁傳》：「……秦伯將襲鄭。百里子與蹇叔子諫曰：『千里而襲人，未有不亡者也。』秦伯曰：『子之冢，木已拱矣。何知，師行。』百里子與蹇叔子送其子而戒之曰：『女死必於殽之巖唫之下，我將尸女。』於是師行。百里子與蹇叔子隨其子而哭之。秦伯怒曰：『何為哭吾師也？』二子曰：『非敢哭師也。哭吾子也。我老矣，彼不死，則我死矣。』晉人與姜戎，要而擊之殽，匹馬隻輪無反者。晉人者，晉子也。其曰人何也？微之也。何為微之？不正其釋殯，而主乎戰也。」[49]

7 父母之於子雖有錯不及罪

文公十五年，經文：「十有二月，齊人來歸子叔姬。」《穀梁傳》：「其曰子叔姬，貴之也。其言來歸何也？父母之於子，雖有罪，猶欲其免也。」[50]

---

48 穀梁赤撰，范甯集解，楊士勛疏：《春秋穀梁傳注疏》（臺北市：藝文印書館，1997年），頁91。

49 穀梁赤撰，范甯集解，楊士勛疏：《春秋穀梁傳注疏》（臺北市：藝文印書館，1997年），頁95。

50 穀梁赤撰，范甯集解，楊士勛疏：《春秋穀梁傳注疏》（臺北市：藝文印書館，1997年），頁111。

8 為親者諱

成公元年，經文：「秋，王師敗績于貿戎。」《穀梁傳》：「不言戰，莫之敢敵也。為尊者諱，敵不諱敗。為親者諱，敗不諱敵。尊尊親親之義也。然則孰敗之？晉也。」[51]

成公九年，經文：「晉欒書帥師伐鄭。」《穀梁傳》：「不言戰，以鄭伯也。為尊者諱恥、為賢者諱過、為親者諱疾。」[52]

9 名字之於父親

昭公七年，經文：「秋八月，戊辰，衛侯惡卒。」《穀梁傳》：「鄉曰：衛齊侯。今曰：衛侯惡。此何為君臣同名也。君子不奪人名，不奪人親之所名，重其所以來也。王父名子也。」[53]

10 家庭的責任歸屬於上

昭公十九年，經文：「冬，葬許悼公。」《穀梁傳》：「日卒、時葬，不使止為弒父也。曰：『子既生，不免乎水火，母之罪也。羈貫成童，不就師傅，父之罪也。就師學問無方，心志不通，身之罪也。心志既通，而名譽不聞，友之罪也。名譽既聞，有司不舉，有司之罪也。有司舉之，王者不用，王者之過也。』許世子不知嘗藥累及許君也。」[54]

---

51 穀梁赤撰，范甯集解，楊士勛疏：《春秋穀梁傳注疏》(臺北市：藝文印書館，1997年)，頁128。

52 穀梁赤撰，范甯集解，楊士勛疏：《春秋穀梁傳注疏》(臺北市：藝文印書館，1997年)，頁137。

53 穀梁赤撰，范甯集解，楊士勛疏：《春秋穀梁傳注疏》(臺北市：藝文印書館，1997年)，頁167。

54 穀梁赤撰，范甯集解，楊士勛疏：《春秋穀梁傳注疏》(臺北市：藝文印書館，1997年)，頁177。

由以上所知，家庭倫理與婚姻中的關係是禮的規範藉倫理之親疏而有所分別，這與無分別的對待天下人且視為一是不一樣的。如同要與仇人之子結婚，國仇、家仇都因為與血緣關係而變得有所約束。在則很重視對於親長的尊重，如不稱其名、為其諱，甚至免其罪。同時提到家庭之中的責任，母親負責小孩的身體不受水火之傷、父親負責使受教育。

(六) 夫妻間的關係

1 夫婦之情與禮制的衝突

莊公二十四年，經文：「二十有四年春，王三月，刻桓公桷。」《穀梁傳》：「……夫人，所以崇宗廟也。取非禮與非正，而加之於宗廟，以飾夫人，非正也。刻桓宮桷、丹桓宮楹，斥言桓宮，以惡莊也。」[55]

案：禮制大於夫妻間的情。

襄公三十年，經文：「五月甲午，宋災伯姬卒。」《穀梁傳》：「取卒之日加之災上者，見以災卒也。其見以災卒奈何？伯姬之舍失火。左右曰：『夫人少辟火乎！』伯姬曰：『婦人之義，傅母不在，宵不下堂。』左右又曰：『夫人少辟火乎！』伯姬曰：『婦人之義，保母不在，宵不下堂。』遂逮乎火而死，婦人以貞為行者也。伯姬之婦道盡矣。詳其事，賢伯姬也。」[56]

案：雖頌其事非以為真以為佳善，唯言善人之盡其本分。

55 穀梁赤撰，范甯集解，楊士勛疏：《春秋穀梁傳注疏》（臺北市：藝文印書館，1997年），頁59。

56 穀梁赤撰，范甯集解，楊士勛疏：《春秋穀梁傳注疏》（臺北市：藝文印書館，1997年），頁162。

2 夫妻之禮

成公九年，經文：「九年春王正月，杞伯來逆叔姬之喪以歸。」《穀梁傳》:「傳曰：夫無逆出妻之喪而為之也。」[57]

夫妻間的情份是如何交流的，屬於精神上的就沒有說明而物質上的給予或表現則不能違反禮制。這些禮制的規定也保障著為愛昏頭而無所節制的人。

三 《穀梁傳》家庭倫理觀與現代的啟示

《穀梁傳》中的家庭倫理觀是覆於政治與禮制下的，怎麼說呢？就是它並不是著重講家庭倫理，而是家庭倫理是如何來談。它呈現了家庭倫理關係的理由。就像是什麼決定了家庭倫理的關係。現在也有影響家庭倫理觀的來源，就是經濟問題、社會潮流、國際知識、傳統教育、同儕觀念。政治已經不是規範家庭倫理觀的來源，但是從那時建立的觀念似乎仍有流傳於現在。

從此可以察見這些傳文提供了兩個課題：其一是家庭倫理——（關係的問題），說明家庭倫理如何和政治或禮制牽連；其二是孝——（解決事情的態度方法），就是有錯誤的範例所以突顯了對應的解決之道，即該怎麼做！繼而我們從其中的例子來比較傳統與現代的繼承與改變，這之中的差異性除了變與不變外就是啟示！幫助我們對於家庭倫理的困難提供思考的出路。

---

57 穀梁赤撰，范甯集解，楊士勛疏：《春秋穀梁傳注疏》（臺北市：藝文印書館，1997年），頁137。

(一) 孝的概念與啟示

1 「《春秋》貴義而不貴惠，信道而不信邪。孝子揚父之美，不揚父之惡。」[58]

案：倫理尊長的觀念是一項定則，如果有父不父、子不子的狀況產生，如何可以仍有一個天理在？所以當時有一制衡的方式與避免錯誤的擴大，就是「《春秋》貴義而不貴惠，信道而不信邪。」[59]用今天的發展來說，換個名稱就是不能愚孝。

2 「鄭伯之處心積慮成於殺也。于鄢遠也。猶曰取之其母之懷中而殺之云爾。」[60]

案：兄弟天倫若有相殘，其牽涉二人所出的父母，即兄弟雖反目，然怎未顧及生養的父母愛子之心是一樣的。

3 「先君不以其道終，則子弟不忍即位也。」[61]

案：事實與心意的表達在於孝的表現上，即使是真的即位了，然在心的表現仍是處於痛苦的。

4 「世子曰：『吾君已老矣，已昏矣。吾若此而入自明，則麗姬必死。麗姬死，則吾君不安。所以使吾君不安者，吾不若自死。吾寧自殺以安吾君，以重耳為寄矣。』刎脰而死。」[62]

58 穀梁赤撰，范甯集解，楊士勛疏：《春秋穀梁傳注疏》(臺北市：藝文印書館，1997年)，頁9。

59 穀梁赤撰，范甯集解，楊士勛疏：《春秋穀梁傳注疏》(臺北市：藝文印書館，1997年)，頁9。

60 穀梁赤撰，范甯集解，楊士勛疏：《春秋穀梁傳注疏》(臺北市：藝文印書館，1997年)，頁10。

61 穀梁赤撰，范甯集解，楊士勛疏：《春秋穀梁傳注疏》(臺北市：藝文印書館，1997年)，頁28。

62 穀梁赤撰，范甯集解，楊士勛疏：《春秋穀梁傳注疏》(臺北市：藝文印書館，1997年)，頁81。

案：這案例呈現當時孝的一種行為表現，前面有提到「《春秋》貴義而不貴惠，信道而不信邪。」[63]此便是陷父親於不義，然從書寫的文章似乎表彰著世子的孝心、與麗姬（妾）的處心，當然後代的解釋也有說是魯君昏庸。但是這條傳文卻是在說明為何晉國夷吾要殺了里克。所以孝的問題必須另外提出來談。既是內在的孝心可以受到肯定，但外在行為卻不一定正確。從而又是孝心與孝行能否合於理（禮）的問題了。

5 「天子至于士皆有廟。天子七廟、諸侯五、大夫三、士二，故德厚者流光，德薄者流卑，是以貴始德之本也，始封必為祖。」[64]

案：遠祖對於人的意義為何？可能不是一個孝（親孝）的問題，而是由孝的觀念推及出的慎終追遠、貴始，天子可以有七廟，諸侯只有五廟，難到諸侯不孝嗎？若只是孝的問題，難道天子可以限制人對其先祖的祭祀嗎？還是這只是一個為分別名份的制度問題？不過現在的人的界定倫理關係是自由的。

6 「君子不奪人名，不奪人親之所名，重其所以來也。王父名子也。」[65]

案：尊重他人之所重。對於尊長所傳與的一切當所重視，同時也能尊重別人的一切。這似乎在媒體泛濫的時代教導著重視他人的人的尊嚴。

63 穀梁赤撰，范甯集解，楊士勛疏：《春秋穀梁傳注疏》（臺北市：藝文印書館，1997年），頁9。

64 穀梁赤撰，范甯集解，楊士勛疏：《春秋穀梁傳注疏》（臺北市：藝文印書館，1997年），頁83。

65 穀梁赤撰，范甯集解，楊士勛疏：《春秋穀梁傳注疏》（臺北市：藝文印書館，1997年），頁167。

(二) 婦人自主性的概念與啟示

1 「從人者也，婦人在家，制於父。既嫁，制於夫。夫死從長子。婦人不專行，必有從也。」[66]、「夫人薨，不地。夫人者，隱之妻也。卒而不書葬，夫人之義，從君者也。」[67]、「婦人既嫁不踰竟，踰竟非正也。婦人不言會，言會非正也。」[68]、「伯姬為志乎朝其子，則是杞伯失夫之道矣。」[69]

案：以上是規定著婦人的規矩。

2 「葵丘之會，陳牲而不殺，讀書加于牲上，壹明天子之禁。曰：毋雍泉、毋訖糴、毋易樹子、毋以妾為妻、毋使婦人與國事。」[70]、「晉獻公伐虢，得麗姬，獻公私之。有二子：長曰奚齊、稚曰卓子。麗姬欲為亂，故謂君曰：……。」[71]

案：由此才能真正明白為何要不斷的約束女人，實際上是女人的自主性太強了，影響力也太大了。所以一直強調限制之。

3 「夫人，所以崇宗廟也。取非禮與非正，而加之於宗廟，以飾夫

66 穀梁赤撰，范甯集解，楊士勛疏：《春秋穀梁傳注疏》（臺北市：藝文印書館，1997年），頁13。

67 穀梁赤撰，范甯集解，楊士勛疏：《春秋穀梁傳注疏》（臺北市：藝文印書館，1997年），頁14。

68 穀梁赤撰，范甯集解，楊士勛疏：《春秋穀梁傳注疏》（臺北市：藝文印書館，1997年），頁46。

69 穀梁赤撰，范甯集解，楊士勛疏：《春秋穀梁傳注疏》（臺北市：藝文印書館，1997年），頁74。

70 穀梁赤撰，范甯集解，楊士勛疏：《春秋穀梁傳注疏》（臺北市：藝文印書館，1997年），頁80。

71 穀梁赤撰，范甯集解，楊士勛疏：《春秋穀梁傳注疏》（臺北市：藝文印書館，1997年），頁81。

人，非正也。刻桓宮桷、丹桓宮楹，斥言桓宮，以惡莊也。」[72]

案：桓公為討夫人歡喜整修了宗廟被視為非正。

4 「伯姬之舍失火。左右曰：『夫人少辟火乎！』伯姬曰：『婦人之義，傅母不在，宵不下堂。』左右又曰：『夫人少辟火乎！』伯姬曰：『婦人之義，保母不在，宵不下堂。』遂逮乎火而死，婦人以貞為行者也。伯姬之婦道盡矣。詳其事，賢伯姬也。」[73]

案：上一條是愛情，這一條是女子守禮制、守貞。

(三) 倫理與禮的啟示

「不地，故也。其不書葬，不以討母葬子也。」[74]、「父母之於子，雖有罪，猶欲其免也。」[75]

案：父母對於子女的恩情與其尊貴性是很崇高的。現在的法律規定若子女受到父母的虐待或傷害，可以由國家出面強制隔離。

(四) 娶仇人子弟的啟示

「入者，內弗受也。日入，惡入者也。何用不受也？以宗廟弗受也。其以宗廟弗受何也？娶仇人子弟，以薦舍於前，其義不可受

---

72 穀梁赤撰，范甯集解，楊士勛疏：《春秋穀梁傳注疏》（臺北市：藝文印書館，1997年），頁59。

73 穀梁赤撰，范甯集解，楊士勛疏：《春秋穀梁傳注疏》（臺北市：藝文印書館，1997年），頁162。

74 穀梁赤撰，范甯集解，楊士勛疏：《春秋穀梁傳注疏》（臺北市：藝文印書館，1997年），頁66。

75 穀梁赤撰，范甯集解，楊士勛疏：《春秋穀梁傳注疏》（臺北市：藝文印書館，1997年），頁111。

也。」[76]

案：娶仇人子弟的婚姻在古代視為忘恩負義。然齊、魯間卻老是有婚盟，其實是一種悲劇與化解之道的矛盾衝突。國家的強弱無法靠正常的軍隊對抗取得平衡，建立起婚姻的關係成為親戚就少了戰事的危機。

(五) 父哭子的啟示

「秦伯將襲鄭。百里子與蹇叔子諫曰：『千里而襲人，未有不亡者也。』秦伯曰：『子之冢，木已拱矣。何知，師行。』百里子與蹇叔子送其子而戒之曰：『女死必於殽之巖唫之下，我將尸女。』於是師行。百里子與蹇叔子隨其子而哭之。秦伯怒曰：『何為哭吾師也？』二子曰：『非敢哭師也。哭吾子也。我老矣，彼不死，則我死矣。』晉人與姜戎，要而擊之殽，匹馬隻輪無反者。晉人者，晉子也。其曰人何也？微之也。何為微之？不正其釋殯，而主乎戰也。」[77]

案：現在父母送子女去當兵也擔心一去不返。

(六) 國事與家事的啟示

「婦人不專行，必有從也。伯姬歸于紀，此其如專行之辭，何也？曰：『非專行也，吾伯姬歸于紀，故志之也。』其不言使何也？

---

76 穀梁赤撰，范甯集解，楊士勛疏：《春秋穀梁傳注疏》（臺北市：藝文印書館，1997年），頁60。

77 穀梁赤撰，范甯集解，楊士勛疏：《春秋穀梁傳注疏》（臺北市：藝文印書館，1997年），頁95。

逆之道微，無足道焉爾。」[78]

案：第一家庭的生活就是全國注目的焦點，過去現在是一樣的。

四　結論

家庭倫理的觀念來源是從我們的想法學習然後決定，而想法的來源除了上一代家庭教育外，還有來自教育學家的教導。這些能說出一番道理的人呢？就是從經典裏找到立論的根源（或西方的知識）。歷來於經典中翻案的人很多，而這便是從新的角度去解釋問題。當問題被自圓其說或合「理」化時，人們將可以接受。經、傳、注、疏的成立便是如此。變與不變的精神便是在此。

身為一個人除了內心的自我對談外，就像一個同心圓向外擴散，他會接觸到家人、朋友與社會。每一個範疇都相當複雜，而家人是一個範疇。家庭倫理的規範。它的目的就是父慈子孝、兄友弟恭、夫婦相敬如賓、婆媳和諧。但人也可以是非常自我的，甚至六親不認，即否定家庭倫理甚或家庭所帶來的關係。因此除了每天相處的時間較長所帶來熟悉與親切的感覺外，若不常在一起的狀況之下，如何還會保有一定的關係？家庭的家法制度很難獨自成立為一套規範，因為家家不同。但此又不得不，所以先秦時將家庭倫理的規範以政治制度、禮制來約束之，變成是一種強制性的共同約定。從《穀梁傳》可以明顯看到如有違反時所遭受的嚴重批評。批評的背後即突顯一種當時的觀念。

結論在於《穀梁傳》提供了當時的家庭倫理關係與家庭倫理制

---

78 穀梁赤撰，范甯集解，楊士勛疏：《春秋穀梁傳注疏》（臺北市：藝文印書館，1997年），頁13。

度，從而可以與現代的家庭倫理觀、關係的異同性中得到啟示。其中家庭倫理的關係其架構未有很大的變動，但家庭成員的倫理關係即造成衝突的原因不同，它不再依於政治的影響然後成為規定的禮制，它的影響來源改變了。家庭倫理的目的也沒有改變，不同的是，為了達成家庭倫理目的的解決之道與態度改變了。所以探討古代與現代的家庭倫理觀的異同性必須面對：家庭倫理——（關係的問題），就是家庭倫理是如何和政治或禮制牽連的或它被什麼影響；其二是孝——（解決事情的態度方法），這兩個課題。古代的解決之道便是在心與行之上有一更高的標準（聖人的判斷、天理）來確保人的不確定性，如孝心與孝行的過與不及。並尊重他人，如「不奪人親之所名，重其所以來也。」等的要求都是很細膩的，絕不粗暴。

另外如父母與子女的關係與彼此間的衝突是否可以因而否定二者的關係。西方的法律強調個人，讓家庭倫理關係可以以單獨的人與人的關係來談，只是中國的倫理關係除了關係的界定，它還包含人倫的情理。故家庭倫理關係是透過什麼而穩定的，又當家庭倫理碰到衝突的解決方法是什麼？都影響著解決之後的關係是否仍然正常。

與現代常接觸的女人的自主性與第一家庭的問題來看，古代的記錄透露出女人於當時的影響力，它的萌發狀態卻受男人的壓制性與現在女人覺醒的自我成立性有方向不同力量一般的情形。而第一家庭因為身分特殊故是書寫與談論的對象，社會現象由這些人的動作行為表現出來，當然有對有錯，藉糾正的行為便是在將標準呈現。只是他們的家務事也成了國家大事。

《穀梁大義述》與《穀梁大義述補闕》作者及成書探析

一　前言

《穀梁》之學自范甯著《春秋穀梁傳集解》、楊士勛《春秋穀梁傳注疏》後，沈寂許久，乏人問津。至清代注疏之學興，始有專著。如鍾文烝《穀梁補注》、廖平《穀梁春秋經傳古義疏》、柯劭忞《春秋穀梁傳注》等。而於此之前，則肇興於柳興恩（1795-1880）《穀梁大義述》與許桂林《春秋穀梁傳時月日書法釋例》。

在清代穀梁學中，柳興恩《穀梁大義述》是有大環境的刺激使然。如其見阮元編《皇清經解》，無《穀梁》專著；又公羊家批評穀梁子非子夏高弟，頗譏諷之。如劉逢祿說穀梁子不傳建五始、通三統、張三世、異內外諸大旨，蓋其始即夫子所云，中人以下，不可語上者。而柳興恩孰可忍，孰不可忍，乃著述為穀梁先師洗冤。其於《穀梁大義述》中特舉劉逢祿為例，說明公、穀相爭的情形：

> 黨同伐異之見，經生俱所不免。《穀梁》之在東漢，學已不顯。何休欲申《公羊》，乃復從而《廢疾》之，鄭康成之《起廢疾》，非與何氏為難，將已存其學也。今《公》、《穀》二家頒在學宮，並無軒輊。武進劉申受乃申何難鄭，不過自形其黨

> 伐之私，於《穀梁》何損焉。況何休注《公羊》積思十有七年，而劉申受止覃思五日，已綴成二卷，何其敏也。余既彙鈔眾說，固亦不得遺之，因條舉件。[1]

指出家法不同，相互詰難，在所難免，何必出言，強為詆譭，故幽了劉逢祿一默。由是可知，柳興恩《穀梁大義述》實有述作之義。然常人或因書中有「述曰闕」處，還不少，故以為為未竟之書。今則從作者及成書過程來重新探析之。

二　釋「穀梁大義述」及「補闕」之名

就《春秋》學而言，《穀梁傳》是為了解釋《春秋》這部經典的，它本身並未存有「大義」，當然更無大義可「述」。因此，柳興恩雖取名「穀梁大義述」，實則其所述的大義，仍為《春秋》大義。

《穀梁大義述》所指涉的大義，就是《春秋》的大義？或者《穀梁傳》大義就等於是《春秋》的大義？清代以來對於三《傳》傳承大義微言，今文經學家主張將微言大義，分為「微言」與「大義」。如劉逢祿云：

> 《春秋》之有《公羊》也，豈第異于《左氏》而已，亦且異于《穀梁》。《史記》言《春秋》上記隱，下至哀，以制義法，為有所刺譏褒諱抑損之文，不可以書見也。故七十子之徒，口受其傳恉。《漢書》言仲尼歿而微言絕，七十子喪而大義乖。夫使無口受之微言大義，則人人可以屬詞比事而得之。趙汸、崔

1　柳興恩：〈穀梁大義述敘例〉，《穀梁大義述》，收入《皇清經解續編》（臺北市：復興書局，1972），第15冊，卷12，頁2a。

> 子方何必不與游、夏同識？惟無其張三世、通三統之義以貫之。故其例此通而彼礙，左支而右絀。是故以日、月、名、字為褒貶，《公》、《穀》所同，而大義迥異者，則以穀梁非卜商高弟，傳章句而不傳微言，所謂中人以下，不可語上者與。[2]

言穀梁子非卜商高第，故傳授章句而不傳微言。皮錫瑞《春秋通論》：「《公羊》兼傳大義微言，《穀梁》不傳微言，但傳大義，《左氏》並不傳義，特以記事詳贍，有可以證《春秋》之義者，故三《傳》並行不廢。」[3]熊十力《讀經示要》：「三《傳》當以《公羊》為主，孔子大義微言，惟《公羊》能傳之。《穀梁》昔人以為小書，於大義頗有得，而不足發微言。」[4]爾等分大義、微言不同，並認為《穀梁傳》無微言的傳授，唯有《公羊傳》才有大義微言的傳承。而柳興恩針對《穀梁傳》的大義進行闡述，是否意謂其不討論「穀梁微言」？

實則柳興恩並未將大義與微言二分，見〈穀梁大義述敘例〉：

> 孔子志在《春秋》，故知我罪我之言，亦出於不得已。此《春秋》之微言，即《春秋》之大義也。烏乎！仲尼沒而微言絕，七十子喪而大義乖。穀梁子親受子夏，開宗明義，首發此傳[5]，《春秋》之旨，炳如日星。[6]

2 劉逢祿：〈春秋論下〉《劉禮部集》，卷3，頁19a。

3 皮錫瑞：《春秋通論》（臺北市：臺灣商務印書館，1989），頁19。

4 熊十力：《讀經示要》，（臺北市：明文書局，1984），頁752-753。

5 此指《春秋》隱公元年，《穀梁傳》所發傳文。

6 柳興恩：〈穀梁大義述敘例〉，《穀梁大義述》，收入《皇清經解續編》（臺北市：復興書局，1972年），第15冊，卷首，頁2a。

其說《春秋》之微言，即《春秋》之大義也。

如果我們再看柳興恩對於《穀梁傳》解經的方法的理解，我們就可瞭解，對柳興恩而言，《穀梁傳》善於經，是因為《穀梁傳》特別瞭解《春秋》的述作之意。因此，透過《穀梁傳》的解經文字，即能瞭解《春秋》之義。如其云：「《穀梁》所以善於經，所待後學發明其義也。」[7]意思是，欲理解《春秋》之義，需透過善於經的《穀梁》，作為橋樑。讀者必須先明白《穀梁》之義，纔能通達《春秋》之義。

柳興恩於閔公「元年春王正月。《傳》繼弒君，不言即位，正也。親之，非父也。尊之，非君也。繼之，如君父也者。受國焉爾。」下云：「子穀梁子此言，所以統貫羣經，而獨有千古者也。」[8]特別舉明嘉靖《大禮議》，楊廷和、張璁、桂萼、毛奇齡等討論繼統、繼嗣之爭論，認為《穀梁傳》可平服論爭。

筆者以為柳興恩對於「穀梁大義」的理解，為《穀梁傳》善於解經。即《穀梁傳》的解釋，較《左傳》、《公羊傳》的解釋，更貼近《春秋》之大義。因此，《穀梁》善解經本身，就是《穀梁》大義、《春秋》大義。

孔子云：「述而不作」。柳興恩《穀梁大義述》，基本上亦以排比《春秋》、《穀梁傳》經傳文字與歷代經師、師說、著錄為主。僅於底下稍事補充、稍事闡釋，故其題名「述」。

《穀梁大義述補闕》所補之「闕」，為《穀梁大義述》「述曰闕」這部分。不過，柳興恩「述曰闕」是否真是個待補的「缺」？如何晏《論語集解》引包咸注：「包曰：古之良史，於書字有疑，則闕之，

---

7 柳興恩：〈穀梁大義述敘例〉，《穀梁大義述》，收入《皇清經解續編》（臺北市：復興書局，1972年），第15冊，卷2，頁11b。

8 柳興恩：〈穀梁大義述敘例〉，《穀梁大義述》，收入《皇清經解續編》（臺北市：復興書局，1972年），第15冊，卷6，頁11a。

以待知者。」[9]或者「述曰闕」本身就是一種不書[10]，那就無「闕」可補了。

三　《穀梁大義述》收入《皇清經解續編》的過程

關於柳興恩著作《穀梁大義述》，《清史稿》有記載：

> 柳興恩原名興宗，字賓叔，丹徒人。道光十二年舉人。受業於儀徵阮元。初治《毛詩》，以毛公師事荀卿，荀卿又師穀梁，《穀梁春秋》乃千古絕學。元刻《皇清經解》，《公羊》、《左氏》俱有專家，而獨《穀梁》缺焉。柳興恩乃發憤沈思，成《穀梁春秋大義述》三十卷。[11]

意謂柳氏見到阮元編纂刊行的《皇清經解》後，見書內未有《穀梁傳》專著，乃立志著作。此亦可見柳氏自述：

> 近阮相國刻《皇清經解》，凡千四百卷，為書百八十餘種。其中經師七十餘人。《公羊》、《左氏》俱有專家，而《穀梁》缺焉。其著述中兼及之者，如齊侍郎《經傳考證》、王尚書《經義述聞》，又多沿其支流，鮮克舉斯大義。蒙故發憤卒業於

9　何晏集解，皇侃義疏：《論語集解義疏》（臺北市：世界書局，1963年），卷15，頁69a。

10　李紀祥：〈孔夫子的書寫——《春秋》的「闕文」與「不書」〉，《第一屆世界漢學中的春秋學學術研討會論文集》（宜蘭縣：佛光大學人文社會學院歷史系，2004年），頁251-287。

11　趙爾巽等撰：《清史稿》（北京市：中華書局，1986年），卷482，頁13282-13283。

> 此，竝思為《穀梁》集其大成。[12]

《皇清經解》乃阮元使嚴杰負責，由學海堂輯刻，完成於道光九年（1829）。因此至少從道光九年起，柳興恩已立志要為《穀梁傳》進行專著研究。

若要說柳興恩與《穀梁傳》的淵源，還可往前推一年。據陳立、劉寶楠回憶，道光八年劉文淇、劉寶楠與梅植之、包季懷、柳興恩、陳立等赴江寧應試，相約共撰《十三經》新疏。當時梅植之與柳興恩，便是負責《穀梁傳》。[13]儘管此書後來並未完成，不過至道光二十年，柳興恩攜《穀梁大義述》面見阮元為止，柳興恩浸淫《穀梁傳》至少有十年以上。

《穀梁大義述》後選入王先謙所輯的《皇清經解續編》。編入《皇清經解續編》的過程，阮元與柳詒徵的說法有些不同。阮元云：

> 道光十六年，始聞鎮江柳氏為《穀梁》之學。二十年夏，柳氏興恩挾其書，渡江來，始得讀之。知其專從善解經入手，而善經則以屬辭比事為據。事與辭則以《春秋》日月等名例定之。發憤沉思，久乃卒業。余甚惜見之之晚也。極望禮堂寫定，授之梓人，補學海之缺文，與海內學者共之。是余老年之一快也。[14]

---

12 柳興恩：《穀梁大義述》，收入《皇清經解續編》（臺北市：復興書局，1972年），第15冊，卷首，頁2a-2b。

13 趙爾巽等撰：《清史稿》（北京市：中華書局，1986年），卷482，頁13291。

14 阮元：〈穀梁大義述序〉，收入柳興恩：《穀梁大義述》（臺北市：復興書局，1972年，皇清經解續編本），卷頁，頁1a。

阮元說其見到此書，是柳興恩挾書渡江呈書，欲為之付梓。

柳詒徵則說此書，為黃漱蘭學使徵書時所得：

> 公中年撰著，遭亂散佚。晚理舊業，手書恈悼，往往不可采識。黃漱蘭學使徵書時，諸父兄僅能就其明析者，迻寫呈院。王益吾學使屬南菁高材生陳君慶年等斠刊于所。未備率從蓋闕。讀者憾焉。[15]

如柳詒徵所言，《穀梁大義述》並非柳氏攜書渡江，交與阮元。乃是徵書時，才上呈繳之。《皇清經解續編》為王先謙光緒十一年（1885）開始徵書，光緒十四年刊成。徵書及出版時，柳氏早於光緒六年（1880）已過世。所以《穀梁大義述》的最後定稿，非由柳興恩定案。由於柳興恩已經過世，無法自己整理文稿，故由柳氏弟子將其原稿可辨視的文字抄出上交。又經陳慶年等，就上呈之文字斠刊，而得今所見之面貌。

查阮元見柳書為道光二十年（1840），當時柳興恩四十五歲，應不致如柳詒徵所言「手書恈悼」不可辨識。

總其過程，應是道光二十年時，柳興恩曾攜書渡江，面呈阮元。當時書稿尚未寫定，只具初稿及敘例[16]，故阮元云：「亟望禮堂寫定，

---

15 柳詒徵：〈穀梁大義述補闕跋〉，《國風半月刊》第5卷10、11合期（1934年12月），頁56。

16 柳興恩於〈穀梁大義述敘例〉提到其年四十四，居憂其間，頓釋《穀梁》大義，故有此著作。其時應為道光十九年（1839）。其云：「及年四十四，奉諱居憂。向治《毛詩》，知毛公師荀卿，荀卿師穀梁。《毛傳》中，多《穀梁》說。因即家弟所藏，汲古閣毛氏初印《注疏》本，繙閱之。見范甯之〈序〉，亦以遭父大故，而訂《穀梁傳注》。益覺與蒙之讀禮同也，而專精治之。治之久，而不覺數十年來之疑頓釋也。曰：烏乎！《穀梁》之學，之微也，久矣。乃今而知《春秋》託始於隱之旨，獨在此矣。」《穀梁大義述》，卷首，頁1a。

授之梓人。」而後柳氏或完成或未完成，總之，柳興恩過世前，一直都未付梓出版。直到光緒十一年（1885）王先謙編纂《皇清經解續編》時，柳氏弟子才重新整理上交。這時間過了將近四十五年。或許柳興恩直至晚年仍有修訂，故有些手書恎悖，不可辨識。

四 《穀梁大義述》之「闕」

阮元見《穀梁大義述》，許以為扶翼孤經，並為之序。[17]陳澧曾云：「嘗為《穀梁》箋及條例，未成。後見興恩書，歎其精博，遂出其說備采，不復作。」[18]劉師培亦曾提過，此書能成一家之言。[19]似乎在當時，以至於後世，此書的評價是不錯的。

見其內容，《穀梁大義述》分為七類。如下：

> 第一，述日月例。《穀梁》日月之例，泥則難通，比則易見。與其議《傳》而轉謂《經》誤，不若信《經》，而並存《傳》說。
> 第二，述禮例。謂《春秋》治亂於已然，禮乃防亂於未然。穀梁親受子夏，其中典禮猶與《論語》，夏時、周冕相表裏。
> 第三，述異文。謂《穀梁》之經與《左氏》、《公羊》異者以百數，此非經旨有殊，或由齊、魯異讀，音轉而字亦分也。
> 第四，述古訓。謂穀梁親受子夏，故《傳》中用孔子、孟子說，暗相吻合者眾多。

---

17 支偉成：《清代樸學大師列傳》（臺北市：藝文印書館，1979年），卷7，頁251-252。

18 趙爾巽等撰：《清史稿》（北京市：中華書局，1986），卷482，頁13283。

19 劉師培：「賓叔先生，名興宗，鎮江丹徒人。著有《穀梁大義述》以倡明魯學，殆能成一家之言者，此序所言，見其一斑。光漢識。」〈跋柳賓叔穀梁大義述自序〉《左盦題跋》，收入《劉師培全集》（北京市：中共中央黨校出版社，1997年），第4冊，頁25b。

> 第五，述師說。謂自漢以來，《穀梁》師授即不敵二《傳》之多，並鮮有專家，要不得擯諸師說之外。
>
> 第六，述經師。謂漢儒師說之可見者，惟尹更始、劉向二家，然搜獲者亦寥寥。
>
> 第七，述長編。謂《穀梁》久屬孤經，茲於所見載籍之涉《穀梁》者，循次摘錄，附以論斷，並著本經廢興源流。[20]

看起來體例完整，且頗有新意。

不過，柳興恩雖以鄭玄「穀梁子善於經」為治學的根本，認為《穀梁傳》善於解經，可以透過屬辭比事來呈現。然而柳氏真正有關這部分的論述僅在〈述日月例〉與〈述禮例〉兩類。其他〈述異文〉、〈述師說〉、〈述經師〉、〈述長編〉基本上只是剪裁前人文章或辨別文字異同。故筆者以為，《穀梁大義述》並不如柳興恩〈敘例〉所言：「蒙故發憤卒業於此，並思為《穀梁》集其大成」；亦不似阮元〈穀梁大義述序〉：「道光十六年，始聞鎮江柳氏為《穀梁》之學。二十年夏柳氏興恩挾其書，渡江來，始得讀之。……發憤沉思，久乃卒業。余甚惜見之之晚也。極望禮堂寫定，授之梓人，補學海之缺文，與海內學者共之。」是一本久思經營的作品。

我們見柳詒徵對《穀梁大義述》的內容評論：

> 其述古訓一類，僅凡例舉《論》、《孟》兩則。賡經解注曰：原闕。而六類之中又多有僅載前人之文，未下己意者。賡經解本皆於述曰下，注「闕」字。蓋公中年撰著，遭亂散佚。晚理舊業，手書恅愺，往往不可采識。黃漱蘭學使徵書時，諸父兄僅

20 柳興恩：〈穀梁大義述敘例〉，《穀梁大義述》，收入《皇清經解續編》（臺北市：復興書局，1972年），第15冊，卷首，頁2b-3b。

> 能就其明析者，迻寫呈院。王益吾學使屬南菁高材生陳君慶年等斠刊于所。未備率從蓋闕。讀者憾焉。[21]

也提到《穀梁大義述》很多部分，僅載錄前人文章，並沒有發揮自己的見解。

問題是，書中「述曰闕」的部分，是否真為柳興恩未竟之責？

若柳詒徵陳述為事實，那歷來對於柳興恩《穀梁大義述》為不全之作的罪名，就讓柳興恩蒙受不白之冤了。照柳詒徵所言，柳興恩中年撰著遭亂，稿件散佚，晚年重新修訂時，應大抵寫定。唯底本可能如柳詒徵所見，「公稿草數十冊，零章賸誼，句乙塗抹，未易卒讀。」[22]後人整理時，遇文字難以辨認之處，僅能以「闕」字表示。因此最後上呈的謄寫本子，亦無法斠刊，故以「闕」字代替。

換句話說，柳興恩《穀梁大義述》原來可能並沒有所謂的「闕」，當然更不需要「補闕」。是南菁高材生陳慶年添上的「闕」字，才有後來的「補闕」。如〈穀梁大義述補闕敘〉便理解此書為「未竟之書」，認為待補者實居泰半。其云：

> 昔元和惠氏發撝古義，為《周易述》一書未竟。甘泉江氏、上海李氏並有補作。績谿胡氏《儀禮正義》中亦有江寧楊氏所補，是前人未竟之緒，後人竟之，固儒者事也。道光中丹徒柳氏為《穀梁大義述》，嘉善鍾氏為《穀梁補注》實集大成。當時各有傳聞而不相沿襲，今長沙王公並采入《經解》續編中。

21 柳詒徵：〈穀梁大義述補闕跋〉，《國風半月刊》第5卷10、11合期（1934年12月），頁56。

22 柳詒徵：〈穀梁大義述補闕跋〉，《國風半月刊》第5卷10、11合期（1934年12月），頁56。

> 鍾書凡二十四卷，首尾完具，柳書三十卷，各條下往往有注「闕」字者，尋其前後或義取互見，不必為柳氏原注而闕畧之，待補者實居泰半，蓋亦未竟之書也。[23]

從柳詒徵的角度來說，《穀梁大義述》之「闕」，不僅是「述曰闕」，它還是一種內容的「闕」。這似乎是相當嚴厲的評價。

然而從筆者的角度來說，《穀梁大義述》其實不存在「闕」的問題，或說即使《穀梁大義述》中，真有「述曰闕」，它也不影響《穀梁大義述》所欲傳達的構想。因為我們若將《穀梁大義述》中「闕」的數量統計一下：

類例	述日月例	述禮	述異文	述師說	述經師	述長編	合計
次數	4	26	0	44	0	576	650

可發現，它的「闕」主要集中於「述長編」。

「述長編」，乃是將「茲於所見載籍之涉《穀梁》者，循次摘錄」。主要的目的，在於將歷代《經》、《史》、《子》、《集》的典籍中，曾引《穀梁傳》的部分抄錄出來。所以如「述長編」錄陸德明《經典釋文》為例：

> 春秋公羊音義　莊七年　辛卯夜　一本無「夜」字，《穀梁》作昔。
> 述曰闕[24]

「述長編」之「闕」，皆是此類。故筆者以為，柳興恩未書，也是合

23 《穀梁大義述補闕》（江蘇省立國學圖書館影印本，1935），頁1a-3a。

24 柳興恩：《穀梁大義述》，收入《皇清經解續編》（臺北市：復興書局，1972年），第15冊，卷22，頁8b。

情理的，畢竟於單個例證下，也沒什麼好書的。但當這些散見的例證被整理於一處時，它便能呈現意義。所以「述長編」之所以有意義可言，是在彙整之後，本身呈現《穀梁傳》被歷代典籍注意的視角。這是不言可明的。

回到《穀梁大義述》的作者問題，應該區分為柳氏自撰的《穀梁大義述》及經柳氏親眷、弟子，及南菁書院陳慶年修訂過的《穀梁大義述》。既然作者非僅原作者一人，那「闕」與「不闕」的問題，就應該有不一樣的解讀。

五　《穀梁大義述補闕》的作者

見《穀梁大義述補闕》書前〈敘〉：「慰祖本柳氏之意，以上探《穀梁》，補苴張皇，庶成完帙，然學問無盡，未敢自信，一知半解，懍懍乎，以不克聞道為懼，俊哲洪秀，偉彥之倫，叩其兩端，匡其紛繆，企而望之。」[25]與書末金天翮〈張伯愉先生傳〉：「柳氏尤獨探大義，惜其書未竟，因為之補闕，都七卷。頗甄采古籍，稍折衷焉。」[26]都言明此書為張慰祖所撰。圖書館著錄也都以為作者是張慰祖。

見臺灣中央研究院傅斯年圖書館藏。著錄：

張慰祖《穀梁大義述補闕》不分卷，

---

25 柳興恩：《穀梁大義述》，收入《皇清經解續編》（臺北市：復興書局，1972年），第15冊，卷22，頁8b。

26 柳興恩《穀梁大義述》書末。但檢閱金天羽（金天翮）《天放樓詩文集》，並未見到〈張伯愉先生傳〉一文，可能是周錄祥先生未見此文。金天羽撰，周錄祥校點，《天放樓詩文集》（上海市：上海古籍出版社，2006年）。

> 民國甲戌（二十四）年（1935）江蘇省立國學圖書館影印本3冊，27公分。

中國北京國家圖書館著錄：

> 《穀梁大義述補闕》〔普通古籍〕，張慰祖撰，影印本。出版：國學圖書館，民國24年〔1935〕，1冊。

南京圖書館著錄：

> 《穀梁大義述補闕》，影印本，民國二十三年（1934），三冊，張應祖。

臺灣傅斯年圖書館所藏的版本與南京圖書館的藏本一致，卻與北京國家圖書館的藏本不同。或者北京圖書館只收到三冊的其中一冊，或著錄錯誤。

在過去的文獻資料中，孫殿起《販書偶記》也曾提過：

> 《穀梁大義述補闕》，無卷數。吳江張慰祖撰。紅格紙傳抄本。述日月例，述禮，述師說，述長編，凡四類。[27]

27 孫耀卿（孫殿起）：《四庫書目續編》（原名《販書偶記》）（臺北市：世界書局，1961年），頁39。這部書大體上可說是一部清代以來的著述總目，其作用相當於《四庫全書目錄》的續編。編者冀縣孫耀卿在北平設通學齋書店，經營古籍販賣事業歷數十年之久，所以他有機會將所目睹手經的書冊逐一做下了詳細的記錄，一般地包括書名、卷數、作者的異同、作者姓氏要考訂以及書籍的內容有待於說明的，也偶有備注。所以一般圖書館也有將此書作為善本審定用書。

以上皆言作者乃張慰祖。然王欣夫云：

> （胡玉縉）先生著述，早年已刊行者，有《穀梁大義述補闕》七卷（假名弟子張慰祖）。[28]

書後〈跋〉又云：

> （胡玉縉）嘗慨丹徒柳興恩「據《穀梁》善於經」一語。剙通大義，實發二千年不傳之祕，所撰《大義述》，闕略待補者，實居泰半，迺紬繹原書體例，逐條補綴，成書七卷，以為箸述之事，貴有益於後，不必自居其名，遂以授弟子張慰祖。[29]

可知王欣夫所言，《穀梁大義述補闕》為張慰祖的老師，胡玉縉所寫。不過以上提到《穀梁大義述補闕》，皆未分卷，此與王欣夫提到胡玉縉「《穀梁大義述補闕》七卷」、「成書七卷」不同。按「不分卷」，是就《補闕》本身不分卷而言。若依《穀梁大義述》內容，分「述日月例」、「述師說」等七類，則著錄七卷者，應是以七類為七卷。而《販書偶寄》言四類，是因《補闕》最後真正補的部分，只有四類。

王欣夫與胡玉縉熟稔不在話下[30]，其與金天羽亦有深厚師生之

---

28 胡玉縉撰，王欣夫輯：〈吳縣胡先生傳略〉，《許廎學林》（北京市：中華書局，1961年），頁4。

29 胡玉縉撰，王欣夫輯：〈跋〉，《許廎學林》（北京市：中華書局，1961年），頁487。

30 王欣夫：「先生晚歸吳下，屢摳衣晉謁，盛德謙衷，言無不盡，獲益良多，並許為畏友。又以草稿叢殘，多未寫定，約相助為理。曾幾何時，忽示微疾，猶鄭重致書，以身後編刊之役為託。」胡玉縉撰，王欣夫輯：〈吳縣胡先生傳略〉《許廎學林》（北京市：中華書局，1961年），頁4。

誼[31]。而金天羽與張慰祖「幼同嬉、長同學，同試於有司而入泮」，來為張慰祖背書。王欣夫或許知道其中底情，亦不好直說，故在胡玉縉、張慰祖、金天羽皆謝世後，才在《許廎學林》中揭開此段不為人知的學林舊事。

章鈺為胡玉縉好友，在寫給胡玉縉的一首題詞中曾細數胡玉縉之著作，其中並未提到《穀梁大義述補闕》一書。〈胡綏之雪夜校書圖題詞〉：

> 鈺所得見冊子，其高逾尺，在篋衍者，不知凡幾。嘗錄示一目，曰說文舊音補注並補遺；曰讀說文段注記；曰釋名補疏；曰獨斷疏證；曰新序注；曰說苑注；曰論衡注；曰四庫全書提要補正；曰四庫未收書目提要補正；曰四庫未收書目續編；曰羣書題跋；曰羣書答問；曰金石萃編補正；曰金石續編補正。統凡若干卷，皆勒成定稿，可付削人。[32]

因此，《穀梁大義述補闕》的作者為誰？即便是當時胡玉縉的友人，亦不知道胡玉縉寫了此書。故應是胡玉縉晚年歸吳江時，在與王欣夫商理文稿付梓的過程中，透露給王欣夫的。

總之，在以上的文獻中，二造各有言說，並無直接證據說明《穀梁大義述補闕》的作者為誰。

---

31 見《天放樓詩文集》，〈二十八宿硯為王生欣甫大隆作〉、〈題欣甫所藏新莽大布黃千范〉、〈欣夫觴客餞春於聖約翰大學學舍楊無恙作圖請題〉、〈為欣夫題抱蜀廬校書圖〉，頁243、244、450、484。而王欣夫有一文收入於書〈鶴舫中年政論跋〉，頁1446。文中王欣夫稱金天羽為先師，自稱弟子。

32 章鈺：《四當齋集》，收入沈雲龍編《近代中國史料叢刊．三編》（臺北縣：文海出版社，1986年），第18輯，第174冊，頁142。因盧弼於〈許廎遺書序〉提及「式之題綏之〈雪夜校書圖〉，記綏之生平纂箸……凡十四種。」（《許廎學林》，頁1）未提到《穀梁大義述補闕》此書。

六　〈穀梁大義述補闕敘〉的底本

〈穀梁大義述補闕敘〉於《許廎學林》中，標題記為「穀梁大義述補闕敘代」。王欣夫選此篇入胡玉縉文集，當然認為此篇為胡玉縉所寫。因文中有「慰祖不揣檮昧，輙傍江、李、楊故事，紬繹原書體例，妄思補綴，草畢乃為之敘。」之語。所以王欣夫必須交代此篇為何為胡玉縉所撰寫。王欣夫的說法，此篇為胡玉縉代筆。

筆者發現〈穀梁大義述補闕敘〉這篇敘文，是從劉昌齡〈穀梁善於經說〉[33]這篇文章改寫而成，二篇內容、見解、例證，幾乎全同。如下：

〈穀梁大義述補闕敘〉	〈穀梁善於經說〉
《穀梁》師說在漢已微，亦越於今，幾成絕學，鄭君《六藝論》以「《穀梁》為近孔子」，《起廢疾》又有「善於經」之目，然則三傳中，經旨以《穀梁》為最得。竊嘗論之，厥有六善。	嘗讀鄭君《六藝論》，以為《左氏》善於禮，《公羊》善於讖，《穀梁》善於經。夫三傳皆所以通經也。而鄭獨謂《穀梁》善於經。然則經旨以《穀梁》為最近，《左氏》、《公羊》未足相方。乃穀梁師說在漢已微，亦越於今，幾成絕學。微言大義，日就闇晦，不深可惜哉。嘗試論之《六藝論》。

上述二篇皆提到「鄭君《六藝論》」、「《穀梁》善於經」、「經旨以《穀梁》為最近」。

33 劉昌齡：〈穀梁善於經說〉，收入張維屏選：《學海堂三集》（據清咸豐九年啟秀山房本影印），卷11，頁23a-27a。

〈穀梁大義述補闕敘〉	〈穀梁善於經說〉
微言大義悉本尼山筆削，褒貶精意斯在，是曰宗聖，其善一也。	夫《春秋》屬商微旨斯存。親受遺經，獨得要領，是曰近古，其善一也。
博采通人，務祛專己，洨長說解，實讓前導，是曰證古，其善二也。	夫舊典遺文，具資攷證。《左氏》善禮，遜其該博。是曰洽聞，其善二也。
遺文舊典具資攷證，承先啟後足補禮經，是曰博聞。其善三也。	夫《公羊》善讖，論多誕妄。義必宗經，異說悉屏，是其卓見，其善三也。
體例本皆實錄，推求字義，務得其當，是曰達詁，其善四也。	夫言非一端，義各有當，隨文立義，務得其實，是曰宏通，其善四也。
隨文立義，乃不膠柱，是曰特識，其善五也。	夫經無達例，本非確論，通其旨要，綱舉目張，是曰明例，其善五也。
通其旨要，不淆別白是曰定論，其善六也。	夫是非懸絕，詎容溷淆，發覆闡微，經無滯義，是曰定論，其善六也。

由上表知：

第一、「悉本尼山筆削」與「親受遺經」，同。

第二、「遺文舊典具資攷證，承先啟後足補禮經」與「舊典遺文，具資攷證」，同。

第三、「隨文立義，乃不膠柱」與「義各有當，隨文立義」，同。

第四、「通其旨要，不淆別白是曰定論」、「詎容溷淆，發覆闡微，經無滯義，是曰定論」，同。

第五、「體例本皆實錄，推求字義，務得其當，是曰達詁」與「夫經無達例，本非確論，通其旨要，綱舉目張，是曰明例」，同。

〈穀梁大義述補闕敘〉	〈穀梁善於經說〉
孫卿之學出於穀梁，毛公受業是為再傳。故隱公元年《傳》言賻、賵、襚、含之義；僖十五年《傳》言天子以下廟數，並見《荀子・大畧》及《禮論》。攷襄二十四年《傳》言大侵之禮；昭八年《傳》言蒐狩之禮，又時時見於《詩・雲漢》及《車攻傳》。	孫卿之學出於《穀梁》。故《傳》文如「乘馬曰賵」、「衣衾曰襚」，亦見《荀子》。毛公親事荀卿，其傳《詩》，言蒐狩之禮、大侵之禮，亦原於《穀梁》。（23b-24a）

由上表知：

第一、「孫卿之學出於穀梁」，同。

第二、「毛公受業是為再傳」與「毛公親事荀卿」，同。

第三、「《傳》言賻、賵、襚」與「《傳》文如『乘馬曰賵』、『衣衾曰襚』」，同。

第四、「《傳》言大侵之禮；昭八年《傳》言蒐狩之禮」與「言蒐狩之禮、大侵之禮」，同。

〈穀梁大義述補闕敘〉	〈穀梁善於經說〉
莊七年，《傳》言著上見下謂之隕，是雨與墜有別，故文三年雨螽于宋，亦重發《傳》，是為董仲舒或降於天或發於地，不可同之說。	「雨螽于宋」。《左氏》、《公羊》謂死而墜說，與《讖》合。《穀梁》云：「著於上，見於下，謂之雨。著於下，不見於上，謂之隕。」是雨與墜有別。死墜之論亦穀梁子所不取。（24b-25a）

由上表知：

第一、「是雨與墜有別，故文三年雨螽于宋」與「雨螽于宋，《左氏》、《公羊》謂死而墜說……是雨與墜有別」，同。

〈穀梁大義述補闕敘〉	〈穀梁善於經說〉
《春秋》凡內盟例日、外盟例不日，齊桓公以諸侯思王政，尊周攘狄，存亡接絕，信義大著，雖公與盟猶不書日，故《穀梁》於莊十三年《傳》特發桓盟之例，曰桓盟雖內與，不日，信也。以見桓盟與內盟有別。齊崔杼以世卿專權，齊人惡其族，令出奔，既不欲其身反，又不欲國立其宗，後宣十年書崔氏出奔衛，本與隱三年書尹氏卒異。《傳》曰：「氏者，舉族而出之之辭也。」自不得以尹氏舉族死相難。觀後此尹氏立王子朝，尹氏以王子朝奔齊，《經》皆書氏崔氏，書氏惟此一見。	《穀梁》於內盟之外，別著桓盟之例。於隱元年《傳》云：「不日，其盟渝也。」於莊十三年《傳》云：「桓盟不日，信也。」……僖十五年則不可以此例言之，是桓盟與內盟別，其例明矣。……據《五經異義》「《公羊》、《穀梁》說皆以尹氏卒為譏世卿。」宣十年「崔氏出奔衛」。《傳》曰：「氏者，舉族而出之之辭也。」案後此尹氏立王子朝，尹氏以王子朝奔齊，《經》皆書氏。崔氏書氏，惟此一見，義當殊異。何氏難《穀梁》曰：「即稱氏，為舉族出。」尹氏卒，甯可以為舉族死乎？膠固不通，殊不足辨。（25a）

由上表知：

第一、「《春秋》凡內盟例日、外盟例不日，齊桓公以諸侯思王政，尊周攘狄，存亡接絕，信義大著，雖公與盟猶不書日」、「《穀梁》於內盟之外，別著桓盟之例。於隱元年《傳》云：不日，其盟渝也。於莊十三年《傳》云：桓盟不日，信也。」同。

第二、「《傳》曰：氏者，舉族而出之之辭也。」同。

第三、「齊崔杼以世卿專權」與「尹氏卒為譏世卿」同。

第四、「尹氏以王子朝奔齊，《經》皆書氏。崔氏書氏，惟此一見」同。

〈穀梁大義述補闕敘〉	〈穀梁善於經說〉
桓十一年突歸于鄭。《傳》以立惡黜正為惡，祭仲而行權之繆論可息。莊九年伐齊納糾，《傳》以可納不納，致敗為惡內，而復讎之妄說可廢。僖八年用致夫人，《傳》以立妾為非正，而妾母稱夫人之曲解可屏。	突歸于鄭。以立惡黜正為惡，祭仲而行權之謬論可息。用致夫人。以立妾為非正。而妾母稱夫人之妄說，可廢。（26b）

由上表知：

第一、「桓十一年突歸于鄭。《傳》以立惡黜正為惡，祭仲而行權之繆論可息。」與「突歸于鄭。以立惡黜正為惡，祭仲而行權之謬論可息。」同。

第二、「僖八年用致夫人，《傳》以立妾為非正，而妾母稱夫人之曲解可屏。」與「用致夫人。以立妾為非正。而妾母稱夫人之妄說，可廢。」同。

〈穀梁大義述補闕敘〉	〈穀梁善於經說〉
有茲六善，知高密品題非阿私好，即順陽糾正，要豈知言者哉！柳書據「善於經」一語，�述《大義》，實發二千年不傳之秘。慰祖本柳氏之意，以上探《穀梁》，補苴張皇，庶成完帙，然學問無盡，未敢自信，一知半解，懍懍乎，以不克聞道為懼，俊哲洪秀，偉彥之倫，叩其兩端，匡其紛繆，企而望之。	較彼二《傳》，有茲六善，尋尼山筆削之旨，承西河授受之遺，誠藝林之津涉，《麟經》之鈐鍵。承學之士詎宜忽之，若乃一知半解，長於《左氏》、《公羊》者，不可殫述。高密有《廢疾》之釋、石渠存異同之說，此則邵公輕詆，無傷日月。眭孟辨論，所由窮屈者也。

由上表知：

第一、「有茲六善」，同。

第二、「知高密品題非阿私好」與「高密有《廢疾》之釋」同。

第三、「一知半解」，同。

由上述比對，可以確定胡玉縉〈穀梁大義述補闕敘〉，確由劉昌齡〈穀梁善於經說〉改寫而成。

七　結論

筆者以為《穀梁大義述補闕》、〈穀梁大義述補闕敘〉，應為胡玉縉所撰。因為內容頗採學海堂生員劉昌齡〈穀梁善於經說〉之見解，為避免引來非議，故假弟子張慰祖之名刊行。胡玉縉晚年告知王欣夫，《穀梁大義述補闕》、〈穀梁大義述補闕敘〉實為自己所作，致有後來《許廎學林》內的說明。不過胡玉縉可能沒告訴王欣夫說〈穀梁大義述補闕敘〉是參考劉昌齡的文章。所以雖然王欣夫看似為胡玉縉爭回《穀梁大義述補闕》、〈穀梁大義述補闕敘〉的著作權，卻也讓胡玉縉必須接受襲用劉氏文章的檢驗。

此〈穀梁大義述補闕敘〉大量採用劉昌齡著作觀點雖有疑議，然筆者相信《穀梁大義述補闕》仍為胡玉縉所撰。因為撰寫《穀梁大義述補闕》仍需相當的功力，非初學者可上手。

王欣夫〈吳縣胡先生傳略〉云：

> 年十九，補縣學生員，初肄業正誼書院，與潘錫爵、葉昌熾、許克勤、曹元忠、王仁俊等同學，以學問道義相切磋。嗣調江陰南菁書院。南菁為其時大江南北人材淵藪，同學諸子，均斐然有著述才，先生廁身其間，治經義兼辭章，試輒冠其曹，為

> 山長定海黃以周激賞。……丙午（1906），學部以治經有法、深明教育，調補主事，升員外郎。戊申（1908），禮學館重修《通禮》，聘任纂修。[34]

既為黃以周激賞，又以治經有法受聘纂修《通禮》，足見胡玉縉治經功底深厚。

吳格於著作中，提到胡玉縉曾示人「論著書方法」，曰：

> 此事大致先以十年閱書為事，凡有裨於所欲撰述者，即行記出。但舉標題，下注書名，再注正字某數為卷，號碼某為葉，相同者類次，寧寬毋狹，俟編寫時再酌去取。整部書外，以多采零星說為尚。王氏《漢書補注》、《荀子集解》等書，竊嫌其零星說少。[35]

可見胡玉縉對於補注之法，甚有心得。所示途徑，亦足為法式。如王欣夫記胡玉縉：

> 每撰一篇，必於全書熟復數過。挈其菁華，博采群言，辨其是非，然後能發抒己見，折衷至當，而免鈔胥之誚。觀於每下條議，斷制謹嚴，雖若易易，而孰知其用心至苦。故若段玉裁《說文解字注》，先生研誦將六十年，而手稿僅存一目，其文仍闕，則其慎重不苟可知矣。此二百餘篇者，在有清一代之藝文，猶為一勺之水，而辨言舉要，洞悉原委，竊謂雖使戴、邵

34 胡玉縉撰，王欣夫輯：〈吳縣胡先生傳略〉，《許廎學林》（北京市：中華書局，1961年），頁3。

35 胡玉縉撰，吳格整理：〈前言〉，《續四庫提要三種》（上海市：上海書店出版社，2002），頁3。

復生，不是過也。[36]

言熟讀全書，方能辨其是非，用於《穀梁大義述補闕》上，正是實證。

又如，王欣夫於〈許廎學林跋〉提到：

鎮洋畢沅輯《說文》舊音，又惜其所采之書止載書名，未標篇第，迺一一攷其所出，為之補注。更據《玉篇》、《廣韻》、《一切經音義》、《大藏音義》諸書，為之補遺。……清代修《四庫全書總目提要》，儀徵阮元更為《四庫未收書目提要》，均集並時俊彥，分任編纂，搜羅既博，解題亦詳，實為後學津梁。然仍罅漏百出，舛誤多有，則皆為之補正。古書之或為後出，或為當時所未見，則為之續編。[37]

為他人著述增補改訂，是一件繁瑣且吃力不討好的工作。一般來說，著者已經將所欲闡發的思想發揮得不錯，常人很難在此基礎上更進一步討論。而胡玉縉從內容上的缺漏與訛誤來考訂補正，很難自由發揮，僅能就文字上或考訂上的問題來修定，這需有一定的底子與功力才做得來的。而胡玉縉正有此專長。若說張慰祖時值弱冠，且其後並無相關著作等學術研究，斷不可能有此功力。

即便如此，這之中亦免不了有一些值得商確之處。如柳詒徵：

間有逐條標舉，未能盡符公書恉趣者。如「述師說」：《困學紀聞》「佽卒」條。補曰：「所者，斥之之辭。猶言某佽也……」

36 胡玉縉撰，吳格整理：〈前言〉，《續四庫提要三種》（上海市：上海書店出版社，2002），頁3。

37 王欣夫：《許廎學林》（北京市：中華書局，1961年），頁487。

> 云云。蓋未繹公書，《注疏考證》「俠卒條」。公所述說，此則雖闕，宜曰：說見齊侍郎召南《考證》「俠卒條」。不必別為之說也。又《日知錄》「城小穀」條。補曰：「顧氏以《左氏》為誤，其說近是……」云云。亦宜曰：說見齊侍郎《考證》「城小穀」條。始與原書一毋而無外。[38]

這牽涉補闕者對於原作者，述作之意的理解與掌握。這就得由胡玉縉來承擔了，不是張慰祖的問題了。

總之，陳澧曾云：「嘗為《穀梁》箋及條例，未成，後見興恩書，歎其精博，遂出其說備采，不復作。」[39]雖說陳澧因為看到柳興恩《穀梁大義述》後，放棄《穀梁傳》的著述研究。柳興恩體例雖完備，然最後刊行時，因為文稿無法辨明，導致很多地方僅以「闕」字作結，這也是陳澧當初所未能預見的。不過後來《穀梁大義述補闕》一書的出版，已盡可能的依柳興恩的體例來補闕，因此除「述古訓」一類不說，《穀梁大義述》應能算是一本完整的著作了。[40]即柳興恩《穀梁大義述》的完成態，可由《穀梁大義述》及《穀梁大義述補闕》二書，構成一個整體。

至於為何柳興恩會從相約為《十三經》作新疏的注疏之作，轉變為《穀梁傳》的專著研究。筆者推測，《穀梁大義述》便是為著「穀梁傳新疏」的先前準備。傳統的注疏，多是為經傳文字疏解文義，如柳氏等輩欲作「新疏」，除了重新繕寫較通順合理的疏文之外，便是突破舊有的形式慣例。我們見《穀梁大義述》中篇幅佔最多的部分，為「述長編」。此編是將歷代「茲於所見載籍之涉《穀梁》者，循次

---

38 柳詒徵：〈穀梁大義述補闕跋〉，《國風半月刊》第5卷10、11合期（1934年12月），頁56。

39 趙爾巽等撰：《清史稿》（北京市：中華書局，1986年），卷482，頁13283。

40 劉文淇著《春秋左傳舊疏考證》，亦費一門三代之力，猶未完成。

摘錄」。此之作法若能編纂入「新疏」中，有益於後人瞭解歷代《穀梁傳》最常被引用的段落文字。且將「述經師」、「述師說」都編入「新疏」中，正符合柳氏著作「思為《穀梁》集其大成」之初衷。

清學史中的《穀梁大義述》

一　前言

民國史學名家柳詒徵先生在其〈穀梁大義述補闕跋〉中述曰：

> 族祖賓叔公著《穀梁大義述》，分述七類；今行於世者，有木犀軒本最略，南菁書院本較詳，兩本皆只六類。

又曰：

> 六類中多有僅載前人之文，未下己意者。《賡經解》本皆于「述曰」下注「闕」字。

此意即柳詒徵氏以為其族祖柳興恩之名著《穀梁大義述》，實亦為一「未竟之業」，遂須待後世「乃有人為足成之」。自王先謙以迄柳詒徵，皆以為柳興恩書非全、述有闕；此觀點是耶？非耶？大可一探。近人對此研究者極乏、探問者更尠。

再者，柳詒徵顯然對於其族祖柳興恩氏之足傳世名家之《穀梁》部類著作有其「心懷懸念」，並且也在若干程度上流露出「清學史」中的「鄉愁」。這意謂著柳興恩的著作其實尚未在後世受到注意與矚目，也意謂著他對其後張慰祖（一說為胡玉縉所撰）的《穀梁大義述補闕》二卷寫本之重視，實來自於對「未竟之業」的「接受」。本文因之就柳興恩之《穀梁大義述》及其「春秋穀梁學」作一探討，其中於柳氏此書之「足」、「不足」之歧處特加詳考措意焉。

就「春秋學」而言，《穀梁傳》是為了解釋《春秋》這部經典的。它本身並未存在有所謂的「大義」，當然更無大義可「述」。因此，柳興恩雖取名「穀梁大義述」，實則其所述的大義，仍為《春秋》大義。

《穀梁大義述》所指涉的大義，就是《春秋》的大義。或者《穀梁傳》大義就等於是《春秋》的大義？清代以來對於三《傳》傳承大義微言，有一套說法，如王夫之：「善治《春秋》者，先大義後微言。求諸大義而不得，於是求之於微言；求之大義而得矣，抑舍而求之於微言，則大義蝕，而黨人之邪說進。」[1]故大義已昭，信聖人焉足矣，黨人之言勿庸也皮錫瑞《春秋通論》：「《公羊》兼傳大義微言，《穀梁》不傳微言，但傳大義，《左氏》並不傳義，特以記事詳贍，有可以證《春秋》之義者，故三《傳》並行不廢。」熊十力《讀經示要》：「三《傳》當以《公羊》為主，孔子大義微言，惟《公羊》能傳之。《穀梁》昔人以為小書，於大義頗有得，而不足發微言。」皆以《穀梁傳》無微言的傳授，唯有《公羊傳》才有大義微言的傳承。而柳興恩針對《穀梁傳》的大義進行闡述，是否意謂其不討論「穀梁微言」？

實則柳興恩並未將大義與微言二分，見〈穀梁大義述敘例〉：

> 孔子志在《春秋》，故知我罪我之言，亦出於不得已。此《春

---

1 王夫之：《春秋家說》，收入《船山全書》（長沙市：嶽麓書社，1993年），第5冊，卷中，頁218。

> 秋》之微言，即《春秋》之大義也。烏乎！仲尼沒而微言絕，七十子喪而大義乖。穀梁子親受子夏，開宗明義，首發此傳[2]，《春秋》之旨，炳如日星。[3]

其說《春秋》之微言，即《春秋》之大義也。進一步說，柳興恩甚至將孔子之志、《春秋》之微言、《春秋》之大義、《春秋》之旨，視為一個概念，此「志」、「微言」、「大義」、「旨」，其理解，均為一事。

如果我們再看柳興恩對於《穀梁傳》解經方法的理解，我們就可瞭解，對柳興恩而言，《穀梁傳》善於經，是因為《穀梁傳》特別瞭解《春秋》的述作之意。因此，透過《穀梁傳》的解經文字，即能瞭解《春秋》之義。如其云：「《穀梁》所以善於經，所待後學發明其義也。」[4]意思是，欲理解《春秋》之義，需透過善於經的《穀梁》，作為橋樑。讀者必須先明白《穀梁》之義，纔能通達《春秋》之義。

又如柳興恩於閔公「元年春王正月。《傳》繼弒君，不言即位，正也。親之，非父也。尊之，非君也。繼之，如君父也者。受國焉爾。」下云：「子穀梁子此言，所以統貫羣經，而獨有千古者也。」[5]特別舉證如明嘉靖《大禮議》，楊廷和、張璁、桂萼、毛奇齡等討論繼統、繼嗣之論爭，緣於不知《穀梁》傳義。若知《穀梁》傳義，即可據此《傳》，折服論爭。

筆者以為柳興恩對於「穀梁大義」的理解，為其以《穀梁傳》善

2 此指《春秋》隱公元年，《穀梁傳》所發傳文。

3 柳興恩：〈穀梁大義述敘例〉，《穀梁大義述》，收入《皇清經解續編》（臺北市：復興書局，1972年），第15冊，卷首，頁2a。

4 柳興恩：《穀梁大義述》，收入《皇清經解續編》（臺北市：復興書局，1972年），第15冊，卷2，頁11b。

5 柳興恩：《穀梁大義述》，收入《皇清經解續編》（臺北市：復興書局，1972年），第15冊，卷6，頁11a。

於解經。即《穀梁傳》的解釋，較《左傳》、《公羊傳》的解釋，更貼近《春秋》之大義。因此，《穀梁》善解經本身，就是《穀梁》大義、《春秋》大義。

孔子云：「述而不作」。柳興恩《穀梁大義述》，基本上亦以排比《春秋》、《穀梁傳》經傳文字與歷代經師、師說、著錄為主。僅於底下稍事補充、稍事闡釋，故其題名「述」。

二　《穀梁大義述》與《皇清經解續編》

《清史稿》記載：

> 柳興恩原名興宗，字賓叔，丹徒人。道光十二年舉人。受業於儀徵阮元。初治《毛詩》，以毛公師事荀卿，荀卿又師穀梁，《穀梁春秋》乃千古絕學。元刻《皇清經解》，《公羊》、《左氏》俱有專家，而獨《穀梁》缺焉。柳興恩乃發憤沈思，成《穀梁春秋大義述》三十卷。[6]

提到柳興恩見到阮元編纂的《皇清經解》，見書內未有《穀梁傳》專著，乃發憤著作。此可見柳氏自述：

> 近阮相國刻《皇清經解》，凡千四百卷，為書百八十餘種。其中經師七十餘人。《公羊》、《左氏》俱有專家，而《穀梁》缺焉。其著述中兼及之者，如齊侍郎《經傳考證》、王尚書《經義述聞》，又多沿其支流，鮮克舉斯大義。蒙故發憤卒業於

6　趙爾巽等撰：《清史稿》（北京市：中華書局，1986年），卷482，頁13282-13283。

此，竝思為《穀梁》集其大成。[7]

《皇清經解》由學海堂輯刻，完成於道光九年（1829）。因此至少從道光九年起，柳興恩已立志要為《穀梁傳》進行專著研究。

不過，若要說柳興恩與《穀梁傳》的淵源，還可往前推一年。據陳立、劉寶楠回憶，道光八年劉文淇、劉寶楠與梅植之、包季懷、柳興恩、陳立等赴江寧應試，相約共撰《十三經》新疏。當時梅植之與柳興恩，便是負責《穀梁傳》。[8]從道光八年至道光二十年，柳興恩攜《穀梁大義述》面呈阮元為止，柳興恩浸淫研究《穀梁傳》至少有十年以上。

《穀梁大義述》後選入王先謙所輯的《皇清經解續編》。編入《皇清經解續編》的過程，阮元與柳詒徵的說法有些不同。阮元云：

> 道光十六年，始聞鎮江柳氏為《穀梁》之學。二十年夏，柳氏興恩挾其書，渡江來，始得讀之。知其專從善解經入手，而善經則以屬辭比事為據。事與辭則以《春秋》日月等名例定之。發憤沉思，久乃卒業。余甚惜見之之晚也。極望禮堂寫定，授之梓人，補學海之缺文，與海內學者共之。是余老年之一快也。[9]

阮元說其見到此書，是柳興恩挾書渡江呈書，欲為之付梓。

---

7 柳興恩：《穀梁大義述》，收入《皇清經解續編》（臺北市：復興書局，1972年），第15冊，卷首，頁2a-2b。

8 趙爾巽等撰：《清史稿》（北京市：中華書局，1986年），卷482，頁13291。

9 阮元：〈穀梁大義述序〉，收入柳興恩：《穀梁大義述》（臺北市：復興書局，1972年，皇清經解續編本），卷頁，頁1a。

柳詒徵則說此書，為黃漱蘭學使徵書時所得：

> 公中年撰著，遭亂散佚。晚理舊業，手書恈惵，往往不可采識。黃漱蘭學使徵書時，諸父兄僅能就其明析者，迻寫呈院。王益吾學使屬南菁高材生陳君慶年等斠刊于所。未備率從蓋闕。讀者憾焉。[10]

如柳詒徵所言，《穀梁大義述》並非柳氏攜書渡江，交與阮元。乃是徵書時，才上呈之。當時柳興恩大概已經年邁或已過世，故柳氏親族子孫將其原稿可辨視的文字抄出繳出。又經陳慶年手等，就上呈之書斠刊，而得今所見之面貌。

查阮元見柳書為道光二十年（1840），當時柳興恩四十五歲，應不致如柳詒徵所言「手書恈惵」不可辨識。

《皇清經解續編》為王先謙光緒十一年（1885）開始徵書，光緒十四年刊成。時柳氏已於光緒六年（1880）過逝。

其過程，應是道光二十年，柳興恩曾攜書渡江，面呈阮元。當時書稿尚未寫定，只具初稿及敘例[11]，故阮元云：「亟望禮堂寫定，授之梓人。」而後柳氏或完成或未完成，總之，柳興恩過世前，一直都未付梓出版。直到光緒十一年（1885）王先謙編纂《皇清經解續編》

---

10 柳詒徵：〈穀梁大義述補闕跋〉，《國風半月刊》第5卷10、11合期（1934年12月），頁56。

11 柳興恩於〈穀梁大義述敘例〉提到其年四十四，居憂其間，頓釋《穀梁》大義，故有此著作。其時應為道光十九年（1839）。其云：「及年四十四，奉諱居憂。向治《毛詩》，知毛公師荀卿，荀卿師穀梁。《毛傳》中，多《穀梁》說。因即家弟所藏，汲古閣毛氏初印《注疏》本，繙閱之。見范甯之〈序〉，亦以遭父大故，而訂《穀梁傳注》。益覺與蒙之讀禮同也，而專精治之。治之久，而不覺數十年來之疑頓釋也。曰：烏乎！《穀梁》之學，之微也，久矣。乃今而知《春秋》託始於隱之旨，獨在此矣。」《穀梁大義述》，卷首，頁1a。

時，柳氏子弟才重新整理上交。期間過了將近四十五年。應是柳興恩直至晚年仍有修訂，故有些手書恈憒，不可辨識。

三　《穀梁大義述》之「闕」

阮元見《穀梁大義述》，許以為扶翼孤經，並為之序。[12]陳澧曾云：「嘗為《穀梁》箋及條例，未成。後見興恩書，歎其精博，遂出其說備采，不復作。」[13]劉師培亦曾提過，此書能成一家之言。[14]似乎在當時，以至於後世，此書的評價是不錯的。

見其內容，《穀梁大義述》分為七類。如下：

> 第一，述日月例。《穀梁》日月之例，泥則難通，比則易見。與其議《傳》而轉謂《經》誤，不若信《經》，而並存《傳》說。
>
> 第二，述禮例。謂《春秋》治亂於已然，禮乃防亂於未然。穀梁親受子夏，其中典禮猶與《論語》，夏時、周冕相表裏。
>
> 第三，述異文。謂《穀梁》之經與《左氏》、《公羊》異者以百數，此非經旨有殊，或由齊、魯異讀，音轉而字亦分也。
>
> 第四，述古訓。謂穀梁親受子夏，故《傳》中用孔子、孟子說，暗相吻合者眾多。

12 支偉成：《清代樸學大師列傳》（臺北市：藝文印書館，1979年），卷7，頁251-252。

13 趙爾巽等撰：《清史稿》（北京市：中華書局，1986年），卷482，頁13283。

14 劉師培：「賓叔先生，名興宗，鎮江丹徒人。著有《穀梁大義述》以倡明魯學，殆能成一家之言者，此序所言，見其一班。光漢識。」〈跋柳賓叔穀梁大義述自序〉《左盦題跋》，收入《劉師培全集》（北京市：中共中央黨校出版社，1997年），第4冊，頁25b。

> 第五，述師說。謂自漢以來，《穀梁》師授即不敵二《傳》之多，並鮮有專家，要不得擯諸師說之外。
>
> 第六，述經師。謂漢儒師說之可見者，惟尹更始、劉向二家，然搜獲者亦寥寥。
>
> 第七，述長編。謂《穀梁》久屬孤經，茲於所見載籍之涉《穀梁》者，循次摘錄，附以論斷，並著本經廢興源流。[15]

看起來體例完整，且頗有新意。

不過，柳興恩雖以鄭玄「穀梁子善於經。」為治學的根本。認為《穀梁傳》善於解經，可以透過屬辭比事來呈現。然而柳氏真正有關這部分的論述僅在〈述日月例〉與〈述禮例〉兩類。其他〈述異文〉、〈述師說〉、〈述經師〉、〈述長編〉基本上只是剪裁前人文章或辨別文字異同。故人以為，《穀梁大義述》並不如柳興恩〈敘例〉上所言：「蒙故發憤卒業於此，並思為《穀梁》集其大成」；亦不似阮元〈穀梁大義述序〉：「道光十六年，始聞鎮江柳氏為《穀梁》之學。二十年夏柳氏興恩挾其書，渡江來，始得讀之。……發憤沉思，久乃卒業。余甚惜見之之晚也。極望禮堂寫定，授之梓人，補學海之缺文，與海內學者共之。」是一本久思經營的作品。

我們見柳詒徵對《穀梁大義述》的內容評論：

> 其述古訓一類，僅凡例舉《論》、《孟》兩則。賡經解注曰：原闕。而六類之中又多有僅載前人之文，未下己意者。賡經解本皆於述曰下，注「闕」字。蓋公中年撰著，遭亂散佚。晚理舊業，手書恎惇，往往不可采識。黃漱蘭學使徵書時，諸父兄僅

15 柳興恩：〈穀梁大義述敘例〉，《穀梁大義述》，收入《皇清經解續編》（臺北市：復興書局，1972年），第15冊，卷首，頁2b-3b。

> 能就其明析者，迻寫呈院。王益吾學使屬南菁高材生陳君慶年等斠刊于所。未備率從蓋闕。讀者憾焉。[16]

提到《穀梁大義述》很多部分，僅載錄前人文章，並沒有發揮自己的見解。

另一個問題是，書中「述曰闕」的部分，是否為柳興恩未竟之責？

若柳詒徵之說可信，那歷來對於柳興恩《穀梁大義述》為不全之作的罪名，就讓柳興恩蒙受不白之冤了。照柳詒徵所言，柳興恩中年撰著，遭亂而稿件散佚，然而柳興恩晚年，再重新修撰時，應大抵寫定。唯底本可能如柳詒徵所見，「公稿草數十冊，零章賸誼，句乙塗抹，未易卒讀。」[17]後人整理時，遇文字難以辨認之處，或從柳家上呈的原稿，就已經闕文的部分，以「闕」字表示。因此最後上呈的謄寫本子，亦無法斠刊，故以「闕」字替代。

因此柳興恩《穀梁大義述》原來可能並沒有所謂的「闕」，當然更不需要「補闕」。是南菁高材生陳慶年添上的「闕」字，才有後來的「補闕」。

如〈穀梁大義述補闕敘〉便理解此書為「未竟之書」，待補者實居泰半。：

> 昔元和惠氏發撝古義，為《周易述》一書未竟。甘泉江氏、上海李氏並有補作。績谿胡氏《儀禮正義》中亦有江寧楊氏所補，是前人未竟之緒，後人竟之，固儒者事也。道光中丹徒柳

16 柳詒徵：〈穀梁大義述補闕跋〉，《國風半月刊》第5卷10、11合期（1934年12月），頁56。

17 柳詒徵：〈穀梁大義述補闕跋〉，《國風半月刊》第5卷10、11合期（1934年12月），頁56。

> 氏為《穀梁大義述》，嘉善鍾氏為《穀梁補注》實集大成。當時各有傳聞而不相沿襲，今長沙王公並采入《經解》續編中。鍾書凡二十四卷，首尾完具，柳書三十卷，各條下往往有注「闕」字者，尋其前後或義取互見，不必為柳氏原注而闕畧之，待補者實居泰半，蓋亦未竟之書也。[18]

從柳詒徵的角度來說，《穀梁大義述》之「闕」，不僅是「述曰闕」，它還是一種內容的「闕」。這似乎是相當嚴厲的評價。

然而從筆者的角度與柳興恩的角度來說，《穀梁大義述》其實不存在「闕」的問題，或說即使《穀梁大義述》中，真有「述曰闕」，它也不影響《穀梁大義述》所欲傳達的構想。因為我們若將《穀梁大義述》中「闕」的數量統計一下：

類例	述日月例	述禮	述異文	述師說	述經師	述長編	合計
次數	4	26	0	44	0	576	650

可發現，它的「闕」主要集中於「述長編」。

「述長編」，乃是將「茲於所見載籍之涉《穀梁》者，循次摘錄」。主要的目的，在於將歷代經、史、子、集的典籍中，曾引《穀梁傳》的部分抄錄出來。所以如「述長編」，錄陸德明《經典釋文》：

> 春秋公羊音義　莊七年　辛卯夜 一本無「夜」字，《穀梁》作昔。
> 述曰闕[19]

18 《穀梁大義述補闕》（江蘇省立國學圖書館影印本，1935年），頁1a-3a。

19 柳興恩：《穀梁大義述》，收入《皇清經解續編》（臺北市：復興書局，1972年），第15冊，卷22，頁8b。

「述長編」之「闕」，皆是此類。故筆者以為，若柳興恩未書，也是合情理的，畢竟於單個例證下，也沒什麼好書的。但當這些散見的例證被整理於一處時，它便能呈現意義。所以「述長編」之所以有意義可言，是在彙整之後，本身呈現《穀梁傳》被歷代典籍注意的視角。這即是意義。

四 《穀梁大義述》中的清學

柳興恩於《穀梁大義述》之「述經師」一類，列舉歷代穀梁經師：

> 「周至前漢」，如卜子夏、穀梁子、荀卿、毛亨等，共三十位。
> 「後漢」，如漢明帝、劉嘉、劉睦、侯霸等，共三十五位。
> 「三國」，如麋信、韓益、王朗、孫炎、唐固等，共五位。
> 「晉至隋」，如賀循、楊方、范汪、蔡謨、范甯等，共八十四位。
> 「唐」，如陸德明、劉鎔、馬周、于志甯、蓋文達、宇文籍，共三十六位。
> 「宋」，如王晳、孫立節、范隱之、章拱之、趙瞻、朱臨等，共六十九位。
> 「元」，如何異孫、郝經、歐陽長孺、趙長鈞、俞皋等，共二十一位。
> 「明」，如汪克寬、陶凱、朱右、石光霽、饒秉鑑等，共三十九位。
> 「清」，包括顧炎武、王夫之、陸元輔、俞汝言、沈珩、毛奇齡、張爾岐、萬斯大、王芝藻、劉蔭樞、焦袁熹、惠士奇、齊祖望、張尚媛、方苞、孔傳鐸、盧軒、吳陳琰、顧宗瑋、劉紹

> 敓、魏樞、楊芳達、劉夢鵬、孫從添、過臨汾、湯啟祚、姜兆錫、吳浩、惠棟、沈廷芳、余蕭客、陳鶴齡、朱筠、楊魁植、褚寅亮、武億、邵晉涵、洪亮吉、李惇、阮元、許桂林、陳壽祺、陳澧、侯康、鄒漢勳、鍾文烝、程蒲孫、王闓運。共四十八位。

上述名單當然頗多問題，如王夫之能否算是《穀梁》經師？柳氏於「王夫之」底下，述曰：

> 著《春秋稗疏》、《春秋家說》，見四庫總目。[20]

或「朱筠」底下，述曰：

> 著《十三經文字同異》，見《儒林傳稿》。[21]

應是基於「漢儒師說之可見者，惟尹更始、劉向二家，然搜獲者亦寥寥。」的憂慮，所以只要某曾於著作中提及《穀梁傳》的討論，即被柳興恩所收。

這部分，柳興恩提到一些清人正在進行的著作，也被柳氏搜羅而序列。如「鍾文烝」，述曰：

> 著《穀梁補注》，聞尚未成。[22]

---

20 柳興恩：《穀梁大義述》，收入《皇清經解續編》（臺北市：復興書局，1972年），第15冊，卷19，頁4b。

21 柳興恩：《穀梁大義述》，收入《皇清經解續編》（臺北市：復興書局，1972年），第15冊，卷19，頁7b。

「程蒲孫、王闓運」底下，述曰：

> 同治十一年九月，年家子寶應劉恭冕叔俛與予書曰：「近為《穀梁》之學者，有績谿程蒲孫、湘潭王闓運。」二君皆淵雅之才，當有所成。[23]

這樣的表述是很有趣的一個現象。怎麼說呢？《皇清經解》、《皇清經解續編》在理解上應是「嚴肅的經典」之編纂，怎麼會有未見書籍內容即撰寫入文的情形呢？如果柳興恩的《穀梁大義述》被視為清代《穀梁》學的重要著作，是什麼原因呢？這確實得重新想一想。

另外，「述經說」一類。舉：

> 唐陳岳《春秋折衷論》
> 元程端學《春秋本義》
> 清顧炎武《日知錄》
> 齊召南《春秋穀梁傳注疏考證》
> 惠棟《九經古義穀梁》
> 王引之《經義述聞春秋穀梁傳》
> 劉逢祿《穀梁廢疾申何》
> 阮元《春秋穀梁傳注疏校勘記》
> 邵晉涵《南江札記穀梁傳》

22 柳興恩：《穀梁大義述》，收入《皇清經解續編》（臺北市：復興書局，1972年），第15冊，卷19，頁9b。

23 柳興恩：《穀梁大義述》，收入《皇清經解續編》（臺北市：復興書局，1972年），第15冊，卷19，頁9b。

幾乎都是清人著作。其中柳氏對於齊召南的善解經的評價是很高的。見齊召南按語：

> 《疏》：范氏例云《春秋》上下無王者，凡一百有八，桓無王者，見不奉王法。餘公無王者，為不書正月，不得書王。
> 按王必書春之下，故春王二月、春王三月，時見於經，若經僅書春有某事，而不得其月，則王字無所置。范氏謂餘公無王者，為不書正月，不得書王是也。……惟十二年為無事書正月，以首時例，應書王而不書此。穀梁子所以有桓無王之說也。[24]

柳興恩述曰：

> 齊此說，最為發明《傳》義。范注、楊疏，遜其精核矣。[25]

再者，柳興恩欲將清學中的經師著作收編為《穀梁》學，用意甚明。特別的是，柳興恩選錄了劉逢祿《穀梁廢疾申何》。還將劉逢祿批評穀梁子「不傳建五始、通三統、張三世、異內外諸大旨，蓋其始即夫子所云，中人以下，不可語上者。」原文抄錄。然後在述曰中加以反諷。見述曰：

> 黨同伐異之見，經生俱所不免。《穀梁》之在東漢，學已不

24 柳興恩：《穀梁大義述》，收入《皇清經解續編》（臺北市：復興書局，1972年），第15冊，卷10，頁4b-5a。

25 柳興恩：《穀梁大義述》，收入《皇清經解續編》（臺北市：復興書局，1972年），第15冊，卷10，頁5a。

> 顯。何休欲申《公羊》，乃復從而《廢疾》之，鄭康成之《起廢疾》，非與何氏為難，將已存其學也。今《公》、《穀》二家頒在學宮，並無軒輊。武進劉申受乃申何難鄭，不過自形其黨伐之私，於《穀梁》何損焉。況何休注《公羊》積思十有七年，而劉申受止覃思五日，已綴成二卷，何其敏也。余既彙鈔眾說，固亦不得遺之，因條舉件。[26]

柳興恩批評劉逢祿，再將其編入《穀梁大義述》中，此實在有趣。其實《穀梁大義述》中最精彩的部分，就是柳興恩一條一條與劉逢祿商榷《公》、《穀》經義的內容。這部分倒是一條「述曰」都沒「闕」。

五　結論

陳澧曾云：「嘗為《穀梁》箋及條例，未成。後見興恩書，歎其精博，遂出其說備采，不復作。」[27]雖說陳澧因為看到柳興恩《穀梁大義述》後，放棄《穀梁》的著述研究。不料柳興恩體例雖完備，最後刊行時，裡頭因為文稿無法辨明，導致很多地方僅以「闕」字作結，這是陳澧當初所未能預見的。後來《穀梁大義述補闕》一書的出版，已盡可能的依柳興恩的體例來補闕，因此除「述古訓」一類不說，《穀梁大義述》應能算是一本完整的著作了。

至於為何柳興恩會從相約為《十三經》作新疏的注疏之作，轉變為《穀梁傳》的專著研究。筆者推測，《穀梁大義述》便是為著「穀梁傳新疏」的先前準備。傳統的注疏，多是為經傳文字疏解文義，如

---

26 柳興恩：《穀梁大義述》，收入《皇清經解續編》（臺北市：復興書局，1972年），第15冊，卷12，頁2a。

27 趙爾巽等撰：《清史稿》（北京市：中華書局，1986年），卷482，頁13283。

柳氏等輩欲作「新疏」，除了重新繕寫較通順合理的疏文之外，便是突破舊有的形式慣例。「述曰」就是「經、傳、注、疏、新疏」中，新疏的位階，柳興恩稱為「述」。相當於「經、傳、注、疏、述」。「述」為「新疏」之名。我們見《穀梁大義述》中篇幅佔最多的部分，為「述長編」。此編是將歷代「茲於所見載籍之涉《穀梁》者，循次摘錄」。此之作法若能編纂入「新疏」中，有益於後人瞭解，歷代《穀梁傳》最常被引用的段落文字。且將「述經師」、「述師說」都編入「新疏」中，才符合柳氏著作「思為《穀梁》集其大成」之初衷。

若從《穀梁大義述》的參考資料來說，其時能見前人《穀梁傳》著作，確實不多，因此柳氏不得不將其關注的對象放在清代的學者之中。這也就是《穀梁大義述》中，除了《穀梁》研究之外，還呈現了以清學為主的特殊現象。

尤其，柳興恩正在建構一個清學藍圖：「清學即《穀梁》學」。這實與晚清公羊家心志相仿。在公羊家突圍的過程中，必須越過漢學及考據學的氛圍，以大一統、張三世、通三統等經世致用，企圖滲透到羣經、政治、社會、文化，故有所謂的羣經公羊化的現象。而柳興恩亦是一樣，希望藉由《穀梁》之學，建立《穀梁》學為清學之正統的學術地位。策略是從《穀梁傳》集大成做起，將清代經師與清代師說都編入。宣稱在《穀梁大義述》中為「述經師」、「述師說」。其經，指《穀梁傳》；其師，指傳《穀梁》學之先師。則清學即《穀梁》學[28]。

28 贊曰：柳氏其志恢宏，做法稍略，故效果不顯。

《穀梁傳》三科九旨說

一　前言

《春秋》大義隱微不傳，自孔子歿即開始發生。如《漢書．藝文志》云：「孔子沒而微言絕，七十子喪而大義乖。」[1]范甯〈春秋穀梁傳序〉云：「蓋九流分而微言隱，異端作而大義乖。」[2]因此需要有《公羊傳》、《穀梁傳》，為之詮解。《春秋》大義既然絕、隱、乖、微，那麼二《傳》逐字逐句解釋經文後，便還原了《春秋》大義嗎？注疏的出現，如何休、徐彥、范甯、楊士勛等，並不只是在疏解《傳》文字義，他們亦是在進行《春秋》大義的建構。

其中，三科九旨，是為人熟悉的一套屬於《公羊傳》的解經語言。此向來是公羊家的註冊商標，自何休起首倡此說。這雖然是解釋《春秋》為目的，但《春秋》大義與《公羊》大義，被含混的糾結於一塊，形成《公羊傳》所獨傳的師法、家法，因此《穀梁傳》的解釋被排斥在外。三科九旨，成了公羊家與穀梁家的區別處。公羊家認為穀梁子未親受子夏，故不知三科九旨。如劉逢祿批評穀梁子，未親受口傳大義：

1　班固：〈藝文志〉，《漢書》（北京市：中華書局，1997年），卷30，頁1701。

2　穀梁赤傳，范甯集解，楊士勛疏：《春秋穀梁傳注疏》（臺北市：藝文印書館，1997年），卷首，頁7a。

> 《春秋》之有《公羊》也，豈第異于《左氏》而已，亦且異于《穀梁》。《史記》言《春秋》上記隱，下至哀，以制義法，為有所刺譏褒諱抑損之文，不可以書見也。故七十子之徒，口受其傳恉。《漢書》言仲尼歿而微言絕，七十子喪而大義乖。夫使無口受之微言大義，則人人可以屬詞比事而得之。趙汸、崔子方何必不與游、夏同識？惟無其張三世、通三統之義以貫之。故其例此通而彼礙，左支而右絀。是故以日、月、名、字為褒貶，《公》、《穀》所同，而大義迥異者，則以穀梁非卜商高弟，傳章句而不傳微言，所謂中人以下，不可語上者與。[3]

劉逢祿認為三科九旨是何休之前的公羊先師就有的，他所據的是何休〈公羊解詁序〉:「略依胡毋生條例」。但這似乎沒有很堅強的理據說明胡毋生的條例就是三科九旨。況且從《公羊傳》中並沒有三科九旨這樣以系統性解經的意識，三科九旨是以散見的方式，出現在文獻上，《公羊傳》並不以三科九旨為一整體。

三科九旨是何休開始使用來解釋《春秋》微言大義的方式。這樣的解經方法與認識《春秋》的方式有一個好處，即能快速的掌握《春秋》思想的核心概念。

筆者從《穀梁傳》找到同於《公羊傳》三種九小類的解經語言。論文希望能試著開展這個議題，同時檢視現在這個時空「解經」的意義何在。

二　《公羊傳》的三科九旨

先說《公羊傳》的三科九旨。見徐彥引何休《文謚例》云：

3　劉逢祿：〈春秋論下〉，《劉禮部集》，卷3，頁19a。

新周、故宋、以春秋當新王，此一科三旨也。
又云所見異辭、所聞異辭、所傳聞異辭，二科六旨也。
又內其國而外諸夏，內諸夏而外夷狄，是三科九旨。[4]

此是何休提出的。他依據《公羊傳》解經內涵「訂定」出來，而非歸納集結出來。筆者意見與劉逢祿看法不同，其云：

何氏〈序〉明言依胡毋生條例，又有董生之《繁露》，太史公之《史記》〈自序〉、〈孔子世家〉，皆《公羊》先師，七十子遺說，不特非何氏臆造，亦且非董、胡特創也。無「三科九旨」則無《公羊》，無《公羊》則無《春秋》，尚微言之與有？[5]

劉逢祿認為三科九旨不是何休臆造，應是有傳承。實際上《公羊傳》並未如此稱之。《公羊傳》僅散見這些內容。[6]且三科九旨並未出現於《公羊傳》的前言凡例，亦未在《公羊傳》中指出其作為解經的綱領。至少可以判斷，三科九旨不是公羊子有意識的書寫，是後來公羊經師加以強調的內容。

以下就《公羊傳》三科九旨意義，分別說明。

4 公羊高傳，何休解詁，徐彥疏：《春秋公羊傳注疏》（臺北市：藝文印書館，1997年），卷1，頁4b。

5 公羊高傳，何休解詁，徐彥疏：《春秋公羊傳注疏》（臺北市：藝文印書館，1997年），卷3，頁20。

6 「新周」一詞，《公羊傳》出現一次。「故宋」、「以春秋當新王」，只出現在《注》、《疏》之中。「所見異辭、所聞異辭、所傳聞異辭」，《公羊傳》出現三次。「內其國而外諸夏，內諸夏而外夷狄」，《公羊傳》出現一次。

（一）《公羊傳》的一科三旨

1 新周

宣公十六年夏，「成周宣謝災」。《公羊傳》：

> 何以書？記災也。外災不書，此何以書？新周也。

《公羊傳》謂新周為成周。周代有宗周、成周之別。稱新周，是相較於西周的東周。何休另有發揮《注》云：

> 新周，故分別有災不與宋同也。孔子以春秋當新王，上黜杞，下新周，而故宋。因天災中興之樂器，示周不復興，故繫宣謝於成周，使若國文黜而新之從，為王者後記災也。[7]

其謂孔子當新王，指孔子所處的春秋時代為一新的朝代，故曰新王。也就是從周朝下分西周、東周，又從東周裡分出春秋時代，作為一個新朝代的開始。何休的觀點包含兩層意義，一個是歷史的意義；另一層是書寫的意義。歷史意義是改朝換代，指春秋為一個新繼承的時代。書寫的意義是說明孔子作《春秋》時，有不同的書法。如對夏朝之後的杞，去其尊貴，不以王稱。宋為商朝之後，年代較近，故仍尊貴之。周朝與春秋時代更近，自然書寫的內容會更詳細。

---

7 公羊高傳，何休解詁，徐彥疏：《春秋公羊傳注疏》（臺北市：藝文印書館，1997年），卷16，頁17a-18b。

2 故宋

「故宋」一詞，於《公羊傳》傳文中並未見，僅在注疏中提到。見襄公二十九年徐彥《疏》：

> 杞是王者之後，實為公。但《春秋》之義假魯為王，新周、故宋、黜杞為伯。是以莊二十七年「冬，杞伯來朝。」《注》云：「杞，夏後不稱公者，《春秋》黜杞。新周而故宋，以《春秋》當新王。」[8]

徐彥《疏》中提到新周、故宋、黜杞，與何休意見相符，是就孔子而言，書寫對象以朝代更迭來作區分的分界。「故宋」所代表的是殷之後，相對於夏較近，王風氣息仍在，故以王者之後尊貴之。

3 以春秋當新王

「以春秋當新王」一詞，也未見於《公羊傳》中，它見於注疏。不過「以春秋當新王」一詞，何休與徐彥的闡釋便有差異。何休云：「以春秋當新王」，徐彥云：「《春秋》之義，假魯為王」。

何休將孔子所處的春秋時代視為一個新的朝代，不過何休並未明言，這時代的王，所指為誰？是魯隱公、是齊桓公，或是孔子本人為素王。而徐彥則將「以春秋當新王」理解為魯國，則魯國十二公皆是春秋之新王。另外隱公元年「君之始年也」，徐彥疏曾云：「《春秋》託新王，受命於魯」[9]，很明確的將魯國視為受命之新王。

---

8 公羊高傳，何休解詁，徐彥疏：《春秋公羊傳注疏》（臺北市：藝文印書館，1997年），卷21，頁9b-10a。

9 「不言公，言君之始年者。王者諸侯皆稱君，所以通其義於王者，惟王者然後改元在何休與徐彥的「公羊想像」中，春秋時代或魯國為這一想像世界的新王，儘管徐彥生於後代，早已清楚的認識所謂真正朝代的歷史，便是夏、商、周、秦、漢。魯國並未真正受命於天，成為天下新王共主，春秋也不算是一個新的朝代。他仍然在想像中堅信這一個何休帶出來的理解。這麼說是因為《公羊傳》或《春秋》中並未有明確的指示，連孟子與司馬遷對孔子作《春秋》的理由，也完全沒有這樣的理解傾向。

筆者提到「公羊的想像」是徐彥在疏中建構出來的。如隱公元年「公及邾婁儀父盟于眛」，《疏》云：

> 《春秋》以隱新受命而王，儀父慕之。[10]

徐彥此處直接提到魯隱公為《春秋》新受命而王。這樣的說法影響了後來公羊家對於孔子作《春秋》的理想，產生「王魯」的觀點。

在《公羊傳》的傳文中，一科三旨「新周」、「故宋」、「以春秋當新王」並非是一組的概念，它只提過「新周」，未與「故宋」、「以春秋當新王」一起視為整體。何休之所以建立了《公羊》大義的精神，在於他將三者整合為一組有彼此關係的整體。凡傳文中遇有夏、商、周的避諱書寫時，此套說法即可運用得宜，儼然成為《春秋》的凡例。

立號。《春秋》託新王受命於魯，故因以錄即位，明王者當繼天奉元，養成萬物。」

10 公羊高傳，何休解詁，徐彥疏：《春秋公羊傳注疏》（臺北市：藝文印書館，1997年），卷1，頁13a。徐彥於此經文下亦曾云：「隱公實非受命之王，但欲託之，以為始也。」這正說明徐彥在解釋「以春秋當新王」時，一方面同意何休這樣的解釋，一方面也延伸出自己對於孔子行為的解釋，解釋為「寄託」。「寄託」的談法，符合真實歷史的發生，故得到後人詮釋孔子心志的普遍性說法。

(二)《公羊傳》的二科六旨

二科六旨是同時出現的。見隱公元年「公子益師卒」,《公羊傳》:

> 何以不日?遠也。所見異辭、所聞異辭、所傳聞異辭。

《公羊傳》解釋孔子於魯隱公時記「公子益師卒」一條,為何不書日,理由是遠也。因時代久遠,所見、所聞、所傳聞,有所不同,亦無法查證,故不書日。如果我們參照桓公二年及哀公十四年,同樣是「所見異辭、所聞異辭、所傳聞異辭」的發傳,就會注意到《公羊傳》都以「遠也」的理由來解釋。

然而何休的詮釋有所變化,《注》云:

> 所見者謂昭、定、哀,己與父時事也。所聞者謂文、宣、成、襄,王父時事也。所傳聞者謂隱、桓、莊、閔、僖,高祖、曾祖時事也。異辭者,見恩有厚薄,義有深淺。時恩衰義缺,將以理人倫、序人類,因制治亂之法,故於所見之世,恩己與父之臣尤深,大夫卒有罪、無罪皆日錄之。丙申季孫隱如卒是也。於所聞之世,王父之臣恩少殺。大夫卒無罪者日錄,有罪者不日略之。叔孫得臣卒是也。於所傳聞之世,高祖、曾祖之臣恩淺,大夫卒有罪、無罪皆不日略之。公子益師、無駭卒是也。於所傳聞之世,見治起於衰亂之中,用心尚麄觕,故內其國而外諸夏,先詳內而後治外,錄大略小,內小惡書,外小惡不書,大國有大夫,小國略稱人,內離會書,外離會不書是也。於所聞之世,見治升平,內諸夏而外夷狄,書外離會,小

國有大夫，宣十一年，秋晉侯會狄於攢函。襄二十三年邾婁鼻我來奔是也。至所見之世，著治大平，夷狄進至於爵，天下遠近小大若一，用心尤深而詳，故崇仁義、譏二名，晉魏曼多、仲孫何忌是也。所以三世者，禮為父母三年，為祖父母期，為曾祖父母齊衰三月，立愛自親始，故《春秋》据哀錄隱，上治祖禰，所以二百四十二年者，取法十二公，天數備足，著治法式，又因周道始壞絕於惠隱之際，主所以卒大夫者，明君當隱痛之也。君敬臣則臣自重，君愛臣則臣自盡。[11]

何休將「所見異辭、所聞異辭、所傳聞異辭」的意思詳細界定，它不單指孔子面對過去歷史的三種類型。他將這三類轉成結構式的對象。一方面是指孔子接觸材料來源的三種情況，如孔子所在世可見的內容，視為「所見異辭」；孔子父祖輩時代，為「所聞異辭」；孔子曾祖、高祖時代，為「所傳聞異辭」。一方面解釋成孔子面對三個不同遠近時代，所對應的書寫差異。

這之中何休最大的改變是將《公羊傳》原本指涉三種材料來源的說明轉為三個時間段，又將《春秋》記載大夫的書寫原則從孔子身上轉給了國君。所以《注》中云「於所傳聞之世，高祖、曾祖之臣恩淺，大夫卒有罪、無罪皆不日略之。」這裡「高祖」、「曾祖」對於臣恩淺，是就隱公、桓公的國君身分來說。這樣的轉換是很奇特的，原本《春秋》是孔子作為一位撰述者所擁有的編纂原則，卻將這份「書寫權」移轉給過去的君王。歷來讀三世說者，皆直接繼承何休的說法，以三世書寫差異來理解孔子作《春秋》的原則，卻與《公羊傳》所說不盡相同。

---

11 公羊高傳，何休解詁，徐彥疏：《春秋公羊傳注疏》（臺北市：藝文印書館，1997年），卷1，頁23a、23b。

由是我們可以知道《公羊傳》發三所異辭，都是一種對於過去久遠所發生事件的多種意義的傳播，產生情緒性的感歎抒發。而非是如何休、徐彥所說，是一套書寫的規範。

（三）《公羊傳》的三科九旨

三科九旨「內其國而外諸夏，內諸夏而外夷狄」出現一次，於成公十五年「冬十有一月，叔孫僑如會晉士燮、齊高無咎、宋華元、衛孫林父、鄭公子鰌、邾婁人會吳于鐘離。」《公羊傳》：

> 曷為殊會吳？外吳也。曷為外也？《春秋》內其國而外諸夏，內諸夏而外夷狄。王者欲一乎天下，曷為以外內之辭言之？言自近者始也。[12]

《公羊傳》解釋孔子作《春秋》的原則，對象由近而遠，由魯國始，漸擴及諸夏，再到夷狄。[13]它是空間上的概念，區別自我（魯國）與諸夏，爾後是中國與夷狄。

而何休的解釋便是將三世說與此「內外諸夏夷狄」結合一起。其《注》云：

---

12 公羊高傳，何休解詁，徐彥疏：《春秋公羊傳注疏》（臺北市：藝文印書館，1997年），卷18，頁7a-8a。

13 何休《注》直接將「內其國」的「國」解釋為「假魯以為京師」（卷18，頁7b），又云：「明當先正京師，乃正諸夏。諸夏正乃正夷狄，以漸治之。」（卷18，頁8a）是將此「三科九旨」作為教化時間性的擴展。將魯國視為天下共主之京城，從這裡先實行禮儀教化，之後教化諸夏諸侯使之改變，最後連夷狄都可行禮如儀，成為魯國統治教化的一員。

> 於所傳聞之世，見治起於衰亂之中，用心尚麤觕，故內其國而外諸夏，先詳內而後治外，錄大略小，內小惡書，外小惡不書，大國有大夫，小國略稱人，內離會書，外離會不書是也。於所聞之世，見治升平，內諸夏而外夷狄，書外離會，小國有大夫，宣十一年，秋晉侯會狄於攢函。襄二十三年邾婁劓我來奔是也。至所見之世，著治大平，夷狄進至於爵，天下遠近小大若一，用心尤深而詳，故崇仁義、譏二名，晉魏曼多、仲孫何忌是也。[14]

從何休的詮解中，我們注意到何休的「三科九旨」，並非只是區分魯國、諸夏與夷狄。如果我們談的是《公羊傳》的「內其國而外諸夏，內諸夏而外夷狄」，它就是區分成「魯國」、「諸夏」、「夷狄」三塊。何休的意圖是作為三個統一進程的階段。配合三世說，第一階段為「內其國而外諸夏」，由魯國影響其他諸侯國。第二階段是「內諸夏而外夷狄」，由諸夏來影響帶動夷狄的文化。第三階段也就是最後階段「天下遠近小大若一」，所欲見的是天下太平，天下一統，沒有京師、諸夏與夷狄的區別。

筆者以為公羊子並無三科九旨的概念，這是何休提出用來解釋《春秋》經文的。從何休提出之後，三科九旨並沒有什麼太大的影響力，一直到清代今文經學劉逢祿的發揚，才又受世人所重視。這說明一個學術意見的提出，被讀者知道與被讀者相信是兩回事，若能像何休受到劉逢祿的尊崇，說無何休便無公羊學，極度的推崇，那更是難能可貴。

---

14 公羊高傳，何休解詁，徐彥疏：《春秋公羊傳注疏》（臺北市：藝文印書館，1997年），卷1，頁23a、23b。

三　《穀梁傳》的三科九旨

前面討論了《公羊傳》三科九旨與何休、徐彥詮釋出來的意義。我們可以說真正影響後來公羊家，甚或影響晚清今文經學的，是何休與徐彥的談法。我們意識到《公羊傳》與注疏者的理解有差異外，更相信注疏者對經典進行系統性的建構一套理論是重要的。因為有何休、徐彥等經師對《公羊傳》賦予了新的意義，使讀者可以容易的掌握《公羊傳》的要義，然後轉而與同時代的議題相互激盪。

《公羊傳》的三科九旨說，自漢代何休闡述其微言大義後，成為公羊家著述立說的綱領，並成為清代今文運動的理論依據。相對而言，《穀梁傳》因為沒有相對應的理論基礎，故無法取得學者的重視，僅能就《穀梁傳》的敦厚氣息來稱許。

其實對三科九旨的內容有所更動的前賢，還是有的。例如清代研究《公羊》的孔廣森，他曾試圖為三科九旨立下新意。其釋為：

> 天道者，時、月、日。
> 王法者，王、天王、天子。
> 人情者，尊、親、賢。[15]

以《春秋》之為書，上本天道，中用王法，下理人情。不奉天道，王法不正；不合人情，王法不行。但此一提出，便受當時人所排斥，如劉逢祿、皮錫瑞，今人錢穆、梁啟超等，皆沒有人願意接受。其中的

15 孔廣森：〈敘〉，《公羊通義》，收入《皇清經解春秋類彙編》（臺北市：藝文印書館，1986年），第2冊，頁1。

原因，大抵是因為清代今文經以何休為宗，當然反對有人對何休的內容進行改動，甚至想要去取代何休的說法。

在《穀梁傳》內，一直以來沒有系統性的解經方法。民初有柯劭忞《春秋穀梁傳注》提出《公羊傳》的九旨「時、月、日、王、天王、天子、譏、貶、絕」為《穀梁傳》所傳[16]。但卻沒有太大的影響。筆者以為這個原因可能是因為此說並無新意，對《穀梁傳》的解經幫助也有限，所以讀者只當作一說。

《穀梁傳》亦有與之相對應的三科九旨，結構上與《公羊傳》類似。這部分的研究，或許可以作為《穀梁傳》微言大義的補充。如下：「有臨天下之言焉，有臨一國之言焉，有臨一家之言焉」此一科三旨；「微殺大夫謂之盜，非所取而取之謂之盜，辟中國之正道以襲利謂之盜」此二科六旨；「不以嫌代嫌，不以亂治亂也，不以親親害尊尊」此三科九旨也。

(一)《穀梁傳》的一科三旨

哀公七年《穀梁傳》：

> 《春秋》有臨天下之言焉，有臨一國之言焉，有臨一家之言焉。[17]

此三言是《穀梁傳》對《春秋》敘述方式的區分。若無此一區分，或

16 柯劭忞：〈春秋穀梁傳注序〉，《春秋穀梁傳注》（臺北市：力行書局，1970年），頁2。

17 穀梁赤傳，范甯集解，楊士勛疏：《春秋穀梁傳注疏》（臺北市：藝文印書館，1997年），卷20，頁9b-10a。

以為孔子作《春秋》行文皆相同，或以為行文間有矛盾。實際上行文的差異性，就是作《春秋》的方法。范甯引徐乾云：

> 臨者，撫有之也。王者無外，以天下為家，盡其有也。諸侯之臨國，亦得有之，如王於天下。大夫臨家，猶諸侯臨國。[18]

意指《春秋》文字敘述，分別就天子、諸侯、大夫之立場而立言。這樣的敘述非常特別。通常一本著作會有一個統一的視點，來作為書寫的角度。如《孟子》、《荀子》就是一個作者觀點下的作品。孔子將這作者單一視角分別就天子、諸侯、大夫的立場來言說，彷彿這一本著作的作者是模糊的，他讓《春秋》的記載不同於史書，亦不同於諸子之書，亦不同於單純的批評之書。讓《春秋》忠實的呈現歷史所發生的事件，而這些事件原本應屬於不同地方的內容全被孔子作為認識世界的對象。揭示天子之醜、諸侯之醜、大夫之醜於天下後世，卻依然保持它的「含蓄」，《春秋》沒讓其形式像《論語》般，字字都是「子曰」。孔子讓天子、諸侯、大夫的行為為自己敘說自己的面貌，所以好像天子、諸侯、大夫，自己向天下後世說著「我做了什麼！」孔子透過「《春秋》有臨天下之言焉，有臨一國之言焉，有臨一家之言焉」達到這樣的效果。為何要如此做呢？這關係當時孔子的身分。孔子曾說：

> 子曰：「必也正名乎。」子路曰：「有是哉，子之迂也，奚其正。」子曰：「野哉由也，君子於其所不知，蓋闕如也，名不正，則言不順，言不順，則事不成，事不成，則禮樂不興，禮

---

18 穀梁赤傳，范甯集解，楊士勛疏：《春秋穀梁傳注疏》（臺北市：藝文印書館，1997年），卷20，頁9b-10a。

樂不興，則刑罰不中，刑罰不中，則民無所錯手足，故君子名之，必可言也，言之，必可行也，君子於其言，無所苟而已矣。」[19]

孔子向來以為名不正則言不順，他並非為君王，亦非受君王所託而作《春秋》，故其著述方式轉變成另一種如史官的書寫，讓經文看起來好像是國君、諸侯、大夫行事的實錄。並不會讓人感到孔子是以批評者的態度在書寫。《孟子》中亦有記載：

世衰道微，邪說暴行有作，臣弒其君者有之，子弒其父者有之，孔子懼，作《春秋》，《春秋》，天子之事也，是故孔子曰：「知我者，其惟《春秋》乎，罪我者，其惟《春秋》乎。」……昔者禹抑洪水而天下平，周公兼夷狄，驅猛獸，而百姓寧，孔子成《春秋》，而亂臣賊子懼。《詩》云：「戎狄是膺，荊舒是懲。」則莫我敢承，無父無君，是周公所膺也。[20]

文中提到《春秋》是天子的事，孔子非天子作《春秋》「名不正」，有僭越之嫌，故當時敘述對象與敘述角度該如何拿捏確實有相當的難度，而其以「臨天下之言，臨一國之言，臨一家之言」來書寫，正有「述而不作」的用意。所謂「述而不作，信而好古，竊比於我老彭。」[21]孔子將敘述的人區分為天子的角度、諸侯的角度、大夫的角

19 《論語》〈子路〉（臺北市：藝文印書館，1997年），卷13，頁2a。

20 《孟子》〈滕文公下〉（臺北市：藝文印書館，1997年），卷6，頁4b、5a。

21 《論語》〈述而〉，卷7，頁1a。《論語正義》云：「記仲尼著述之謙也。作者之謂聖，述者之謂明，老彭殷賢大夫也，老彭於時但述脩先王之道，而不自制作。篤信而好古事，孔子言今我亦爾，故云比老彭，猶不敢顯言。」（卷7，頁1a）

度，正如他們所自言己事，孔子不過是將之轉述出來，因此「述而不作」的具體書寫方式並非是全文的抄錄不去更動文字部分，而是就其敘述者的身分配合其說法，天子的部分就以天子的方式敘說，諸侯的部分就以諸侯的身分去說，大夫的部分就以大夫的身分去寫，以摹擬角色身分的話語來著作，這樣就成為一部「述而不作」的《春秋》。

這同時是《穀梁傳》對《春秋》的一個認識。我們若檢閱《春秋》經文，便可發現《春秋》經文中確實不脫以上三種敘述角度。以天子之角度言之，如天王使宰咺來歸惠公、仲子之賵；以諸侯之角度言之，如鄭伯克段于鄢；以大夫之角度言之，如公子翬如齊逆女。《春秋》百分之九十五以上都是從這三者角度來書寫，僅少部分提到大水、蟲災、地震、日食之類的自然現象。可見《穀梁傳》的理解是很精確的。

（二）《穀梁傳》的二科六旨

哀公四年《穀梁傳》：

> 《春秋》有三盜：微殺大夫謂之盜，非所取而取之謂之盜，辟中國之正道以襲利謂之盜。[22]

所謂三盜，是《春秋》對「盜」的三種區別。這三種是孔子書寫《春秋》的凡例，凡經文對此三類事件則稱盜。

「三盜」蘊含對世界的認識，亦是對三種身分的規範，孔子認為「微殺大夫謂之盜」，是指比大夫卑微的人去殺了大夫，這樣的行為

22 穀梁赤傳，范甯集解，楊士勛疏：《春秋穀梁傳注疏》（臺北市：藝文印書館，1997年），卷20，頁7a。

是不合禮的，大夫為諸侯所任命，權責在諸侯，百姓不該越過自己的份際。擴而言之諸侯弒天子、臣弒君、子弒父，皆為此類所批評的對象。

「非所取而取之謂之盜」，主要指大夫與諸侯。在《春秋》中常出現諸侯侵伐小國，或大夫、諸侯與民爭利，皆是一種盜的行為。孔子認為「名正言順」，行為與利益都是一樣的，做符合身分的事，講符合身分的話，拿符合身分的錢財利益。人能如此安於所得，天下豈不寧乎？

「辟中國之正道以襲利謂之盜」，這裡指的是天子或諸侯對於正道的遵守。中國之正道是經緯之綱常，可使人正其是非，不會疑惑。若天子、諸侯不以此為鑑，徒以利益為追逐目標，這便是「盜」。「盜」是不忠實於自己的良知，如掩耳盜鈴般，明知不可為而為之。遮蔽自己的良知道德，所做的行為便是「盜」。

這三類基本上也涵蓋了人世間的一切規範。如微殺大夫謂之盜，是以「人」為主；非所取而取之謂之盜，是以「事」為主；辟中國之正道以襲利謂之盜，是以「義理」為主。由是可知《春秋》之完備。

（三）《穀梁傳》的三科九旨

昭公十三年夏四月《穀梁傳》：

> 《春秋》不以嫌代嫌。[23]

---

23 穀梁赤傳，范甯集解，楊士勛疏：《春秋穀梁傳注疏》（臺北市：藝文印書館，1997年），卷17，頁14a。

昭公四年秋七月《穀梁傳》：

《春秋》之義，不以亂治亂也。[24]

文公二年《穀梁傳》：

君子不以親親害尊尊，此《春秋》之義也。[25]

《穀梁傳》言《春秋》不以嫌代嫌，不以亂治亂，不以親親害尊尊，主要是因為當時子弒父，臣弒君，微殺尊的事件層出不窮，為奪權力往往不擇手段，孔子在此提出消弭類似事件的箴言，就是從自身為基點做起，若己身不正，則不能去糾正他人，唯有己身為正，才不會製造更多的亂源。以此一基點，來穩固散亂的人心，提供規矩無所措手足的君臣百姓一個堅實的道德規範。同時這也是孔子在書寫《春秋》時的一個判斷準則。

此三類包含對制度的規範。如不以嫌代嫌，主內政之說；不以亂治亂，主法律之說；不以親親害尊尊，主倫理之說。這些規範基本上對當時社會，有全面性的規定，是穩定社會的有效原則。

另外，《穀梁傳》還有一些輔助的原則。如：莊公七年夏四月：

《春秋》著以傳著，疑以傳疑。[26]

---

24 穀梁赤傳，范甯集解，楊士勛疏：《春秋穀梁傳注疏》（臺北市：藝文印書館，1997年），卷17，頁4a。

25 穀梁赤傳，范甯集解，楊士勛疏：《春秋穀梁傳注疏》（臺北市：藝文印書館，1997年），卷10，頁5a。

26 穀梁赤傳，范甯集解，楊士勛疏：《春秋穀梁傳注疏》（臺北市：藝文印書館，1997年），卷5，頁11a。

桓公五年：

> 《春秋》之義，信以傳信，疑以傳疑。[27]

這是指《春秋》的述作態度，將事實傳以事實，疑惑不清處呈現原貌，避免徒增是非。此述作態度將孔子所傳的《春秋》內容，提供一個明確的著作凡例，尤其今日春秋時代的史書文獻多已無傳，透過孔子《春秋》的保存，讓我們可以相信《春秋》中所記載的事。

又如隱公元年：

> 《春秋》貴義而不貴惠，信道而不信邪。[28]

《穀梁傳》提出《春秋》穩定人類信念的關鍵信仰，一般人對事物的判斷多以現實利益之好惡來作為判斷的依準，然此依準多不確定，時有反覆，因此孔子將此重要的具結構性的基礎概念確定下來，就可以免除許多爭勝奪權。如貴義而不貴惠，指出《春秋》重視的是道義的是非，而不是利益的小惠，如他人給予利益上的金錢或酬金，對自己而言是好處，但實際上是要你幫忙一些違背道義有關不法的事，則此小惠不可收取。《春秋》強調人應該重視道義而不是小惠。又信道而不信邪，《春秋》認為道是理的大是大非，邪是情緒上的想法。應該免除個人情感上的抉擇，而以道來作為決定的依據。例如隱公覺得父親惠公想將王位傳與桓公，故有退讓之心，然孔子認為從宗法制度

---

27 穀梁赤傳，范甯集解，楊士勛疏：《春秋穀梁傳注疏》（臺北市：藝文印書館，1997年），卷3，頁10a。

28 穀梁赤傳，范甯集解，楊士勛疏：《春秋穀梁傳注疏》（臺北市：藝文印書館，1997年），卷1，頁2b。

上，惠公的作法是錯誤的，隱公不應因為自己的情感來破壞國家體制，所以說信道而不信邪。

隱公四年冬十有二月：

> 《春秋》之義，諸侯與正而不與賢也。[29]

與正不與賢，更是《穀梁傳》中闡述《春秋》之義的一個重要觀念。符合當時的宗法制度，因為若國君傳位上沒有一個固定的法則，則人人為奪君權往往六親不認，故有子弒父，臣弒君之事。若君王將王位傳予嫡長子，其他庶子便不會有奪權之心，且賢臣名士多為有智之士，有時人品智慧確實較君王為佳，但若一個國家就不斷在換國君，都以為自己一定做的比當今國君好，則國家豈有寧日。因此孔子將此一規範提出，成為為宗法制度訂定一套規範，以此來平定天下亂象。

四　結論

《公羊傳》、《穀梁傳》三科九旨的意義皆為注疏者的詮釋。其原意本是傳文所發，不過由於傳文所發的意義僅針對單一事件，並非是作為貫串整體的提綱，所以不能當作是「微言大義」。它之所以成為後人眼中的「微言大義」，實有賴於注疏者，包括公羊家、穀梁家的解釋，將之提出作為理解《春秋》的門徑。這是二《傳》相同之處。

但我們不禁要問，「三科九旨」的解經，比《傳》文更能深刻的詮釋《春秋》嗎？雖然三科九旨像「屬辭比事」一樣可以很清楚的掌握《春秋》的解經方法。但如果這麼方便即可貫通《春秋》，那孔子

29 穀梁赤傳，范甯集解，楊士勛疏：《春秋穀梁傳注疏》（臺北市：藝文印書館，1997年），卷2，頁2b。

就不必大費苦心寫那二百四十二年的文字了。所以筆者以為，以系統性解經其實是一個好的理解，不過呢？最好還是逐一對傳文一一閱讀，才能真正理解孔子之用心。《公羊傳》、《穀梁傳》二《傳》所創造出來的解釋一直影響到今天，如宋代《春秋》學的重點在「尊王」、「攘夷」，元代的《春秋》學則在「夷夏之別」，清代的《春秋》學則延續「尊王」、「攘夷」與「夷夏之別」外，又加入「大一統」、「張三世」、「通三統」等。這些意義的影響，產生了一種新的目的，意義本身脫離了孟子、司馬遷他們所認知的孔子。如孟子云：

> 世道衰微，邪說暴行有作，臣弒其君者有之，子弒其父者有之，孔子懼，作《春秋》。[30]

強調世道衰微，子弒父，臣弒君等，為孔子目的。但這與《公羊傳》、《穀梁傳》影響下的意義已經不同。

《公羊傳》、《穀梁傳》影響下的意義是「沒有目的性」的，《春秋》原先設想的對象是「亂臣賊子」、「無君無父」之輩，然而隨著《公羊傳》、《穀梁傳》的介入，將原先《春秋》的目的，移到《公羊傳》、《穀梁傳》自身時，意義就消失了。

因為《公羊傳》、《穀梁傳》的解釋對象是「《春秋》」，《公羊傳》、《穀梁傳》並不具備如《春秋》有讓「亂臣賊子」、「無君無父」之輩懼怕的目的，他們只想取得讀者對他所解釋《春秋》的內容的認同，所以這純粹是一個單純的「解經活動」或說是一種「詮釋行為」，後人透過《公羊傳》、《穀梁傳》看到的是「意義」，卻沒有「目的性」。故宋人胡安國重新為《春秋》作傳，便是要強調「《春秋胡氏

---

30 孟子：〈滕文公下〉，《孟子》（臺北市：藝文印書館，1997年），卷6，頁4b。

傳》」與《春秋》一樣，是有目的性的，借以諷刺時政，這也是為何《春秋胡氏傳》能在刊行後產生非常大的影響力，並擠進三《傳》建立的城牆，與之並列為第四傳的原因了。

《公羊傳》、《穀梁傳》的目的本是解經，然而它們的解經文字所造成的影響，已遠超過孔子作《春秋》時設定的目的。《公羊傳》、《穀梁傳》的對象是《春秋》，它的對象不會是亂臣賊子，它也就不具有規勸的效果。但是《公羊傳》、《穀梁傳》在解經的過程中卻凝聚了許多新的議題，產生了新的影響。如「三科九旨」、「尊王攘夷」、「親親尊尊」、「為尊賢長諱」、「時月日例」等等。這些議題被經師挪移出來，或置於政治上談、或在制度上談論，甚至成為法律判決的依準[31]。在在都脫離了《春秋》原本設定的目標。所以筆者認為《公羊傳》、《穀梁傳》其實具有自己的核心價值，對社會的影響確實也來自於《公羊傳》、《穀梁傳》的傳文，而非《春秋》。這樣我們才能真正的確定《公羊傳》、《穀梁傳》由「傳」升格為「經」，是有理由的。

回到《穀梁傳》的三科九旨，其本身若具有貫通《春秋》的效力，即能成為《春秋》的微言大義。我們看清代今文經師，如劉逢祿、龔自珍、康有為等，開展《公羊傳》三科九旨意涵，就能發現，他們不僅是抓著文字來談，他們更重要的是去開展「三科九旨」本身的議題。議題本身比《傳》文顯得更能詮釋出不一樣的《春秋》世界。

另外《穀梁傳》三科九旨，可視為解經方法，其範圍既廣且完整。同時也蘊有教化的目的，此為經學之重要目的，在此亦明顯的存在。

---

31 蔡長林：〈唐代法律思想的經學背景——《唐律疏議》析論〉，《隋唐五代經學國際學術研討會論文集》（臺北市：中央研究院中國文哲研究所，2005年）。

錢穆的《春秋》學

一　前言

目前學界未有針對錢穆《春秋》學的專門研究，祇有林語堂〈談錢穆之經學〉[1]與林慶彰先生〈錢穆先生的經學〉[2]。二篇文章皆精要簡實，然尚有可加以補充之處。

錢穆先生的著作以聯經出版的《錢賓四先生全集》來看，可見先生對於孔子與《春秋》的論述實在不少，包括《國學概論》、《孔子傳》、《孔子與春秋》、《孔子與論語》、《中國史學名著》及《朱子新學案》中也有一章討論朱子的《春秋》學，還有《國史大綱》、《中國思想史》、《先秦諸子繫年》都有專章討論孔子及《春秋》的性質等等。這些觀點都可以透過整理來說明錢穆先生的《春秋》學。

故筆者先從錢穆先生的著作中找出有關《春秋》學的研究，再分析其《春秋》學的內容，進而比較錢穆先生在《春秋》學上與前人研究成果不同之處，最後說明錢穆在《春秋》學上的貢獻。

二　錢穆有關《春秋》學的論述

錢穆先生對於孔子《春秋》的討論散見於其著作中，這些內容可

1　林語堂：〈談錢穆先生之經學〉，《華岡學報》第8期（1974年7月），頁13-18。
2　林慶彰：〈錢穆先生的經學〉，《漢學研究集刊》創刊號（2005年12月），頁1-12。

視為其對《春秋》的看法。筆者將所見相關的論述略加以分別，大抵可分為以下幾點。

(一)《春秋》是一部歷史書

錢穆於〈海鹽朱逷先生史館論議序〉中提到：

> 昔孔子因魯史，承其策書赴告，筆削而成《春秋》。《左氏》多見國史，總百國寶書而作《傳》。司馬遷紬金櫃石室之書，百年之間，天下遺文故事，靡不畢集，父子相續，而成《史記》。自是以往，蘭臺東觀，記注著作，世歷緜亙，厥名各異，而其事則一。明之亡，顧亭林有「亡國亡天下」之辨，亡國者，亡其一朝之政權，亡天下，則並與其國家民族歷史傳統禮樂名教文化而俱亡之。有清二百六十年，雖曰史學不昌，抑朝有官司，掌當代之典章，野勤考覈，修舊史之罅漏。蓋國之有史，即所以長保此一國之天下於不墜不毀。[3]

錢穆以《春秋》為孔子因魯史而作，與《左傳》、《史記》、顧炎武的「亡國亡天下辨」為中國之史脈，此脈絡維繫一國天下之不墜。對錢穆來說，這個「史」與顧炎武的「天下」相通，隱含一國家民族之歷史、禮樂、名教、文化的集合。其又在〈白話歷史教科書〉中表示：

> (孔子)寫了一部《春秋》，那是一部孔子當時的近代史。[4]

---

3 錢穆：《素書樓餘瀋》，收入《錢賓四先生全集》(臺北市：聯經出版公司，1998年)，第53冊，頁15。

4 錢穆：《素書樓餘瀋》，收入《錢賓四先生全集》(臺北市：聯經出版公司，1998年)，第53冊，頁153。

在此文的脈絡中，錢穆把《春秋》視為一部史書。〈孔子與春秋〉中也提過：

> 若我們用現代人眼光看，孔子《春秋》，自然可說是一部歷史書，而且孔子也早已自己說過了。他說：「其文則史，其事則齊桓、晉文。」可見《春秋》是一部史，而所載是當時齊桓、晉文一類的事。而且孔子又復說：「我欲載之空言，不如見之行事之深切著明也。」這我們又那能說，《春秋》不是一部史，其所重不在其所載之事呢？[5]

另外，錢穆先生將《春秋》、《春秋三傳》收於《中國史學名著》作為介紹的對象。其言：

> 孔子《春秋》可說是中國第二部歷史書。實際上說，《春秋》乃是中國正式第一部歷史書。……它是歷史書中之編年體，前後兩百四十二年，從魯隱公開始，照著年月日一年一年地順序編下。[6]

以上都可說明錢穆對於《春秋》的看法，就是把《春秋》當作是一部歷史書。

---

5 錢穆：〈孔子與春秋〉，《兩漢經學今古文平議》（臺北市：東大圖書公司，1989年），頁240。

6 錢穆：《中國史學名著》，收入《錢賓四先生全集》（臺北市：聯經出版公司，1998年），第33冊，頁21-22。

（二）《春秋》是王官學

錢穆以史官記事，乃周代天子派任史官，於所封地記載時事，為政治之事。孔子以平民承寫，所做仍是王官之事。

孟子云：「其事則齊桓、晉文，其文則史。孔子曰：『其義則丘竊取之矣。』」[7]說明《春秋》雖經孔子從「政治」轉歸「學術」，其形式與內容仍為王官之學。

以《春秋》為王官學，是錢穆回應漢代公羊家普遍認為孔子《春秋》是私家著述的討論。因漢代公羊家有關三科九旨論述[8]，是以孔子視周道衰微，失去王天下的資格，故褒貶天下人事而蘊藏微言大義。這些微言大義並不是周天子的褒貶，只是孔子私人的褒貶，所以公羊家認為《春秋》是孔子的私人著述。而錢穆則認為《春秋》是王官之學。其說：

> 賈逵〈春秋序〉亦云：「孔子覽史記，就是非之說，立素王之法。」鄭玄《六藝論》亦云：「孔子既西狩獲麟，自號素王，為後世受命之君，制明王之法。」可見仲尼素王，《春秋》立法，不僅當時公羊家言之，即壺遂、賈逵、鄭玄諸人亦言之。既是素王立法，則決然是一種王官學，而非私家言。換言之，孔子《春秋》應該與堯、舜、禹、湯、文、武、周公之創制立法，定為一朝王官之學者有同類平等的地位，而不該下與墨

---

7 孟子：〈離婁下〉，《孟子》（臺北市：藝文印書館，1997年），卷8，頁12a。

8 三科九旨者，新周、故宋、以春秋當新王，此一科三旨也。所見異辭、所聞異辭、所傳聞異辭，二科六旨也。內其國而外諸夏，內諸夏而外夷狄，是三科九旨也。參見《春秋公羊傳注疏》（臺北市：藝文印書館，1997年），卷1，頁4b。

> 翟、老聃那許多僅屬社會的私家言者為伍。[9]

錢穆強調孔子《春秋》的地位應像堯、舜、禹、湯等，為天下創制立法的王官學，非如諸百家僅是私人著述。

（三）《春秋》具有「歷史性」

錢穆提過《春秋》是「歷史性」的，其云：

> 時代儘管雜亂，他所寫出的歷史，則是一個統一體。而且在此歷史之內，更寓有一番特殊精神之存在。所以孟子又說：「孔子作《春秋》而亂臣賊子懼。」亂臣賊子只是「時代性」的，而孔子《春秋》則成為「歷史性」的。[10]

這是將孔子《春秋》原本是一部歷史書的斷代史料，提升為具有歷史借鑑功能的價值，這正是其所謂的「特殊精神」，有了這一寓意在其中，它便可與任何一個時代相呼應，產生共鳴，因此不侷限在春秋時代。

（四）《春秋》建立了道義價值

《春秋》除了具有歷史性，錢穆還認為《春秋》在內涵上建立了道德價值，其云：

---

9 錢穆：《兩漢經學今古文平議》（臺北市：東大圖書公司，1989年），頁246。

10 錢穆：《中國史學名著》，收入《錢賓四先生全集》（臺北市：聯經出版公司，1998年），第33冊，頁27。

> 歷史批判，一部分是「自然的」，如此則得，如此則失，如此則是，如此則非，誰也逃不出歷史大自然之批判。而另一部分則是「道義的」，由自然中產生道義。自然勢力在外，道義覺醒則在內。孔子《春秋》則建立出此一大道義，明白教人如此則得，如此則失，如此則是，如此則非。此項道義，論其極致，乃與歷史自然合一，此亦可謂是「天人合一」。孔子《春秋》大義，應該著眼在此一點上去認識。[11]

我們可將錢穆上述的「歷史性」特質，與孔子建立了「道義」價值合一，視為「經典性」。即從一時代的產物變成了歷時存在的典範價值。

（五）《春秋》大義不該求之過深

錢穆對經師鑽研《春秋》大義此事，曾說：

> 《春秋》須講大義，但所謂大義，亦不該求之過深，尊之過高。講大義若講過了頭，反會落入小節中去。中國古人尊經過甚，孔子《春秋》是一部經，於是有許多不必講的把來講了過了份。如「趙盾弒其君」，孔子本是一依魯史原文。但《左傳》所載事實，則晉靈公非趙盾所殺。又添上一節說孔子惋惜趙盾，說他逃出了晉疆便可免弒君之名。不知正據《左傳》之事，即可見趙盾弒君之罪。《左傳》作者乃為趙盾求解脫。其稱孔子語，苟非偽造，即是道聽塗說，不足為據。[12]

11 錢穆：《中國史學名著》，收入《錢賓四先生全集》（臺北市：聯經出版公司，1998年），第33冊，頁28。

12 錢穆：《中國史學名著》，收入《錢賓四先生全集》（臺北市：聯經出版公司，1998年），第33冊，頁30。

在這一段說明中，錢穆認為後人讀《春秋》常因為過於尊信孔子，所以對《春秋》這部經典產生過度的揣想，認為其中的微言大義應大加發揮，所以極盡所能的加以詮釋，最後說過頭了，反而偏離主旨。又如《春秋》記「許世子止弒其君」，其云：

> 此事《左傳》、《公羊》、《穀梁》三書所記各異。《左傳》說「飲太子藥」，這當然已很清楚是兒子弒君了。而《公羊傳》記得更明白，說：「止進藥而藥殺其父。」這顯然不成問題了。但《穀梁傳》卻說：「父病，子當嘗藥。」許世子沒有懂得這禮，所以孔子責他弒君。「不嘗藥」與「飲太子藥」或說「進藥而殺其父」，這中間顯然有不同。《穀梁傳》無端加上一個不嘗藥之罪來講孔子《春秋》，這顯然是大錯。如此之類的問題，不知有多少。大家儘在此等處去講《春秋》，講得愈詳密，《春秋》大義便會愈失落，愈暗昧不明。[13]

錢穆認為三傳無端的補充，不但無法申明孔子的述作之意，反而愈加失落，愈暗昧不明，難以知悉。

關於《春秋》義例問題：

> 最難講的便是《春秋》褒貶。若說孔子《春秋》沒有褒貶，此決不然。如「崔杼弒其君」、「趙盾弒其君」、「許世子止弒其君」，不就是貶嗎？然而褒貶只在他們的事情上，而孔子《春秋》又頗於事不詳。於是讀者遂來求孔子《春秋》之書法，又從書法中定出凡例。杜預注《左傳》，便定出孔子《春秋》五

13 錢穆：《中國史學名著》，收入《錢賓四先生全集》（臺北市：聯經出版公司，1998年），第33冊，頁31-32。

十凡例。這便愈講愈遠了。如《春秋》書「王正月」共九十二處，春不書「王」一百零八處，試問如何一次一次地來講求？當知《春秋》大問題，並不在這些上。現在我們脫離了經學窠臼，此等處皆可不理會。尤其如晚清末年的《公羊》學派，所謂今文經學家，他們講孔子《春秋》，真講得天花亂墜，像是大義微言，幾千年來被埋沒，由他們發現了。其實都是講不通。即如王正月、王二月、王三月，以此來附會夏統、商統、周統，便是不通之一例。其實很簡單，正月有事，就書王正月。正月沒事，便書王二月。二月沒事，就書王三月。若整個春天全沒事，便只寫「春王正月」下接夏四月五月云云。因若更不寫一個王正月，恐人疑是史書有忘脫。故正月無事書二月，二月無事書三月，三月無事空寫一個王正月，下面再接上夏四月。全部《春秋》皆如此。這一體例在宋代的理學家已講正了，但清代的考據學家又胡塗再來重講，反講到大錯特錯。[14]

錢穆舉了杜預「《春秋》五十凡例」與清末公羊學派倡言的《春秋》微言大義，來說明爾等皆是誤讀了《春秋》，並說此事宋代理學家已經講正了，清代今文學家所重新發《春秋》隱微之大義，實是大錯特錯。[15]在此我們先不談錢穆先生的觀點是否正確，至少我們可以從其論述中讀到他對《春秋》學的見解。其對《春秋》學的認識是與宋代理學家的看法相近而與清代公羊家的看法不同，反對從經文「時月日例」來討論《春秋》。

14 錢穆：《中國史學名著》，收入《錢賓四先生全集》（臺北市：聯經出版公司，1998年），第33冊，頁31-32。

15 可參考蔡長林：〈論常州學派的學術淵源——以錢穆《中國近三百年學術史》的評論為起點〉，《中國文哲研究集刊》第28期（2006年3月），頁172。

從《春秋》大義不該求之過深這觀點來說，它包含兩個層次，一部分是針對三傳，一部分是針對經師。以三傳來說，其注意到三傳對《春秋》的闡釋是否超出《春秋》本意；另一部分是經師透過歸納整理來解釋《春秋》的方法，成為孔子作《春秋》的述作之意。

(六) 錢穆認為《三傳》所講，不等於孔子意思

錢穆先生一生未專門講授《三傳》之學，在《中國史學名著》中雖收《春秋三傳》、《左傳》，相對討論孔子《春秋》，提到《三傳》只是介紹性質。認為《三傳》是中國文化的一部分，讀書人應該閱讀。對於學問的廣博而言，亦不可不學。學史者對中國哲學、中國經學都需加以涉獵，不可因領域不同而不讀。

在《中國史學名著》中，曾對《公》、《穀》有所質疑，他說：

> 我們要問《公羊傳》裏所講的是否就是孔子意思？是否我們要講《春秋》，便該一路照《公羊傳》講法？這裏就大有問題。[16]

雖然錢穆未直言《公》、《穀》解經內容不可信，不過他還是提出疑問，提醒讀者閱讀《三傳》應注意內容與孔子思想是否一致。

以上大略是錢穆對《春秋》的基本看法。

16 錢穆：《中國史學名著》，收入《錢賓四先生全集》（臺北市：聯經出版公司，1998年），第33冊，頁45。

三　錢穆《春秋》學論述與前人說法的比較

(一)《春秋》是當時的一部天下史

錢穆認為《春秋》是一部當時的天下史，其云：

> 這是說《春秋》一書的底材，還是魯史舊文。但從孔子筆削以後，則此《春秋》既不是一部魯國史，也不是一部東周王室史，而成為一部諸夏的國際史，亦可稱為乃是當時的一部天下史或稱世界史。用當時的話來說，主要則是一部「諸夏霸政興衰史」。[17]

意指《春秋》所載，為整個中國、整個天下的歷史。就錢穆這個觀點來說，其與《公羊傳》說法略有不同，如《公羊傳》云：「《春秋》內其國而外諸夏，內諸夏而外夷狄。」[18]強調《春秋》在書寫對象上是有所區別的，所以書寫的內容詳略不一。又「《春秋》錄內而略外。於外，大惡書，小惡不書。於內，大惡諱，小惡書。」[19]表示《春秋》主要是以魯國所發生的事為記載的對象，至於魯國以外的事，則以重大事件才會記載。而錢穆認為《春秋》是諸夏當時霸政的興衰史。

從後世的角度來看，《春秋》所記載的內容或許可以看見當時諸

---

17 錢穆：《中國史學名著》，收入《錢賓四先生全集》（臺北市：聯經出版公司，1998年），第33冊，頁26-27。

18 《公羊傳》「成公十五年」（臺北市：藝文印書館，1997年），卷18，頁7b。

19 《公羊傳》「隱公十年」（臺北市：藝文印書館，1997年）卷3，頁15a-b。

侯霸政的興衰，不過從其依魯史的形式來說，我們也不好說魯史經孔子筆削之後就成為天下史。畢竟天下史與魯史的差異在於其書寫的對象是不同的。

(二) 錢穆《春秋》學見解與朱子相近

在主張《春秋》為史的學者中，影響最大的就是朱熹。他的言論變成後人很重要的論學依據。[20]如他認為《春秋》乃依魯史而作，因此《春秋》裡面的記載多是抄自魯史。同意《春秋》有大義，反對三傳「一字褒貶」的解經方法。我們從錢穆〈朱子之春秋學〉[21]一文中所呈現朱子的《春秋》學和錢穆的論點做比較，就可發現二者的見解非常相近。如

1 將《春秋》如史看

朱子：

> 問：《春秋》當如何看？曰：只如看史樣看。[22]

---

20 明、清《春秋》學家，多認同朱熹看法，甚至成為官方所認定的標準，如〈御纂春秋直解〉:「朱子之論《春秋》，亦曰：『聖人作《春秋》，不過直書其事，而善惡自見。』又曰：『《春秋》傳例，多不可信。聖人紀事，安有許多義例。』……說《春秋》者，必事事求其所以貶，求其所以貶而不得，則鍛鍊周內，以成其罪，而《春秋》益荒。俞汝言〈春秋平義序〉謂：『傳經之失，不在於淺，而在於深，《春秋》尤甚。』」永瑢等撰：《四庫全書總目提要》，卷29，頁235。

21 錢穆：《朱子新學案》(四)，收入《錢賓四先生全集》(臺北市：聯經出版公司，1998年)，第14冊，頁107-126。

22 黎靖德編，王星賢點校：〈春秋・綱領〉，《朱子語類》(北京市：中華書局，1986年)，卷83，頁2148。

錢穆：

孔子《春秋》可說是中國第二部歷史書。[23]

二者皆將《春秋》當作史，並以讀史之方法來看待。

2 聖人本意不在一二字褒貶

朱子：

如許世子止嘗藥之類如何？聖人亦只因國史所載而錄之耳。聖人光明正大，不應以一二字加褒貶於人。若如此屑屑求之，恐非聖人之本意。[24]

錢穆：

《春秋》記「許世子止弒其君。」……《穀梁傳》無端加上一個不嘗藥之罪來講孔子《春秋》，這顯然是大錯。如此之類的問題，不知有多少。大家儘在此等處去講《春秋》，講得愈詳密，《春秋》大義便會愈失落，愈暗昧不明。[25]

朱子以《三傳》一字之褒貶的解經內容，恐非聖人本意。錢穆亦認為

23 錢穆：《中國史學名著》，收入《錢賓四先生全集》（臺北市：聯經出版公司，1998年），第33冊，頁21-22。

24 此條為潘時舉錄癸丑朱子年六十四以後所聞。朱熹撰，黎靖德編：《朱子語類》（北京市：中華書局，1986年），卷83，頁2148。

25 錢穆：《中國史學名著》，收入《錢賓四先生全集》（臺北市：聯經出版公司，1998年），第33冊，頁31-32。

如《穀梁傳》「許世子止弒其君」以不嘗藥之罪來貶斥許世子是說不通的。因《穀梁傳》云：

日殺，正卒也。正卒，則止不弒也。不弒而曰弒，責止也。[26]

是以經文「夏，五月戊辰，許世子止弒其君買。」本應「書日」、「書殺」，以示許世子正卒，非弒君之人。但經文卻「書日」、「書弒」，因為夫子有「責止」之意。而此責止之意，是許世子止自責，所以夫子成全之，故責之。《穀梁傳》：

止曰：「我與夫弒者。」不立乎其位，以與其弟虺。哭泣歠飦粥，嗌不容粒，未逾年而死，故君子即止自責而責之也。[27]

二人所選例證完全相同，這等傳說，正是朱子、錢穆所云「非聖人本意」之例。

3 《春秋》依魯史而書，以為鑒戒

朱子：

此是據魯史以書其事，使人自觀之以為鑒戒爾。[28]

26 穀梁赤傳，范甯集解，楊士勛疏：《春秋穀梁傳注疏》「昭公十九年」（臺北市：藝文印書館，1997年），卷18，頁3b。

27 穀梁赤傳，范甯集解，楊士勛疏：《春秋穀梁傳注疏》（臺北市：藝文印書館，1997年），卷18，頁3b-4a。

28 黎靖德編，王星賢點校：《朱子語類》（北京市：中華書局，1986年），卷83，頁2148。

錢穆：

> 他（孔子）所寫出的歷史……更寓有一番特殊精神之存在。所以孟子又說：「孔子作《春秋》而亂臣賊子懼。」亂臣賊子只是「時代性」的，而孔子《春秋》則成為「歷史性」的。[29]

朱子、錢穆都同意孟子「孔子作《春秋》而亂臣賊子懼」的看法。只是他們的基礎點不同於孟子，二者是以《春秋》為史鑒，孟子是就當時情況來說。

4《春秋》不宜說之太巧、求之過深

朱子：

> 近世說《春秋》者太巧，皆失聖人之意。[30]
> 今之治《春秋》者，都只將許多權謀變詐為說，氣象局促，不識聖人之意，不論王道之得失，而言伯業之盛衰，失其旨遠矣。[31]

錢穆：

> 《春秋》須講大義，但所謂大義，亦不該求之過深，尊之過

29 錢穆：《中國史學名著》，收入《錢賓四先生全集》（臺北市：聯經出版公司，1998年），第33冊，頁27。

30 黎靖德編，王星賢點校：《朱子語類》（北京市：中華書局，1986年），卷55，頁1318。

31 黎靖德編，王星賢點校：《朱子語類》（北京市：中華書局，1986年），卷83，頁2173。

高。講大義若講過了頭，反會落入小節中去。[32]

朱子與錢穆對於後世學者講《春秋》大義總是附會過多，導致《春秋》大義泥於小處，反而大義不顯，有相同的見解。這與二人皆以「《春秋》依魯史而作」、「當如史看」的觀點有直接關係。

5《春秋》傳例多不可信

朱子：

《春秋》傳例多不可信。聖人記事，安有許多義例！[33]
孔子作春秋……又立為凡例，加某字，其例為如何；去某字，其例為如何，盡是胡說！[34]
或有解《春秋》者，專以日月為褒貶，書時月則以為貶，書日則以為褒，穿鑿得全無道理！[35]

錢穆：

晚清末年的《公羊》學派，所謂今文經學家，他們講孔子《春秋》，真講得天花亂墜，像是大義微言，幾千年來被埋沒，由

32 錢穆：《中國史學名著》，收入《錢賓四先生全集》（臺北市：聯經出版公司，1998年），第33冊，頁30。
33 黎靖德編，王星賢點校：《朱子語類》（北京市：中華書局，1986年），卷83，頁2147。
34 黎靖德編，王星賢點校：《朱子語類》（北京市：中華書局，1986年），卷55，頁1318。
35 黎靖德編，王星賢點校：《朱子語類》（北京市：中華書局，1986年），卷83，頁2146。

> 他們發現了。其實都是講不通。即如王正月、王二月、王三月，以此來附會夏統、商統、周統，便是不通之一例。[36]

朱子批評對象為杜預「《左氏》五十凡例」、《春秋釋例》。而錢穆除亦引杜預「五十凡例」作說明外，另對晚清公羊學派的微言大義提出批評。

6 聖人之心如何解得？

朱子：

> 問：諸家《春秋》解如何？曰：某盡信不及。如胡文定《春秋》，某也信不及，知得聖人意裏是如此說否？今只眼前朝報差除，尚未知朝廷意思如何，況生乎千百載之下，欲逆推乎千百載上聖人之心！況自家之心，又未如得聖人，如何知得聖人肚裏事！某所以不敢信諸家解，除非是得孔子還魂親說出，不知如何。[37]

錢穆：

> 我們要問《公羊傳》裏所講的是否就是孔子意思？是否我們要講《春秋》，便該一路照《公羊傳》講法？這裏就大有問題。[38]

36 錢穆：《中國史學名著》，收入《錢賓四先生全集》（臺北市：聯經出版公司，1998年），第33冊，頁31-32。

37 黎靖德編，王星賢點校：《朱子語類》（北京市：中華書局，1986年），卷83，頁2155。

38 錢穆：《中國史學名著》，收入《錢賓四先生全集》（臺北市：聯經出版公司，1998年），第33冊，頁45。

朱子、錢穆對於後世強調「得聖人之真傳」的詮解都有一種懷疑態度，即後世學者難以真正理解孔子《春秋》本意。筆者覺得二人皆是從此處尋不得門徑，故轉而客觀的將孔子《春秋》當作史來看。至少掌握了夷狄、尊卑的大原則，就認為不會偏離《春秋》大義過遠。

7 對《左傳》孔子惜趙盾的看法

朱子：

> 《左氏》見識甚卑，如言趙盾弒君之事，卻云：「孔子聞之，曰：『惜哉！越境乃免。』」如此，則專是回避占便宜者得計，聖人豈有是意！聖人「作《春秋》而亂臣賊子懼」，豈反為之解免耶！[39]

錢穆：

> 如「趙盾弒其君」，孔子本是一依魯史原文。但《左傳》所載事實，則晉靈公非趙盾所殺。又添上一節說孔子惋惜趙盾，說他逃出了晉疆便可免弒君之名。不知正據《左傳》之事，即可見趙盾弒君之罪。《左傳》作者乃為趙盾求解脫。其稱孔子語，苟非偽造，即是道聽塗說，不足為據。[40]

顯見錢穆對於《左傳》孔子惜趙盾弒君之說，全依朱子之說。

---

39 黎靖德編，王星賢點校：《朱子語類》（北京市：中華書局，1986年），卷83，頁2151。

40 錢穆：《中國史學名著》，收入《錢賓四先生全集》（臺北市：聯經出版公司，1998年），第33冊，頁30。

8 以《春秋》見當時治亂興衰

朱子：

> 《春秋》只是直載當時之事，要見當時治亂興衰，非是於一字上定褒貶。[41]

錢穆：

> 《春秋》既不是一部魯國史，也不是一部東周王室史……用當時的話來說，主要則是一部「諸夏霸政興衰史」。[42]

錢穆以《春秋》為一部「諸夏霸政興衰史」，其來源亦是從朱子而來。

9 於《春秋》未有專著

除了這些觀點相近之外，錢穆先生和朱子一樣都無《春秋》學與《三傳》的專著，究其原因，筆者以為錢穆無《春秋》學專著與其對朱子《春秋》學思想繼承有直接的關係。只是朱子曾說過為何不著《春秋》的原因，錢穆先生則未見其由，不過從彼此思想的密切承繼關係，相信錢穆亦是如此觀之。

朱子說：

---

41 黎靖德編，王星賢點校：《朱子語類》（北京市：中華書局，1986年），卷83，頁2144。

42 錢穆：《中國史學名著》，收入《錢賓四先生全集》（臺北市：聯經出版公司，1998年），第33冊，頁26-27。

看來此書自將來做文字不得；才說出，便有忌諱．常勸人不必做此經，他經皆可做，何必去做《春秋》？[43]

及長，稍從諸先生長者問《春秋》義例，時亦竊其一二大者，而終不能有以自信於其心。以故未嘗敢輒措一詞於其間。[44]

蓋朱子終生，未有《春秋》專門著述，應是如其所說，《春秋》實難。

另外，朱子有時說《春秋》當史看，有時卻又以《春秋》難讀，所以不敢輕讀告於弟子。[45]甚至到了晚年，朱子還曾說過「《春秋》無理會處，不須枉費心力。吾人晚年，只合愛養精神，做有益身心工夫。如此等事，便可一筆勾斷，不須起念。儘教它是魯史舊文，聖人筆削，又干我何事耶。」[46]等豪氣語。

關於朱子勸人不必以《春秋》當作著述對象的說法，錢穆有為之詮解：

《春秋》一經盡是歷史人事，孔子所懸夷夏大義，已與當時朝廷大政相違。非學有根柢，義理灌溉沉深，能直抒所見，強立不反，而徒以利錄應舉，如此說《春秋》，自應生忌諱心，起趨媚心，曲說巧說，為害實大。朱子當時勸人不必將《春秋》

43 黎靖德編，王星賢點校：《朱子語類》（北京市：中華書局，1986年），卷83，頁2174。

44 朱熹撰，郭齊、尹波點校：〈書臨漳所刊四經後〉，《朱熹集》（成都市：四川教育出版社，1996年），卷82，頁4248。

45 朱熹〈答趙佐卿〉：「聖經唯《論》、《孟》文詞平易，而切於日用，讀之疑少而益多。若《易》、《春秋》，則尤為隱奧而難知者。是以平日畏之而不敢輕讀也。」（《朱熹集》，卷43，頁2025）或如《朱子語類》中亦有記載「《春秋》難看，此生不敢問。」（《朱子語類》，卷83，頁2176）

46 朱熹撰，郭齊、尹波點校：〈答蔡季通〉，《朱熹續集》，收入《朱熹集》（成都市：四川教育出版社，1996年），卷2，頁5163。

作義，實更有一番深切為人之意。[47]

主要是因為《春秋》這部經典義理沉深，常人不易做得好，與其曲說巧說，倒不如不做，以免為害後人。

由上述的排比，我們可看到錢穆《春秋》學的觀點與朱子是有承繼關係，當然在些微之處仍有小許差異。就錢穆而言，《春秋》不只有知鑑功能，他還是研究孔子的重要材料。

當然錢穆也曾說過「今稱情而論，則《春秋》誠有功於文獻，而粗略簡陋，殆不勝後儒之尊美也。」[48]這樣的話，就頗似朱子晚年口吻。

(三) 錢穆「史學乃經學之旁支」說與章學誠「六經皆史」說

「六經皆史」為章學誠《文史通義》中所強調之重要見解。其云：

六經皆史也。古人不著書，古人未嘗離事而言理，六經皆先王之政典也。[49]

按章學誠的看法，《尚書》、《春秋》是史，《詩》、《禮》、《易》、《樂》，亦無一不為史，所以六經皆是史也。因《六經》掌於古之史官，史官猶如後世之書吏，《六經》乃略類於後世衙門之檔案。錢穆

47 錢穆：〈朱子之春秋學〉，《朱子新學案》，收入《錢賓四先生全集》（臺北市：聯經出版公司，1998年），第14冊，頁125。

48 錢穆：《國學概論》（北京市：商務印書館，1997年），頁12。

49 章學誠：〈易教上〉，《文史通義新編》（上海市：上海古籍出版社，1993年），頁1。

為章學誠「六經皆史」作一界定，他說：

> 在章氏之意，謂六經及乃指古代之官學言，而非後世所謂史。[50]

錢穆謂章氏之言史，非後世所謂的「史」，是指後世一般將史當作史料言。[51]

錢穆先生雖也同意「六經皆史」的看法，其云：

> 可見孔子所學，也即是在孔子當時的歷史。孔門由於其所講習之《詩》、《書》、禮、樂，而獲得其所從來之演變得失之全部知識，其與歷史實無嚴格界線。故後人謂「《六經》皆史」，此說實難否認。[52]

不過略有差異之處在於，錢穆認為史學為經學之一部分，如《尚書》、《春秋》、《左傳》均當屬經學範圍，意指史學被包含在經學之中。如其云：

> 故可說「經學即史學，史學亦即經學。」二者間本難作嚴格分

---

50 錢穆：《中國學術通義》，收入《錢賓四先生全集》（臺北市：聯經出版公司，1998年），第25冊，頁76。

51 可參考許松源：〈專家與通識——章學誠的學術思路與錢穆的詮釋〉「錢先生基於章氏所謂『史』字的本義，指出『史學所以經世』是理解『六經皆史』所應得到的基本結論。如果我們輕易套用今日歷史學的知識概念，認為章氏此說的意義不過是還原經籍的歷史性質而已，便完全錯失章氏以及傳統學術的本質與特性。」《臺大歷史學報》第37期（2006年6月），頁290-291。

52 錢穆：《中國學術通義》（臺北市：聯經出版公司，1998年），頁76。

> 別。亦可說自經學中分出一支而成為史學，史學乃經學之旁支。如〈史記太史公自序〉，自稱即以孔子作《春秋》之精神而寫《史記》，亦即是沿襲經學而發展出史學之一極好例證。班固《漢書藝文志》，亦將《史記》列入《六藝略》中之《春秋》門。可見在當時人觀念中，經學即包含史學，亦可說當時尚無史學獨立觀念。[53]

錢穆先生與章學誠對於《六經》的看法都認為是先秦的史料，不過章學誠強調的是經學本身的身分原本就是「史」；錢穆先生認為史學乃經學之旁支。如此說是在澄清春秋時代並未區分現代所謂的「經學」、「史學」學術科類，故錢穆從漢代儒者的認定來說明《春秋》是經。[54]雖章學誠曾說：

> 史之大原本乎《春秋》，《春秋》之義昭乎筆削。筆削之義，不僅事具本末，文成規矩已也。以夫子義則竊取之旨觀之，固將綱紀天人，推明大道，所以通古今之變而成為一家之言。[55]

但此與錢穆所云「史學乃經學之旁支」不同，章氏是以史之大原本乎《春秋》，強調《春秋》為史之源頭，未提「經」為「史」之源頭。

若說錢穆先生於章學誠觀點的承繼與差異，則從〈孔子與春秋〉數段文字中得見錢穆的自我釐清。

---

53 錢穆：《中國學術通義》（臺北市：聯經出版公司，1998年），頁76。

54 林語堂亦有此說，「這是恢復西漢時孔子的面目」。參見〈談錢穆先生之經學〉，《華岡學報》第8期（1974年7月），頁14。

55 章學誠撰，倉修良編：〈答客問上〉，《文史通義新編》（上海市：上海古籍出版社，1993年），頁70。

章氏治學，重史又過於重經。

章氏僅懂得史學實事，而不懂得經學之大義。[56]

在根本上，錢穆先生認為經學之大義與史學之知鑑功能是不同的。只是錢穆亦說過「若我們定要說《春秋》是經非史，這實在只見其為後代人意見，據以爭古代之著作。」[57]究其原因，則是《春秋》的身分，從「經」說、從「史」說，皆有理據。

四　錢穆《春秋》學的研究方法與見解

以上說明了錢穆對於《春秋》學這部經典的觀點與和前人的比較，最後應將錢穆《春秋》學的貢獻加以闡述。這部分是錢穆提出新的《春秋》學研究方法與見識，可分為以下幾點說明。

(一)《春秋》歷史地理學

錢穆曾說過，開始能懂歷史地理，卻是從經學入門的。原因在其早年讀閻若璩《四書釋地》「子路宿於石門」，見閻氏將石門一地仔細考訂，使這一章的內容透露無遺。因此獲得很多新的知識，因而才懂得考據之學，才懂得地理知識有用，才懂得如何在歷史上活用地理知識的方法。[58]在《中國歷史研究法》說：

---

56 錢穆：〈孔子與春秋〉，《兩漢經學今古文平議》（臺北市：東大圖書公司，1989年），頁270-271。另可參考黃兆強：〈錢穆先生章學誠研究述論〉，《東吳歷史學報》第15期（2006年6月），頁29-31。

57 錢穆：《兩漢經學今古文平議》（臺北市：東大圖書公司，1989年）頁240。

58 錢穆：〈歷史與地理〉，《學籥》，收入《錢賓四先生全集》（臺北市：聯經出版公司，1998年），第24冊，頁239-240。

> 如治春秋史，若不知道晉國在那裡，楚國在那裏，齊國、魯國在那裡，秦國、吳國又各在那裡，試問如何能瞭解得春秋史？……地理背景不同，疆域不同，首都不同，國防形勢不同，經濟命脈不同，種種有關地理狀況之不同之極大差異在內。因此我們若不明白各時代的地理情況，便不易明白到各時代的歷史事實。[59]

若依此觀點來處理《春秋》中的地理、疆域、國防形勢、經濟命脈，則可把諸侯國之地理背景，一一分別清楚。且逐地逐區，分部來看，其人物性格，其社會風尚，其經濟榮枯，其文化升降，各方面均可發現無限複雜，並可有無窮妙義為前人所未加注意者。

這種研究法，舉《國史大綱》為例：

> 齊桓會諸侯十五次，宋每次必預。其次為魯、鄭、陳三國，各得十次。又次為衛，得九次。又次為曹、許，各得七次。其間尤以齊、魯、衛、曹、鄭、宋六國，可謂諸夏之基本結合。此為諸夏基本結合之第一期，大率在東部與中部，乃黃河下流東部一帶及黃河中游兩岸之結合也。[60]

其將諸侯會盟與地理形勢、外交形勢結合闡發。過去經傳注疏對於《春秋》征戰之事，總強調義不義戰，或是孰是孰非。從錢穆的歷史地理研究法來看，就可看出當時整個區域的形勢為何。

---

59 錢穆：《中國歷史研究法》，收入《錢賓四先生全集》（臺北市：聯經出版公司，1998年），第31冊，頁123。

60 錢穆：《國史大綱》，收入《錢賓四先生全集》（臺北市：聯經出版公司，1998年），第27冊，頁66。

透過區域的地理研究之後，錢穆又將這個結果與歷史、經濟、文化整體來看。其云：

> 總觀當時霸政，有二大要義：一則為諸夏耕稼民族之城市聯盟，以抵抗北方遊牧部落之侵略，因此得保持城市文化，使不致淪亡於游牧之蠻族。二則諸夏和平結合以抵抗南方楚國，帝國主義者之武力兼并，因此得保持封建文化，使不致即進為郡縣的國家。其大勢為文化先進諸國逐次結合，而為文化後進諸國逐次征服。同時文化後進諸國，雖逐次征服先進諸國，而亦逐次為先進諸國所同化。其文化落伍諸部族，則逐次消滅，或逐次驅斥。在此進展中，諸夏結合之團體亦遂逐次擴大，為中國逐次形成中央大一統郡縣國家之蘊釀，而上古史亦逐次宣告結束。[61]

則可發現孔子記載當時諸夏相互征伐，不是單純的戰事記錄，而是在戰事的背後蘊含有文化交流的現象。這正是錢穆提出治古史地「三通例」、「四要項」[62]的史觀，用來處理《春秋》歷史地理的例子。

故王恢云：「先生史學，共推為當代權威。然其地理學識亦極高明，史地相發，貫通今古，故多創闢非常之見，開後學無限新知。」[63]

---

61 錢穆：《國史大綱》，收入《錢賓四先生全集》（臺北市：聯經出版公司，1998年），第27冊，頁70。

62 可參見王恢：〈錢賓四先生的歷史地理學〉，《華岡學報》第8期（1974年7月），頁388-389。「三原則：地名原始、地名遷徙、地名沿革；四要項：氏族、地理、人物、年代。」

63 王恢：〈錢賓四先生的歷史地理學〉，《華岡學報》第8期（1974年7月）頁385。

（二）《春秋》學術史的研究

錢穆在〈孔子與春秋〉一文中將《春秋》由先秦至清代的傳播過程敘述一番，並將其定位為學術史的研究，這亦可說是一部《春秋》學史。其言：

> 本文宗旨，僅為闡述孔子作《春秋》之精神，至於孔子《春秋》本書之研討，則其事既甚難，亦非本文之所重。有時作學術史研究，其重要不亞於學術著作本身之研究，此亦其一例。《大易》、《春秋》，昔之學者，已有塵山霧海之歎。若誤謂本文作者有意提倡何休、杜預、范甯與啖助、趙匡、陸淳諸人奉為治孔學之宗師，則非作者之敢承。[64]

目前研究《春秋》學的專家學者如趙伯雄[65]與戴維[66]均有《春秋學史》專著。實錢穆在更早時已有從學術史的觀點來為《春秋》歷代傳播、演變、影響等，進行論述。

（三）《春秋》為歷史、經學、教育相通之學

雖說錢穆認為《春秋》是因魯史而作，是一部歷史書，但其亦認為孔子並不是一字一句的鈔撮，在孔子自有一個編纂的體例，和取捨的標準，及其特殊的寫法。《史記．孔子世家》說：「筆則筆，削則

64 錢穆：《兩漢經學今古文平議》（臺北市：東大圖書公司，1989年），頁282-283。

65 趙伯雄：《春秋學史》（濟南市：山東教育出版社，2004年）。

66 戴維：《春秋學史》（長沙市：湖南教育出版社，2004年）。

削，游、夏之徒不能贊一辭。」可證明孔子《春秋》是有筆削。這筆削的目的正是對人事進行褒貶。

此「人事褒貶」，錢穆將它與歷史學、經學、教育合著看，其云：

> 孔子《春秋》重視人事褒貶，此即歷史學與教育之相通處。[67]

他認為中國史學是從人類大羣體之長期經驗中，慢慢的歸結出治國平天下之人羣大道來。而中國教育，則從此大道中來培植其領導人才，為其最高目標。故在中國文化體系中，道統高於治統，師道高於君道。中國歷代君王、臣子也莫不透過熟讀《春秋》以知進退之道。因此《春秋》中有關人事的褒貶，它既可知過去以鑑未來，亦是一本教育君臣之書，又做為儒家之經典，在在說明它在經學、歷史學、教育中是有一相通的。這種視域的整合，是錢穆從不同的影響下看到《春秋》的作用，然後將彼此的關係作一牽合，此之觀點可有利後人從此一思路對《春秋》進行研究。

（四）《春秋》為經、史、禮相通之學

除上述經、史、教育之貫通。錢穆也曾將經、史、禮視為相通之學。他說孔子之著史作《春秋》，其事一本於禮。而孔子之治禮，其事亦一本於史。正是將此三門學科作一體看。其引《孟子》一文，以證其理：

67 錢穆：《中國史學發微》，收入《錢賓四先生全集》（臺北市：聯經出版公司，1998年），第32冊，頁271。

> 子貢曰：「見其禮而知其政，聞其樂而知其德。由百世之後，等百世之王，莫之能違也。自生民以來，未有夫子也。」孔子即觀於其世王者所定之禮樂，即知其王知政與德。居百世之後，觀百世之上，為之次第差等，而無有違失。能前觀百世，斯亦能後觀百世。觀其禮，而知其世。[68]

說明孔子由一國之禮可知「其世」，而「其世」正代表一國之內涵。又如：

> 子張問：「十世可知也？」子曰：「殷因於夏禮，所損益可知也。周因於殷禮，所損益可知也。其或繼周者，雖百世可知也。」(《為政》) 古人以父子相禪三十年為一世。十世當得三百年，百世當得三千年。孔子心中，未嘗認有百世一統相傳之天子與王室，特認有百世一統相傳之禮。禮有常，亦有變。必前有所因，是其常。所因必有損益，是其變。

亦是說明由禮可上下通貫於史。

故錢穆認為孔子所言禮，包括全人生；其言史，亦包括全人生。其言禮即猶言史，言史亦猶言禮，是統合而言[69]

68 錢穆：《孔子傳》，收入《錢賓四先生全集》（臺北市：聯經出版公司，1998年），第4冊，頁132。

69 錢穆：《孔子傳》，收入《錢賓四先生全集》（臺北市：聯經出版公司，1998年），第4冊，頁133。

（五）〈通表第一〉為《春秋》、《論語》的連繫

筆者以為錢穆先生作《先秦諸子繫年》，以孔子生平為首，有崇揚孔子之意，不過其作〈通表第一〉的編排方式，儼然是另一種《春秋》學的閱讀門徑。《春秋》自隱公始，終於哀公十四年。〈通表第一〉則始於魯襄公二十二年，終於哀公十六年。錢穆曾言，研究孔子思想需從《論語》、《春秋》入手。實際上，我們從《論語》見到孔子，卻讀不到有關《春秋》的經文，從《春秋》也讀不到《論語》中的孔子。而從錢穆的〈通表第一〉，正是由《史記》〈十二諸侯年表〉之史學門徑，而以歷史之事件成為一個橋樑的可能，通過此〈通表第一〉的編排，我們可以將《論語》與《春秋》置放在〈通表〉之左右，相互參照，讀出此時孔子所面臨的世界局勢與其人生。如此可對孔子撰寫《春秋》之背景，得到更多的理解。例如：

> 周靈王二十四年「崔杼弒其君立景公」[70]

此文依據〈魯周公世家〉「二十五年，齊崔杼弒其君莊公，立其弟景公。」[71]而寫，《三傳》經文皆有「襄公二十有五年，夏，五月乙亥，齊崔杼弒其君光。」《論語》有三段提到孔子與齊景公的接觸。

1 〈顏淵〉記載孔子與齊景公的對話

> 齊景公問政於孔子。孔子對曰：「君君、臣臣、父父、子

70 錢穆：《先秦諸子繫年》，收入《錢賓四先生全集》（臺北市：聯經出版公司，1998年），第5冊，頁594。

71 司馬遷：《史記》（北京市：中華書局，1995年），卷33，頁1538。

子。」公曰：「善哉！信如君不君，臣不臣，父不父，子不子，雖有粟，吾得而食諸。」[72]

2〈季氏〉記載孔子對齊景公的評價

齊景公有馬千駟，死之日，民無德而稱焉。伯夷、叔齊餓于首陽之下，民到于今稱之，其斯之謂與。[73]

3〈微子〉記載齊景公和孔子的對話

齊景公待孔子曰：「若季氏，則吾不能，以季、孟之間待之。」曰：「吾老矣，不能用也。」孔子行。[74]

如此對照而閱讀，便能將孔子、齊景公、崔杼弒君彼此的關係整合理解。又如：

周敬王三十九年「西狩獲麟、顏回卒、小邾射來奔。」[75]

《三傳》「哀公十四年」皆有書「春，西狩獲麟。」《史記》〈十二諸侯年表〉亦有記。《論語》只記載顏淵卒之事。〈雍也〉有孔子回應魯哀公的問話，提到顏淵已死：

哀公問弟子，孰為好學？孔子對曰：「有顏回者好學，不遷

---

72 《論語》（臺北市：藝文印書館，1997年），卷12，頁6b。

73 《論語》（臺北市：藝文印書館，1997年），卷16，頁9a。

74 《論語》（臺北市：藝文印書館，1997年），卷18，頁2a。

75 錢穆：《先秦諸子繫年》，收入《錢賓四先生全集》（臺北市：聯經出版公司，1998年），第5冊，頁603。

> 怒，不貳過，不幸短命死矣。今也則亡，未聞好學者也。」[76]

〈先進〉記載孔子對顏淵死的哀痛之情緒：

> 顏淵死。子曰：「噫！天喪予！天喪予！」[77]

《公羊傳》亦可見此互文：

> 顏淵死，子曰：「噫！天喪予。」子路死，子曰：「噫！天祝予。」西狩獲麟，孔子曰：「吾道窮矣。」

由此可見孔子書《春秋》除了對周道不興有關，另有其觸動點，如西狩獲麟、顏回卒等事件都在累積其心志，而不得不發。[78]

如此參照閱讀《春秋》與《論語》，可以幫助讀者有更全面的理解。

五 結論

從《錢賓四先生全集》中，筆者感到錢穆先生的學問博大與精

76 《論語》（臺北市：藝文印書館，1997年），卷6，頁1b。

77 《論語》（臺北市：藝文印書館，1997年），卷11，頁3b。

78 案：錢穆以「西狩獲麟」、「顏回卒」為同一年，並將「西狩獲麟」放置於「顏回卒」之前。然顏回卒在西狩獲麟之前，見〈仲尼弟子列傳〉：「回年二十九，髮盡白，蚤死。」《史記索隱》：「《家語》亦云：『年二十九而髮白，三十二而死』。王肅云：『此久遠之書，年數錯誤，未可詳也。校其年，則顏回死時，孔子年六十一。』」《史記》（北京市：中華書局，1995年），卷67，頁2188。此處錢穆或依《公羊傳》將兩事件一起書寫所影響而將兩事放於同一年之中。

深，從其學術著作可以看到紮實的考證，書信中更可見到其對師友間的關心慰問之情，正如其所常言「為學與做人」，皆可從文章中得見。林語堂曾說過：「知道錢先生『十目乃一行，不肯放隻字』的功夫，然後知道他學問之精純，思想之疏通知遠，文理密察，以細針密縷的功夫，作為平正篤實的文章。」[79]這非溢美之辭。

在做人與學問上，《論語》一直是錢穆先生效習的對象，反觀《春秋》，錢穆是以「史」來看待。其將《春秋》以「史」看待，卻也不是以《論語》優於《春秋》，而是不同著作有不同的目的與作用。錢穆提到：「蓋國之有史，即所以長保此一國之天下於不墜不毀。環顧全球，惟我先民，深洞斯義，兢兢然先後保持而勿輟。民國肇創，一切改為。而二千載史脈，亦於以同斬，此非大可驚歎之事乎！」[80]便是針對民國之初，政府對中國傳統史書傳統不夠重視，故錢穆強調史對於一國的重要，並以《春秋》為例，說明此內涵包括顧炎武所云的國家、民族、歷史、傳統、禮樂、名教、文化之維繫。因此我們可說錢穆的《春秋》學是蘊有一個國家民族的歷史、傳統、禮樂、名教、文化之集合。他的焦點又不只限於一本《春秋》，而是從《春秋》中看到更大更宏觀的「史」，再談出「史」對於整個國家民族的重要性，以就整個中國文化來談。

錢穆之所以如此重視中國文化之復興，寫了許多專談中國文化的部分，如《文化學大義》、《民族與文化》、《中國文化十二講》、《中國文化精神》等等，此亦有其時代背景之機緣促成。錢穆一生遭逢國難，當時中國文化因西方學說盛行而受人輕蔑鄙視，其在〈中國學術通義序〉說：「今國人一切以信奉西方為歸，羣尊西方學術成規，反

---

79 林語堂：〈談錢穆先生之經學〉，《華岡學報》第8期（1974年7月），頁18。

80 錢穆：《素書樓餘瀋》，收入《錢賓四先生全集》（臺北市：聯經出版公司，1998年），第53冊，頁15。

治中國傳統舊存諸學，精神宗旨既各異趨，道途格局亦不一致。必求以西方作繩律，則中國舊學，乃若不見有是處。」[81]或如〈中華民族之前途〉一文中提到：「民初五四運動前後，正犯此毛病。誤把眼前中國，認為即是中國文化傳統所十足道地產製的一貨樣，認為即可把現中國來代表中國傳統文化，於是激起了過分的憤慨。『禮教喫人』、『打倒孔家店』、『線裝書扔毛廁裏』、『廢止漢字』、『全盤西化』等等口號，更起迭應。」[82]在〈續論中華民族之前途〉云：「五四時代一般意見卻認為非打倒傳統文化，即無法發展科學。」[83]故錢穆不斷著述講演強調中國文化的特殊意義與價值，冀能恢復國人對中國傳統文化的信心與認識。

除時代背景之外，錢穆處理這麼多有關《春秋》的論述，還有一個原因，這部分的原因就是錢穆對於孔子的崇敬。一般而言，提到孔子，大多會直接想到《論語》，《論語》是公認研究孔子的重要典籍。不過《論語》是弟子記載孔子平日言行的一部書，《春秋》是孔子晚年的著作，因此瞭解孔子不能不重視這部著作。正如錢穆所自言：

> 真要研究孔子，實在不該忽略了《春秋》。至少我們該知道，為何在中國儒學史裏，大部分尊崇孔子的人，都會注意到《春秋》？他們看重《春秋》的意見究竟在那裏？我們必認識到這一層，纔始懂得孔子在中國學術思想史上，以往的真地位和真

81 錢穆：《中國學術通義》，收入《錢賓四先生全集》（臺北市：聯經出版公司，1998年），第25冊，頁4。

82 錢穆：《中國學術思想史論叢》（九），收入《錢賓四先生全集》（臺北市：聯經出版公司，1998年），第23冊，頁157。

83 錢穆：《中國學術思想史論叢》（九），收入《錢賓四先生全集》（臺北市：聯經出版公司，1998年），第23冊，頁185。

價值。[84]

因此錢穆是重視《春秋》這部經典的。同時他在這部經典的傳承上有承先啟後的作用。其承先的部分，就是承繼朱子與章學誠對《春秋》的觀點。啟後的部分，則在於錢穆先生提出不同以往的《春秋》學研究方法，例如以歷史地理之學研究《春秋》、以史學之事件連繫《春秋》與《論語》的閱讀、以學術史研究《春秋》等等，這些都可算是錢穆對於《春秋》學的研究貢獻。

84 錢穆：《兩漢經學今古文平議》（臺北市：東大圖書公司，1989年），頁235。

《左傳》史讀，杜預始

一　前言

將《左傳》納於史來討論，唐代有劉知幾（661-721）[1]。《左傳》在劉知幾的《史通》中受到很高的評價，從「六家」中精選出的「二體」，就有《左傳》。劉知幾將《左傳》之整體化約為一個「體」，企圖從「編年」之範式來談《左傳》，則《左傳》從一個傳達《春秋》經義的解釋者，卸除其原本之功能與目的，而為著述法則。劉知幾云：

> 自古帝王編述文籍，史言之備矣。古往今來，質文遞變，諸史之作，不恆厥體，摧而為論，其流有六。一曰尚書家、二曰春秋家、三曰左傳家、四曰國語家、五曰史記家、六曰漢書家。[2]

劉知幾提出在其以前史家對於歷史的六種處理方法，或認為這是劉知幾總結上古迄唐初「史體」的發展。然而這六種就是六本「專書」。

劉知幾是否只是將「六書」當六本書？似又不然。其於〈六家〉

1　龔留柱：「第一位從史學角度對《左傳》予以高度評價的，是唐代史評巨著《史通》的作者劉知幾。」《春秋弦歌——《左傳》與中國文化》（鄭州市：河南大學出版社，2005年），頁95。

2　劉知幾撰，李維楨評，郭孔延評釋：《史通》（明刻本），卷1，頁1a。

之中屢屢提到「某家者」，似乎將「書」直接等同於「類」，則「六書」成了「六類」，「六類」便是「六體」。

在「左傳家」這類，劉知幾已經談到後代承繼「左傳家」的寫法，其云：

> 當漢代史書，以遷、固為主，而紀、傳互出，表、志相重，於文為煩，頗難周覽。至孝獻帝，始命荀悅撮其書為編年體，依《左傳》著《漢紀》三十篇。自是每代國史，皆有斯作，起自後漢，至於高齊。如張璠、孫盛、干寶、徐賈、裴子野、吳均、何之元、王劭等，其所著書，或謂之《春秋》，或謂之《紀》，或謂之《略》，或謂之《典》，或謂之《志》。雖名各異，大抵皆依《左傳》以為的准焉。[3]

漢孝獻帝命荀悅撮其書為編年體，依《左傳》著《漢紀》三十篇，自是每代國史，皆有斯作。這就是將「左傳家」視為可依循而作的「左傳體」。〈六家〉末段，總結云：

> 於是考茲六家，商榷千載，蓋史之流品，亦窮之於此矣。而朴散淳銷，時移世異，《尚書》等四家，其體久廢，所可祖述者，唯《左氏》及《漢書》二家而已。[4]

既然史之流品，窮於此，則劉知幾認為唐以前之史官書寫體例，不出此六類。獨稱揚「二體」，乃因六體之其他四體久廢，故只剩下「左傳體」與「漢書體」，即編年體與紀傳體。

---

3 劉知幾撰，李維楨評，郭孔延評釋：《史通》（明刻本），卷1，頁12b。

4 劉知幾撰，李維楨評，郭孔延評釋：《史通》（明刻本），頁24b。

將這些闡述性的話語先擱置一旁，回過來看劉知幾於〈六家〉中的行文，發現劉知幾還是將「左傳家」的「左傳」理解為解經之「傳」。其文云：

> 《左傳》家者，其先出於左丘明。孔子既著《春秋》，而丘明授經作傳。蓋傳者，轉也，轉授經旨，以授後人。或曰傳者，傳也，所以傳示來世。案孔安國注《尚書》，亦謂之傳，斯則傳者，亦訓釋之義乎。觀《左傳》之釋經也，言見經文而事詳傳內，或傳無而經有，或經闕而傳存。其言簡而要，其事詳而博，信聖人之才羽翮，而述者之冠冕也。逮孔子云沒，經傳不作。于時文籍，唯有《戰國策》及《太史公書》而已。至晉著作郎魯國樂資，乃追采二史，撰為《春秋後傳》。其書始以周貞王續前傳魯哀公後，至王赧入秦，又以秦文王之繼周，終於二世之滅，合成三十卷。[5]

按劉知幾的說法，「左傳家」應該是源於《左傳》撰述的方法，但劉知幾在講《左傳》的撰述方法時，並未提及「編年體」的撰述方法，其云：一、受經作傳；二、傳者，轉受經旨，以授後人；三、傳示將來；四、事詳而博。以上皆是經傳解經的關係，怎麼會突然一轉成以《左傳》為的準焉？劉知幾並未說明清楚為何《左傳》是編年，何以能成為「體」，進一步成為體式，其印象是來自於「荀悅依《左傳》著《漢紀》」而來，《左傳》遂為體焉。故後世雖常以《史通》為論《左傳》史讀之第一人，但究其〈二體〉、〈申左〉實多就經學而論《左傳》。

5 劉知幾撰，李維楨評，郭孔延評釋：《史通》（明刻本），卷1，頁12a。

而早在六朝的杜預（222-284），已有以史看待《左傳》的開端。從杜預《經傳集解》中，可見其解《經》、《傳》文字時，多從國史言之。又〈經傳集解序〉[6]裡，緊密了《春秋》與魯史間的關係，如季惟齋云：「竊謂《左傳》為以史釋經之祖，其宗旨為經術，其法度類史學。惟其高古，故經史渾然不可分判。」[7]

實際上，杜預解經之法，參混經史。「以傳解經」乃沿襲漢代章句訓詁之學；「以史解經」的方法，是傳承史官之學。過去論者，多以經學立場視之。筆者從杜預解經的兩個面向，說明其史讀《左傳》的這部分，過去未受重視。

二　以傳解經

漢代解經多有方法，其先導於前代者，乃如《春秋》之三傳，《易》之十翼，《禮》之記。於漢則有注、詁（故）、訓、傳、說、記、解故、章句、箋、師法、家法等等。[8]此風儼然為經學之中流，於六朝之際亦如是。

杜預以經傳別行，故分經之年與傳之年相附，隨而解之，著成

6 《春秋經傳集解》的〈前序〉該稱何名，說法不一。有〈春秋序〉、〈左氏序〉、〈左傳序〉、〈春秋左傳序〉、〈春秋經傳集解序〉、〈春秋左氏經傳集解序〉。依杜預自己的稱法，見其〈前序〉、〈後序〉都自名「經傳集解」，則書稱「經傳集解」，序稱「經傳集解序」最適宜。當然這樣的稱法是認定此文為《經傳集解》的序來說，若依陸德明：「〈春秋序〉此元凱所作，旣以釋經。故依例音之。本或題爲〈春秋左氏傳序〉者，沈文何以爲〈釋例序〉。今不用。」並不認為此〈序〉為《經傳集解》作，則稱〈春秋序〉亦無不可。

7 季惟齋：〈庸經堂筆記〉，《徵聖錄二編》，卷2。

8 林慶彰：〈戰國至漢初傳記之學的形成〉，「古道照顏色──先秦兩漢古籍國際學術研討會」（香港：香港中文大學中國語言及文學系、中國文化研究所中國古籍研究中心，2009年），頁20。

《經傳集解》。就型式上，它是經學的系統。它依循經、傳、注的位階不同，於同一版面上，從大字、小字；單行、雙行小字區別之。經、傳為同一號字，集解為雙行小字。集解不單解釋《左傳》，亦解釋《春秋》。

「以傳解經」雖是經學體系中的脈絡，但其也是歷史解釋的一部分。何以故？因為杜預從《春秋》、《左傳》、《公羊傳》、《穀梁傳》所汲取得到的少量資訊，用來解釋當時魯國所經歷的事件，這事件就是歷史的一部分。即杜預的以傳解經並非盲從於經傳，而一昧承襲，他乃意圖重建所謂的事實真相，真相即為歷史的一部分。如隱公十一年冬十有一月壬辰，公薨。《左傳》：

> 壬辰，羽父使賊弒公於寪氏，立桓公而討寪氏，有死者，不書葬，不成喪也。[9]

《左傳》提到隱公十一年十一月壬辰日，羽父派人於寪氏家中殺了隱公，且為立桓公而討寪氏。

《左傳》於壬辰之前，猶有補述。其云：

> 羽父請殺桓公，將以求大宰。公曰：「為其少故也，吾將授之矣。使營菟裘，吾將老焉。」羽父懼，反譖公於桓公而請弒之。公之為公子也，與鄭人戰於狐壤，止焉。鄭人囚諸尹氏，賂尹氏而禱於其主鍾巫，遂與尹氏歸而立其主。十一月，公祭鍾巫，齊於社圃，館於寪氏。[10]

9 左丘明撰，杜預集解：《春秋經傳集解》（臺北縣：七略出版社，2005年），卷1，頁26b。

10 左丘明撰，杜預集解：《春秋經傳集解》（臺北縣：七略出版社，2005年），卷1，頁26a-26b。

則知羽父弒隱乃懼請殺桓公之舉事跡敗露，故轉而投靠桓公。整個過程皆是羽父主導，禍首應為羽父。

然而，當羽父反譖隱公於桓公，而請弒之時，桓公是否默許了呢？孔子《春秋》並無此意思。何以故？因從《春秋》:「桓公元年春王正月，公即位。」[11]的書寫看來，完全是一個正常的公即位書寫。且《左傳》:「元年春，公即位，修好於鄭，鄭人請復祀周公，卒易祊田，公許之。」[12]也沒強調桓公篡立弒君，不正即位的記載。

今之桓弒隱的傳說，皆來於《穀梁傳》，杜預從之也。我們見《公羊傳》也無提到桓弒隱的直接證據，《公羊傳》解釋與《左傳》同，隱公為賊所弒。《公羊傳》隱公十一年冬十有一月壬辰：

> 何以不書葬？隱之也。何隱爾？弒也。弒則何以不書葬？《春秋》君弒，賊不討，不書葬，以為無臣子也。子沈子曰:「君弒，臣不討賊，非臣也。不復仇，非子也。」葬，生者之事也。《春秋》君弒，賊不討，不書葬，以為不繫乎臣子也。公薨何以不地？不忍言也。隱何以無正月？隱將讓乎桓，故不有其正月也。[13]

又桓公元年《公羊傳》云：

> 繼弒君不言即位，此其言即位何？如其意也。[14]

---

11 左丘明撰，杜預集解:《春秋經傳集解》(臺北縣：七略出版社，2005年)，卷2，頁1a。

12 左丘明撰，杜預集解:《春秋經傳集解》(臺北縣：七略出版社，2005年)，卷2，頁1b。

13 何休解詁:《春秋公羊傳》(臺北市：新興書局，1992年)，頁20b。

14 何休解詁:《春秋公羊傳》(臺北市：新興書局，1992年)，頁23a。

雖然《公羊傳》云如其意，是如桓公的意，但未言桓公有弒隱之事。

《穀梁傳》隱公十一年：

> 公薨不地，故也。隱之，不忍地也。其不言葬何也？君弒，賊不討，不書葬，以罪下也。隱十年無正，隱不自正也。元年有正，所以正隱也。[15]

又桓公元年：

> 桓無王，其曰「王」，何也？謹始也。其曰「無王」，何也？桓弟弒兄，臣弒君，天子不能定，諸侯不能救，百姓不能去。以為無王之道，遂可以至焉爾。元年有王，所以治桓也。繼故不言即位，正也。繼故不言即位之為正何也？曰先君不以其道終，則子弟不忍即位也。繼故而言即位，則是與聞乎弒也。繼故而言即位，是為與聞乎弒何也？曰先君不以其道終，己正即位之道而即位，是無恩於先君也。[16]

《穀梁傳》這裡說的清楚明白，「桓弟弒兄」。

三傳於此處可分兩個角度來追問。一是隱公為誰所弒？二是桓公元年為何書「公即位」？《公羊傳》、《穀梁傳》都同意君弒賊不討，乃臣之大不忠，討賊是即位之君的首要之務。然這有一弔詭之處，若即位者，即弒君之人，其如何自討呢？故孔子《春秋》才會站在制高處，揭此事之原委大道。另一個問題是，如果三傳同意是桓公弒隱

15 范甯集解：《春秋穀梁傳》（臺北市：新興書局，1992年），頁16b。

16 范甯集解：《春秋穀梁傳》（臺北市：新興書局，1992年），頁17a。

公，或者是桓公暗中同意羽父的弒隱之舉，為何桓公即位之元年，《春秋》無貶？

杜預於隱公十一年隱公薨下云：

> 桓弒隱，篡立。[17]

又於桓公元年云：

> 桓公篡立，而用常禮，欲自同於遭喪繼位者。[18]

杜預之言說改變了《左傳》羽父弒隱的事，順著羽父欲立桓公而討寫氏，削去羽父的主動性，歸之於桓公的幕後指使。由是桓公為篡立之主謀者，則雖羽父所弒，仍為桓公所弒。

杜預改變了《左傳》以羽父為主謀者的說法，改以桓公為篡立主謀者。

杜預如何能如此肯定的說「桓公篡立」？因其接受了《穀梁傳》的說法，即前所述：「桓弟弒兄，臣弒君……繼故而言即位，是為與聞乎弒何也？曰先君不以其道終，已正即位之道而即位，是無恩於先君也。」所以「桓弒隱」、「篡立」的言說，變得理所當然，自此三傳傳文的歧異，卻在注疏者手中形成一個共識，桓公之惡，更無翻身之地了。

又如隱公即位，《左傳》在不書即位成為一個前提之後，提出理

17 左丘明撰，杜預集解：《春秋經傳集解》（臺北縣：七略出版社，2005年），卷1，頁23a。

18 左丘明撰，杜預集解：《春秋經傳集解》（臺北縣：七略出版社，2005年），卷2，頁1a。

由，就是隱公「攝也」。「攝」是一個非常不容易界定的行為，自伊尹攝太甲位，周公輔成王攝行政當國，都成為一個重大的政治事件，孔子不可能不知道「攝」字的模糊性，左丘明也不會不知。既然如此，左丘明仍以「攝」字來解釋孔子《春秋》不書即位的理由，似乎有刻意的目的。

「攝」而不書即位，有三個解釋。第一，「攝」是一種非正式的，僅為一種代理式的，所以不能當作正式的即位例來書，如此是「不可書」，而不是「不書」。第二，「攝」只是一個不書的理由，只要有不書的理由，不書便有一個正當性。二者的差異在於，前者將「攝」字作為一個重要的導因，後者將「攝」僅當作是「凡例」其中之一的理由。杜預的《春秋釋例．公即位例》便是屬於第二種情形。當「攝」與莊公的「文姜出」、閔公的「亂」、僖公的「公出」，皆為不書公即位的原因時，「公即位例」的焦點便落在「不書」，而不在「攝」。然而左丘明的解經，在「攝」字上。第三，「攝」是隱諱語，隱公即位了，但孔子不書即位，以示不正。

隱公前一年，魯惠公四十六年，《左傳》有云：「是以隱公立而奉之」。之所以「是以」，緣於「惠公元妃孟子。孟子卒。繼室以聲子。生隱公。宋武公生仲子。仲子生而有文在其手，曰為魯夫人，故仲子歸於我。生桓公而惠公薨，是以隱公立而奉之。」[19]從惠公四十六年所云，隱公雖為繼室所生，桓公為夫人生，但並未明確論及孰為魯君之繼承者，故依其文述「隱公立而奉之」，似乎是隱公立桓公為魯公，這與經元年傳所云「不言即位，攝也。」才能連繫上。意思是惠公薨未及立桓公為太子，故惠公薨後的即位者，由隱公代惠公立桓公

19 左丘明撰，杜預集解：《春秋經傳集解》（臺北縣：七略出版社，2005年），卷1，頁1a-1b。

為魯公，自己亦奉桓公為魯公。因桓公過於幼小，隱公不得已只好攝魯公位。

杜預依《左傳》，推衍出的解釋。如下：

1 攝行君事

經元年下，杜預解云：「隱雖不即位，然攝行君事，故亦朝廟、告朔也。」[20]其解「不書即位」為不即位，因此不是不書，而是根本沒有即位的儀典。然而卻攝行君事。「攝」所以有模糊性便是在此。「攝行君事」，故所有國君該做能作的，都由隱公代理。

2 假攝君政

傳元年下，杜預解云：「假攝君政，不脩即位之禮，故史不書於策，《傳》所以見異於常。」[21]「攝行君事」為何會變成「假攝君政」？其意義頗有不同。「攝行君事」可以當作僅是處理朝廟、告朔等天地之常事；「假攝君政」就可能涉及外交、軍事等具體方針的改變。若不是杜預語意不清，便是他所理解的「攝」，不僅是暫代，而是全面的執政。

另外，杜預將「不書即位」解釋為「不脩即位之禮」，即隱公沒有舉行就職大典。杜預此說限定了《左傳》語言的肯定態，即孔子之所以不書「公即位」，乃依魯史策而來，這之中沒有孔子，直接從魯史跳到《左傳》。

20 左丘明撰，杜預集解：《春秋經傳集解》（臺北縣：七略出版社，2005年），卷1，頁1b。

21 左丘明撰，杜預集解：《春秋經傳集解》（臺北縣：七略出版社，2005年），卷1，頁2a。

3 追成父志，桓尚少，以立為太子，帥國人奉之

杜預於惠公四十六年「是以隱公立而奉之」下，解云：「隱公繼室之子，當嗣世，以禎祥之故，追成父志，為桓尚少，是以立為大子，帥國人奉之。」「追成父志」[22]在《左傳》上可以理解為立桓公為魯公，因為若桓公立為太子，隱公不需奉之。但杜預解此追成父志，卻寫成立桓公為太子，此是大不同的。在杜預的解釋上，隱公是即位的魯公，因為其雖以攝之名義代理國政，但卻因其立桓公為太子，所以桓公想要即位，必須等隱公過世才能名正言順的即位。杜預以隱公立桓公為太子之說，確認隱公是有即位的魯公，此與《左傳》不同。雖不同，但杜預將《左傳》的意義給確定下來了。

以上為杜預「以傳解經」的方式，是其作為經學的杜預與經學的《左傳》的標準模式。即用詳細、確定的詞句，企圖解釋魯國所發生的事。

三　以史解經

在經學的型式底下，為何說杜預「以史解經」[23]？乃源於〈經傳集解序〉中，杜預的自白。其云：

> 仲尼因魯史，策書成文，考其真偽，而志其典禮，上以遵周公之遺制，下以明將來之法。其教之所存，文之所害，則刊而正

22 左丘明撰，杜預集解：《春秋經傳集解》（臺北縣：七略出版社，2005年），卷1，頁1b。

23 徐復觀曾提出「以史傳經」，其云：「以史傳經是讓歷史說話，還歷史之本來面目，偏重史料的剪裁運化，以便客觀呈現歷史真相。」〈原史——由宗教通向人文的史學的成立〉，《兩漢思想史．三》（臺北市：臺灣學生書局，1980年），頁270-275。

> 之，以示勸戒，其餘則皆即用舊史。史有文質，辭有詳畧，不必改也。故《傳》曰：「其善志」又曰：「非聖人，孰能脩之？」蓋周公之志，仲尼從而明之。[24]

就這裡所言，杜預以孔子因魯史，策書成文，所以內容大抵遵循魯史。魯史為魯國史官所記，則意謂史官有書寫體例，其來久矣。孔子既多循其跡，即便有改正之處，亦多存魯史筆法。又如：

> 身為國史，躬覽載籍，必廣記而備言。其文緩，其旨遠。將令學者原始要終，尋其枝葉，究其所窮，優而柔之，使自求之，饜而飫之，使自趨之，若江海之浸，膏澤之潤，渙然冰釋，怡然理順，然後為得也。[25]

杜預從國史言書寫的要求，因此可以推想杜預亦是從這些書寫規範來看待《左傳》，並自己的書寫。故沈玉成在解釋杜預〈序〉時，說：「杜預捏合了司馬遷和班固對左丘明的兩種不同說明，把左丘明定為孔子弟子而兼為國史，于是左右逢源，弟子解經，國史記事，《左傳》屬于經還是史的矛盾似乎就此而得到統一。」[26]又如方孝岳：「孔子因魯史而作《春秋》，而左丘明論輯其本事以為之《傳》……左丘明固承孔子之風，推整理舊聞之業，而下為後世百代史家之冠冕者也。」[27]

---

24 左丘明撰，杜預集解：〈春秋序〉，《春秋經傳集解》（臺北縣：七略出版社，2005年），頁1b。

25 左丘明撰，杜預集解：〈春秋序〉，《春秋經傳集解》（臺北縣：七略出版社，2005年），頁2a。

26 沈玉成、劉寧：《春秋左傳學史稿》（南京市：江蘇古籍出版社，1992年），頁141。

27 方孝岳：《左傳通論》（臺北市：臺灣商務印書館，1965年），頁38。

然而「以史解經」並不是說杜預舉歷史事件來解釋《春秋》、《左傳》，而是以杜預在作集解之文時，帶入史官書寫的想法，來面對其所解釋的對象。

杜預解經以《經傳集解》為其實踐處，而其解經方法與對《春秋》、《左傳》的見解，則散見於〈經傳集解序〉、〈經傳集解後序〉、《春秋釋例》。

〈經傳集解後序〉云：

> 大康元年三月，吳寇始平，余自江陵還襄陽，解甲休兵，乃申抒舊意，修成《春秋釋例》，及《經傳集解》。始訖，會汲郡汲縣，有發其界內舊冢者，大得古書，皆簡篇科斗文字。發冢者不以為意，往往散亂。科斗書久廢，推尋不能盡通，始者藏在秘府，余晚得見之。……其《紀年篇》，起自夏、殷、周，皆三代王事，無諸國別也。唯特記晉國起自殤叔，次文侯、昭侯，以至曲沃莊伯。莊伯之十一年十一月，魯隱公之元年正月也。皆用夏正建寅之月為歲首，編年相次。……《古書紀年篇》，惠王三十六年改元，從一年始，至十六年而稱惠成王卒，即惠王也。疑《史記》誤分惠成之世，以為後王年也。哀王二十三年乃卒，故特不稱謚謂之今王。其著書文意，大似《春秋經》。推此足見古者國史、策書之常也。
>
> 又稱魯隱公及邾莊公盟于姑蔑，即《春秋》所書邾儀父，未王命，故不書爵。曰儀父，貴之也。又稱晉獻公會虞師伐虢，滅下陽，即《春秋》所書虞師、晉師滅下陽。先書虞，賄故也。又稱周襄王會諸侯于河陽，即《春秋》所書天王狩于河陽。以臣召君，不可以訓也。
>
> 諸若此輩甚多，略舉數條，以明國史皆承告，據實而書時事。

> 仲尼修《春秋》，以義而制異文也。又稱衛懿公及赤翟戰于洞澤。疑洞當為泂。即《左傳》所謂熒澤也。齊國佐來獻玉磬紀公之甗，即《左傳》所謂賓媚人也。諸所記多與《左傳》符同，異於《公羊》、《穀梁》。知此二書，近世穿鑿，非《春秋》本意審矣。雖不皆與《史記》、《尚書》同，然參而求之，可以端正學者。……為其粗有益於《左氏》，故略記之，附《集解》之末焉。[28]

杜預〈後序〉提到其撰寫完《經傳集解》、《春秋釋例》後，於晚年得知汲冢《竹書紀年》出土，其發現《紀年》之文字與《春秋》、《左傳》有相似之處，故後記以示將來，寄望後人能注意此新出土文獻。

杜預此〈後序〉之內容與《經傳集解》並無直接關係，故前人或不收或自《經傳集解》卷次之中割裂另為一文。若我們能從杜預的角度來看這篇〈後序〉，就能發現杜預對於汲冢《紀年》的發現是很重視的，唯其晚年無力為之，故將之刊於《經傳集解》後，是必要的。

此文可視為杜預晚年定論，其云：「(《紀年》) 諸所記多與《左傳》符同，異於《公羊》、《穀梁》。知此二書，近世穿鑿，非《春秋》本意審矣。」此說否定了《公羊傳》與《穀梁傳》同為解釋《春秋》的解經之書，也否定二傳傳自子夏的說法。其云為「近世穿鑿」，「近世」指漢代。則《漢書・藝文志》言《春秋》有公羊，穀梁，鄒，夾之傳，亦為杜預所非。

杜預將《紀年》與《春秋》、《左傳》相提並論，強調三者皆為史也。

又哀公十四年春，西狩獲麟。《左傳》：

---

28 左丘明撰，杜預集解，孔穎達疏：《春秋左傳注疏》(臺北市：藝文印書館，1997年)，卷60，頁15b-18a。

> 十四年春，西狩於大野，叔孫氏之車子鉏商獲麟，以為不祥，以賜虞人。仲尼觀之，曰：「麟也。」然後取之。[29]

《左傳》云叔孫氏狩于大野，其車子鉏商獲麟。鉏商獻於叔孫，叔孫以為不祥，賜虞人。後接著說孔子觀之，知道此物為「麟」，然後取之。杜預：「言魯史所以得書獲麟。」此語解釋的是《左傳》：「仲尼觀之曰：『麟也。』然後取之。」杜預此明「西狩獲麟」乃魯史有書，且魯史之所以書，緣於孔子，非為麟也。

西狩獲麟之後，孔子絕筆，然經傳仍有續文。杜預云：

> 《春秋》止於獲麟，故射不在三叛人之數。自此以下，至十六年，皆魯史記之文，弟子欲存孔子卒，故并錄以續孔子所脩之經。[30]

杜預說了幾點意見：

一、孔子既止於獲麟，弟子不可能於孔子生前改孔子文章，則至十六年之文，為孔子卒後才補上的。

二、弟子模仿孔子，因魯史策補孔子《春秋》，可見修《春秋》文字，不是難事，只是非聖人所修，可稱經乎？《左傳》以為經，杜預亦以為經。何故？杜預有說明此間經文已不同前往，為孔門弟子所補。

三、杜預說哀公十四年春至哀公十六年的經文，皆是魯史記之文。

---

29 左丘明撰，杜預集解：《春秋經傳集解》（臺北縣：七略出版社，2005年），卷30，頁1b。

30 左丘明撰，杜預集解：《春秋經傳集解》（臺北縣：七略出版社，2005年），卷30，頁1a。

孔門弟子所補，不稱修，因弟子欲存孔子卒，故并錄以續孔子所修之經。孔子有修《春秋》，弟子無修僅錄，故欲見已修《春秋》與不修《春秋》(魯史記)，相比即知。

另外，杜預亦於集解之文中，以史官書寫論《春秋》、《左傳》的文字。如桓公元年：

> 諸侯每首歲必有禮於廟。諸遭喪，繼位者，因此而改元正位，百官以序。故國史亦書即位之事於策。[31]

杜預以國史本來就會書「公即位」於策，故《春秋》、《左傳》依魯史而書「公即位」。

又桓公四年，下無秋、冬。杜預云：

> 國史之記必書年以集此公之事，書首時以成此年之歲。故《春秋》有空時而無事者，今不書秋、冬首月，史闕文。[32]

杜預直云《春秋》、《左傳》不書秋、冬首月，乃因魯史闕文，故《春秋》、《左傳》亦不書。

又文公九年「卿不書，緩也，以懲不恪。」以下杜預云：

> 諸魯事自非指為其國褒貶，則皆從國史。[33]

---

31 左丘明撰，杜預集解：《春秋經傳集解》(臺北縣：七略出版社，2005年)，卷2，頁1a。

32 左丘明撰，杜預集解：《春秋經傳集解》(臺北縣：七略出版社，2005年)，卷2，頁7a。

33 左丘明撰，杜預集解：《春秋經傳集解》(臺北縣：七略出版社，2005年)，卷8，頁21a。

言《春秋》、《左傳》部分褒貶皆從國史。

又如隱公十一年冬十有一月壬辰，公薨。杜預云：

> 實弒，書薨，又不地者。史策所諱也。[34]

莊公二十五年冬，公子友如陳。杜預云：

> 公子友，莊公之母弟。稱公子者，史策之通言。[35]

閔公二年秋八月辛丑，公薨。杜預云：

> 實弒，書薨，又不地者，皆史策諱之。[36]

文公元年秋，公孫敖會晉侯于戚。杜預云：

> 《春秋》魯大夫皆不貶者，體例已舉，故據用魯史成文而已。內稱公，卒稱薨，皆用魯史。[37]

哀公十三年，杜預云：

---

34 左丘明撰，杜預集解：《春秋經傳集解》（臺北縣：七略出版社，2005年），卷1，頁23a。

35 左丘明撰，杜預集解：《春秋經傳集解》（臺北縣：七略出版社，2005年），卷3，頁23a。

36 左丘明撰，杜預集解：《春秋經傳集解》（臺北縣：七略出版社，2005年），卷4，頁3a。

37 左丘明撰，杜預集解：《春秋經傳集解》（臺北縣：七略出版社，2005年），卷8，頁1a-1b。

> 夫差欲霸中國，尊天子，自去其僭號，而稱子以告令諸侯，故史承而書之。[38]

以上皆可見杜預以史的想法來說明《春秋》與《左傳》的文字。當杜預認為在《春秋》與《左傳》之前，有本國史亦對相同事件有所記錄。依杜預所想《春秋》乃國史之省文，《左傳》為國史之詳記。國史書寫在前，《春秋》、《左傳》成書在後。且《春秋》、《左傳》、國史三者，皆同是記載了歷史所發生的事，只是編排體例不同。

四　結論

如前所述，杜預解經有「以傳解經」，有「以史解經」。「以傳解經」部分，實為漢代章句訓詁之學所影響；而「以史解經」部分，則源於史官著錄之學。錢穆曾云：「若如杜預所說，則孔子《春秋》顯然該屬於官學。」[39]王官之學所留下的文獻，正是國史檔案。又兩晉六朝史學是中國史學最盛的時代[40]，杜預在朝為官，躬逢其盛，想必亦受影響。

向來對於杜預都是以經學家、兵法家看待；對《左傳》都以經書看待。然在經今古文之學後，且在南北學之前；在《史記》、《漢書》之後，劉知幾之前，杜預以其獨特的視角，解讀《左傳》。在杜預的理解中，《左傳》之文有解經之實，亦保留有魯史的面貌。因此將

---

38 左丘明撰，杜預集解：《春秋經傳集解》（臺北縣：七略出版社，2005年），卷29，頁32b。

39 官學即指政府之官書，猶後世衙門檔案。錢穆：《兩漢經學今古文平議》（臺北市：東大圖書公司，1989年），頁240-241。

40 呂謙舉：〈兩晉六朝的史學〉，收入杜維運、黃進興編：《中國史學史論文選集》（臺北市：華世出版社，1976年），頁348。

《左傳》史讀，杜預比《史通》為早[41]，杜預可說是《左傳》史讀的第一人。近人李宗侗以《左傳》所記「禮」與「非禮」，說明此為史官以批評人的身分對事件的批評[42]，也是《左傳》史讀的延續。

然而杜預開創之功在於經傳相附。杜預〈經傳集解序〉中提到分經之年與傳之年相附，比其義類，各隨而解之，名曰《經傳集解》。杜預將經傳相附，改變了經、傳、注、疏的傳播版式。但這樣一個經學上的創舉，其創作之始可能是史家編纂意識下的產物。何以故？如同袁樞改變《通鑑》的閱讀版式，著成《通鑑紀事本末》，成為史之三體之一。高士奇又仿袁樞《通鑑紀事本末》而著成《左傳紀事本末》。「經傳相附」，在意義上亦是對舊有材料給予一種新的視角，由是有新的詮釋—即「左傳編年」。劉知幾雖以《春秋》、《左傳》為編年體之祖，實則二者只是依時間而記的「紀年」。到了杜預，才真的是有意識的以年為編的「編年」。

---

41 劉知幾於《史通》中，論《春秋》、《左傳》，卻不提杜預，概以杜預為經學家。杜預以《春秋》、《左傳》、史書作為一個共同的國史總集，是可刪削摹擬的。但杜預以《左傳》與《春秋》合為一體，是無法切割的，這個觀點與劉知幾是最大不同之處。

42 李宗侗：〈史官制度——附論對傳統之尊重〉，收入杜維運、黃進興編：《中國史學史論文選集》（臺北市：華世出版社，1976年），頁90-93。

周予同《經學史論》的春秋觀

一　前言

先談一下此書，《周予同經學史論著選集》。此書的內容是周予同寫的，原是散見的專書論著與單篇文章。晚年計畫編纂成文集，委託學生朱維錚代為編選，朱遂受命編輯成書。周予同在世時，朱維錚取得周予同先生同意，採用「周予同經學史論著選集」為書名；後有增訂版，名「周予同經學史論著選集（增訂本）」。然而二〇一〇年最新版，編者仍為朱維錚，其已將書名改定「周予同經學史論」。「選集」一名是因為當時還存有能找到其他散佚未見的周予同著作，故如此定。然歲月飄逝，大概這本選集自一九八一年至今三十年已過，也找不出其他遺漏人間的文章，遂成為周予同先生經學思想的定本，也就是全集概念。所以加以改名。而臺灣大安出版社一九九五年出版時，則名為「經學史論集」。

這本文集的內容，所討論的主軸不單是經學史，亦涉及「經」的研究，如〈群經概論〉與〈經典研究〉，所以著作專言「經學史」，實無以覆蓋全部內容，其中有經學史，也有單經研究。

新中國經歷政治上的變革外，內部也經過一九一九年五四運動及一九六六年起為期十年的文革，經學研究在其中可謂遭除根之患，許多典籍、著作、文章，在過程中被趁火打劫或付之一炬者不知凡幾。實為浩劫。范文瀾曾在延安有過關於中國經學的演講，受毛澤東稱道，演講主張中國經學必須全盤否定，即使清代乾嘉漢學的經學研究也是負面價值，得批得越兇越好。然而平心而觀，聳動的表述似乎讓人以為當時學界全部淪陷，但據周予同所歸納經學派別，學者做研究的仍是蓬勃可觀。如其區分歷來經學研究可分四類；一、西漢今文學派；二、東漢古文學派；三、宋學派；四、新史學派。其中新史學派是產生五四運動前後以超漢宋學、超今古文學，而以歷史的方法去研究經學的新學派。這學派是經學上最後也最新的一派。周予同將新史學派又細分為三派。

一派，是以今文學為基點，攝取宋學之懷疑的精神，而輔以古文學之考證的方法，如錢玄同。

二派，是以古文學為基點，接受外來考古學的方法，尋求地下實物以校正記載，如王國維。

三派，以外來的唯物史觀為中心思想，以經學為史料，考證中國古代社會的真相，以為解決中國目前社會問題方案的初步，如郭沫若。

新史學派的目的，旨在求得孔子與六經的真相，是超出含有宗教性的經學範圍，而入於史學領域。是以這樣的突破與發展，說明了當時學術研究還是持續在發展，只是所偏向的趨勢與研究成果不能獲得全盤理解或認同，因此抹煞了此段時間經學研究的成果。

本文主要談論周予同先生的經學研究，討論其學術研究與時代的互動關係。並將重點放置在周予同的《春秋》學研究上。理由是，周予同的經學根抵在於晚清《公羊》學之今文學，而今文學的根源本來便是在《春秋》學中的《公羊傳》。由《春秋》學，周予同得以上研漢代今古文學、漢代讖緯，下探晚清民國今文學發展，遂得貫通整個中國經學史發展的主脈，並扣緊儒家孔子。

但從另一個大脈絡來看，新中國建立政權之初，一〇四九至一九五二年間，國內教育機構主要是接受國民黨時維持的教育單位，時有高等學校二〇五所；中等學校五二一六所；初等學校三四六八〇〇所。總計學生有二五七七〇〇〇〇人，專任教師有九三五〇〇〇人。隨著政治運動與權力鬥爭，有著大起大落的非理性變化。如一九五七年高等學校由二二九所，因大躍進運動，不到一年，至一九五八年，頓時增加至七九一所。另一次暴增是一九五九年的八四一所，一躍成一九六〇年的一二八九所。但卻在一九六三年，暴減為四〇七所。而一九六六年起的文化大革命則是使新中國的教育幾近中斷，教育規模資料殘缺不全，難怪中共政協副主席陸定一明白說，「全國十年沒有好好上課，知識份子變成臭老九，學校通通遭殃，老知識份子被打倒，中年教師思想被搞亂，青少年一代沒有讀到書，三代人受了害，對國家貽患無窮。」[1]這樣的處境，對於學者研究時的心態與獨立性都有著重重的考驗。除了思想意識上的影響，現實生活中不合理的學術環境對於學者的干擾仍會存在。

況且周予同開始是研究教育的，其著有《中國學校制度》一書，書中對古代代中國乃至民國初年由國民黨治下的新制學校制度的沿革史，有詳細的認識與討論。其對一九〇一至一九一一年定義為新式學制產生時期，是以日本為抄襲的藍本，當時士大夫中學為體西學為用的折衷主張日趨失敗，學校成為促進革命的重要武器。一九一二至一九二七年此時由日本的仿製品轉而為美國的仿製品，學校集中於都市，十足表現出商業氣味。社會主體的農民與大部分貧困者被拋棄於田野與街頭。一九二七至一九三〇年為國民黨治下的學制時期，為學校添設黨義、黨童子軍，施行軍事訓練。

1 范利民：〈中國大陸教育五十年：1949至1999〉，收入中國大陸問題研究所編：《中共建政五十年》（臺北市：正中書局，2001年），頁329-331。

周予同深切體會對於教育倘沒有歷史的縱貫觀察與社會的橫鋪的檢討，是不配來主持實際教育事業的。[2]除此之外，周予同還著有《中國現代教育史》。舉凡種種，要說明的是，民國初年包括周予同在內的學者，多以宏觀的角度檢討過去執行失敗的教育制度，或朝代更替的國家體制等等，對於發現問題，試圖解決問題是當時學者為學之道的共通理念，而不只是埋首書堆不問世事的讀書人。

二 周予同生平略述

周予同，初名周毓懋，又名周蘧、周豫桐，筆名天行。生於一八九九年，浙江瑞安人，卒於一九八一年，享年八十三歲。

少年時代就讀於晚清經學大師孫詒讓創辦的蒙學堂。一九一六年考入北京高等師範學校，一九一九年積極參加五四運動，先後發起組織勵學會、工學會、平民教育社等組織，創辦《教育叢刊》、《工學》等雜誌。同年五月四日，周予同與匡互生等直接參與「火燒趙家樓」活動。一九二一年於北京高等師範學校以第一名畢業。畢業後留校擔任國文教員兼一年級級任。同時，還在私立立達學園任導師，在私立持志大學、私立國民大學、私立上海大學任教授，並兼任《民鐸》雜誌編輯。

一九二八年任中國著作者協會執行委員。一九三二年秋，周予同擔任省立安徽大學教授兼中文系主任、文學院院長。一九三五年六月，周予同與夏丏尊、柳亞子等署名發表〈我們對文化運動的意見〉。一九三五年秋，任國立上海暨南大學教授兼史地系主任，後又

2 周予同：《中國學校制度》，收入《民國叢書》（上海市：上海書店，1991年），第3編，第45冊，頁8。

兼南洋研究館主任。一九三六年八月，任吳越史地研究會理事。同年十二月，與鄒韜奮等署名發表〈上海文化界救國會運動宣言〉。抗日戰爭爆發後，兼任暨南大學教務長。一九四一年太平洋戰爭爆發後，暨南大學在福建建陽設立分校，周予同沒有前往，留在上海負責善後事宜。在這期間負責編輯《暨南學報》、《南洋研究》、《學林》，並與胡愈之、鄭振鐸、王任叔等創辦過「社會科學講習所」，對青年進行抗日救國教育。一九四三年任開明書店編輯兼襄理。

抗日戰爭勝利後，曾與葉聖陶、郭紹虞、朱自清等合編《國文月刊》。一九四六年，由周谷城介紹，兼任復旦大學史地系教授。與張志讓、蔡尚思、沈體蘭等發起組織上海大學民主教授聯誼會。多次在發表的宣言上簽名，抗議當局非法逮捕愛國的青年學生。

一九四九年後擔任復旦大學歷史系教授，並擔任復旦大學副教務長、上海社會科學院歷史研究所副所長、上海史學會副會長、中國史學會理事。兼有黨政身分，如中國民主同盟上海市委員會委員、副主任委員、華東軍政委員會文教委員會委員、上海市文教委員會副主任、上海市文教委員會副主任、上海市人民委員會委員、上海市人民代表大會代表、第三屆全國人民代表大會代表、上海市人民政治協商會議委員。

主要著作有：《孔子》、《朱熹》、《群經概論》、《經今古文學》、《經學歷史》、《中國現代教育史》、《中國學校制度》、《開明本國史教本》、《漢學師承記選注》等。主編《中國歷史文選》和《辭海》經學史的全部條目。

周予同有一位學生朱永嘉，曾發表文章詳細描述求學時對周予同的認識。他是一九五〇年高考進入復旦大學歷史系。其云：「當年周予同剛好五十出頭，矮矮的個子，穿上件寬大的長衫，胖乎乎的，大大的四方臉，頭髮向後梳得鋥鋥亮，露出白淨而又飽滿的額頭，走起路來總是慢吞吞一搖一擺在踱著方步，一副和善的長者樣子。見到學生總是笑嘻嘻地沒有一點架子。」

當時上海復旦大學內各項政治運動不斷，周予同的表現非常積極。如一九五〇年十月中國人民志願軍赴朝作戰，國家號召在全國開展抗美援朝運動。十二月一日中共中央軍委和政務院號召大學生參加軍事幹校，全校上下積極動員，周予同在全系的動員大會上，激動而聲色俱厲地說，他當年也是熱情澎湃地參加五四運動，搖旗吶喊地去「火燒趙家樓」。在他的鼓動下，全系同學幾乎都報了名，系裡批准了八個同學去參加軍事幹部學院的學習。同年六月三十日，中共中央頒佈了土地改革法，下半年就在全國新解放區開展了土地改革運動。次年四月，華東教育部要求大學文法學院師生參加土改，九月，復旦大學組織文法學院二、三、四年級的學生及教師共六五六人去皖北五河縣與靈璧縣參加土改，周予同是大隊長，儘管他在城市生活優裕，到了皖北那麼艱苦的地方，也能與師生一樣，在農村吃苦。

一九五二年一月二十五日復旦大學成立思想改造學習委員會，有委員三十五人，陳望道是主任委員，李正文是副主任委員，各個系的系主任都是學習委員，周予同也是委員之一。教師們第一次學習檢查的內容，一個是自己的經歷，一個是與「三反」有關的內容，第二次才檢查自己的思想作風。周予同在小組師生面前交代了自己的全部經歷，周予同說：「自己是一九二〇年在北京高等師範畢業的，在附中當了半年教員，一九二一年在廈門大學半年，那年夏天隨何炳松一起進了商務印書館，一直工作到一九三二年。先在國文部當編輯，還編過《教育雜誌》，以後當了主編，同時在立達學院、國民大學教書。一．二八事件以後回溫州，在溫州中學教書。一九三二年到安徽大學當中文系主任，當時鄭振鐸是文學院的的院長，一九四一年太平洋戰爭爆發，學校內遷，自己留在上海，一九四四年時進開明書店任襄理，一九四六年進復旦。」

另外周予同在貪污浪費方面也做了檢查。他說：「解放前大兒子在圖書館借書，解放後有二本未還，也沒有賠。解放後住在徐匯村，有偽海軍留下的木材，我做了四條椅子、一張桌子，花了五元錢沒有登記。有一張小鐵床，是解放前向鄭權中借來的，是學校的公物，解放後沒有登記。將統考的試紙私用。開明書店給他的工資未繳工會會費。介紹朋友就業後，收過別人的禮物。使用過開明書店的信紙信封、電話，還曾讓書店的工友為自己做事，也是公私不分。參加與開明書店有業務往來的單位請客吃飯，還要開明書店給他裝訂雜誌。」朱永嘉當時在場，他說周予同當時所講的雖然是細瑣小事，態度卻非常認真。

周予同對於自己的思想作風他檢查說：「自己作風正派，人事關係表年上還好，大家一團和氣，原則性不強。不崇美、不擁蔣，沒有進步包袱。為人不口是心非，不打擊積極份子。想做事而又怕做事，真要做事又心有餘而力不足。」

這一切都還算順利，直到一九六五年十一月十日《文匯報》發表了姚文元《評新編歷史劇〈海瑞罷官〉》的文章，文章發表前，《文匯報》曾召集上海史學界、文藝界的一部分著名人士參加的座談會，參加這次座談會的有周予同、周谷城、蔣星煜、劉大傑、李俊民、束世徵、楊寬、魏建猷、張家駒、徐德麟、陳向平、陳守實、李平心、朱金城等，會議由《文匯報》總編輯陳虞孫主持，地點在市政協俱樂部。周予同是第一個發言，居然公開為吳晗辯護，他說：「吳晗的文章我看了，吳晗我是熟的，他很爽直，文如其人，有錯就認了，他的認錯不是假，但文中有些奇怪，反右傾怎麼聯想到海瑞上面去的？他的政治敏感哪裡去了？吳晗是好人是清官，目前有人說清官比貪官更壞的問題，這一點還可以討論。這樣說，那麼在蔣匪時代，是否做壞教授比做好教授要好嗎？」到六、七月，周予同也成了批判和聲討的對象，一九六六年七月三日與四日，在《文匯報》的第三版有二個版面的文章都是聲討周予同先生，標題是「堅決打倒反共老手周予同」，文章內容是摘編復旦大學師生的大字報。他本來不是文化大革命所要攻擊的對象，由於他堅持不口是心非，說了自己的心裡話，就無辜地成了上海第一批被打倒的八個學術權威之一。以後在「橫掃一切牛鬼蛇神」的浪潮中，他家也被抄了，人也挨鬥了。[3]

另外周予同在《中國現代教育史》前的〈序記〉曾明白的寫到處於戰事中的心境，「民國二十一年（1932）一月二十六日，我因為業務的關係，我的大的孩子也因為尚公小學快要開學，於是不顧親屬的勸阻，攜帶他搭海輪回到上海。……那天晚上，戰事爆發，第二天下午商務印書館總廠，編譯所和東方圖書館，尚公小學都被日本飛機轟炸，白色和黑色的紙灰紛飛到租界的馬路上。那天我的情感很緊張，究竟是憤怒抑或是悲哀，自己不能分析，至於這些紙灰裡就有我存在編譯所的中國教育史的圖片和史料，那更完全想不到了。當時覺得拖著小孩逗留在旅館裡究竟不甚方便，於是決定由南站到杭州轉寧波回家，大約三天以後，得兩位同鄉學生的幫助，才得擠上火車，坐位不要說，孩子也幾乎被擠傷，直立了十時之久，總算到達了杭州。」過程是交代一九三〇年上海良友圖書印刷公司囑撰《中國現代教育史》一書，初稿遭轟炸灰飛，直至一九三三年新寫完成。那個寫作環境並不是安穩的書桌，與閒適的心情，是有相當的苦難。難怪周予同都不禁說出，「請後來的讀者明瞭，中國目下的社會正在激變，不願出賣靈魂的知識份子，只有在顛連困苦的環境中出賣他的腦汁。」[4]綜上

3 朱永嘉：〈周予同先生——記憶中的復旦舊人舊事之一〉，參見http://www.wyzxsx.com/Article/Class14/201002/132870.html。

4 周予同：〈序記〉，《中國現代教育史》，收入《民國叢書》（上海市：上海書店，1989年），第1編，第49冊，頁1-5。

所述，我們看到周予同先生平穩的一面。不論局勢多糟，似乎人終究能面對的。

中國人向來以和為貴，重視謙讓，非遇到不可抗拒之理由，很少願意先接受破壞而得到重生的行動（包括革命），即使我們都讀過置死地而後生。在百年前的中國，遇西方列強的侵略，所受的委屈，足以使人置死地而後生，這個動力強大到能逼迫中國人改變自己的個性，甚至是民族性。所以當中國社會見到蘇聯的成功案例，便願意以不同自身的民族性格，來取代自身。如列寧主義云：「任何一種新的鬥爭形式，都會遇到新的危險，遭到新的犧牲，因而不免會使對這種新的鬥爭形式準備不足的組織受到破壞。」黨的任務就是公開地和自覺地，首先是對自己自身而言，尋求它的必然途徑，以便可以在破壞的危險變成現實以前改造自身，並通過這種改造促進群眾的改造和前進。[5]筆者相信青年參與過五四運動的周予同是有熱情想要改變自己、改變社會的，當時的中國人也都是。

三　治學傾向

周予同是錢玄同的學生，錢玄同是章太炎的弟子，本是治古文學，但辛亥革命後錢玄同轉向為今文學張目，此亦影響了周予同傾向今文學。不只是理論性的部分，連帶今文學的經世精神一併影響了周予同。而周予同還慣習以歷史本身說歷史，所以注釋皮錫瑞《經學歷史》時，旨在強調經學的歷史。其偏向今文學甚為明顯。其說；

對於孔子尊為素王，宗為先師，抑或斥為頭腦不清的古代思想

5　盧卡其撰，張翼星譯：《列寧——關於列寧思想統一性的研究》（臺北市：遠流出版公司，1991年），頁109。

> 家。我個人是比較傾向今文的，我覺得近代今文學家固然有許多地方不免過於武斷、誇大、誣妄、如有些學者們所譏刺，但他們給孔子以歷史上的一個哲學家的地位，比較古文學家僅視孔子是一個古代文化保存的史學家的確高明得多。

周予同偏向今文學，深信經學說教在晚清的侷限性，有其僵化到不可挽救的地步，故需推倒如僵屍般除而後快，免得影響了青年學子的未來。另一方面他也相當欣賞龔自珍、康有為等對現實關懷的行動者。

其一貫思想為，「否定經學前，必先瞭解經學」，並以中國經學史是中國文化史的一個組成部分。瞭解經學的演變，對於瞭解中國古代文化和中國古代社會都有其重要的作用。從而達到汲取精華、繼承歷史遺產的目的。周予同並沒有真正想要否定經學價值，據周予同教授的學生朱維錚解釋，「周先生當時對於毛澤東的說法是重視的，對於范文瀾關於山窮水盡的經學的提法也表示贊同。但他不同意經學在歷史上僅有否定意義，不同意乾嘉漢學乃至整個清代經學僅有反面教員的作用。」[6]當其研究的過程越深入，研究的跨幅越大，所能掌握歷史的變遷與經學的內在問題將會更有把握。從而也知道經學對於歷代的朝廷與百姓間的相互作用，都有其特殊性與內在原因。

回到經學本身，周予同對於清末的經學史發展著力甚深，尤其對於晚清自龔自珍、劉逢祿、皮錫瑞、康有為等的今文學公羊家派，可說如數家珍。如其評龔自珍云：

> 龔是漢學家段玉裁的外孫，富有天才，他有一些關於今文學零篇著作，並且喜引用《公羊》義例，以批評朝政，排抵專制。

6 周予同撰，朱維錚編：《周予同經學史論著選集》（上海市：上海人民出版社，1996年），頁6。

> 不過他究竟才勝於學，喜博嗜奇，所以一方治《公羊》，一方又襲章學誠六經皆史之說，自陷於古文家言。魏源和龔很相得，喜言經世，後來不遇，轉而治經，他曾著《詩古微》，攻擊《毛傳》及大、小《序》，而專主齊、魯、韓三家，又著《書古微》，說不僅閻若璩所攻擊的《古文尚書》孔傳是偽造就是東漢馬融、鄭玄的《古文尚書》也不是孔安國的真說。[7]

由周予同的評論，可以看出其對諸位等晚清經學的熟稔程度。又如其言梁啟超云：「康的弟子梁啟超近著《清代學術概論》，自稱是今文學派的猛烈的宣傳運動者。其實梁對今文學沒有專門著作，他對於國內思想界的貢獻另有所在，實在不能稱為今文學者。」[8]都是非常獨特精闢的見解。

另一個部分是周予同頗受五四運動以來破除舊傳統建立新科學民主與提倡白話文的影響，在其論著中，有一大部分的引文，已自改為白話文，僅在註解中交代出處。如其寫「孔子將經典整理好以後，以一隻鳥飛來，化為圖書。孔子捧著這圖書向天禱告，又有一隻紅色的鳥飛來停在書上，化為黃色的玉，這玉上刻有文字，原文是『孔提命，作應法，為赤制』等字，大意是說孔子應該為赤漢制法。」其註解則將原文列出「《春秋緯演孔圖》：孔子論經，有鳥化為書，孔子奉以告天，赤雀集書上，化為黃玉。刻曰：孔提命，作應法，為赤制。」[9]又如寫孔子時云：「他曾經自己說過：『我少年的時候貧賤，

7 周予同撰，朱維錚編：《周予同經學史論著選集》（上海市：上海人民出版社，1996年），頁20。

8 周予同撰，朱維錚編：《周予同經學史論著選集》（上海市：上海人民出版社，1996年），頁22。

9 周予同撰，朱維錚編：《周予同經學史論著選集》（上海市：上海人民出版社，1996年），頁316。

所以能夠做許多粗作。』」文後註解「見《論語・子罕》」。反映了全文逕以白話文為基礎來進行學術研究的語言。

不過有些文字卻非常淺白，如其言孔子生時云：「有一位少女，顏徵在，某天，曾在大冢的斜坡上遊玩，一說是大澤，她大概是玩的疲倦了，就在那裡睡覺，她突然夢見一位黑帝請她去。她不能自主的跟著他去，居然和他發生性交，他並且告訴她說：她將來將養小孩一定是在空桑裡面。這位少女醒來，回想夢境，似乎有些異樣的感覺。後來她居然養了一位小孩，並且的確是生在空桑裡面。這位小孩就是我們的聖哲，孔子。因為他是黑帝的後裔，所以稱為玄聖。」[10]這樣的寫法是為了讓知識更普及，在五四運動期間蔚為風氣，如顧頡剛、錢玄同皆然。

四　《周予同經學史論著選集》中關於馬克思思想的部分

關於新中國的環境對學者的影響實況，筆者非身處當時中人很難判斷究竟文本中所見的言論，是出自著者自由意識下的撰述，還是有某種條件下不得不的虛應故事。但由朱維錚所敘述當時周予同的發表著作，其實都有助手幫忙增刪文字，而這位助手是特別針對著作中思想控制的部分加以介入。「那時他的經學史研究另有助手。他在決定把講義手稿的部分內容先用論文形式發表以前，照例先要助手據以整理，以期符合馬克思主義觀點寫經學史的要求。蒙先生不棄，凡有關手稿已經整理發表以前，總要徵求我這個更年輕的助手的意見。那時我對先生的見解不敢置喙，卻對先生修改得密密麻麻的原稿倍感興

10 周予同撰，朱維錚編：《周予同經學史論著選集》（上海市：上海人民出版社，1996年），頁293。

味，以為那個助手的整理稿非但在文字上欠通，而且在材料或見解上比諸原稿，祇配稱作佛頭著糞，賴先生重予釐正，始可卒讀。」[11]這段敘述說明某些令人錯愕的文字，也許也非周予同本人所親為，而是有人竄改並做名義上的修正。大概就像以下這般文字，「本文擬通過王莽改制與經今古文學關係的分析，闡明中國封建政府和封建統治階級如何利用經和經學進行統治，經學思想又如何為不同階級或集團服務。」[12]頗不類周予同在行文中慣常所使用的語氣。

從周予同的著作來看，其運用馬克思思想以詮解經學的內容並不多。基本上以歷史的角度探討經學，少部分的解釋也非全盤理論的套用，至多是敘述性的帶進一些專門術語。如言：「《大學》之所以稱為大學，是有理由的。原來中國的殷周時代社會是有階級性的。大體的說，一是統治階級，所謂貴族，所謂封建地主，也就是《孟子》書裡所謂『君子』、『勞心者』。一是被統治階級，所謂庶民，所謂農奴，也就《孟子》書裡所謂『野人』、『勞心者』。因為經濟組織和政治組織含有階級性，所以教育組織也免不了階級性。『大學』是統治群的高級學校名稱……『大學』是研究治術教育的機關，所以《禮記》中的《大學》的作者就應用以實名代虛名的慣例，將統治群的倫理學、政治學和哲學研究理論總稱為《大學》。」[13]又如：「儒家哲學思想上的理欲二元論，政治思想上的仁政論，經濟思想上的重農論，實際都

---

11 周予同撰，朱維錚編：《周予同經學史論著選集》（上海市：上海人民出版社，1996年），頁7。朱維錚在〈經、經學、經學史〉文章標題註解云：本篇和以後諸篇文章，都是著者自1959年起在復旦大學歷史系中國古代史專門化開設「中國經學史」所撰寫講稿。部分章節經補充修改後，發表時均署名周予同、湯志鈞。

12 周予同撰，朱維錚編：《周予同經學史論著選集》（上海市：上海人民出版社，1996年），頁679-680。

13 周予同撰，朱維錚編：《周予同經學史論著選集》（上海市：上海人民出版社，1996年），頁411。

只是受了當時生產方式的制限而發生的。……《大學》的思想體系只是東方古代農業文化所派生出來的封建社會的統治群的倫理觀與政治觀。」[14]就比例來說並不常見。

另有些是針對人物而發的，如云：「孔子便是一位社會進化論的主張者，便是一位社會主義的倡導者，便是一位非保守派而是改良主義的漸進派。」[15]「依照康有為的解釋，孔子確是偉大極了，他有救世的熱誠，他有救世的計畫，他想實現他的最高的理想世界。……然而康有為所描畫的孔子是真的孔子嗎？孔子變成一位狂熱的無政府共產主義者。」[16]「康有為最大的錯誤，是誤認原始社會（即前階段社會）的狀態為社會發展最高段的未來的社會主義的社會。……依據社會進化論者的主張，《禮運》的原文是合理的，就是由前階段的原始共產社會演變到有階段的私有財產社會。這只又你去翻翻摩爾根的《古代社會》和恩格斯的《家庭、私有制和國家的起源》兩書便可了然。所以康有為的解釋不僅歪曲了《禮運》的正確的歷史觀，而且違背了社會進化的原則。試問從奴隸社會、封建社會的小康世，不經過資本主義社會，用什麼法超渡到社會主義社會的大同世。如果從封建社會的小康世回退到前階段的原始社會，那只是社會的萎縮，而不是社會的演進，而且為史實所必無。如果從封建社會的小康世突變為未來的社會主義社會的大同世，那又陷於空想的社會主義論，而不是科學的社會主義論。」[17]「農家許行在那時也是大傻瓜，主張君臣並

14 周予同撰，朱維錚編：《周予同經學史論著選集》（上海市：上海人民出版社，1996年），頁412。

15 周予同撰，朱維錚編：《周予同經學史論著選集》（上海市：上海人民出版社，1996年），頁416。

16 周予同撰，朱維錚編：《周予同經學史論著選集》（上海市：上海人民出版社，1996年），頁417。

17 周予同撰，朱維錚編：《周予同經學史論著選集》（上海市：上海人民出版社，1996年），頁418-419。

耕，以倉稟府庫為贓物，實為道家支派，代表無產階級思想。」[18]「康有為在《孔子改制考》和《大同書》上以為孔子是共產的無政府主義者。孔子在當時的確是代表新興地主階級的中間派。……如果由整個歷史來考察時，孔子當然屬於右派。」[19]

亦有針對社會環境的闡述。如言：「經學，一般來說，就是歷代封建地主階級知識份子和官僚對經典著述的闡發和議論。所謂經學史中的學派，基本上是中國封建地主階級在不同歷史時期中通過某些經學問題反映出來的具有一定共同點的思想體系，基本上是歷代封建地主階級中不同階層和集團的不同意識形態在經學範圍內的反應與鬭爭。因為，在階級社會裡，社會意識的一切形式總是帶有階級性的，每一個階級都有自已的觀點，思想方法和理論體系。作為一個學派，它就表現了特定的階級和集團的利益和需要的思想體系，為本階級服務。在充滿階級矛盾的社會裡，絕對不會有非階級或超階級的思想體系。」[20]「學派與學派之間以經學為形式所展開的思想鬭爭，是中國社會階級鬭爭的一種特殊反應，學派鬭爭時所反映的社會變動中的階級鬭爭問題。這些問題主要存在的主要原因是：一、我們的馬克思列寧主義理論水平還不夠，以致未能對這些問題進行恰當的處理，使具有堅強的說服力。」[21]

還有屬於宣告式的，會在著作前開宗明義的談。如：「周予同宣

18 周予同撰，朱維錚編：《周予同經學史論著選集》（上海市：上海人民出版社，1996年），頁509-510。

19 周予同撰，朱維錚編：《周予同經學史論著選集》（上海市：上海人民出版社，1996年），頁512。

20 周予同撰，朱維錚編：《周予同經學史論著選集》（上海市：上海人民出版社，1996年），頁666。

21 周予同撰，朱維錚編：《周予同經學史論著選集》（上海市：上海人民出版社，1996年），頁703。

告著：我們是從史的角度來研究經學，而不是從原來的經學上去研究。用馬克思主義的觀點來寫經學史，這有待於我們今後的努力。第一，批判地繼承文化遺產，為社會主義服務。第二，闡明經學在中國歷史上所起的作用，正確地認識經濟基礎與上層建築的關係。如無《春秋》大義對中國古代政治的影響很大，但這個問題卻是目前中國史研究中薄弱的環節。第三，正確地估記經學與中國文化史的關係，以及經學在學署思想史上的價值，經學史是文化史的缺門。當前歷史研究存在的問題，是上層建築對經濟基礎的作用研究得很不夠。古代經學，實在是講政治思想的。如何東漢何休《公羊解詁》，形式上是章句之學，實際上是講何休的政治思想。清代戴震的《孟子字義疏證》也是講哲學的，以經學為基礎而談政治哲學。因此怎樣把上層建築與經濟基礎的關係問題講明白，是史學工作者的重要任務。」

又如周予同在上中國經學史課程時將馬克思、恩格斯、列寧、史達林《論哲學史》；毛澤東《新民主主義論》列為經學史參考書目的理論指導的參考書籍。[22]

這些種種也許是周予同的選擇。當時經過北伐、抗日與國共內戰，社會的現象激發出兩種不同立場的觀察，進一步做出不同立場的政治選擇。如周予同即云五四前後所帶來民主與科學的新思潮，激盪著年輕的大學生，和他的心靈。陳獨秀、胡適、錢玄同、魯迅的論說同樣感染著他們。社會主義、托爾斯泰主義、無政府工團主義的道理，也吸引不知凡幾當時的關心社會國家的熱血青年。所以一九一九年周予同曾說現在社會是不平等，所以在這種社會上建設的學校制度也跟著不平等。透過實際參與辦雜誌、辯論、投入愛國主義運動，實踐理想。為了打破軍閥、官僚、政客禍國殃民，試圖去揭露當時教育

22 周予同撰，朱維錚編：《周予同經學史論著選集》（上海市：上海人民出版社，1996年），頁831。

的黑暗與野蠻與資本主義教育的偽善與勢利。而提出該吸取革命後的蘇俄實行義務教育和大戰後德國實行的免費教育。在這樣的情懷下，周予同的行為不能解釋成是思想上受到所謂的思想荼毒，而是他的生命情境已經進入到解救中國的身體實踐上。如五四時期打倒孔家店，反對封建主義的八股、教條、綱常名教、神道迷信等，周予同都參加了。而要破壞的徹底便是要釜底抽薪，周予同提出「由瞭解經學而否定經學」，也能看到他對於歷史上封建專制的怒火。[23]

經其學生朱維錚的理解，周予同從學生時代開始，便對馬克思的學說發生興趣，但那時他注意的是這個學說同各種派別的社會主義理論的比較。在他早期的經學史或教育的論著裡，雖然發現受唯物史觀影響，但總的說還只是轉變期，直到一九二九年周予同公開的說應該承認唯物史觀對經濟和文化相互關係的認識，比唯心論者的見解要高明。用它來解剖現代史，則可知辛亥革命只著眼於淺薄的政治上層組織之改革，五四運動只著眼於浮廣的社會全部思想之改造，都沒有觸及中國經濟制度改革的根本問題，只有五卅運動才稍稍觸著社會問題的核心的經濟制度。所以在周予同三十年代的論著裡，便能發現越來越多地的敘述涉及經濟基礎同上層建築的關係及社會存在同社會意識的關係。

五　周予同的《春秋》觀

周予同非專治《春秋》，亦沒有專門《春秋》學著作，何以言其《春秋》觀？筆者透過周予同於著作中闡述研究對象的經學觀點，再從其敘述偏好，可知其所認定的《春秋》觀點為何，並其立足點所

23 周予同撰，朱維錚編：《周予同經學史論著選集》（上海市：上海人民出版社，1996年），頁946-948。

在。如其評論朱熹云：「以經學論，朱熹在《春秋》學史上，實無地位可言。」[24]周予同如是評論朱熹，主要是從朱熹並無《春秋》專著，且無系統性的解經說法。然從另一角度看朱熹主張把《春秋》當作史書來看。《朱子語類》：「問：《春秋》當如何看？曰：只如看史樣看。」[25]因為朱熹認為孔子作《春秋》時，依據的是各國史書，因此寫出來的著作仍將以史看待，不需要穿鑿附會於一字褒貶等等。其云：「孔子只因舊史而作《春秋》，非有許多曲折。」[26]、「此是聖人據魯史以書其事，使人自觀之以為鑒戒爾。」[27]所以客觀的認為《春秋》也只是史書，提供借鑑，以史為鑑。只要掌握《春秋》大旨，如誅亂臣、討賊子、內中國、外夷狄、貴王賤伯的原則。未必如先儒所言，字字有義也。

另外一方面，朱熹整理了程頤的遺著，收在《二程遺書》中，包括程頤《春秋傳》。這對開啟宋代以降，以義理解經，不專主一傳，應合時事的解經方法，有很重要的影響。朱熹雖未完全仿程頤《春秋傳》著述專著，但保存、傳承程頤的《春秋》學思想還是有所貢獻的。尤其朱熹云：「左氏曾見國史，考事頗精，只是不知大義，專去小處理會，往往不曾講學。公、穀考事甚疏，然義理卻精。二人乃是經生，傳得許多說話，往往都不曾見國史。」[28]認為《左傳》長於考事，對具體問題的考證比較精細，然而卻不明大義；《公羊傳》和《穀梁傳》在考事上比較疏略，然而義理卻精。所以言：「以三傳言

24 周予同撰，朱維錚編：《周予同經學史論著選集》（上海市：上海人民出版社，1996年），頁164。

25 朱熹撰，黎靖德編：《朱子語類》（北京市：中華書局，1986年），卷83，頁2148。

26 朱熹撰，黎靖德編：《朱子語類》（北京市：中華書局，1986年），卷83，頁2146。

27 朱熹撰，黎靖德編：《朱子語類》（北京市：中華書局，1986年），卷83，頁2145。

28 朱熹撰，黎靖德編：《朱子語類》（北京市：中華書局，1986年），卷83，頁2151-2152。

之，《左氏》是史學，《公》、《穀》是經學。史學者記得事卻詳，於道理上便差；經學者於義理上有功，然記事多誤。如遷、固之史，大概只是計較利害。」[29]這樣的解釋於後代不斷被引述，也成為區別三傳的很好判斷依據。

周予同相信《春秋》是古代記事史籍的通名。而不始於孔子。[30]但卻接受其師錢玄同對孔子與《春秋》關係的持疑。如其云：

> 近人錢玄同先生更以孔子作《春秋》的話是孟子所偽造，不是史實。則《春秋》與孔子的關係也成為經學上的疑案了。

此雖轉述錢玄同的觀點，但周予同沒有加以評斷，反而以存而不論的方式呈現。一方面不反師說，一方面也將此議題再次增加它的能見度。

除此之外，周予同認為《公羊傳》張三世、存三統、異內外之說，是《公羊傳》思想的骨幹。若周予同是說《公羊》學以此為骨幹，當無可疑，而周予同言是《公羊傳》的思想骨幹，似乎還有商量餘地，因為這些說法並未在《公羊傳》以結構性文字出現，它是散見在《公羊傳》中。三科九旨本源自何休與宋氏所言。故周予同雖然屢屢提到《春秋》與《春秋》學的差異，但卻不辨《公羊傳》與《公羊》學的差異，殊為不解。也許從歷史的發展與變化，從宏觀的角度看待經學的發展確能看出一些大結構處的端倪，但卻不夠細緻。雖然周予同批評朱熹在《春秋》學史上是無地位可言，但周予同卻依著朱熹的路數，將《春秋》看成歷史。

---

29 朱熹撰，黎靖德編：《朱子語類》（北京市：中華書局，1986年），卷83，頁2152。

30 周予同撰，朱維錚編：《周予同經學史論著選集》（上海市：上海人民出版社，1996年），頁255。

另外周予同對於孔子作《春秋》的看法也有前後不一的情況。基本上周予同是尊信今文學的，今文學相信孔子為素王，《春秋》是孔子所作，不應有疑。但周予同卻曾云；

> 《春秋》是否是他的著作，也很可疑。所以《六經》和孔子沒有密切關係，而經今文學家所說六經皆孔子所作的話，完全不足信。[31]
>
> 根據《論語》一書來考訂，簡直沒有一個字談到《春秋》。以著作《春秋》這樣一件大事，以孔子門弟子這樣的多而賢，而說孔子竟閉口不談，秘密在著作著，實為事理所不許。……孔子的意見仍是很平正，並沒有《公羊》學派所說非常異義可怪之論，這又是什麼原因呢？所以我們現在雖不敢大膽的否定孔子作《春秋》，但究竟這件事是很可懷疑的。[32]

以上說明周予同對於孔子與《春秋》的關係有所懷疑，這些文字是一九三四年發表在《開明中學生叢書》第一輯。當時其對《春秋》的看法應該仍承繼錢玄同的《春秋》觀，故有此說。

周予同以《春秋》為歷史的觀點，在許多地方皆提到，如：

> 平心而論，《春秋》不過是中國古代的初期的歷史著作。從殷商在甲骨上所契刻的史錄，到西周在銅器上所型鑄的銘識，再輔以《尚書》上一部分可信的文告，再變為流水賬簿似的《春

31 周予同撰，朱維錚編：《周予同經學史論著選集》（上海市：上海人民出版社，1996年），頁387。

32 周予同撰，朱維錚編：《周予同經學史論著選集》（上海市：上海人民出版社，1996年），頁358。

> 秋》，不是很清清楚楚地顯露著中國古代史學演進的途徑嗎？所以《春秋》是歷史，只因為是初期的歷史，受當時社會之物質的和意識的限制，只能形成這樣的一部東西。離開經學來研究《春秋》，一兩句話就可了然，將《春秋》擁上經典的寶座，於是《春秋》的本質越來越迷糊了。
>
> 《春秋》本是一部很平常的歷史，如上文所說，但《春秋》所以影響到中國的政治，法律以及其他社會思想這樣地久且大，那完全因為後人研究《春秋》，利用《春秋》而形成《春秋》學的關係。所以《春秋》的糾紛問題不在於《春秋》本身，而在於《春秋》學的演變。[33]

這樣的觀點是將經學以史學看待，但就周予同的經學著作來看，還不至於有六經皆史的傾向，只是也無法再將周予同放置在今文學家的脈絡來談。前文提過周予同對今古文學暨晚清公羊家的判別是很清楚的，但他自己卻陷入一方面認同今文學之學，一方面又將《春秋》視為歷史。二者在今古文學的認知中是衝突的。所以筆者只好再強調一次，周予同談朱熹的部分，正在他自己身上呈顯。如以下文字表述，更為清楚。其云：

> 三傳中也只有《公羊傳》和《春秋》學有最密切的關係。因為《左傳》對史學與文學有威權，對中國一般思想上沒有什麼影響，《穀梁傳》過於簡略，論史蹟不及《左傳》的詳密，論大義不及《公羊傳》的複雜。……《公羊傳》是《春秋》學裡第

---

33 周予同撰，朱維錚編：《周予同經學史論著選集》（上海市：上海人民出版社，1996年），頁498。

一部重要的經典，我是承認的。……我以為《春秋》只是一部初期的簡略的編年史，將《春秋》擁上了經典的寶座，這樣咬文嚼字似通非通地在做解釋工作的《公羊傳》，是《春秋》的第一次擴大，也是《春秋》學形成的第一步。

對於經與《春秋》，周予同有以下宣示：

最後，我正式的宣示我的意見罷。經是可以研究的，但是絕對不可以迷戀的。經是可以讓國內最少數的學者去研究，好像醫學者檢查糞便，化學者化驗尿素一樣，但絕對不可以讓國內大多數的民眾，尤其是青年的學生去崇拜，好像教徒對於莫名其妙的《聖經》一樣。如果要懂得修齊治平之道，這是對的，但是，下之有公民學，中之有政治學、倫理學，上有哲學，用不著讀經。[34]

經是中國封建專制政府法定的古代儒家書籍，隨著中國封建社會的發展和統治階級的需要，經的領域在逐漸擴張。……四書，它是為中央集權的君主專制制度服務的，完全符合統治階層的需要。[35]

如果正如其宣告的想法一般，便能解釋周予同將經學成為一種知識，如同他物存在，只是一個唯物主義底下的物，與人文化成薰染德性的中國經典觀確實有一些不同認識經典意義的差異。根本上的差異，如

34 周予同撰，朱維錚編：《周予同經學史論著選集》（上海市：上海人民出版社，1996年），頁603。

35 周予同撰，朱維錚編：《周予同經學史論著選集》（上海市：上海人民出版社，1996年），頁654。

同今古文學的基礎認知不同，必然站在不同的理解進行詮釋經典的工作。看到根源不同，即便外在大家看的仍是從事經典研究，研究使用的材料還是經典，但相去之遠，不啻千里呀！

六　結論

過去閱讀新中國的經學研究，曾聽師長慷慨激昂甚至義憤填膺地蔑視新中國的一切研究成果，年少時也曾眼中只讀到封建專制、上層階層、下層階層、階級鬥爭、經濟生產、歷史唯物主義、資本主義、共產主義云云。然此回從周予同《經學史論著選集》中看到，當時的氣氛其實已不是個人所能去跳脫的，整個時代風氣與國家氣氛，甚至是自己以為所感知的現實，都提供了共產主義是一個最好解決中國問題的唯一選擇。因此不論學者或百姓都陷入一種重新學習馬克思主義、馬克思列寧主義。這種風潮就像明代晚期的王學與清初的考據學，這已無對錯問題，它是一種近似集體催眠的集體性行為。故我們也許也沒發覺此刻的我們是否也陷在另一個迷思之中而不自知。

從特殊的時代性來解讀新中國的經學研究，就像我們看到漢代的讖緯之學，明代的王學、清末的公羊學，它呈顯了一個時代（五十年）的特殊解經方法，不論從經濟、從生產、從階級革命與階級鬥爭都看出一種其他時代所沒有的現象。由是我們從解經之對錯與是否達到孔子或聖人的本意來探討新中國的經學研究，可能會失望許多，因為此時的研究成果在於解釋過去歷史種種的現象發生，乃來自於階級對立所造成衝突，及生產模式改變對社會結構的產生變動因素。因此當周予同在一九五五年重印《經今古文學》的〈後記〉時，還不免批評一下自己過去討論古代經學史，缺點則在沒有闡明今古文學產生和演變與社會下層基礎的關係，或略有說明，如清代今文學的復興一段，但仍嫌不夠詳盡。

但如果知道中國曾爆發一場無產階級文化大革命，席捲中國大地，當時到處都可以看到大大小小的批判會、鬥爭會、講用會、聲討會，看到遍及機關、學校、工廠、農村的大字報、大標語，看到身著軍裝、手舉小紅書的青年學生的狂熱、奔走、串聯和呼號，看到這些群眾之間的抗爭、辯論、分裂、武鬥，看到無數的人遭受冤屈、打擊、迫害、摧殘。[36]誰都沒把握是不是能站得住、挺得住不自我批判一番。這也是朱維錚在〈後記〉表述周予同先生的自我批判與認同馬克思無產階級主義時，筆者所存疑的。反過來說，一九七三年批孔潮方興未艾，一九七六年文化大革命餘威仍令人心有餘悸，故一九八一年整理文稿的朱維錚能不謹慎嗎？

或許可質疑周予同撰寫文章的時間不在文化大革命後，但自一九四九年後毛澤東所領導的中華人民共和國進行土地改革法關於農村階級成份的決定，對於反動派與反動階級的反動行為，絕不施仁政，當時強迫勞動改造及管制的有一千五百萬人以上。之後三反、五反運動，思想改造運動，並無二異。都是強調學習馬列主義、毛澤東思想、蘇聯經驗，參加社會活動、政治鬥爭，開展自我批判，開展對資產階級唯心主義的思想批判。[37]

新中國的發展有其必然，自康有為、梁啟超等承繼晚清《公羊》學，以積極入世的經世致用精神介入社會行動，而到了周予同這輩，雖然對《公羊》學不再抱有救世的信心，但他們對於入世的的精神還是承繼下來了。民國初年的中國，不論是國民黨與共產黨，都缺乏一

36 嚴家其、高皋：〈初版序〉，《文化大革命十年史》（臺北市：遠流出版公司，1992年），頁1。

37 施哲雄：〈中國大陸社會五十年來的發展與變遷〉，收入中國大陸問題研究所編：《中共建政五十年》（臺北市：正中書局，2001年），頁169-186。

套理論架構來滿足當時無所依憑的中國社會，恰好列寧無產階級主義在蘇聯的成功案例，讓中國有了欽羨的目標，所以向蘇聯學習，向馬列主義學習，成了人人寄予改變的唯一希望。列寧思想有比馬克思更強的一個特點，即理論與實踐的統一。因地域性的微調也是列寧比馬克思主義更能針對地方國家更有彈性的地方。此岸的我們在一九四九年後，似乎忽然醒悟認為共產主義是一個邪惡的集團，那也是脫離彼岸後不得不有所不同的選擇下所產生的另一個必然。歷史的對錯，有時不是自覺性的選擇，往往在執行一段被動性行為後，為了解釋自身的正當性，為自己合理化，進而成為正當性。

回到周予同的《春秋》學。當詮解的脈絡在同一個思想體系內，理解周予同的《春秋》學研究便是不論如何都是再正常不過的。反過來說，當理解的基礎不在同一平臺上，怎麼看周予同的經學思想，都有那麼一點不對之處。也許正如周予同將自己定位在新史學派的一員，這學派能有超漢宋學、超今古文學，並以歷史的方法去研究經學的新學派。如是這樣，我們也就不好再質疑其混淆今文學古文學間的立場本來是壁壘分明。而現在他同時站在兩處發言，是今文學家也是古文學家，同時既不是今文學家也不是古文學家。

老實說，新中國自一九四九年後所經歷，是被一團黑霧所籠罩著，未處在其中，斷難明白箇中玄機，即便處在其中也多被潮流所襲，分不清孰為清醒昏昧。今天我們對於個中的研究所見，是否真為著者發自內心的剖白研究成果，筆者不敢置喙，惟待後人能更進一步釐清。

論《左傳》對後世文化傳統的影響

——以鄭宋大棘之戰為例

一 前言

鄭宋大棘之戰，此篇出自《左傳》魯宣公二年，字數三八八字，敘述鄭宋交戰期間所發生的事。《左傳》雖是敘述戰爭事件，卻非強調戰爭勝敗，而是透過此事件去闡述儒家思想。有學者認為《左傳》戰爭細節的描述是為增加其文學性，[1]然而這並不是其撰述目的，《左傳》所涉及的層面甚廣，細細釐清，可見《左傳》蘊藏豐富的文化底蘊，這些底蘊不是單一時間下的特例。如同文化的積累非一時一地所可顯現，需透過層層的時間歲月淘汰，那未被時代所遺忘的事件或精神，持續留存著，如今日所行之事，發覺古之亦然，或深植人心，彷彿天生如此，方為傳統。此之文化傳統亦是一國家民族的民族精神、民族個性。《左傳》所建構的正是儒家文化傳統。

1 韓紅芹：「這些細節描寫具有鮮明的文學意義，它拉伸了戰爭的縱深感和層次感，有助於戰爭人物形象的刻畫，增強了戰爭敘事的生動性。……細節描寫避免了戰爭論述的直截了當，充分展示其暗示的魅力，進而增強了故事情節的戲劇性和趣味性，達到引人入勝的效果，《左傳》的文學性也因之而加強。……如宣公二年的宋鄭大棘之戰中一些細節也頗有趣味，其中狂狡倒戟出鄭人，華元食士忘其御羊斟，華元逃歸與羊斟的對話，城者之謳等，都非這次戰爭的重要事件，但如果只寫宋鄭戰於大棘，宋師敗績，鄭人獲華元，華元逃歸，則必然使敘事枯燥無味，毫無文學性可言。」〈論《左傳》戰爭篇章的細節描寫〉，《安徽文學》2008年第2期（2008年），頁145-147。

儒家透過《左傳》企圖建立放諸四海皆準的觀念，而建立此價值標準並不是一件容易的事，它必須面臨人性衝突與人類如何接受新的觀念，同時願意重新學習。當然傳之後世的文化傳統不會是《左傳》這一席文字便形成傳統，但可以說《左傳》在繼往開來的意義上，當後世面對類似事件時，《左傳》的言說，會被人引用或是提起，因此產生了一定意義上的影響。以下就從幾點來談《左傳》對後世文化傳統的作用。

二　夷夏之爭與道之正統

《左傳》用精煉的文字敘述大棘之戰，內容記載了人、事、時、地、物。傳文如下：

> 二年，春，鄭公子歸生受命于楚，伐宋。宋華元、樂呂，御之。二月壬子，戰于大棘，宋師敗績。囚華元，獲樂呂，及甲車四百六十乘，俘二百五十人，馘百人。[2]

傳文敘述魯宣公二年，鄭公子歸生接受楚國之命討伐宋國，宋國派華元、樂呂抵禦，二月壬子日雙方戰於大棘，結果宋國吃了敗仗，鄭國擄獲華元，尋獲樂呂屍體，並接收戰車四六〇輛，俘虜二五〇人，戰亡者有百多人。

時周王室衰微，南方楚國虎視眈眈，一直在等待機會挑戰周王室，故周天子需靠諸侯幫忙維繫中國安全，孔子曰：「天下有道，則

---

2 左丘明傳，杜預集解，孔穎達疏：《春秋左傳注疏》（臺北市：藝文印書館，1997年），卷21，頁6a-6b。

禮樂征伐自天子出；天下無道，則禮樂征伐自諸侯出。」[3]當時天下分中國、諸夏、夷狄，受周天子分封的諸侯國及歸順中國的小國皆以周王室為宗，是為華夏，其餘不列入華夏，視為夷狄。鄭國是畿內諸侯，宋國是商王室之後，是中國；楚國是夷狄。當時晉國與楚國分別影響著宋國與鄭國。晉是中國，楚是蠻夷，戰爭結果楚勝晉敗，是蠻夷勝中國敗。然《春秋》向不以中國從夷狄也，不以夷狄執中國、獲中國、主中國，故為周天子隱諱，不書此戰役與周、晉有關。表面上是鄭、宋之戰，但鄭公子歸生受命於楚，故其中蘊含了周、楚之爭所代表的夷夏之別。[4]

鄭國本是姬姓，鄭莊公時與周平王的關係非常緊張，致使有周鄭交質，但鄭國仍與周王室關係密切。宋國為殷商之後，也是中原王室。今鄭國受命於楚，要去伐宋。是當時楚莊王的國勢強盛，威脅俱在，導致鄭國傾向於楚。但就中原正統論來說，楚國在《春秋三傳》中被視為夷狄，《國語》〈鄭語〉也說：「是非王之支子母弟甥舅也，則皆蠻荊戎狄之人也。」[5]以鄭國受命於楚國來征伐宋國，此是聯夷亡夏。代表著中原文化與楚文化的對立與抗爭。而鄭國不傾向周王室而聽從楚國，顯見周、楚之間的角力存在。兩大國雖有緊張關係，不一定直接開戰，偶會派附庸國打前哨戰，鄧曦澤云此為代理戰爭，是指在國際關係中依附於大國的小國，在大國的指使下服從於大國的目的而與其他國家進行的戰爭。[6]鄭、宋由於地理位置的關係，鄭較親楚，宋則親晉。宋、鄭兩國也是大國必爭之地。兩國常常作為大國的

3 朱熹注：〈季氏篇〉，《論語集注》，收入《四書章句集注》（臺北市：大安出版社，1996年），卷9，頁171。

4 後世經傳注疏並未在此論及夷夏問題。

5 徐元誥：《國語集解》（北京市：中華書局，2002年），頁462。

6 鄧曦澤：〈論春秋時期的代理戰爭〉，《雲南大學學報》（社會科學版）第10卷第6期（2011年），頁68。

代理國去攻打他國，或者成為其他代理國的攻打。[7]

鄭國、宋國的國力均不足以對抗楚、晉而完全獨立不受影響，鄭國子良云：「晉、楚不務德而兵爭，與其來者可也。晉、楚無信，我焉得有信？」[8]似乎提到自己可以選擇對自己有利的生存方式，但在形勢的逼迫下還是得選邊站，故鄭穆公思考形勢後，決定「晉不足與也」[9]，遂盟于楚。這是小國的命運。在小國背後真正的勢力，是晉、楚二國，在儒家文化底下，兩國又各代表著華夏與夷狄的不同立場。[10]

然而鄭國與楚國結盟伐宋，不僅是夷夏的問題，它還是中國核心成員聽命於楚的問題。向來中原以周天子為核心，對抗四方，都是一

---

7 鄧曦澤：〈論春秋時期的代理戰爭〉，《雲南大學學報》（社會科學版）第10卷第6期（2011年）頁73。

8 左丘明傳，杜預集解，孔穎達疏：《春秋左傳注疏》（臺北市：藝文印書館，1997年），卷22，頁15b。

9 左丘明傳，杜預集解，孔穎達疏：《春秋左傳注疏》（臺北市：藝文印書館，1997年），卷21，頁5a。

10 所謂華夏正統觀，就是認為只能華夏為君，夷狄為臣，由華夏來據有中原，主宰天下，夷狄不可為君。《穀梁傳》的夷狄觀不是由血統或佔據中原來判別夷夏，而是從國君言行是否符合天道、禮義來判別夷夏。《穀梁傳》襄公三十年：「蔡世子般弒其君固。其不日，子奪父政，是謂夷之。」穀梁赤傳，范甯集解，楊士勛疏：《春秋穀梁傳注疏》（臺北市：藝文印書館，1997年），卷16，頁12b-13a。哀公十三年：「吳，夷狄之國也，祝髮文身，欲因魯之禮，因晉之權，而請冠、端而襲，其藉於成周，以尊天王。吳進矣！吳，東方之大國也，累累致小國以會諸侯，以合乎中國。吳能為之，則不臣乎？吳進矣！」《春秋穀梁傳注疏》卷20，頁13b-14b。彭豐文：「中國古代王權正統性的標準是多重的，包括以得天命為正統、以華夏為正統、以據有中原為正統、以完成天下統一為正統、以尊奉華夏文化為正統。」〈試論十六國時期胡人正統觀的嬗變〉，《民族研究》第6期（2010年），頁68。因此本為中國者，言行不合禮義，可貶為夷狄；反之，言行合於禮義者，雖夷狄，仍為中國也。《左傳》在儒家文化的脈絡中將周楚間的問題提出，以楚為夷狄，卻不特意言明其中夷夏的角力，或是為周王室隱諱，讓其在當時的衰敗中仍保有一絲的尊嚴，此正儒家「為尊者諱」的書寫之道。

致向外，而今鄭國與楚國結盟，且「鄭公子歸生受命于楚」，在意義上背叛了周天子。故周朝被挑釁，尊周一事也被摧毀。在經學的意義討論下，點出不尊周的情況只是反映現實，經學的目的是藉由批判不尊周的行為，進一步導出尊周觀念、強調尊周的重要。由是《左傳》藉儒家文化的論述介入了當時戰爭背後意義的詮釋，以建立倫理道德的正當性。[11]

現實卻是如魯國的莊叔對晉國說：「小國受命於大國……抑小國之樂，大國之惠也。」[12]、鄭國子家：「居大國之間，而從於強令，豈其罪也？大國若弗圖，無所逃命。」[13]、鄭國公子騑：「天禍鄭國，使介居二大國之閒。」[14]他們講的都是現實層面的心聲，所以楚國可以大國之姿直接命令鄭國聽命。如襄公二年：「二年，春，鄭師侵宋，楚令也。」[15]、襄公十年六月：「鄭皇耳帥師侵衛，楚令也。」[16]

---

11 韓昇：「古代國家間的關係，基本上是政治關係。中國古代王朝的對外政策，服從於以德撫遠的政治目標，希望建構一個以中國古代王朝為中心，具有共同道義和文化基礎的穩定的國際體系，不管使用和平的或者武力的手段，整個外交活動都圍繞著這個中心展開。這個國際關係體系，目標在於建立中國王朝的中心領導地位，確定周邊各國同中國的尊卑秩序，以及各國之間交往的基本原則和禮儀規範。其理想目標是建立中國同周邊國家的君臣關係，不但在國際政治上獲得最高的權威，而且獲得倫理道德上的巨大支持，成為國際正義的象徵。這是把國內政治體制運用於國際關係之上。」〈中國古代的外交實踐及其基本原則〉，《學術研究》第8期（2008年），頁93。

12 左丘明傳，杜預集解，孔穎達疏：《春秋左傳注疏》（臺北市：藝文印書館，1997年），卷18，頁18b。

13 左丘明傳，杜預集解，孔穎達疏：《春秋左傳注疏》（臺北市：藝文印書館，1997年），卷20，頁9b。

14 左丘明傳，杜預集解，孔穎達疏：《春秋左傳注疏》（臺北市：藝文印書館，1997年），卷30，頁29b。

15 左丘明傳，杜預集解，孔穎達疏：《春秋左傳注疏》（臺北市：藝文印書館，1997年），卷29，頁5b。

16 左丘明傳，杜預集解，孔穎達疏：《春秋左傳注疏》（臺北市：藝文印書館，1997年），卷31，頁8a。

依據房占紅《七穆與鄭國的政治》一書所整理：「從魯宣公年間子良執政到魯襄公十一年子展促成蕭魚之會近五十年中，晉、楚兩國每每以鄭國為攻擊目標；而鄭國乍叛乍服，被侵伐次數竟達四十次之多，平均每一年又三個月就要被打一次。」[17]說明夷夏間的互動過程，若無法以道德及價值準則解決，戰爭是無法避免的一種溝通調解的方式。[18]現實面，夷夏之爭就是勝者為王，敗者為寇，「唯彊是從」[19]。在精神面，儒家可藉事件的討論來建立其道統與對事件的認知。其超越現實成敗，《左傳》的價值便是在此。如鄭、宋戰於大棘，事件背後代表的是楚與晉兩國之爭，勝敗卻不是《左傳》傳文的重點，但也必須有人從中加以討論或看出其背後之因，否則後人見此一記載，只是一次戰爭。

綜上所述，周室衰微確實發生，儒家藉由事件來闡述周王室與晉國被挑戰，反襯出尊周道統的重要。就《左傳》記載的內容是鄭、宋之爭，就傳文經義的闡述則是儒家夷夏觀的正統論述。

三　惻隱之心與失禮違命

同一條經傳：

---

17 房占紅：《七穆與鄭國的政治》（長春市：吉林大學碩士論文，1999年），頁26。

18 韓昇：「周王室很清楚國際政治同國內政治有著很大的差別，只要不是透過征服兼併敵國，就不可能像統治自家臣民一般管理他國。因為處於國家權力統治下的社會，可以建立起統一倫理道德規範；在沒有統一權力中心的國際社會，不同的生產方式和生活習俗形成不同的文化傳統，難以建立統一的價值和道德體系。因此，國際關係表現得更加現實，更加突顯出不同國家之間的利益關係。面對眾多國家之間的現實利益關係，要建立某種形式的權力中心，首先要有強大的實力；其次要致力建立國際道德和價值準則。」〈中國古代的外交實踐及其基本原則〉，《學術研究》第8期（2008年），頁93。

19 左丘明傳，杜預集解，孔穎達疏：《春秋左傳注疏》（臺北市：藝文印書館，1997年），卷30，頁32b。

狂狡輅鄭人，鄭人入于井，倒戟而出之，獲狂狡。君子曰：「失禮違命，宜其為禽也。戎，昭果毅以聽之之謂禮，殺敵為果，致果為毅，易之，戮也。」[20]

《左傳》敘述宋人狂狡迎戰鄭人，過程中，鄭人掉落井中，狂狡倒戟將鄭人拉出，不料狂狡反被鄭人擄獲。君子評論此事云：軍人不守軍禮，違抗將軍之命，是該被擒的。軍事以勇敢、堅毅聽命於將軍是為禮，殺敵果敢，果敢堅毅，若不如此，則被殺。

歷來對狂狡的行為有不同的解釋，《左傳》是以批評的方式來批判狂狡，公羊何休有不一樣的看法，其稱讚狂狡，曰：「狂狡近於古道。」[21]之所以有不同的評議，是因為立場不同，《左傳》站在國家的立場，故以狂狡為小仁，何休站在人性上，故以狂狡有惻隱之心近於古道。鄭玄《箴膏肓》曰：「狂狡臨敵拘於小仁，忘在軍之禮。譏之，義合於譏。」[22]可知鄭玄是同意《左傳》「君子曰」的批評。呂祖謙曾對宋公及楚人戰於泓之事有所評論。呂祖謙：「襄公之說，近不能移當時之國人，遠乃能誤後世之狂狡。」[23]呂祖謙以宋襄公、宋狂狡為愚行，由此可見，呂祖謙也不覺得狂狡是對的。宋人多愚之論，在先秦文獻中屢屢可見。[24]

---

20 左丘明傳，杜預集解，孔穎達疏：《春秋左傳注疏》（臺北市：藝文印書館，1997年），卷21，頁5a。

21 毛亨注，鄭玄箋，孔穎達疏，龔抗雲等整理：《毛詩正義》（臺北市：臺灣書房出版公司，2001年），卷16，頁1145。

22 毛亨注，鄭玄箋，孔穎達疏，龔抗雲等整理：《毛詩正義》（臺北市：臺灣書房出版公司，2001年），卷16，頁1146。

23 呂祖謙：《東萊博議》（蘭州市：甘肅民族出版社，2006年），頁419。

24 宋小克云羊斟是感情用事，故壞了大局：「諸如狂狡、華豹、華元等，皆恪守古禮，好仁不好學之類也。」宋小克：〈宋國愚人及其文學演繹〉，《中國文化研究》夏之卷（2013年），頁93-98。

《左傳》提到狂狡迎戰鄭國士兵，見其掉入井中，不忍其死，倒戟救之，卻反被鄭國士兵擒獲。《左傳》沒有同情狂狡遭遇，也未批評鄭國士兵恩將仇報，反而貶斥狂狡，「君子曰」批評狂狡「失禮違命」。此與孟子講惻隱之心不同。孟子曰：

> 所以謂人皆有不忍人之心者，今人乍見孺子將入於井，皆有怵惕惻隱之心。非所以內交於孺子之父母也，非所以要譽於鄉黨朋友也，非惡其聲而然也。由是觀之，無惻隱之心，非人也。[25]

孟子認為人皆有惻隱之心，出於天性，非刻意為之，人如無惻隱之心，則非人也。《左傳》則云在戰場上救人，是「失禮違命」。《左傳》與《孟子》皆是儒家經典，為何在思想上有所衝突呢？惻隱之心是否有不同立場的區別呢？

《左傳》用「君子曰」來表明述作之意，站在國家軍隊的立場，強調勝敗關乎國家存亡，當與個人的良知相衝突時，要以聽命國家為重。這概念如同軍法與民法不同是一樣的。說明軍人與一般常態的道德性不同。在戰場上的惻隱之心是婦人之仁。故《左傳》:「軍法以殺敵為上，將軍臨戰必三令五申之，狂狡失即戎之禮，違元帥之命，曲法以拯鄭人，宜其為禽也。」、「在軍對敵必須殺也。」、「軍法務在多殺，殺敵乃為禮也。」[26]很清楚的闡明軍法之禮，在於殺敵。但道德性的良知該有常態與非常態之分嗎？

在一般情況下人皆有惻隱之心，然在戰場上，《左傳》講求的是「昭果毅以聽之之謂禮」，是遵行長官命令，奮勇殺敵。此與中國人

---

25 楊伯峻注：〈公孫丑〉，《孟子注譯》（臺北市：漢京出版社，1987年），頁80。

26 左丘明傳，杜預集解，孔穎達疏：《春秋左傳注疏》（臺北市：藝文印書館，1997年），卷21，頁6b-7a。

云「上天有好生之德」的文化傳統有著不一樣的生命觀。《左傳》君子曰認為惻隱之心、好生之德在戰場上要被超越。當國家利益與個人價值衝突時，《左傳》提出以國為重，來化解大我及小我之間的矛盾。而這些觀念是在長久的時間下，透過教化、宣導，滲透到國家百姓的觀念中，故後人能夠認同「不以私害公」是正確的觀念。即當私人報仇的想法與國家之事產生矛盾時，應放下小我，來成就大我。此之生命觀對後來中國人談忠臣盡忠報國，為國犧牲等都成為一位好國民的必然。

一般而言，禮制制定都有其特定的對象，比如吉禮、凶禮、軍禮、賓禮、嘉禮。《左傳》君子論宋人狂狡倒戟救鄭人，以為失禮違命，宜其為擒也。戎，昭果毅以聽之之為禮，殺敵為果，致果為毅，易之，戮也。很明顯，《左傳》是在建構戰事上的「禮」，以軍人而言，戰事上的「禮」就是果毅，而不是所謂的惻隱之心。[27]

《左傳》介入人在面對與自己天性的矛盾時，該做出怎樣的抉擇。從「禮」來超越孟子所謂的良知天性，建構戰場上的非常態，讓

27 「在《左傳》的作者看來，禮是人類社會的最高法則。國家的興衰，社會的秩序，家族的傳承，都由領導階層能否按禮行事決定著，行之則興，違之則敗。這一觀念，在《左傳》中一再被演繹。」趙輝、崔顯豔：〈《左傳》敘事體式與禮之關係考〉，《中州學刊》2008年第6期，頁224。「如戰爭勝敗由禮。春秋時，國之大事，在祀與戎。列國爭鬥多以戰爭的形式進行，故《左傳》記戰爭的文字不少。對戰爭的成敗，作者注意到了雙方力量的對比、民心的歸向、外交手段和戰爭策略的運用，但也將禮的實踐作為戰爭勝敗一個極為重要的因素。注重事情的本末和細節，關鍵的原因還在作者的禮學歷史觀。因為歷史觀是史家考察歷史的原則和出發點，決定著史家記述歷史的角度和方法。當《左傳》的作者將禮作為歷史視點時，便會自覺地將禮作為標杆，以禮為參照去反映歷史。」〈《左傳》敘事體式與禮之關係考〉，頁224-225。杜雲輝：「《左傳》很清楚的站在批評狂狡的立場發言，突顯戰場上的軍人形象，其實就是《春秋》乃至儒家思想中的君子形象，是君子在戰場上的表現。」〈從《左傳》看春秋軍人的戰場形象〉，《作家雜誌》2011年第1期（2011年），頁110。

將士們必須徹底服從遵守國家的領導，並認同「昭果毅以聽之之謂禮」的價值觀。這樣的軍人精神，至今依然。由是可知，《左傳》企圖在建立一套儒家文化的價值觀，也就是國家觀念的建立。當國家問題與個人問題衝突時，國家問題高於個人問題。個人必須犧牲小我，以國為重。

四　君子報仇與以私害公

同一條經傳：

> 將戰，華元殺羊食士，其御羊斟不與。及戰，曰：「疇昔之羊，子為政，今日之事，我為政。」與入鄭師，故敗。君子謂：「羊斟非人也。以其私憾，敗國殄民，於是刑孰大焉。《詩》所謂『人之無良者』，其羊斟之謂乎，殘民以逞。」[28]

《左傳》敘述戰爭前夕，華元宰殺羊隻給士兵食用，唯獨其駕駛羊斟未給。到了戰場羊斟對華元說：昨日分羊是你主導分配，今日駕車是我主導。遂將車駛入鄭國軍隊中。宋國失去指揮的將軍，吃了敗仗。君子評論曰：羊斟真不是個人，以其私人恩怨導致國家吃敗仗，百姓受苦，還有什麼懲罰比這嚴重呢？《詩經》說：「人之無良心者。」就像羊斟這種人，傷害百姓來逞一人之快。

這段傳文以華元於戰前宴饗軍士，而獨對其御夫羊斟未與羊肉，所以羊斟懷恨在心，隔日在戰場上挾私報復，導致宋國戰敗。《左傳》君子曰：「羊斟非人也。」以最嚴厲的話語來貶斥羊斟。從人性

---

28 左丘明傳，杜預集解，孔穎達疏：《春秋左傳注疏》（臺北市：藝文印書館，1997年），卷21，頁7a-7b。

來談，羊斟以牙還牙，一報還一報似乎也說得過去，但是《左傳》不從個人之立場來談，而是從國家利益為其立場，批評羊斟不得以其私怨導致國家利益遭受危害，不能以私害公，也就是個人利益與國家利益相衝突時，必須捨棄個人恩怨來成就國家的利益。

羊斟為何一人能影響整個戰爭結果？因為羊斟是華元的御夫，負責駕馭操控馬車，當華元指揮的馬車不受控制，軍隊失去領導，不知前進後退，軍隊無所措手足，當然就吃敗仗。春秋時代，是車戰的巔峰時期。當時戰車是軍隊的主力，相對於裝備簡陋的步兵來說，具有極大的優勢。雙方戰車在平原上對決，是最基本的作戰形式。[29]不過因為當時的戰車笨重，又有四匹馬，難以自如駕馭，所以駕車是專門技術。先秦的御夫是一群具有專業能力的人員，雖然地位低於士大夫，不過因為當時戰爭多是車戰，所以他們的經驗與能力常關乎著戰爭勝敗。[30]

若接受《左傳》的評議，會認為羊斟導致國家戰敗，罪無可赦。然而在當時，羊斟之所以會如此進行報復，也可從先秦找到支持的觀念。若孔子云：「以道事君，不可則止。」[31]在春秋時，臣子有其獨立自由的決定權。然漢代之後強調君臣關係，若天與地，夫與妻，必須從一而終。這自主空間便消失了。董仲舒：「人臣之行，貶主之位，亂國之臣，雖不篡殺，其罪皆宜死。」[32]此說與《左傳》相似。另外，《左傳》文中強調臣子不可二心，如莊公十四年：「苟主社稷，國內之民，其誰不為臣？臣無二心，天之制也。」故賈逵認為《左

---

29 趙長征：〈春秋車戰中的單車戰術〉，《文史知識》2012年第7期（2012年），頁21。

30 東有春：〈先秦輿人及御夫考述〉，《江蘇社會科學》1997年第5期（1997年），頁120。

31 邢昺：〈先進〉，《論語注疏》（臺北市：藝文印書館，1997年），卷11，頁100。

32 蘇輿：〈楚莊王〉，《春秋繁露義證》（北京市：中華書局，1996年），卷1，頁4。

傳》:「斯皆臣之正義，父子之紀綱。」「左氏義深於君父」「左氏崇君父，卑臣子，彊幹弱，勸善戒惡，至明至切，至直至順。」[33]大概戰國之後，君臣觀已經慢慢在改變，這也說明文化傳統與價值觀是隨著強勢力量而在民間進行著挪移。

如先秦記載有關弒君之事，其中有臣弒君者認為是弒君以懲君之惡。這在漢代政治及思想背景下，對此問題的看法是「父雖無道，子敢不事父乎？君雖不惠，臣敢不事君乎？」君臣關係已有轉變，變成君可不君，臣不可以不臣。[34]

從另外一角度來看，不只羊斟有過錯，華元也該有責任。孔子：「有國有家者，不患寡而患不均。」東西少沒有問題，只要分得平均大家就不會在意。如果不注意這些小事、細節，就會出現像羊斟的報復事件。《呂氏春秋．察微》批評華元說:「夫弩機差以米則不發。戰，大機也。饗士而忘其御也，將以此敗而為虜，豈不宜哉。」[35]弩機因為米粒大小的細微誤差，就不能發射。對於細節的不重視，才導致華元失敗。

後人看此事件，或有同情，亦有以羊斟為禍首者，引以入詩。

唐．鄭薰〈贈鞏疇詩〉:「淡薄貴無味，羊斟慚大羹。」

宋．劉克莊〈居厚弟和七十四吟再賦〉:「聞說朝家念履簪，朵頤安肯學羊斟。」

宋．趙必〈和自村同年韻寄南山劉義車〉:「王粲曾聞附劉表，華元何忍薄羊斟。」

---

33 范曄:《後漢書》(臺北市:鼎文書局，1978年)，卷36，頁1236-1237。

34 林素娟:〈漢代復仇議題所突顯的君臣關係及忠孝觀念〉,《成大中文學報》第12期(2005年)，頁44。

35 呂不韋撰，林品石注:〈察微〉,《呂氏春秋》(臺北市:臺灣商務印書館，1996年)，頁490。

金・王琢〈同漕使對雪詩〉:「躍馬共思追兔跡,抱戈誰與置羊斟。」

後人亦有懷疑《左傳》作者何以知悉羊斟內心所想。說戰時羊斟忿忿:「疇昔之羊,子為政,今日之事,我為政。」故意把華元所乘戰車趕進鄭軍,群龍無首,因此宋軍大敗,主帥華元被擒。史官批評羊斟因個人一時私怨而做禍國殃民之勾當。但是羊斟這段內心獨白,又怎會為作者所知?[36]

以上所述,得見《左傳》與先秦的復仇觀已有不同,《左傳》與漢代以君為天的尊君思想一致,反對臣子可以對其主進行報仇,私人恩怨不能影響到國家的整體利益,就算個人受委屈亦不可。在君權為上的時代,君要臣死,臣不得不死的思想得以確定其價值觀,此與《左傳》「君子曰」以國為上、以君為是的思想傳播是有關的。

五　贖人文化

同一傳文,《左傳》:

> 宋人以兵車百乘,文馬百駟,以贖華元於鄭。[37]

宋國以百輛兵車及名貴馬匹,欲贖回華元。

贖人文化至今相同,依人的重要性不同提出不同的贖金。這說明

---

36 周和軍:〈見微而知著——論《左傳》的敘事視角藝術〉,《長春師範學院學報》第23卷第4期(2004年),頁49。陶運清:〈淺談《左傳》戰爭的敘事視角〉,《和田師範專科學校學報》第27卷第5期(2007年),頁88。

37 左丘明傳,杜預集解,孔穎達疏:《春秋左傳注疏》(臺北市:藝文印書館,1997年),卷21,頁7b。

人的價值是可以用金錢或財貨來計算的。在先秦地位高的人可以以金錢來減輕罪刑，然一般百姓的重罪是不可贖換的。《左傳》這段文字是記載戰爭後的贖換，戰場上廝殺是正常的，但戰爭結束之後的物資與人員的最有效益處理便是贖文化的精神。一方面是兩國表示停止戰爭的善意回應，一方面是兩國的資源可以透過談判交易，各取所需。

華元的重要性在大棘之戰中不僅看不出來，而且近似一位迂腐的大臣，唯一能看出其受到宋國國君重視的地方是宋國願意提出很高的代價來交換華元。實則華元一生對宋國在晉、楚間弭兵甚有影響。再則，華元非宋君，能在《左傳》中具有數事記載，足見此事此人的重要，是有意義的。

六　下以風刺上

同一傳文，《左傳》傳文：

> 宋城，華元為植。巡功，城者謳曰：「睅其目，皤其腹，棄甲而復，于思於思，棄甲復來。」使其驂乘，謂之曰：「牛則有皮，犀兕尚多，棄甲則那。」役人曰：「從其有皮，丹漆若何？」華元曰：「去之，夫其口眾我寡。」[38]

宋國修建城池，以華元為督導，當華元來巡視時，有築城工人唱：「那位英勇怒目的將軍，坦露著肚子，把戰甲丟棄而回來。那位長著大鬍鬚的將軍，把盔甲丟棄逃回來。」華元命其隨侍回口：「宋國有牛，有牛則有皮，況且犀牛也很多，丟棄一兩件戰甲沒甚麼要緊。」

38 左丘明傳，杜預集解，孔穎達疏：《春秋左傳注疏》（臺北市：藝文印書館，1997年），卷21，頁8a-9a。

築役工人：「就算有皮，珍貴的紅漆呢！」華元：「算了，走吧！他們人這麼多，我們說不過他們。」

《左傳》記載了許多諺語歌謠，多來自民間誦唱，反映老百姓的心聲。這樣的傳統過去即有，如《詩經》〈國風〉，後世依然，如漢代樂府民歌。以史料來說，民間諺謠可以補充史官記載時過於主觀的意見，同時反映了民間的不同看法。《詩經》〈國風〉篇章中所收多是民間而來，其中有對愛情的歌頌，也有民間對上位者的抱怨，故「國風」有下以風刺上之說。《毛詩序》：「上以風化下，下以風刺上，主文而譎諫，言之者無罪，聞之者足以戒。」[39]

《左傳》這段傳文，雖是上下對立的言語激辯，卻是透過幽默的方式、諷刺的方式來傳達民間的聲音。由於其代表的是民間的聲音，故沒有作者名字。特別的是，華元在此的反應是官不與民鬥，悻悻然而走。這也說明華元未以官威壓迫之，百姓能以諺謠在當事者面前吟誦，說明當時風氣是相對開放的。而且城者、役人針對華元的批評，從內容看並不是情緒化的謾罵，內容切中事實，故華元雖欲逞口舌之能，終站不住腳，便離開了。這段對話究竟是史實，還是《左傳》的弦外之音呢？

近人研究認為《左傳》的作者已經開始運用謠諺這些民間的材料，來完善自己的表現手法，這在一定程度上避免了正史取材和價值判斷的隨意性，換言之，那些鮮活的謠諺最能成為後人瞭解特定時期社會面貌的有效樣本。[40]引用謠諺的內容和引用謠諺的行為都可以反映出作者極為自覺的民間意識，因為作者是將其引用的謠諺，作為左

39 毛亨注，鄭玄箋，孔穎達疏，龔抗雲等整理：《毛詩正義》（臺北市：臺灣書房出版公司，2001年），卷1，頁16。

40 周玉波：〈《左傳》引用謠諺現象略說〉，《淮陰師範學院學報》（哲學社會科學版）第25卷（2003年），頁535。

傳文本的完整組成部分加以處理的。[41]

另一方面，《左傳》通過引入這大量的詼諧、生動、富於趣味的諺謠，極大地增強了作品的幽默感和諷刺力。[42]如今日網路以「KUSO」方式來諷刺時政仍然存在，而且活活潑潑。民間的聲音與刻板的官方樣板並存，雖多嘲諷，但至少人民有發聲的自由。但值得注意的是，民間不代表即是對的詮釋，它只是代表百姓的個人聲音。後之研究者不應以官方為是，也不能以民間即是，二者如何權衡，正是功力。

七　結論

綜合以上所述，分列幾點小結於後。

第一，《春秋》隱諱，文字意義深遠，若見批評，是明貶，有略而不談，而文意可推，是暗貶。如《左傳》鄭宋大棘之戰，自始至尾，皆未談及周天子及周王室，然此一命題乃孔子一生志業所在，何以不書？蓋非不書，只是隱諱而已。隱晦周室衰微，雖齊桓、晉文亦無可復加。故筆者以為鄭宋大棘之戰，真正要彰顯的是鄭宋背後兩個大國——晉楚間的對抗，而晉楚間的對抗後面又是一個更大的傳統，即周王室與夷狄，華與夏之間的抗衡關係。中原、中國，所代表的華夏禮樂文化，文明與進步，對照夷狄的野蠻、好利，不講信用，一直是正統論述的主軸。然而偏偏周王室衰弱無法主持天下正義，只好倚賴諸侯來協調區域穩定，不過楚國實在強大，因此中國戰敗之事常

41 周玉波：〈《左傳》引用謠諺現象略說〉，《淮陰師範學院學報》（哲學社會科學版）第25卷（2003年），頁536。

42 賀陶樂：〈《左傳》的幽默諷刺藝術〉，《西北農林科技大學學報》（社會科學版）第2卷第2期（2002年3月），頁87。

有，這些歷史記錄為不長他人志氣滅自己威風，故遇此事時，《春秋》隱諱，採用迂迴方式來表達。正是在文字上可以表達思想，突顯華夏與夷狄之別，在於道統文化之繼承。

第二，《左傳》的「君子曰」闡明儒家的立場與價值判斷標準，同時能讓讀者知悉，面對事件時，是有兩種方式可以選擇，而傳文中人物所選擇的路，恰是《左傳》所批評的。因此筆者不同意《左傳》記載戰事相關敘事是為增加閱讀的興味[43]，而是有其意義的。《左傳》企圖建立儒家文化的價值觀，包括國家觀念的建立。當國家問題與個人問題衝突時，國家問題高於個人問題。個人必須犧牲小我，以國為重。《左傳》不從個人立場來談，而是從國家利益為其立場，如批評羊斟不得以其私怨導致國家利益遭受危害，不能以私害公，也就是個人利益與國家利益相衝突時，必須捨棄個人恩怨來成就國家最大利益的愛國精神。這些《左傳》建立的儒家文化傳統，都是從「禮」來談，從「禮」來堅守之。

第三，落實到事件上，《左傳》不強調鄭宋大棘之戰的勝敗結果，而是檢討勝敗的原因。表面上批評羊斟，可是分析文字敘述，從頭到尾，華元未做對任何一件事，從帶兵無方，分配不公，與民逞口舌之能，皆彰顯華元之過。故雖然華元代表的是宋，是晉，是中國，但未見其做對任何一件事，只好隱諱的貶謫之。

43 夏繼先：「《左傳》還在複雜的戰爭過程、政治事件中，大量描寫細節。作為歷史著作，這些描寫內容完全可以不寫或略寫，但《左傳》卻大量地描寫了這些瑣事細節，它們在敘事生動和人物刻畫方面具有文學意義，如宣公二年的宋鄭大棘之戰，其中狂狡倒戟出鄭人，華元食士忘其御羊斟，華元逃歸後與羊斟的對話，城者之謳等，都非這次戰爭的重要事件，但如果只寫宋鄭戰於大棘，宋師敗績，鄭人獲華元，華元逃歸，則必然使敘事枯燥無味，毫無文學性可言。正是這些次要事件中的細節描寫，才增加了敘事的生動傳神。」〈《左傳》戰爭描寫特點論略〉，《社科縱橫》第23卷第12期（2008年）。

第四，《左傳》揭示一件事及事件處理方式不是只有單一一種選擇，至少有兩種以上的選擇，不過《左傳》有其確定的立場與價值觀，故在文本看似只有呈現單一選項。其實不同的選項會在歷代中各自建構了一套自己的傳統，如後世對狂狡與羊斟有不同的詮釋，它們是並存的，就像儒家與道家各有擁護者，只是不同價值觀的讀者、作者，選擇了自己認同的那一套傳統在進行閱讀與寫作，因此文本中看似只有單一的價值觀。

第五，對後世的文化傳統的影響很難從單一事件看到，因為文化是一個大而無形的風氣，它必須匯聚在許多事件中，才能看到大的方向。《左傳》這部經典歷來閱讀者眾，也是科舉考試的必讀之書，其影響是存在的。其中鄭宋大棘之戰，傳文內所提及關於夷夏、用兵之法、民以風刺上，雖不是事件本身影響後來，然而《左傳》在事件背後所闡述的儒家精神，包括「君子曰」，一直以來似乎慢慢成為中國人思考的內涵，舉凡遇到類似的事件，中國人的思考模式便有此傾向，故《左傳》中「君子曰」所立下的言論敘述，確實在中國文化傳統上起著承先啟後的作用。

第六，本文透過鄭宋大棘之戰此單一事件來分析其內容，雖然《左傳》傳文中的敘述只是單一個案的陳述，但理解《左傳》思想的背後，是有一個儒家的文化傳統作為其闡述的後盾，它所代表的就不只是單一個案，而是以同一套思維對不同事件發表評議，其所貫串的就是儒家的「禮」。不過《左傳》不是此些立論的第一人，在《左傳》之前已有一些思想正在凝聚，所以《左傳》是承先啟後的一個過程。文化不是單一個案與事件造成的，它必須有過去與未來的相同事件共同構成一個思想上的整體，才可能成為文化傳統。

參考文獻

〔法〕弗朗索瓦·于連撰，閻素偉譯　《聖人無意——或哲學的他者》　北京市　商務印書館　2004年

〔法〕薩莫瓦約撰，邵煒譯　《互文性研究》　天津市　天津人民出版社　2003年

〔日〕加賀榮治　〈鄭玄の《春秋三傳》解釋について〉　收於《日本中國學會創立五十年記念論文集》　東京市　汲古書院　1998年

公羊高傳，何休解詁，徐彥疏　《春秋公羊注疏》　臺北市　藝文印書館　1997年

孔廣森　《公羊通義》　收入《皇清經解春秋類彙編》第2冊　臺北市　藝文印書館影印　1986年

孔廣森　《春秋公羊通義》　收入《皇清經解》第13冊　臺北市　漢京文化　1980年

支偉成　《清代樸學大師列傳》　臺北市　藝文印書館　1979年

方孝岳　《左傳通論》　臺北市　臺灣商務印書館　1965年

毛　士輯　〈公穀駁語總論〉　《春秋三傳駁語》　清刻本

毛　亨注，鄭　玄箋，孔穎達疏，龔抗雲等整理　《毛詩正義》　臺北市　臺灣書房出版公司　2001年

王夫之　《春秋家說》　收入《船山全書》第五冊　長沙市　嶽麓書社　1993年

王　恢　〈錢賓四先生的歷史地理學〉　《華岡學報》　第8期

1974年7月　頁388-389
王　掞等編纂　《欽定春秋傳說彙纂》　影印文淵閣《四庫全書》　臺北市　臺灣商務印書館　1983年
王　肅注　《孔子家語》　收入《四部叢刊》正編第17冊　臺北市　臺灣商務印書館　1979年
王葆玹　《今古文經學新論》　北京市　中國社會科學出版社　1997年
王　巍　《《春秋左傳》杜預注研究》　南京市　南京師範大學文學院漢語言文字學碩士論文　2004年
司馬遷　《史記》　北京市　中華書局　1982年
司馬遷　《史記》　北京市　中華書局　1995年
司馬遷　《史記》　北京市　中華書局　1997年
司馬遷　《史記》　北京市　中華書局　2003年
左丘明撰，杜　預集解　《春秋經傳集解》　臺北縣　七略出版社　2005年
左丘明傳，杜　預集解，孔穎達疏　《春秋左氏傳注疏》　臺北市　藝文印書館　1997年
皮錫瑞　《春秋通論》　臺北市　臺灣商務印書館　1989年
朱永嘉　〈周予同先生——記憶中的復旦舊人舊事之一〉　參見 http://www.wyzxsx.com/Article/Class14/201002/132870.html
朱　熹注　《論語集注》　臺北市　大安出版社　1996年
朱　熹撰，朱傑人等編　〈春秋・綱領〉　《朱子語類》　收於《朱子全書》第17冊　上海市　上海古籍出版社　2002年
朱　熹撰，朱傑人編　《論語集注》　收入《朱子全書》第6冊　上海市　上海古籍出版社　2002年
朱　熹撰，郭　齊、尹　波點校　《朱熹集》　成都市　四川教育出版社　1996年

朱　熹撰，黎靖德編，《朱子語類》　北京市　中華書局　1986年
朱謙之　《老子校釋》　北京市　中華書局　1991年
朱彝尊撰，許維萍等點校，林慶彰等編審　《點校補正經義考》　臺北市　中央研究院中國文哲研究所　1997年
江竹虛撰，江　宏整理　《五經源流變遷考》　上海市　上海古籍出版社　2008年
何　休解詁　《春秋公羊傳》　臺北市　新興書局　1992年
何　晏集解，皇　侃義疏　《論語集解義疏》　臺北市　世界書局　1963年
吳則虞編著　《晏子春秋集釋》　北京市　中華書局　1961年
呂不韋編，林品石注　《呂氏春秋》　臺北市　臺灣商務印書館　1996年
呂謙舉　〈兩晉六朝的史學〉　收入杜維運、黃進興編　《中國史學史論文選集》　臺北市　華世出版社　976年
宋小克　〈宋國愚人及其文學演繹〉　《中國文化研究》　夏之卷　2013年　頁93-98
李宗侗　〈史官制度——附論對傳統之尊重〉　收入杜維運、黃進興編　《中國史學史論文選集》　臺北市　華世出版社　1976年
李紀祥　〈孔夫子的書寫——《春秋》中的「闕文」與「不書」〉　《第一屆世界漢學中的春秋學學術研討會論文集》　宜蘭縣　佛光大學人文社會學院歷史系　2004年　頁251-286
李家祺　〈今日朱子：錢穆先生及其著述〉　《書評書目》第46期　1977年2月
李衛軍　《兩漢《左傳》學發微》　鄭州市　河南大學中國古典文學研究所碩士論文　2005年
杜雲輝　〈從《左傳》看春秋軍人的戰場形象〉　《作家雜誌》　第

1期　2011年　頁110
杜維運、黄進興編　《中國史學史論文選集》　臺北市　華世出版社　1976年
束有春　〈先秦輿人及御夫考述〉　《江蘇社會科學》　第5期　1997年　頁120
汪學群　〈論錢穆朱子學〉　《中國文化月刊》　第187期　1995年5月
沈玉成、劉　寧　《春秋左傳學史稿》　南京市　江蘇古籍出版社　1992年
沈　約　《宋書》　北京市　中華書局　1995年
邢　昺　《論語注疏》　臺北市　藝文印書館　1997年
周予同　《中國現代教育史》　收入《民國叢書》第一編　上海市　上海書店　1989年
周予同　《中國學校制度》　收入《民國叢書》第三編　上海市　上海書店　1991年
周予同撰，朱維錚編　《周予同經學史論著選集》　上海市　上海人民出版社　1996年
周玉波　〈《左傳》引用謠諺現象略說〉　《淮陰師範學院學報（哲學社會科學版）》　第25卷　2003年
周如怡　〈成一家之言與通古今之變：究錢穆的史學觀點〉　《東吳歷史學報》　第15期　2006年6月
周和軍　〈見微而知著——論《左傳》的敘事視角藝術〉　《長春師範學院學報》　第23卷　第4期　2004年
周　密　《齊東野語》　北京市　中華書局　1997年
孟　子　《孟子》　臺北市　藝文印書館　1997年
季惟齋　〈庸經堂筆記〉　《徵聖錄二編》

房占紅　《七穆與鄭國的政治》　長春市　吉林大學碩士論文　1999年
房玄齡　《晉書》　北京市　中華書局　1995年
林素娟　〈漢代復仇議題所突顯的君臣關係及忠孝觀念〉　《成大中文學報》　第12期　2005年　頁44
林語堂　〈談錢穆先生之經學〉　《華岡學報》　第8期　1974年7月　頁13-18
林慶彰　〈戰國至漢初傳記之學的形成〉　「古道照顏色——先秦兩漢古籍國際學術研討會」　香港　香港中文大學中國語言及文學系、中國文化研究所中國古籍研究中心　2009年　頁20
林慶彰　〈錢穆先生的經學〉　《漢學研究集刊》　創刊號　2005年12月　頁1-12
武　億　《敦樸堂簡明評點春秋公羊傳鈔》　清抄本
武　億　《敦樸堂簡明評點春秋穀梁傳鈔》　清抄本
金天羽撰，周錄祥校點　《天放樓詩文集》　上海市　上海古籍出版社　2006年
金聖嘆　〈讀第五才子書法〉　《金聖嘆全集》　南京市　江蘇古籍出版社　1985年
施耐庵集撰，羅貫中撰修，李贄評點　《李卓吾批評忠義水滸傳》　上海市　上海古籍出版社　1990年
施哲雄　〈中國大陸社會五十年來的發展與變遷〉　收入中國大陸問題研究所編　《中共建政五十年》　臺北市　正中書局　2001年　頁169-186
柯劭忞　《春秋穀梁傳注》　臺北市　力行書局　1970年
柳宗元　《柳宗元集》　北京市　中華書局　2000年
柳詒徵　〈穀梁大義述補闕跋〉　《國風半月刊》　第5卷　第10、11合期　1934年12月　頁56

柳興恩　《穀梁大義述》　收入《皇清經解續編》第15冊　臺北市　復興書局　1972年
胡玉縉或張慰祖　《穀梁大義述補闕》　江蘇省立國學圖書館影印本　1935年
胡玉縉撰，王欣夫輯　《許廎學林》　北京市　中華書局　1961年
胡玉縉撰，吳格整理　《續四庫提要三種》　上海市　上海書店出版社　2002年
胡安國　《春秋傳》　收入《四部叢刊續編》第10冊　上海市　上海書店　1989年
胡　適　《中國章回小說考證》　上海市　上海書店　1980年
范利民　〈中國大陸教育五十年：1949至1999〉　收入中國大陸問題研究所編　《中共建政五十年》　臺北市　正中書局　2001年　頁329-331
范　甯集解　《春秋穀梁傳》　臺北市　新興書局　1992年
范　曄　《後漢書》　北京市　中華書局　1997年
范　曄　《後漢書》　臺北市　鼎文書局　1978年
夏繼先　〈《左傳》戰爭描寫特點論略〉　《社科縱橫》　第23卷第12期　2008年
孫　復　《春秋尊王發微》　收入《文津閣四庫全書》第50冊　北京市　商務印書館　2005年
孫琴安　《中國評點文學史》　上海市　上海社會科學院出版社　1999年
孫詒讓　《墨子閒詁》　北京市　中華書局　1954年
孫耀卿（孫殿起）　《四庫書目續編》（原名《販書偶記》）　臺北市　世界書局　1961年
徐元誥　《國語集解》　北京市　中華書局　2002年

徐復觀　《兩漢思想史》臺北市　學生書局　1980年

徐樹丕　《識小錄》　上海市　上海書店　1994年

桑　欽撰，酈道元注，楊守敬、熊會貞疏，段熙仲點校，陳橋驛復校　《水經注疏》　南京市　江蘇古籍出版社　1989年

班　固　《漢書》　北京市　中華書局　1995年

袁　宏撰，周天游校注　《後漢紀校注》　天津市　天津古籍出版社　1987年

馬積高、黃　鈞主編　《中國古代文學史 1》　臺北市　萬卷樓圖書公司　1998年

高士奇　《左傳紀事本末》　北京市　中華書局　1997年

高佑仁　〈〈鄭子家喪〉考釋八則——簡文中兩個史實的商榷〉　《成大中文學報》　第34期　2011年9月

高　誘注　《戰國策》　收入《叢書集成初編》　北京市　中華書局　1985年

張素卿　《敘事與解釋——《左傳》經解研究》　臺北縣　花木蘭文化出版社　2008年

張素卿　《清代漢學與左傳學——從「古義」到「新疏」的脈絡》　臺北市　里仁書局　2007年

張高評　《春秋書法與左傳學史》　臺北市　五南圖書出版公司　2002年

張培瑜　〈《春秋經》內外傳天文曆法紀事的比較研究〉　《第一屆世界漢學中的春秋學學術研討會論文集》　宜蘭縣　佛光大學人文社會學院歷史系　2004年9月　頁186

張培瑜　〈春秋魯國歷法與古六曆〉　《南京大學學報》（哲學社會科學）　第4期　1985年　頁64

清高宗敕撰　《清朝文獻通考》　臺北市　新興書局　1958年

章　鈺　《四當齋集》　收入沈雲龍編《近代中國史料叢刊．三編》　臺北縣　文海出版社　1986年
章學誠　《文史通義新編》　上海市　上海古籍出版社　1993年
許松源　〈專家與通識——章學誠的學術思路與錢穆的詮釋〉　《臺大歷史學報》　第37期　2006年6月
郭　璞撰，邢昺疏　《爾雅注疏》　臺北市　藝文印書館　1997年
陳　致　〈夷夏新辨〉　《中國史研究》　1期　2004年
陳桐生　《《史記》與今古文經學》　西安市　陝西人民教育出版社　1995年
陶運清　〈淺談《左傳》戰爭的敘事視角〉《和田師範專科學校學報》　第27卷　第5期　2007年　頁88
陸心源輯　《唐文拾遺》　上海市　上海古籍出版社　1995年
陸　淳　《春秋微旨》　北京市　中華書局　1991年
陸　賈　《新語》　收入《四部叢刊》正編第17冊　臺北市　臺灣商務印書館　1979年
陸德明　《經典釋文》　上海市　上海古籍出版社　1985年
傅隸樸　《春秋三傳比義》　臺北市　臺灣商務印書館　1983年
喬衍琯　〈漢書藝文志中的篇與卷〉　《國立中央圖書館館刊》　新27卷　第2期　1994年12月　頁95
彭豐文　〈試論十六國時期胡人正統觀的嬗變〉　《民族研究》　第6期　2010年　頁68
揭傒斯撰，李夢生標校　《揭傒斯全集》　上海市　上海古籍出版社　1985年
程　頤　《春秋傳》　收入《二程全書》　海口市　海南國際出版中心　1996年
賀陶樂　〈《左傳》的幽默諷刺藝術〉　《西北農林科技大學學報》

（社會科學版）第2卷　第2期　2002年3月　頁87
黃兆強　〈錢穆先生章學誠研究述論〉　《東吳歷史學報》　第15期　2006年6月　頁29-31
黃聖修　《《春秋》西狩獲麟解》　宜蘭縣　佛光大學歷史學系碩士論文　2006年
黃道周　《坊記集傳》　北京市　商務印書館　2005年
楊伯峻注　《孟子注譯》　臺北市　漢京出版社　1987年
葉慶炳　《中國文學史》　臺北市　臺灣學生書局　1987年
董仲舒　《春秋繁露》　北京市　中華書局　1991年
董　誥等編　《全唐文》　臺北市　大通書局　1979年
熊十力　《讀經示要》　臺北市　明文書局　1984年
熊　逸　《春秋大義2：隱公元年》　桂林市　廣西師範大學出版社　2009年
管　子　《管子》　收入《子書二十八種》　臺北市　廣文書局　1991年
趙生群　《《春秋》經傳研究》　上海市　上海古籍出版社　2000年
趙伯雄　《春秋學史》　濟南市　山東教育出版社　2004年
趙長征　〈春秋車戰中的單車戰術〉　《文史知識》　2012年　頁21
趙彥衛　《雲麓漫鈔》　臺北市　臺灣商務印書館　1980年
趙爾巽等撰　《清史稿》　北京市　中華書局　1986年
趙　輝、崔顯豔　〈《左傳》敘事體式與禮之關係考〉　《中州學刊》　第6期　2008年　頁224
劉大杰　《中國文學發展史》　臺北市　華正書局　1997年
劉　向　《新序》　收入《四部叢刊》正編第17冊　臺北市　臺灣商務印書館　1979年
劉昌齡　〈穀梁善於經說〉　收入張維屏選：《學海堂三集》　據清

咸豐九年啟秀山房本影印
劉知幾撰，李維楨評，郭孔延評釋 《史通》 明刻本
劉師培 《劉師培全集》 北京市 中共中央黨校出版社 1997年
劉 勰撰 周振甫注 《文心雕龍注釋》 臺北市 里仁書局 1998年
劉聲木 《萇楚齋隨筆（四筆）》 臺北市 新文豐出版公司 1997年
劉繼剛 〈簡評華元的內政和外交事蹟〉 《商丘師範學院學報》 第21卷 第1期 2005年
撰者不詳，洪頤煊校 《竹書紀年》 臺北市 臺灣中華書局 1980年
歐修梅 《春秋公羊傳解經方法研究》 臺北市 淡江大學中文研究所碩士論文 2000年
穀梁赤傳，范 甯集解，楊士勛疏 《春秋穀梁注疏》 臺北市 藝文印書館 1997年
蔡長林 〈唐代法律思想的經學背景──《唐律疏議》析論〉 《隋唐五代經學國際學術研討會論文集》 臺北市 中央研究院中國文哲研究所 2005年
蔡長林 〈論常州學派的學術淵源──以錢穆《中國近三百年學術史》的評論為起點〉 《中國文哲研究集刊》 第28期 2006年3月 頁172
鄧曦澤 〈論春秋時期的代理戰爭〉 《雲南大學學報（社會科學版）》 第10卷 第6期 2011年 頁68
盧卡其撰，張翼星譯 《列寧──關於列寧思想統一性的研究》 臺北市 遠流出版事業股份有限公司 1991年
錢 穆 《中國史學發微》 臺北市 東大圖書公司 1998年
錢 穆 《中國學術思想史論叢》（九） 收入《錢賓四先生全集》第23冊
錢 穆 《中國學術通義》 收入《錢賓四先生全集》第25冊

錢　穆　《中國歷史研究法》　收入《錢賓四先生全集》第31冊

錢　穆　《孔子傳》　收入《錢賓四先生全集》第4冊

錢　穆　《先秦諸子繫年》　收入《錢賓四先生全集》第5冊

錢　穆　《朱子新學案》（四）　收入《錢賓四先生全集》第14冊

錢　穆　《兩漢經學今古文平議》　臺北市　東大圖書公司　1989年

錢　穆　《素書樓餘瀋》　收入《錢賓四先生全集》第53冊

錢　穆　《國史大綱》　收入《錢賓四先生全集》第27冊

錢　穆　《國學概論》　北京市　商務印書館　1997年

錢　穆　《錢賓四先生全集》　臺北市　聯經出版公司　1998年

戴　維　《春秋學史》　長沙市　湖南教育出版社　2004年

鍾文烝　《春秋穀梁傳補注》　北京市　中華書局　1996年

韓　昇　〈中國古代的外交實踐及其基本原則〉　《學術研究》　第8期　2008年　頁93

韓紅芹　〈論《左傳》戰爭篇章的細節描寫〉　《安徽文學》　第2期　2008年　頁145、147

簡逸光　《穀梁傳解經方法研究》　臺北市　中國文化大學中國文學研究所碩士論文　2003年

嚴可均編　《全上古三代秦漢三國六朝文》　臺北市　世界書局　1982年

嚴家其、高　皋　《文化大革命十年史》　臺北市　遠流出版公司　1992年

蘇　輿　《春秋繁露義證》　北京市　中華書局　1996年

顧炎武　《日知錄》　臺南市　平平出版社　1975年

顧炎武　《日知錄》　臺北市　明倫出版社　1970年

顧炎武撰，周蘇平點注　《日知錄》　蘭州市　甘肅民族出版社　1997年

龔留柱　《春秋弦歌——《左傳》與中國文化》　鄭州市　河南大學出版社　2005年

龔鵬程　《文學批評的視野》　臺北市　大安出版社　1998年

經學研究叢書·經學史研究叢刊　0501014

噶瑪蘭治經學記——春秋三傳研究論叢

作　　者　簡逸光
責任編輯　蔡雅如
特約校稿　林秋芬

發 行 人　陳滿銘
總 經 理　梁錦興
總 編 輯　陳滿銘
副總編輯　張晏瑞
編 輯 所　萬卷樓圖書股份有限公司
排　　版　林曉敏
印　　刷　百通科技股份有限公司
封面設計　百通科技股份有限公司

發　　行　萬卷樓圖書股份有限公司
臺北市羅斯福路二段 41 號 6 樓之 3
電話　(02)23216565
傳真　(02)23218698
電郵　SERVICE@WANJUAN.COM.TW
大陸經銷　廈門外圖臺灣書店有限公司
電郵　JKB188@188.COM

ISBN 978-957-739-924-3
2018 年 9 月初版三刷
2015 年 5 月初版二刷
2015 年 4 月初版一刷
定價：新臺幣 600 元

如何購買本書：

1. 劃撥購書，請透過以下郵政劃撥帳號：
   帳號：15624015
   戶名：萬卷樓圖書股份有限公司
2. 轉帳購書，請透過以下帳戶
   合作金庫銀行　古亭分行
   戶名：萬卷樓圖書股份有限公司
   帳號：0877717092596
3. 網路購書，請透過萬卷樓網站
   網址　WWW.WANJUAN.COM.TW

大量購書，請直接聯繫我們，將有專人為您服務。客服：(02)23216565　分機 10

如有缺頁、破損或裝訂錯誤，請寄回更換

國家圖書館出版品預行編目資料

噶瑪蘭治經學記——春秋三傳研究論叢 / 簡逸光著. -- 初版. -- 臺北市 : 萬卷樓, 2015.04
面 ; 公分
ISBN 978-957-739-924-3(平裝)

1.春秋三傳 2.研究考訂

621.7　　104001915